LES BIENS DE LA COURONNE
L'architecture du ministère des Travaux pu

Les biens de la Couronne raconte l'histoire du programme de construction du ministère des Travaux publics de 1867 à 1967. Ces cent années de construction gouvernementale ont produit un vaste réseau diversifié de bureaux de poste, d'édifices à bureaux fédéraux, de bureaux de douane, de salles d'exercice, de postes de quarantaine, d'hôpitaux gouvernementaux, de fermes expérimentales, d'instituts de recherche et autres. Pour Janet Wright, ces bâtiments sont le reflet des forces qui ont influé sur leur conception et leur construction. Les édifices fédéraux témoignent de l'évolution de l'architecture canadienne en termes de styles et de techniques de construction. Ils sont également le résultat d'un processus politique et bureaucratique, et font écho aux politiques, aux programmes et aux priorités du gouvernement. C'est l'interaction de ces deux forces – les influences architecturales extérieures et les besoins et attentes internes du gouvernement – qui définit le caractère et la portée uniques des édifices fédéraux au Canada.

Les biens de la Couronne comporte 194 illustrations en noir et blanc et huit planches en couleurs qui dépeignent avec éloquence l'impact profond du gouvernement fédéral sur le caractère du milieu bâti au Canada.

JANET WRIGHT est historienne de l'architecture à Parcs Canada, Calgary (Alberta).

LES BIENS DE LA COURONNE

L'architecture du ministère des Travaux publics, 1867–1967

Janet Wright

UNIVERSITY OF TORONTO PRESS
Toronto Buffalo London

Traduit en français par le Secrétariat d'État
Co-édition des University of Toronto Press Incorporated, du ministère du Patrimoine canadien, Parcs Canada et du Groupe Communication Canada-Édition, Approvisionnements et Services Canada

Tous droits réservés. Aucune partie de cette publication ne peut être reproduite, sous quelque forme ou par quelque procédé que ce soit (électronique, mécanique, photographique), ni enregistrée sur support magnétique ou autre pour fins de dépistage ou de diffusion, sans autorisation écrite préalable du ministre des Approvisionnements et Services Canada.
© Sa Majesté la Reine du chef du Canada 1997
   Numéro de catalogue : R62-286-1995F
   Imprimé au Canada

ISBN 0-8020-0983-2 (REL.)
ISBN 0-8020-7938-5 (BR.)

Imprimé sur du papier alcalin

Données de catalogage avant publication (Canada)

Wright, Janet, 1951–
   Les biens de la Couronne : l'architecture du ministère
   des Travaux publics, 1867–1967

Publié aussi en anglais sous le titre : Crown assets.
Comprend des références bibliographiques.
ISBN 0-8020-0983-2 (rel.)   ISBN 0-8020-7938-5 (br.)

1. Bâtiments publics – Canada.   2. Architecture –
Politique gouvernementale – Canada – Histoire.   3. Canada.
Ministère des Travaux publics.   I. Titre.

NA4229.W7514 1997   725'.1'0971   C96-931813-8

Les University of Toronto Press reconnaissent l'appui financier du Conseil des arts du Canada et du Conseil des arts de l'Ontario à son programme de publication.

Table des matières

REMERCIEMENTS   vii

Introduction   1

1 L'édification d'une nouvelle nation, 1867–1881   8

2 L'âge d'or de l'architecture fédérale, 1881–1896   38

3 L'architecture de la croissance et de la prospérité, 1896–1914   77

4 Nationalisme, symbolisme et architecture : l'aménagement de la capitale, 1899–1945   113

5 Les réalisations du temps de guerre et les années d'assoupissement, 1914–1927   144

6 La construction pendant la Dépression, 1927–1939   168

7 L'architecture fédérale en transition, 1939–1953   202

8 L'ère moderne, 1953–1967   240

Épilogue   282

NOTES   285

BIBLIOGRAPHIE   315

INDEX   323

Remerciements

La Direction des lieux historiques nationaux de Parcs Canada établissait en 1982 le Bureau d'examen des édifices fédéraux du patrimoine (BEEFP). Son mandat est d'identifier et d'évaluer les édifices fédéraux qui ont valeur de patrimoine et de venir en aide aux services chargés de leur garde eu égard à la gérance et au maintien de ces édifices de façon à en respecter leur caractère historique tout en continuant à servir les besoins changeants du gouvernement. Au cours des quatorze dernières années, le BEEFP a évalué 4 900 édifices à travers le Canada et en a selectionné presque 1 200. De ce nombre, 226 ont reçu la mention d'édifice « classé », la plus haute désignation selon cette politique. Une retombée précieuse de ce procédé a été les milliers d'évaluations et les nombreuses études thématiques qu'a produites le personnel de la Division de l'histoire de l'architecture de la Direction des lieux historiques nationaux pour évaluer l'importance historique, architecturale et locale de ces édifices. Ce corpus de recherche non publié représente une source riche de renseignements sur l'architecture et l'histoire du Canada, tel que perçu par le biais de l'inventaire des édifices fédéraux. *Les biens de la Couronne : l'architecture du ministère des Travaux publics, 1867–1967* s'est beaucoup appuyé sur ces documents mais il n'a fait que percer la surface quant à la richesse des renseignements que possède le Bureau.

Ce projet a été rendu possible grâce à l'appui de Parcs Canada. J'aimerais remercier en particulier Christina Cameron, directrice générale de la Direction des lieux historiques nationaux, Susan Buggey, directrice des Services historiques et Mary Cullen, chef de l'Analyse en architecture qui ont vu dans ce livre une façon de rendre notre recherche plus accessible au public et une façon d'accroître l'intérêt du public quant à l'importance des édifices fédéraux dans le paysage canadien. Je désire aussi reconnaître l'appui que le ministère des Travaux publics, Services gouvernementaux Canada, m'a accordé pour cette publication. Je désire remercier en particulier Susan Hum-Hartley, directrice du Programme pour la conservation du patrimoine, Services immobiliers, Patrimoine canadien, qui a reconnu dans ce livre la contribution importante de son département à notre histoire. Au cours de cette recherche, j'ai aussi bénéficié des conseils et de l'appui de plusieurs personnes à travers le pays. J'aimerais signaler en particulier l'aide de Margaret Archibald d'Ottawa, John Bland de Sainte-Anne-de-Bellevue, Kelly Crossman d'Ottawa, Derek Draper de l'établissement correctionnel de William Head en Colombie-Britannique, Neil Einarson de Winnipeg, Christopher Hives de Vancouver, Jacqueline Hucker d'Ottawa, Frank Korvemaker de Saskatoon, Ted Mills de Victoria, Anna O'Neill de Yellowknife, Pierre du Prey de l'université Queen's, Geoffrey Simmins de Calgary, Douglas Stewart de Kingston, Christopher Thomas de Victoria, Jim Taylor de Calgary, Rhodri Windsor-Liscombe de Vancouver et Harold Wright de Saint-Jean au Nouveau-Brunswick. Je suis reconnaissante à Nathalie Clerk de Parcs Canada qui s'est servie de ses vastes connaissances de l'architecture canadienne pour s'assurer que la traduction française captait fidèlement le sens et le contenu du texte original. J'aimerais aussi remercier Monique Trépanier qui a organisé les illustrations, vérifié si les sous-titres correspondaient bien au texte, et qui s'est avérée une habile photographe de l'architecture lorsqu'il le fallait.

J'aimerais finalement remercier feu M. E.A. Gardner et M. James A. Langford. En tant qu'anciens Architectes en chef du ministère des Travaux publics, le compte-rendu personnel de leur carrière au Ministère a permis de mieux pénétrer la nature de l'architecture gouvernementale.

Introduction

En 1867, le ministère fédéral des Travaux publics reçut du gouvernement colonial du Canada-Uni un petit groupe d'édifices, dans le cadre d'un changement d'administration. Ce changement d'administration incluait également un architecte permanent. C'est ce dernier qui allait jeter les fondements du Bureau de l'Architecte en chef, qui sera créé formellement en 1870. Cent ans plus tard, le Bureau de l'Architecte en chef, redésigné la Direction de la construction des édifices en 1953, avait grossi considérablement et comptait des centaines d'employés travaillant à l'administration centrale d'Ottawa et dans dix bureaux de district. L'inventaire de départ avait augmenté jusqu'à inclure un vaste réseau d'édifices et d'établissements gouvernementaux. Aucun autre ministère, institution ou société du gouvernement n'a eu une telle influence sur l'environnement bâti au Canada. Les bureaux de poste, les bureaux de douane, les édifices à bureaux du gouvernement, les manèges militaires, les pénitenciers, les centres d'immigration, les stations de quarantaine, les hôpitaux militaires, les hôpitaux et les écoles pour Autochtones, les fermes expérimentales et les établissements de recherche fédéraux ont établi fermement la présence fédérale à travers le pays, et ont doté de nombreuses communautés de quelques-uns de leurs monuments architecturaux les plus importants et les plus familiers.

Cette étude porte sur les édifices dessinés et construits par le Bureau de l'Architecte en chef ou pour lui. Elle couvre une période de cent ans, qui va de la création du ministère fédéral des Travaux publics en 1867 jusqu'à 1967, date qui coïncide avec une période de réorganisation ministérielle débouchant sur une organisation fortement décentralisée tant du point de vue géographique que fonctionnelle. L'étude traite d'un groupe très diversifié de bâtiments, depuis les édifices du Parlement à Ottawa jusqu'aux petits postes de la Gendarmerie royale du Canada dans l'Extrême-Arctique. Mais cette étude ne comprend pas tous les édifices construits avec des fonds fédéraux au cours de cette période. Le ministère des Travaux publics a été créé en 1867 en tant qu'organisme central de construction du gouvernement, mais ce mandat exclusif a été constamment battu en brèche et redéfini. L'idéal administratif, qui confiait une fonction gouvernementale à un seul ministère, se trouvait en conflit constant avec la tendance inhérente des divers ministères de rechercher leur autonomie opérationnelle. Les ministères et services qui avaient besoin d'un grand nombre d'édifices, comme le ministère de la Défense nationale, le ministère des Transports ou le Service canadien des parcs, ou encore les organismes requérant des édifices spécialisés, tels que le Service pénitentiaire, le Service des fermes expérimentales ou le Conseil national de recherches, avaient souvent tendance à considérer que leurs besoins en construction seraient mieux servis en créant leurs propres bureaux de construction. Pendant une période difficile dans l'histoire du Ministère, le Bureau de l'Architecte en chef ne contrôlait qu'environ 40 p. 100 du budget total de construction du gouvernement fédéral.

Cette étude ne se veut pas une histoire administrative ou politique du ministère des Travaux publics ou du Bureau de l'Architecte en chef. Deux excellentes études ont déjà défriché une grande partie de ce sujet.[1] L'ouvrage de Douglas Owram, *Building for Canadians : A History of the Department of Public Works, 1840–1960*, donne un aperçu complet du Ministère et des grands dossiers politiques et organisationnels qui ont façonné son histoire, depuis la création de la Commission des travaux publics sous le gouvernement du Canada-Uni, jusqu'en 1960 et la Commission Glassco sur l'organisation du gouvernement, qui a marqué le début d'une période de réorganisation en profondeur. L'étude de Margaret Archibald, *By Federal Design : The Chief Architect's Branch of the Department of Public Works, 1881–1914*, examine l'évolution du Bureau du point de vue de sa structure organisationnelle, de ses rôles et responsabilités, de la dotation, de la formation et de la supervision, de l'attribution des contrats, des mises en chantier et du processus de gestion. Les deux études traitent des édifices réalisés, mais en tant que produits ou retombées concrètes des forces politiques et des procédures administratives qui ont mené à leur réalisation.

La présente étude doit beaucoup à ces deux ouvrages, mais elle aborde le même sujet dans une perspective différente, axée sur les édifices. Ce sont les édifices, et non l'organisation, qui sont au centre et au départ de cette étude. Ensemble, les édifices fédéraux construits au cours de ces cent années composent une histoire visuelle de l'évolution de l'architecture fédérale. À partir de cet ensemble, on peut préciser les influences stylistiques dominantes d'une période donnée, et l'émergence de modèles ou de groupes marquants d'édifices, qu'on peut définir en termes de compositions, de fonctions, de types structuraux ou de distribution géographique. On peut également identifier les périodes de grande productivité, les périodes d'assoupissement relatif, les périodes de changement ainsi que les périodes de résistance au changement. On peut aussi déceler les changements dans les politiques et dans les pratiques au cœur du programme, comme le va-et-vient continuel entre le recours aux architectes appartenant au personnel permanent et aux architectes privés engagés par contrat.

L'inventaire des bâtiments fournit la base pour l'identification et la description du caractère et des caractéristiques de l'architecture fédérale au Canada, mais pour comprendre ces édifices, il faut tenir compte du contexte politique et culturel qui a présidé à leur construction. Les édifices fédéraux du Canada sont les produits d'un processus de création mené par des architectes et des ingénieurs, et ils reflètent l'évolution de l'architecture canadienne : l'évolution des styles, l'apparition de nouvelles techniques de construction et de nouvelles approches en matière de dessin et d'aménagement. La construction pour le gouvernement était également un acte politique, économique et social, posé dans le cadre de la culture administrative de l'administration fédérale, et façonné par ses politiques, ses programmes et ses priorités. C'est l'interaction et les relations entre ces deux forces, les influences architecturales externes et les exigences et attentes internes du gouvernement, qui définissent le caractère particulier et la portée de la construction fédérale au Canada.

L'évolution de l'architecture fédérale suit un parcours qui s'inscrit en parallèle de l'histoire de l'architecture canadienne en général. La progression stylistique de la construction gouvernementale, du style Second Empire en vogue dans la période qui suit la Confédération au médiévisme éclectique de la fin du XIXe siècle, au baroque édouardien et au classicisme Beaux-Arts du début du XXe siècle, aux influences classiques modernes et Art déco des années 1930, et jusqu'à l'ère du modernisme de la période d'après-guerre, reflète le cheminement stylistique de l'architecture canadienne en général. Le Bureau de l'Architecte en chef s'est également montré réceptif aux nouvelles techniques et aux nouveaux matériaux de construction. Dans le cas des grands édifices gouvernementaux, les structures traditionnelles en maçonnerie (certaines avec des supports en fonte) ont laissé la place aux charpentes en acier et en béton armé au début des années 1900. À l'autre bout de l'échelle, le développement des bâtiments préfabriqués a également fourni une solution économique et efficace à certains des besoins de base du gouvernement en matière de construction dans les Prairies au début de la période de colonisation, et plus tard, lors de l'établissement dans le Grand Nord au cours des années 1950. Les édifices du gouvernement ont très vite été adaptés aux nouvelles approches de l'aménagement des installations, particulièrement dans le cas des édifices spécialisés tels que les pénitenciers, les hôpitaux ou les stations de quarantaine.

L'évolution de la construction fédérale correspondait à celle de l'architecture canadienne, mais à l'intérieur de ce cadre général, elle se développait de façon particulière, selon des facteurs et des considérations internes. En règle générale, l'architecture gouvernementale restait confortablement à l'intérieur des grands courants des modes architecturales établies, et elle ne s'engageait que rarement dans l'innovation. Son évolution avait également tendance à suivre un cheminement irrégulier et hésitant. Une bonne partie des édifices construits pour le gouvernement étaient conformes à des exigences normalisées, et l'approche la plus efficace et la plus économique consistait à dessiner des édifices dont les plans s'inscrivaient dans le cadre des modèles établis. Pour cette raison, chacune des périodes de construction était dominée par un nombre réduit de plans de base typiques, élaborés soit par contrat, soit par le personnel du Bureau de l'Architecte en chef. Une fois que ces prototypes avaient été élaborés et avaient fait leurs preuves, il devenait extrêmement difficile de les changer. De temps en temps, le dessin des plans fédéraux s'éloignait cependant des grands courants architecturaux. Cependant, au cours de la première moitié du XXe siècle, le ministère des Travaux publics travaillait au concept d'une capitale nationale et cherchait à définir une image architecturale distinctive pour les édifices fédéraux à Ottawa. L'identification du style Château comme thème le plus approprié a fait prendre à la construction gouvernementale à Ottawa sa propre tangente architecturale dont elle ne devait revenir que dans les années 1950.

Les édifices fédéraux subissent également le contrecoup des changements dans les politiques, les priorités et les orientations du gouvernement. Ces facteurs ont déterminé le type d'édifices qu'on allait construire, où on allait les construire, et combien d'argent on allait dépenser. Par exemple, on peut interpréter le programme de construction des années 1880 et 1890 comme l'expression construite de la Politique nationale de sir John A. Macdonald, particulièrement en ce qui concerne l'annexion de l'Ouest du Canada. En moins d'une décennie, le Bureau de l'Architecte en chef avait construit l'infrastructure administrative du gouvernement du Dominion, sous la forme d'un réseau d'édifices publics, de palais de justice et de postes de la Police à cheval du Nord-Ouest. La série de fermes expérimentales construites à travers le pays pour améliorer la productivité agricole et pour mettre au point des variétés de récoltes adaptées aux conditions dans les Prairies et dans d'autres régions, et la construction d'écoles industrielles dans l'Ouest étaient le résultat de la politique du gouvernement visant à assimiler la population autochtone dans une économie agricole. Dans les années 1930, la construction publique fédérale est devenue un instrument de politique économique pour créer des emplois et des retombées. Dans les années 1950, la croissance rapide du gouvernement, fruit de la prospérité économique et de la mise en œuvre de nombreux nouveaux programmes sociaux, techniques et culturels, a créé le besoin d'un nouveau type d'édifices à bureaux polyvalents à Ottawa et ailleurs au Canada.

Les liens entre les édifices et les programmes et politiques du gouvernement sont au centre de cette étude et définissent sa structure et son organisation. L'étude est divisée en huit chapitres, qui correspondent à huit périodes distinctes de construction. Pour presque chacune de ces périodes, le cadre temporel est déterminé par des facteurs politiques, économiques ou administratifs. Des événements tels que les guerres, les changements de gouvernement, les changements dans les modes de dépenser du gouvernement et les changements dans l'administration marquent le début et la fin de chacune des périodes. Le fait que chacune d'entre elles coïncidait bien souvent avec l'introduction de nouveaux styles, de nouveaux types de plans, et parfois, d'un nouvel Architecte en chef, est une indication que les changements au gouvernement avaient une influence directe sur le caractère de l'architecture fédérale et sur les activités du Bureau de l'Architecte en chef.

La politique et le favoritisme ont également joué un rôle important dans l'histoire de la construction gouvernementale. Les politiciens considéraient les travaux publics comme un outil politique précieux qui devait servir à des fins politiques. Il n'entre pas dans le propos de cette étude d'explorer le réseau complexe de relations entre le gouvernement fédéral, d'autres niveaux de gouvernement, les associations locales de comtés, les groupes d'intérêts spéciaux et tous ceux qui avaient des intérêts dans les édifices du gouvernement. Il faut cependant reconnaître que le favoritisme politique était un facteur omniprésent dans le programme fédéral de construction. Des questions comme où l'argent serait dépensé, quelle serait la propriété à acquérir pour y construire le nouvel édifice, quels matériaux seraient utilisés, quel serait l'architecte nommé pour dresser les plans ou superviser la construction, et qui agirait en tant que commis de chantier, étaient toutes influencées par des considérations politiques. Cependant, la corruption ouverte est rare dans l'histoire du Ministère. Les dépenses stratégiques consacrées à des édifices gouvernementaux constituaient un outil de base pour remporter ou conserver le pouvoir politique. La *Loi sur la construction d'ouvrages publics* de 1934, une partie importante de la plate-forme électorale du gouvernement conservateur lors de sa campagne de réélection en 1935, consacrait environ 75 p. 100 des sommes à dépenser à la construction d'édifices publics dans des circonscriptions détenues par le gouvernement. La somme la plus importante était destinée à la circonscription de Calgary West, c'est-à-dire à la circonscription du Premier ministre R.B. Bennett.

Le rôle joué par le Bureau de l'Architecte en chef dans l'évolution du programme de construction a donné lieu à toutes sortes de mauvaises interprétations. À première vue, le Bureau de l'Architecte en chef ressemblait à une grande firme d'architectes, avec une hiérarchie complexe comprenant des architectes, des ingénieurs, des dessinateurs et des employés de soutien. Dans le cadre du modèle organisationnel, on supposait que l'Architecte en chef agissait en tant que principal concepteur de la firme. Même s'il n'avait pas touché directement aux plans de chacun des édifices dessinés dans ce bureau, on pouvait interpréter l'histoire et l'évolution de la construction fédérale comme l'expression de l'imagination créatrice et des sensibilités architecturales de ce personnage.

Cette idée que l'Architecte en chef agissait comme « l'architecte de la nation » représentait une source de frictions constantes entre l'administration fédérale et le corps professionnel des architectes. Tout au long de l'histoire du Bureau, on a réclamé ce poste pour les meilleurs architectes du pays. Parfois, cette attitude a même été exprimée par des membres du gouvernement. En 1914, Adam Shortt, qui était alors président de la Commission de la fonction publique, contesta la décision de nommer E.L. Horwood, un architecte d'Ottawa peu connu, au poste d'Architecte en chef. Il écrivit :

> Dans les petites et grandes villes où ils seront construits, ces édifices occuperont naturellement quelques-uns des emplacements les plus visibles. Ils exigeront également une telle dépense de fonds publics qu'obligatoirement, ils deviendront des monuments architecturaux très importants dans les divers centres urbains. Pour tous les Canadiens, qui apprécient les occasions qu'offre une telle situation pour l'élévation des normes artistiques du grand public et pour la réputation de notre pays dans l'estime des visiteurs cultivés, l'importance du choix à faire pour le poste d'Architecte en chef du gouvernement du Dominion ne peut être sous-estimée.[2]

Sa lettre constituait un appel passionné à l'excellence dans l'architecture publique, mais elle signalait aussi un malentendu fondamental quant au rôle de l'Architecte en chef et de son bureau.

Dans la pratique, il n'y avait qu'une ressemblance très superficielle entre le Bureau de l'Architecte en chef et une firme privée d'architectes. Le bureau était responsable des nouvelles constructions, mais il était également chargé de la gestion, de l'entretien et des réparations régulières de la plupart des édifices qu'il construisait. Tous ces édifices formaient un vaste empire immobilier, et la gestion de ces propriétés engloutissait la plus grande partie de son budget de fonctionnement et de ses ressources humaines. Le fait que le ministère des Travaux publics était propriétaire des édifices qu'il construisait changeait de façon fondamentale les relations traditionnelles entre clients et architectes telles qu'elles existaient dans le processus de conception et de construction dans la pratique privée. Les édifices gouvernementaux étaient construits en fonction des exigences de base exprimées par les ministères qui devaient les occuper, sans pour autant en payer le coût de construction. Le ministère des Travaux publics et le Bureau de l'Architecte en chef étaient en même temps client et architecte. Le Ministère fournissait des services d'architecture au gouvernement, mais il était également le contrôleur financier des dollars fédéraux dépensés pour la construction. Il lui incombait de veiller à ce que l'argent soit dépensé de façon raisonnable et efficace. En même temps, s'exerçaient des pressions pour que l'argent soit réparti entre autant de projets que possible afin de satisfaire à la constante demande de nouveaux édifices venant des ministères du gouvernement, des différentes communautés et des politiciens qui les représentaient.

Le Bureau de l'Architecte en chef s'inscrivait dans une vaste bureaucratie gouvernementale, et il devait servir ses objectifs, ses priorités et ses normes de rendement, et s'y plier. Ces objectifs et ces priorités sont bien illustrés par les personnes choisies pour diriger le Bureau. Le poste d'Architecte en chef a toujours été occupé par des professionnels habiles et compétents, mais dès le départ, des antécédents professionnels reconnus au plan national n'ont jamais fait partie des exigences de l'emploi. Un bon Architecte en chef savait que son rôle était avant tout de gérer les propriétés fédérales, d'éviter de faire mal paraître le gouvernement en place, et d'administrer un programme de construction national d'une façon responsable tout en maintenant des normes acceptables de conception et de construction. La haute direction du ministère des Travaux publics a toujours considéré que ces qualités étaient cultivées dans l'organisation. Thomas Fuller (Architecte en chef de 1881 à 1897) a été le seul Architecte en chef à arriver dans ce poste avec une réputation internationale bien établie en tant qu'architecte nord-américain reconnu. Des neuf autres architectes en chef qui font partie de cette étude, sept étaient des fonctionnaires fédéraux de carrière, souvent sans aucune vie professionnelle hors de la bureaucratie fédérale. Deux venaient de modestes pratiques privées, et le dernier, James A. Langford (nommé Architecte en chef en 1963) a été recruté dans la fonction publique de la Saskatchewan, où il avait été sous-ministre des Travaux publics.

L'évolution du rôle du Bureau de l'Architecte en chef traduisait également les priorités et les valeurs véhiculées par l'administration fédérale. Lors de sa création, la principale fonction du Bureau était de gérer le parc immobilier du gouvernement fédéral et d'exécuter des projets de construction mineurs. Les projets de construction d'importance devaient être confiés par contrat à des architectes en pratique privée. La communauté des architectes hors de la fonction publique allait continuer à jouer un rôle clé, dessinant quelques-uns des plus beaux ouvrages d'architecture, et parmi les plus innovateurs, ainsi que des centaines d'édifices moins remarquables à travers le pays, mais très vite, le ministère des Travaux publics reconnut les avantages de garder à son emploi un personnel d'architectes permanents. Malgré des pressions constantes de la part des architectes de donner les travaux à contrat à des architectes privés, le Ministère a toujours justifié l'utilisation de son propre personnel. Les arguments utilisés étaient une plus grande efficacité, parce que ce personnel connaissait bien les besoins des divers ministères clients ou locataires, l'application de normes constantes, et surtout, l'importance de respecter les affectations budgétaires de départ. Dans les mots d'un ancien Architecte en chef, l'architecture gouvernementale était façonnée par trois considérations de base : le temps, l'argent et la qualité.[3] Il appartenait au Bureau de l'Architecte en chef de trouver un équilibre acceptable entre ces trois facteurs, le troisième étant généralement subordonné aux deux premiers.

Si l'on se place d'un point de vue critique, ce n'était pas là un climat qui invitait à l'innovation architecturale ou aux normes les plus élevées en matière d'excellence de design. L'exigence d'un contrôle attentif des coûts et de la rentabilité poussait à l'uniformisation et à la répétition des plans. Cela conduisait également le Bureau à se montrer réticent devant de nouvelles idées et de nouvelles techniques qui risquaient d'entraîner un projet sur des voies architecturales inconnues et imprévisibles. Pendant toute l'histoire du programme, le ministère des Travaux publics et le Bureau de l'Architecte en chef ont dû subir des critiques sévères de la part de la communauté des architectes. En 1911, la revue *Construction* publiait un éditorial au titre tout à fait explicite : « Un Architecte en chef compétent et des constructions gouvernementales représentatives, voilà les besoins les plus pressants pour l'avancement du Canada. »[4] Dans la même veine, en 1962, Sandra Gwyn analysait avec beaucoup de perspicacité les contraintes qui s'exerçaient sur la créativité des architectes gouvernementaux. Dans *Canadian Art*, elle écrivait :

> Le gouvernement s'intéresse davantage au produit fini, pour montrer au public qu'il en a eu pour son argent [...] L'activité du gouvernement en matière artistique est sujette aux pressions publiques et politiques [...] et ces pressions ont tendance à résulter en une timidité et une réserve inévitables.[5]

La solution à ce problème, dans les deux cas, était un système ouvert de compétition pour les grands projets architecturaux et des contrats directs avec des architectes indépendants pour les autres travaux.

Ces critiques n'étaient pas sans fondement, mais le sentiment d'insatisfaction à l'égard de la qualité de l'architecture fédérale n'était quand même pas unanime. La conception des édifices gouvernementaux devait répondre aux besoins de trois groupes de clients principaux : les politiciens, le gouvernement et le public. Chacun de ces groupes avait ses propres attentes et exigences à cet égard. Pour les politiciens, les édifices publics constituaient un outil du pouvoir politique, utilisé pour répandre les largesses fédérales sur les communautés, les villes et les régions méritantes. Les politiciens s'intéressaient énormément au programme fédéral de construction, mais si l'on s'en tient à la substance des débats à la Chambre des communes, leur première préoccupation était de savoir où l'argent était dépensé, et s'il était dépensé de façon responsable. Comme le montrent bien les expériences de la construction des premiers édifices du Parlement dans les années 1850 et 1860, de l'édifice Langevin dans les années 1880, et du Centre national des arts dans les années 1960, les accusations de dépassement des coûts et de mauvaise gestion financière pouvaient faire très mal au gouvernement, de quelque parti qu'il fût. Par contre, les accusations de conservatisme architectural ou de timidité artistique étaient sans gravité.

Pour le gouvernement, les édifices fédéraux revêtaient deux fonctions principales. Ils devaient bien sûr servir à loger les institutions gouvernementales nécessaires, mais ils avaient également un rôle important à jouer en tant que symboles de la présence fédérale dans les communautés et les villes du pays. Dans certains cas, ces symboles devaient prendre la forme de monuments architecturaux imposants. Les nouveaux édifices gouvernementaux construits pour des institutions nationales importantes, ou les édifices situés en des endroits très visibles à Ottawa ou dans d'autres grands centres urbains, devaient avoir un caractère de monumentalité revêtant le niveau le plus élevé d'excellence dans la conception et la construction. L'architecture du gouvernement fédéral n'était pas généralement reconnue comme une force d'innovation dans l'architecture canadienne, mais ces édifices donnaient l'occasion de mettre en évidence le travail d'un bon nombre des meilleurs architectes du pays, travail qui s'inscrivait dans les courants principaux des grandes tendances architecturales du moment.

La plupart des édifices fédéraux étaient bâtis sur une échelle modeste et économique, mais même alors, ils devaient projeter une image architecturale dont la dignité rejaillirait favorablement sur l'État. L'édifice fédéral typique, comme l'édifice du gouvernement du Canada, le bureau de poste, le bureau de douane, le manège militaire, comme aussi toute une série d'autres édifices fonctionnels, était une construction solide et bien conçue qui prenait une place importante dans la communauté environnante en vertu de ses dimensions et de sa situation centrale. Dans la plupart des cas, il ne s'agissait pas de réalisations architecturales remarquables, mais invariablement, ces constructions étaient accueillies avec enthousiasme et considérées comme des actifs agréables et précieux pour la communauté. L'architecture fédérale était le produit du gouvernement et de la bureaucratie, mais c'était également une expression des goûts et des attentes artistiques du public. Après cent ans d'architecture gouvernementale, il semblerait que les attentes du public à l'égard de l'architecture fédérale ont été généralement comblées par de beaux édifices bien dessinés réalisant un bon équilibre entre la dignité architecturale et une économie raisonnable.

L'architecture du ministère des Travaux publics a évolué dans le cadre des limites et des restrictions imposées par le gouvernement ; d'un point de vue critique, on pourrait sans doute affirmer que l'architecture gouvernementale fédérale n'a pas su exploiter toutes ses possibilités. D'un point de vue historique cependant, en tenant compte de ce qui a été construit plutôt que de ce qui aurait pu être construit, les réalisations du Bureau de l'Architecte en chef au cours des cent années à l'étude ont été considérables. Le Bureau a présidé à la construction d'un grand nombre des ouvrages les plus remarquables du pays. À Ottawa, les édifices qu'il a construits ou fait construire et les nombreuses tentatives d'aménagement urbain ont transformé un petit centre provincial du commerce du bois en une capitale nationale digne de ce nom, qui en est venue à symboliser le pays dans son ensemble. La contribution la plus importante du ministère des Travaux publics et du Bureau de l'Architecte en chef ne se trouve pas dans les quelques édifices primés, mais dans les milliers de petits édifices gouvernementaux qu'on peut trouver dans les villes, les villages et les communautés rurales à travers le pays. Les édifices dessinés par et pour le ministère des Travaux publics étaient souvent conformes à des plans et à des types uniformisés, mais ensemble, ils donnent une image cohérente et reconnaissable du gouvernement fédéral, et tissent ainsi des motifs communs dans le tissu culturel bariolé de ce pays.

CHAPITRE UN

L'édification d'une nouvelle nation, 1867–1881

Entre 1867 et 1881, le ministère des Travaux publics du Canada a posé les fondements de ce qui allait devenir un vaste réseau d'édifices et d'établissements fédéraux. Il a également établi les structures de base d'une administration, qui allaient définir le processus de la construction publique au sein du gouvernement fédéral au cours des cent années à venir. Au cours de ces quinze premières années, le Ministère allait se charger de la construction d'une grande variété d'édifices, comme des manèges militaires, des pénitenciers fédéraux, des stations de quarantaine, des centres d'immigration et des hôpitaux de la marine. Mais la partie la plus visible du programme de construction entrepris après la Confédération fut les vingt-cinq nouveaux bureaux de poste, bureaux de douane et édifices publics urbains, dessinés dans le riche style ostentatoire du Second Empire. Ces édifices devaient loger les services fédéraux mais ils remplissaient également une importante fonction symbolique. La Confédération s'appuyait sur une union malaisée entre des régions disparates, chacune avec sa propre identité et ses propres buts, souvent en conflit. Les nouveaux édifices fédéraux, et particulièrement les grandes structures coûteuses situées stratégiquement dans les principaux centres urbains, manifestaient fermement la présence du nouveau gouvernement fédéral dans la communauté, et créaient un symbole impressionnant et manifeste d'un gouvernement qui projetait une image de prospérité, de stabilité et d'assurance.

L'héritage colonial, 1867–1869

Les deux années qui ont suivi la Confédération ont marqué une transition. Les rôles et les responsabilités du ministère des Travaux publics ont été officiellement définis par une loi du Parlement votée en décembre 1867,[1] mais le nouveau ministère fédéral a été formé à partir du département des Travaux publics du gouvernement colonial du Canada-Uni.[2] L'ancienne organisation et son personnel ont été simplement absorbés par le nouveau niveau de gouvernement et la nouvelle bureaucratie. La plus grande partie de la construction gouvernementale restait sous le contrôle de la Direction du génie, dirigée par l'Ingénieur en chef John Page. Les édifices publics, qui ne formaient qu'une partie relativement réduite de ce programme, étaient administrés en principe par l'Ingénieur en chef adjoint, F.P. Rubidge, qui appartenait à l'organisation depuis 1841.[3]

Au cours des premières années, très peu de nouveaux projets ont été lancés. Le personnel était pleinement occupé à faire l'inventaire et à répartir les responsabilités et les propriétés fédérales et provinciales. Le nouveau Ministère héritait également d'un inventaire considérable d'édifices, comprenant six bureaux de poste et dix bureaux de douane, ainsi que d'autres édifices spécialisés tels que des stations de quarantaine, des abris pour immigrants et des hôpitaux de la marine.[4] La plupart de ces édifices se trouvaient à Montréal, à Toronto, à Kingston et à Québec, et ils étaient construits dans le style classique ou dans le style de la Renaissance italienne caractéristiques des édifices publics dans les colonies britanniques à travers le monde. Le gouvernement fédéral hérita également de la responsabilité des édifices du Parlement à Ottawa, édifices qui avaient été construits pour loger le gouvernement du Canada-Uni (figure 1.1). Du point de vue architectural, ces édifices constituaient l'un des plus beaux exemples de l'architecture néo-gothique de l'apogée victorien en Amérique du Nord. Le vocabulaire décoratif était inspiré du style gothique vénitien; la composition et le traitement des matériaux traduisaient l'éclectisme pittoresque qui caractérisait l'esthétique architecturale britannique du milieu du XIXe siècle.[5] Dans un site spectaculaire sur un promontoire élevé surplombant la rivière des Outaouais, le premier complexe comprenait trois édifices séparés groupés de façon symétrique autour d'un grand espace dégagé. L'édifice du Centre, dessiné par Thomas Fuller et Chilion Jones, logeait la Chambre des communes, le Sénat, la Bibliothèque, ainsi que les bureaux des membres des deux Chambres. Les deux édifices flanquants, dessinés par F.W. Stent et Augustus Laver, logeaient les divers ministères du gouvernement. La construction avait commencé en 1859, et les édifices avaient été occupés en 1865, mais à cause de toutes sortes de dépassements de coûts et d'une mauvaise gestion générale, la construction devait se poursuivre pendant une autre décennie.[6] Comme on le verra plus loin dans ce chapitre, les édifices du Parlement – l'achèvement de la bibliothèque, l'élaboration d'un aménagement paysager et la construction d'une grande rallonge à l'édifice de l'Ouest – devaient continuer à préoccuper le Ministère tout au long des années 1870.

L'importance de cet ensemble transcende les mérites esthétiques de son architecture. Même s'ils étaient l'œuvre d'un gouvernement colonial, ces édifices allaient constituer un symbole évocateur du Canada. L'historicisme éclectique de cet ensemble interprétait librement les traditions architecturales européennes et britanniques, et semblait exprimer l'identité nationale distincte du Canada, elle-même définie comme un mélange éclectique de racines culturelles britanniques et françaises transplantées dans un climat nordique. Tout au long de l'histoire de la construction fédérale, les figures visuelles et symboliques de ces bâtiments devaient exercer une forte influence sur l'identité architecturale et culturelle du gouvernement fédéral dans la capitale nationale.

La redéfinition du ministère des Travaux publics, 1869–1871

La période de transition se termina avec la nomination d'Hector-Louis Langevin (1826–1906) comme ministre des Travaux publics en décembre 1869.[7] Alors âgé de quarante-deux ans, Langevin était relativement jeune pour ce poste, mais c'était une personnalité montante dans le caucus conservateur québécois qui allait par la suite assumer le rôle de principal ministre québécois de sir John A. Macdonald. Langevin avait toutes les capacités nécessaires pour ce poste, et ses compétences d'administrateur avaient été remarquées tôt dans sa carrière. En 1872, le premier ministre écrivait au gouverneur général, Lord Monck, que « Il [Langevin] s'est révélé un administrateur de premier ordre, prompt, décisif et d'un bon jugement. C'est le meilleur ministre des travaux publics que j'ai jamais vu au Canada. »[8] Pendant sa carrière, Langevin allait exploiter son portefeuille pour en faire profiter ses amis et ses partisans, mais on pourrait arguer que le jugement de Macdonald sur Langevin comme le meilleur des ministres des travaux publics du pays pourrait encore s'appliquer aujourd'hui.[9]

Langevin considérait les travaux publics comme un élément important de toute initiative fédérale dans une communauté, et sous sa direction, la construction publique allait acquérir une visibilité beaucoup plus grande. Des édifices publics de belle allure constituaient la preuve tangible que le gouvernement intervenait de façon positive dans l'aménagement urbain. En 1885, Langevin, toujours à la tête du ministère des Travaux publics, répondait aux reproches que l'on dépensait trop d'argent pour la construction de divers édifices en affirmant vigoureusement que le gouvernement avait besoin « de bureaux publics proportionnés à la richesse et à l'étendue de la ville. Il n'est pas digne du Dominion d'avoir ses bureaux publics dans un édifice loué ou délabré dans les grandes villes. »[10] Pendant vingt et un ans, à l'exception d'une absence en

1.1. Lithographie de J.W. Winham et W.R. Berry des édifices de la colline du Parlement, à Ottawa, en Ontario, dans les années 1870. Architectes de l'édifice du Centre : Thomas Fuller et Chilion Jones ; architectes des édifices de l'Est et de l'Ouest : Augustus Laver et F.W. Stent ; aménagement paysager de Calvert Vaux, 1873. ANC, C-947.

tant que ministre de 1873 à 1879, l'énergie et l'enthousiasme de Langevin allaient animer ce ministère. Son administration, particulièrement dans les dernières années, devait être considérée comme l'âge d'or de l'architecture fédérale au Canada.

En moins d'une année après l'arrivée de Langevin, trois grands projets de construction se trouvaient aux premières étapes de la planification, et quatre autres étaient à l'étude. Pour mener un si vaste programme de construction publique, Langevin décida qu'un bureau de l'architecte, distinct et indépendant du bureau de l'ingénieur, serait nécessaire. Rubidge était la personne toute désignée pour diriger la nouvelle section, et manifestement, il voulait le poste, mais il était également manifeste que Langevin voulait du sang neuf. À contrecœur, Rubidge quitta la fonction publique en 1871, et au printemps de cette année, on fit appel à Thomas Seaton Scott, un architecte privé travaillant à Montréal, pour diriger le nouveau bureau. Au départ, on le désigna simplement comme architecte, mais en février 1872, il réussit à convaincre les hauts fonctionnaires du Ministère de lui accorder le titre plus glorieux d'Architecte en chef.[11]

Le titre Architecte en chef a toujours fait penser à un architecte de la Cour, un maître-architecte exerçant un contrôle d'ensemble sur les plans et marquant de sa personnalité et de sa sensibilité esthétique tous les édifices construits par le Ministère. L'importance apparente de ce poste était encore renforcée par le fait qu'il contrôlait le plus gros budget de construction publique au pays. Pendant toute l'existence du Bureau de l'Architecte en chef, la communauté des architectes allait réclamer que ce poste ne soit donné qu'aux meilleurs architectes du pays. Le refus constant du gouvernement de combler ce poste en fonction de ce critère devait être une source perpétuelle de friction entre les deux groupes.

Cette différence d'opinion venait de la définition donnée par le gouvernement à la nature du poste et des compétences requises pour le remplir. Le Bureau de l'Architecte en chef était souvent considéré comme la firme d'architectes du gouvernement, mais dans la pratique, son rôle était beaucoup plus complexe et diversifié. Dès le début des années 1870, le Bureau avait pris la responsabilité non seulement des plans et de la construction des édifices publics, mais également de leur entretien et des réparations nécessaires.[12] Il s'agissait d'une fonction double qui devait être accomplie par un architecte qui allait agir non seulement comme architecte principal, mais également comme administrateur en chef d'un vaste programme de gestion immobilière.

En fait, au cours de ces premières années, la fonction principale de l'Architecte en chef était de gérer plutôt que de concevoir. En 1871, le ministre des Travaux publics écrivait au Conseil privé pour lui recommander de n'engager que le moins d'employés possible dans les bureaux de l'architecte et de l'ingénieur. Quand il y avait des travaux à effectuer, on donnait un contrat à un architecte ou à un ingénieur en pratique privée. Selon les idées de Langevin, on engagerait un architecte à Ottawa « pour diriger les travaux architecturaux autorisés par le gouvernement du Canada et pour contrôler et régler le progrès et les dépenses de ces travaux ».[13] Comme le Bureau de l'Architecte en chef n'était pas appelé à réaliser d'importants travaux de conception, Langevin précisa seulement que le Ministère retiendrait les services d'un architecte « avec une certaine expérience du dessin ».[14]

Le choix de Thomas Seaton Scott devait être indicatif du profil qui serait celui de l'architecte principal ou de l'Architecte en chef. À l'époque de sa nomination, Scott s'était bâti une pratique relativement prospère à Montréal, mais on ne l'aurait pas considéré comme l'un des chefs de file dans le monde de l'architecture canadienne.[15] Né en Angleterre en 1826, il avait émigré à Montréal dans les années 1850, supposément pour travailler en quelque capacité non précisée à la construction du pont Victoria. On l'engagea ensuite pour superviser la construction de la cathédrale Christ Church à Montréal, qui avait été dessinée par l'architecte anglais Frank Wills. Le rôle joué par Scott dans la construction de cet édifice, l'un des plus beaux exemples du style néo-gothique de cette période, devait lui permettre d'ouvrir son propre bureau d'architecte, mais il n'allait jamais réaliser un ouvrage de ces dimensions ou de cette qualité de son propre chef.[16] Scott ne s'était pas manifesté comme un brillant concepteur, mais il avait démontré qu'il était un maître d'œuvre capable dans sa supervision compétente de projets de construction tels que la cathédrale Christ Church. C'était là exactement la compétence que devait avoir l'architecte du gouvernement fédéral dans les années 1870.[17]

1.2. Bureau de poste de Toronto, Toronto (Ontario), 1871–1874. Architecte : Henry Langley. L'édifice a été démoli en 1960 pour faire place à un nouvel édifice fédéral, l'édifice William-Lyon-Mackenzie, commencé en 1961. ANC, PA-149200.

La définition d'une image architecturale pour le nouveau Dominion

L'organisation du Bureau de l'Architecte en chef coïncidait avec une décision consciente de redéfinir l'image architecturale des édifices gouvernementaux. Le médiévisme pittoresque des édifices du Parlement, qui allait apparaître au début du XXe siècle comme un symbole évocateur et reconnaissable du gouvernement du Canada, ne semblait pas approprié aux années 1870. Bien que très admirés pour l'excellence des plans et de la construction, les édifices du Parlement étaient malgré tout l'œuvre de l'ancien système de gouvernement, et étaient associés aux anciens liens coloniaux. Le nouveau gouvernement cherchait clairement à se donner une nouvelle image architecturale qui le démarquerait du passé.

Un groupe d'édifices fédéraux américains d'après la guerre de Sécession, conçus à la fin des années 1860 et au début des années 1870 dans le style ostentatoire du Second Empire, allaient fournir un modèle approprié.[18] Au mois de mars 1870, John Drewe, inspecteur du service postal pour la division de Toronto, offrit au ministère des Travaux publics un ensemble de plans pour un bureau de poste qui avait été dessiné par Alfred B. Mullett.[19] Mullett était l'architecte superviseur du Département du Trésor à Washington, et avait été responsable des édifices fédéraux des États-Unis. Les plans de Mullett, d'abord proposés pour le nouveau bureau de poste de la ville de Québec mais laissés de côté pour une raison inconnue, furent remis sur la table au cours de la préparation des plans du nouveau bureau de poste de Toronto. En novembre 1870, on engagea l'architecte de Toronto Henry Langley pour en préparer les plans, tout en lui donnant des instructions claires que son dessin devait se conformer généralement aux plans fournis par le Ministère (figure 1.2).[20]

Le plan du bureau de poste de Toronto était représentatif du style Second Empire tel qu'il avait évolué en Amérique du Nord ; à bien des égards, il était l'antithèse architecturale des édifices du Parlement.[21] Bien que les deux styles aient été des manifestations de l'éclectisme de l'apogée victorien, l'un était européen et séculier dans ses associations, tandis que l'autre était britannique et ecclésiastique. Le style Second Empire prenait son inspiration dans les monuments grandioses de la cour française de Louis-Napoléon, comme le nouveau Palais du Louvre (1852–1857) de L.T.J. Visconti et Hector-Martin Lefuel. Des caractéristiques comme le toit en forte pente à la Mansart et l'organisation horizontale de la façade en étages définis par les ordres classiques étaient inspirées de l'architecture de la Renaissance française et italienne, mais ces sources étaient librement interprétées. L'ornementation était lourde et sculpturale. L'agencement complexe des masses, de plan symétrique mais interrompu par des pavillons en saillie, créait une architecture ostentatoire et exubérante. Le traitement très orné du toit, défini par une tour surélevée, des crêtes en fer forgé et des lucarnes ornées, traduisait le goût victorien pour les effets variés et pittoresques.

L'agencement de l'intérieur du bureau de poste de Toronto proposait également un modèle qui allait être repris dans d'autres édifices de ce type.[22] Tout le rez-de-chaussée du bloc principal logeait le grand hall postal. Comme tous les bureaux de poste fédéraux, cet espace public était décoré d'une manière grandiose et opulente. Des pilastres corinthiens supportaient une corniche ornée qui courait tout autour de la salle. Pour créer un sentiment d'espace et pour permettre beaucoup de flexibilité intérieure, de minces colonnes en fonte servaient d'appuis internes à ce niveau. L'écran et le comptoir qui séparaient le hall public des espaces de travail étaient peu élevés de façon à ne pas nuire à l'impression d'espace. À cause de la grande quantité de courrier traité dans cet édifice, une grande aile à un seul étage s'étendait à l'arrière pour loger les espaces de travail où l'on triait le courrier. Typiquement, cet espace était éclairé par un puits de lumière. Les étages supérieurs abritaient des espaces à bureaux, dont certains devaient demeurer inoccupés en vue d'une expansion future. Ces espaces étaient décorés de façon plus modeste.

Le bureau de poste de Toronto était l'un des édifices les plus coûteux et les plus détaillés érigés par le gouvernement fédéral au cours de cette période. Édifice important dans un grand centre urbain, il était construit avec des matériaux et des techniques de construction qui devaient en faire un monument public durable, projetant une apparence de solidité et de permanence. L'élévation principale était revêtue de calcaire importé de l'Ohio. Dès le début du XXe siècle, les pressions politiques allaient obliger à l'utilisation de matériaux locaux ou canadiens, mais dans les années 1870, le gouvernement avait encore beaucoup plus de latitude. Les architectes pouvaient réclamer l'utilisation de pierres importées si les matériaux locaux n'avaient pas la couleur désirée ou ne pouvaient pas être sculptés comme ils le voulaient. Au fur et à mesure du renforcement de l'industrie de la pierre taillée au Canada, l'utilisation de pierres en provenance de l'étranger allait devenir plus rare dans la construction fédérale. Seules les élévations principales ou les façades sur rue de l'édifice de Toronto étaient revêtues de pierre. Les murs latéraux et arrière étaient revêtus avec les briques jaunes de fabrication locale typiques de Toronto. La corniche très ornée était de fer galvanisé, et la forte pente du toit à la Mansart était recouverte d'ardoises provenant de Richmond, au Québec. Les techniques et les matériaux de construction étaient également choisis pour leur durabilité et leur résistance au feu. Les murs extérieurs étaient en maçonnerie, tandis que la structure interne était faite d'un assemblage de colonnes en fonte et de poutres en fer forgé importées. Les murs intérieurs étaient construits en brique.[23]

Le choix de l'emplacement jouait également un grand rôle dans l'implantation d'un nouvel édifice public. De nombreux facteurs venaient influencer le choix d'un emplacement particulier. Par ses dimensions et sa fonction, un édifice public représentait un pôle d'attraction important dans la communauté, et l'achat d'un terrain par le gouvernement fédéral représentait un profit économique non seulement pour le propriétaire du terrain, mais également pour les propriétaires des terrains avoisinants. Il était donc inévitable que le gouvernement cherche à diriger ces avantages économiques vers ses partisans. Mais dans ce cadre de politique et de favoritisme, le ministère des Travaux publics recherchait également des emplacements bien situés et commodes pour le public, et qui feraient de l'édifice un monument central dans la trame urbaine. Le bureau de poste de Toronto illustre très bien cette utilisation consciente et efficace de l'emplacement. On privilégiait généralement les emplacements sur un coin de rue, mais cet édifice se trouvait au sommet d'une jonction en T formée par les rues Toronto et Adelaide, où il formait un front de scène monumental au bout de la rue Toronto (figure 1.3).

1.3. Bureau de poste de Toronto, rue Adelaide, vu de la rue Toronto dans les années 1890. ANC, RD-348.

Avec le bureau de poste de Toronto, le gouvernement fédéral avait créé un prototype pour les édifices fédéraux qui allait s'imposer pour la décennie à venir. Lorsque Scott prit ses fonctions à Ottawa, on s'attendait à ce qu'il accepte cette nouvelle image architecturale des édifices publics. Les travaux antérieurs de Scott n'avaient en fait montré aucune inclination pour le style Second Empire, puisqu'il s'était fait connaître comme dessinateur d'églises néo-gothiques. C'est peut-être pour cette raison que les premières activités de Scott en tant qu'architecte du gouvernement furent de se familiariser avec le genre approuvé en visitant les villes de Portland, Boston et New York, où l'on pouvait voir de nouveaux édifices construits par Alfred Mullett.[24] À son retour à Ottawa en 1871, Scott embrassa avec enthousiasme cette politique architecturale.

Au cours des trois années suivantes, une poussée d'activités de construction allait produire quelques-uns des plus beaux exemples du style Second Empire au pays. Le bureau de poste de Montréal, par H.-M. Perrault (1872–1876), et le bureau de douane de Toronto, par R.C. Windeyer (1873–1876), illustraient très bien la richesse qui caractérisait cette période de l'architecture publique (figures 1.4 et 1.5). L'édifice de Montréal faisait appel à un vocabulaire classique plus formel, avec des colonnes corinthiennes monumentales et une abondance de détails en pierre et en fonte qui mettait en évidence l'habileté des maçons montréalais. Le bureau de douane de Toronto adoptait une interprétation plus flamboyante du style Second Empire. L'extérieur était articulé par une séquence verticale de piliers rustiques, de pilastres à panneaux et de pilastres jumelés. La qualité légère et délicate des détails faisait contraste avec le caractère plus lourd et plus robuste de l'édifice de Montréal. Comme dans le cas de l'édifice de Toronto, le rez-de-chaussée du bureau de poste de Montréal était occupé par un grand espace ouvert supporté par des colonnes en fonte qui logeait le hall postal et la salle du courrier.

Le bureau de douane de Toronto était remarquable par son plan intérieur recherché et inhabituel. L'édifice a été démoli en 1919, mais les dessins d'architecture détaillés montrent un intérieur somptueux qui surpassait la plupart des autres édifices fédéraux par sa grande allure et l'abondance des détails (figure 1.6). L'entrée principale et le vestibule ouvraient sur un grand escalier qui s'élevait de trois étages jusqu'à un lanterneau tout en haut. Un large escalier central menait jusqu'à la grande salle des douanes au deuxième niveau. Cette salle, qui servait de salle principale d'accueil et de travail, se trouvait au cœur du plan, et sa fonction centrale était clairement exprimée par la qualité des détails intérieurs. Mesurant soixante pieds sur quarante pieds, la salle s'élevait sur deux étages jusqu'à un haut plafond voûté. De hautes fenêtres cintrées sur trois côtés de la salle fournissaient un excellent éclairage. La corniche, les fenêtres et les cadres de porte ainsi que les deux foyers étaient décorés d'ornements richement sculptés et façonnés en bois et en plâtre.

Ces nouveaux édifices gouvernementaux furent accueillis avec enthousiasme dans les communautés ; leur signification symbolique était clairement perçue par le public. Un article écrit et publié à Toronto en 1884 décrit les contributions récentes du gouvernement fédéral à l'environnement local :

> Le bureau de douane fait partie de nos édifices publics qui, comme le bureau de poste principal, illustrent avec force les grands progrès réalisés par notre ville au cours des dix dernières années [...] Comme dans le cas du bureau de poste principal, la beauté architecturale du bureau de douane est mise en évidence par son emplacement central et dominant. C'est un palais qui est digne des intérêts commerciaux d'une grande cité progressiste.[25]

Dans les villes plus petites, les bureaux de douane se trouvaient généralement au-dessus du bureau de poste, mais dans les grandes villes, le bureau de douane éclipsait bien souvent le bureau de poste. Jusqu'en 1917, année de l'introduction d'un impôt fédéral sur le revenu, les recettes douanières constituaient la principale source de revenus du gouvernement fédéral, et les bureaux de douane représentaient donc une source importante de la richesse de la nation.[26] Un édifice de ce genre devait avoir un espace public impressionnant pour marquer son importance dans la vie économique locale.

Généralement, le bureau de douane du XIXe siècle logeait les services administratifs et les services publics ; un entrepôt séparé, l'entrepôt de vérification des douanes, était souvent adjacent à l'édifice. Dans les

1.4. Bureau de poste, rue Saint-Jacques, Montréal (Québec), 1872–1876. Architecte : H.-M. Perrault. Démoli. ANC, PA-53140.

1.5. Bureau de douane, au coin des rues Yonge et Front, Toronto (Ontario), 1873–1876. Architecte : R.C. Windeyer. L'édifice a été démoli dans les années 1910 pour faire place au nouveau bureau de douane, dont les travaux n'ont commencé qu'en 1929. ANC, PA-46479.

années 1870, on construisit deux importants entrepôts de vérification des douanes, l'un à Toronto et l'autre à Montréal.[27] Adoptant le plan typique d'un entrepôt, ces bâtiments offraient des plans ouverts et une construction résistante au feu, faite de colonnes de fonte, de poutres en fer forgé et de planchers en ciment. Avec le début du XXe siècle, le bureau de douane allait réunir les bureaux publics et l'entrepôt de vérification dans un seul édifice.

Des édifices comme le bureau de poste de Montréal et le bureau de douane de Toronto représentaient les produits les plus remarquables du programme fédéral de construction jusqu'en 1881. Comme ils étaient situés dans de grands centres urbains, les budgets généreux de ces édifices somptueux pouvaient se justifier. Dans les communautés plus petites, le personnel de Scott dessinait et construisait des édifices plus modestes. Le bureau de douane de Victoria, dessiné en 1873, est un bon exemple de ce type d'édifice (figure 1.7). L'utilisation du toit à la Mansart range cet édifice dans la famille architecturale fédérale, mais son architecture est réduite à son expression la plus économique. Construit en brique plutôt qu'en pierre, plus coûteuse, il utilise un plan de masse simple aux détails modestes, avec une corniche en bois sur consoles, des pierres d'angle sur les coins, et des garnitures de pierre taillée autour des fenêtres et de l'entrée. Cet édifice représentait le premier exemple d'un plan maison typique, qui allait s'imposer de plus en plus au cours de la décennie subséquente.

L'émergence d'un Bureau de l'Architecte en chef autonome

En novembre 1873, le gouvernement conservateur de sir John A. Macdonald était défait à la Chambre des communes, et un nouveau gouvernement fédéral sous le leadership d'Alexander Mackenzie prenait la relève. Les changements de gouvernement ne changeaient pas nécessairement le train-train habituel d'un ministère du gouvernement, mais en ce cas-ci, le transfert de pouvoir marquait un changement notable de politique. En tant que chef de l'opposition, Mackenzie avait vigoureusement attaqué le Ministère pour son extravagance, son gaspillage et sa

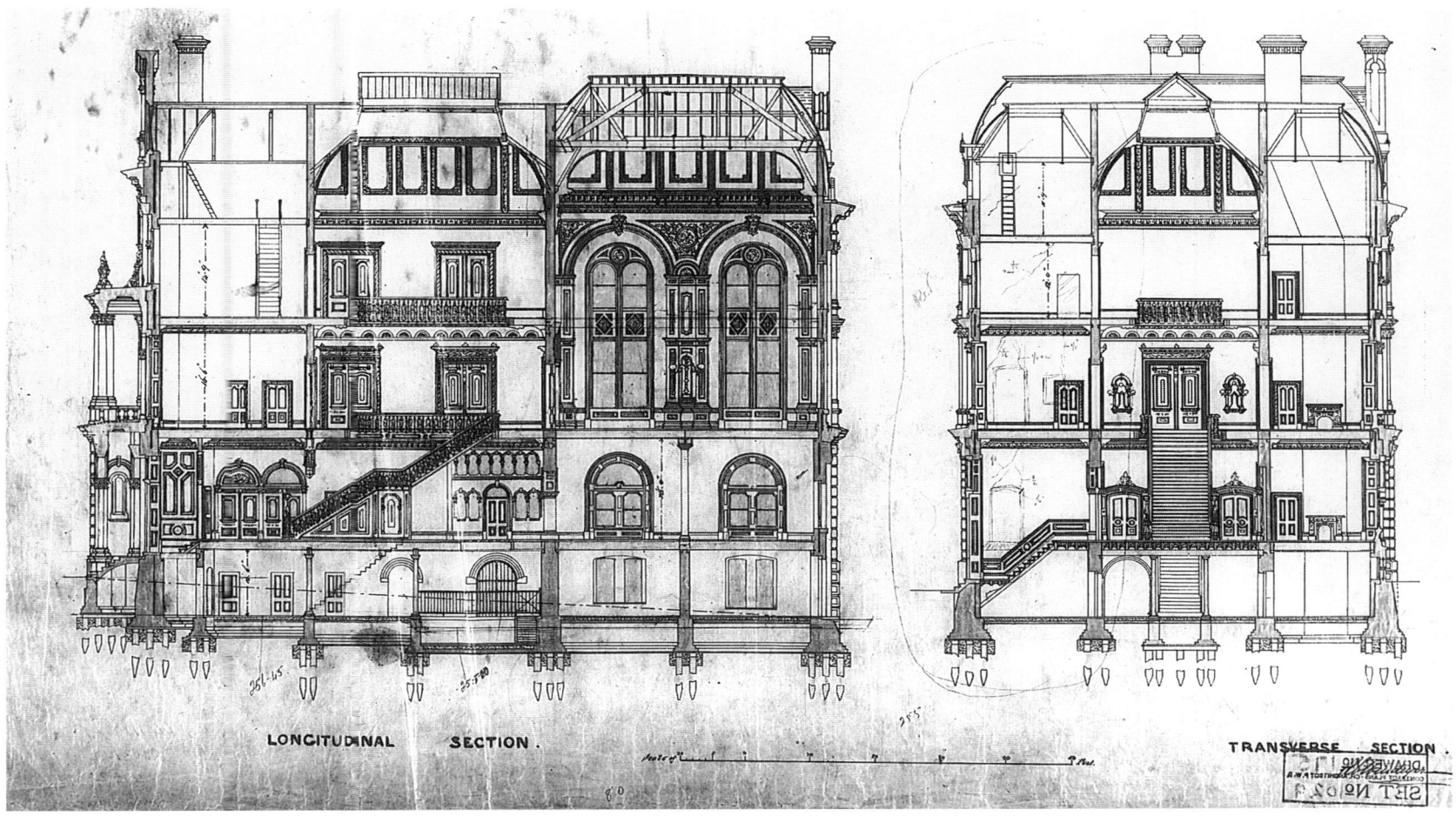

1.6. Coupe architecturale, bureau de douane de Toronto. Le profil en long permet de voir la salle des comptoirs qui s'élève sur deux étages. ANC, NMC 39532.

1.7. Bureau de douane, Victoria (Colombie-Britannique), 1873–1875. Plans préparés par le Bureau de l'Architecte en chef. Travaux publics et Services gouvernementaux Canada, Services des relevés des richesses du patrimoine, 1980.

corruption. Son parti était arrivé au pouvoir sur une plate-forme de responsabilité financière et de gouvernement efficace. Pour s'assurer de remplir ses promesses électorales, Mackenzie, qui avait reçu une formation de maçon, décida de prendre lui-même le portefeuille des travaux publics.[28] L'arrivée de son gouvernement libéral coïncidait avec une récession économique, entraînant une diminution des recettes fédérales. Ces deux facteurs créent un climat de sobriété qui allait se refléter clairement dans les édifices.

Mais plus encore, le processus même de la conception des édifices publics au sein du gouvernement fédéral allait changer. Sous Langevin, le bureau avait agi surtout comme une instance d'administration et de coordination des contrats accordés à des architectes privés, mais après 1873, peu de contrats allaient être attribués, et la plupart des nouveaux plans seraient préparés par Scott et son personnel. En ramenant le processus de conception à l'intérieur de la bureaucratie fédérale, le gouvernement était en mesure d'exercer un contrôle beaucoup plus étroit des dépenses. Cette nouvelle politique marquait le début d'une expansion et d'une autonomie grandissantes de la bureaucratie des constructeurs au sein du gouvernement fédéral qui allaient se poursuivre jusque dans les années 1930.[29]

La nouvelle politique allait également déclencher le débat récurrent pour savoir qui devait être responsable de la conception des édifices gouvernementaux. Tout au long de l'histoire du Bureau, le lobby des architectes allait insister que le recours à des architectes privés résulterait en une qualité supérieure des plans, mais ceci n'était vrai que si l'on faisait appel aux meilleurs architectes. Au gouvernement, le choix de l'architecte était fait par les politiciens, et en conséquence, il fallait tenir compte tant des affiliations politiques que des qualifications professionnelles. Le choix de l'architecte de Toronto R.C. Windeyer pour dresser les plans du bureau de douane de Toronto illustre bien la nature de ce processus. En 1872, Langevin écrivait au Premier ministre :

> Si vous n'avez pas d'objections, je vais désigner M. Windhier [sic] et son associé comme architectes des travaux du bureau de douane de Toronto. Windhier est fortement recommandé par Beatty et Harrison et appuyé

par un vrai gentilhomme, son neveu, qui est un grand ami à vous. Il s'agit d'une question qui presse. Qu'en dites-vous?[30]

Pour un politicien, le choix d'un architecte était l'une des façons de rendre une faveur politique, de récompenser la loyauté politique, ou simplement de démontrer à ses commettants son influence politique et sa capacité d'agir dans leur intérêt.

Pourtant, pour les politiciens et la bureaucratie, ces petites nominations de favoritisme représentaient pour la plupart un embêtement administratif qui ne rapportait que peu d'avantages politiques.[31] Le gouvernement subissait toujours des pressions irrésistibles et compréhensibles d'engager quelqu'un de l'endroit dans toute la mesure du possible, et ces pressions ne conduisaient pas toujours à l'engagement du meilleur architecte ou du plus compétent. Il était plus facile de maintenir des normes de conception cohérentes et d'imposer des contrôles budgétaires étroits en faisant exécuter les premiers travaux de planification et de conception par la bureaucratie fédérale. Dans l'ensemble, le personnel était mieux au courant des besoins spécialisés des ministères clients, et plus habitué à accepter les contraintes imposées par le gouvernement. Ainsi, les politiciens n'avaient pas à subir les demandes pressantes des architectes à la recherche de contrats, et ils n'avaient pas à se mêler de l'entreprise délicate du choix d'un architecte au détriment d'un autre.

Les effets de cette nouvelle politique devaient se manifester clairement dans le caractère des édifices construits sous l'administration libérale. Alors que les édifices du début des années 1870 avaient fait la preuve d'une grande générosité dans les dépenses en même temps que d'un individualisme marqué dans la conception, sous l'administration Mackenzie, leur exécution montrait une forte tendance à l'économie. Les édifices publics étaient toujours des symboles de l'État, mais ils étaient maintenant les symboles d'un État régi par le sens de l'économie et de la responsabilité financière.

Au cours de cette période, on allait construire moins d'édifices, et ceux qu'on allait construire seraient plutôt des édifices compacts, de dimensions réduites, semblables dans leur conception au bureau de douane de Victoria.[32] Le bureau de poste de Fredericton, au Nouveau-Brunswick, dessiné dans les derniers jours du gouvernement Mackenzie, donne un bon exemple de ce type de construction. D'une dimension et d'une ornementation modestes quand on le compare à un édifice comme le bureau de poste de Toronto, il démontre néanmoins une maturité croissante dans la qualité des plans établis par le Bureau. Les beaux contrastes entre la brique et la pierre et l'accent central créé par l'architrave imposante de l'entrée et par la tour surélevée sauvent ce dessin, à peu de coût, du plan purement fonctionnel pour en faire un important édifice gouvernemental (figure 1.8).

Même les édifices de plus grandes dimensions, comme l'édifice Mackenzie (1876–1878), qui formait le noyau du Collège militaire royal de Kingston nouvellement créé, démontraient cet esprit d'économie (figure 1.9).[33] Le toit à la Mansart avec des crêtes en fer forgé et la disposition symétrique des pavillons de cet édifice étaient tout à fait caractéristiques du style Second Empire, mais la qualité de l'ornementation contrastait fortement avec des bâtiments comme le bureau de douane de Toronto ou le bureau de poste de Montréal. Construit avec le calcaire très dur de Kingston, l'articulation de la façade était sévère, avec des garnitures très simples en pierre taillée.

L'édifice Mackenzie est également l'un des rares édifices fédéraux des années 1870 dont l'intérieur est toujours intact. L'entrée principale donne sur un vestibule couvert d'une voûte d'ogives à arêtes appuyée sur quatre colonnes de plâtre. De là, une courte volée d'escaliers conduit à un hall d'entrée plus grand dominé par un large escalier central qui s'élève au milieu de l'espace jusqu'à un palier éclairé par de hautes fenêtres cintrées en verre teinté (figure 1.10). L'escalier est composé de poteaux octogonaux jumelés avec de la marqueterie, de deux colonnettes autoportantes richement tournées et de complexes motifs chantournés qui décorent les limons. Les corridors principaux qui s'étendent de part et d'autre du grand escalier sont lambrissés de pin, avec des moulures et des portes en pin finement ouvragées. Il faut bien se rendre compte que les économies dans la conception des années 1870 auxquelles il a été fait allusion ne sont pas comparables aux intérieurs minimalistes et dépouillés que les économies d'aujourd'hui imposent à la construction publique. Si l'on applique les normes de l'époque, l'édifice Mackenzie ne

1.8. Bureau de poste, Fredericton (Nouveau-Brunswick), 1878–1879. Plans préparés par le Bureau de l'Architecte en chef. Travaux publics et Services gouvernementaux Canada, Service des relevés des richesses du patrimoine, 1987.

possède certainement pas une finition somptueuse, mais il illustre la qualité très élevée de l'exécution et des matériaux que l'on trouve généralement dans tous les édifices importants de cette période.

Il y a cependant quelques exceptions notables à cette retenue. Le plus grand projet, et le plus complexe, entrepris par Scott et son personnel pendant le gouvernement Mackenzie était l'achèvement et l'agrandissement des édifices du Parlement (voir la figure 1.1). Ici, le climat de retenue n'était pas évident. L'aile de la Bibliothèque, qui est définie par la structure octogonale à l'arrière de l'édifice du Centre, était modelée sur une salle capitulaire médiévale. L'extérieur avait été dessiné par Fuller et Jones, mais aucun plan n'avait été préparé pour l'intérieur. Cette tâche avait été laissée au personnel du Bureau de l'Architecte en chef, qui élabora un thème décoratif gothique sous la forme de rayonnages et de galeries richement sculptés qui s'harmonisaient bien avec la structure ogivale massive du dôme intérieur.[34]

De 1875 à 1879, le personnel exécuta également un plan d'aménagement paysager pour la Colline du Parlement. Ce plan avait été établi en 1873 par Calvert Vaux, l'architecte paysagiste anglo-américain bien connu. Pour compléter la disposition symétrique du groupement des édifices sur la Colline du Parlement, Vaux élabora un aménagement formel avec une large avenue centrale et deux allées en diagonale traversant les pelouses (voir la figure 1.1). À l'avant de l'édifice du Centre, Vaux établit un mur de retenue substantiel, coupé par un large escalier central menant à l'entrée principale. Cet élément servait à créer une transition douce entre le terrain moins élevé des deux édifices ministériels et la situation plus haute de l'édifice du Centre. Visuellement, cela mettait encore plus en évidence l'édifice qui représentait le siège du gouvernement.[35]

En 1874, on commençait les travaux d'un agrandissement important de l'édifice de l'Ouest (figure 1.11). L'entrée de la Colombie-Britannique, de l'Île-du-Prince-Édouard et du Manitoba dans la Confédération, ainsi que l'acquisition des Territoires du Nord-Ouest de la Compagnie de la Baie d'Hudson, avaient fait grossir le gouvernement et son appareil administratif à Ottawa. L'agrandissement de l'édifice de l'Ouest montrait la capacité du Bureau de l'Architecte en chef de

1.9. Édifice Mackenzie, Collège militaire royal de Kingston (Ontario), 1876–1878. Plans préparés par le Bureau de l'Architecte en chef. Travaux publics et Services gouvernementaux Canada, Service des relevés des richesses du patrimoine, 1990.

1.10. Hall d'entrée principal, édifice Mackenzie, Collège militaire royal de Kingston. J. Wright, Parcs Canada, 1993.

s'attaquer avec compétence à un problème complexe de conception. L'agrandissement s'harmonisait bien avec l'édifice existant par son utilisation de matériaux similaires et de détails gothiques. La tour Mackenzie, sa caractéristique dominante, donnait un point de référence central à l'élévation, et masquait jusqu'à un certain point la transition entre l'édifice original et la nouvelle construction. Le rebord du toit fut relevé et le toit à la Mansart supprimé, de façon à créer un troisième étage plus spacieux et plus fonctionnel. Le résultat créait une nouvelle perspective secondaire sur la Colline du Parlement. L'élévation principale était toujours définie par les trois édifices groupés autour du carré central donnant sur la rue Wellington, mais le rajout à l'édifice de l'Ouest et la tour Mackenzie dominaient la perspective de la colline depuis l'ouest de la ville et des chutes Chaudière à Hull. Comme nous le verrons, la tour Mackenzie allait devenir un élément important dans l'élaboration d'un plan d'ensemble pour le secteur gouvernemental à l'ouest de la Colline du Parlement au début du XXe siècle.

Le deuxième grand projet entrepris sous le gouvernement Mackenzie était un nouveau bureau de douane à Saint-Jean, au Nouveau-Brunswick (figure 1.12).[36] Construit pour remplacer un bâtiment détruit dans l'incendie de 1877, il s'agissait d'un édifice massif en forme de E, mesurant deux cents pieds en façade. Les deux pavillons d'angle, logeant l'un le ministère de la Marine et des Pêcheries (à gauche), et l'autre, les bureaux du ministère des Douanes et du Revenu de l'intérieur et du ministère des Travaux publics (à droite), formaient des unités distinctes sans accès intérieur à la partie centrale, qui logeait l'administration des douanes. La décision de construire à une aussi grande échelle peut avoir été influencée par le fait que le gouvernement fédéral se dirigeait vers une élection, et par le fait que deux des trois ministères qui devaient avoir des bureaux dans l'édifice étaient à ce moment dirigés par des représentants du Nouveau-Brunswick.

On a attribué le dessin de cet édifice à la firme locale de J.T.C. McKean et G.E. Fairweather, mais les documents ne sont pas clairs à ce sujet. Dans les rapports annuels du ministère des Travaux publics, McKean et Fairweather sont généralement mentionnés comme des architectes « locaux » ou « superviseurs », des termes qui indiquent habi-

1.11. Tour Mackenzie, édifice de l'Ouest, édifices du Parlement, Ottawa (Ontario), 1874–1878. Dessinée par Thomas Seaton Scott et le Bureau de l'Architecte en chef. ANC PA-46492.

1.12. Bureau de douane, Saint-Jean (Nouveau-Brunswick), 1878–1881. Dessiné par J.T.C. McKean et G.E. Fairweather et le Bureau de l'Architecte en chef. Démoli en 1961. ANC, C-3087.

tuellement une fonction de supervision plutôt qu'une fonction de conception ; cependant, la correspondance du Ministère concernant le projet montre que McKean et Fairweather ont joué un rôle actif dans la conception de l'édifice. Dans ce cas-ci, la conception était probablement un travail de collaboration entre le Bureau et les architectes locaux ; l'attribution d'un plan à un architecte ou à une firme en particulier n'était habituellement pas bien définie. Les relations entre le Bureau de l'Architecte en chef à Ottawa et les entrepreneurs locaux ont toujours été complexes et changeantes. Certains architectes jouissaient de beaucoup de latitude, alors que d'autres devaient réaliser un ensemble de dessins d'exécution préparés par le Bureau. Mais comme le montre le style Second Empire du bureau de douane de Saint-Jean, tous les architectes sous contrat travaillaient avec une perception claire non seulement des exigences fonctionnelles et du budget alloué, mais également du style approuvé de l'architecture fédérale à une période donnée.

L'élection d'un gouvernement conservateur en 1878 marquait le retour à l'ancienne politique d'engager davantage d'architectes privés sur commission, et de recourir moins fréquemment aux employés du Bureau. Entre 1878 et 1881, on mit en chantier de nouveaux édifices publics à Saint-Jean, au Nouveau-Brunswick, ainsi qu'à Belleville et à St Catharines, en Ontario, tous dessinés sous contrat par des architectes privés. Les deux contrats en Ontario étaient accordés à R.C. Windeyer, ce qui fait penser qu'il avait maintenu ses bons contacts avec les membres du Parti conservateur.

À l'extérieur du Canada central et des Maritimes, les pressions pour engager des architectes locaux semblent avoir été moins fortes. À la place, le Bureau de l'Architecte en chef institua la pratique d'utiliser soit les services des ingénieurs de district pour superviser les projets, soit ceux des architectes en poste dans les régions où il y avait beaucoup de travail.[37] En 1873 par exemple, le Bureau envoya J.P.M. Lecourt, originaire de Québec, comme architecte résidant à Winnipeg pour y superviser la construction de trois petits édifices publics et d'un pénitencier fédéral.[38] Vers 1880, en plein boom de construction provoqué par l'arrivée imminente du chemin de fer du Canadien Pacifique, il réapparaissait à Winnipeg pour superviser plusieurs nouveaux projets de construction. Des architectes privés exerçaient leur profession à Winnipeg à cette époque, mais manifestement ils n'avaient pas l'influence et les contacts politiques nécessaires pour obtenir des contrats du gouvernement.

L'établissement d'une clientèle

Le Bureau de l'Architecte en chef avait toujours considéré la conception et la construction des bureaux de poste, des bureaux de douane et d'autres édifices publics urbains comme sa première priorité. Pour cette raison, le Bureau était toujours en mesure d'entretenir des relations étroites et efficaces avec les ministères qui occupaient ces bâtiments, comme les Postes, les Douanes et le Revenu de l'intérieur. Mais le Bureau de l'Architecte en chef fournissait également des travaux d'architecture et de génie à de nombreux autres ministères. Le Bureau construisait des bâtiments d'immigration et des stations de quarantaine pour le ministère de l'Agriculture, des hôpitaux de marine pour le ministère de la Marine et des Pêcheries, des pénitenciers pour le ministère de la Justice, et des salles d'exercice et des manèges militaires pour le ministère de la Milice et de la Défense. Avec plusieurs de ces ministères, et particulièrement avec ceux qui avaient des besoins spécialisés, tels que la Direction des pénitenciers du ministère de la Justice et le ministère de la Milice et de la Défense, les relations architecte-client n'étaient pas toujours faciles. Au cours des années 1870 et 1880, le Bureau de l'Architecte en chef allait conserver le contrôle sur la plupart des édifices publics, mais il y avait des signes manifestes de début de tensions entre le Bureau et certains ministères qui considéraient qu'ils devaient avoir le contrôle sur leurs propres programmes de construction.

L'architecture des pénitenciers

Au cours des années 1870, le ministère de la Justice demanda au Bureau de l'Architecte en chef de dessiner plusieurs pénitenciers fédéraux. Le premier se trouvait à Stony Mountain, près de Winnipeg (1873), suivi de deux autres à New Westminster en Colombie-Britannique (1874) et à Dorchester, au Nouveau-Brunswick (1876).[39] On peut voir l'influence

26 Les biens de la Couronne

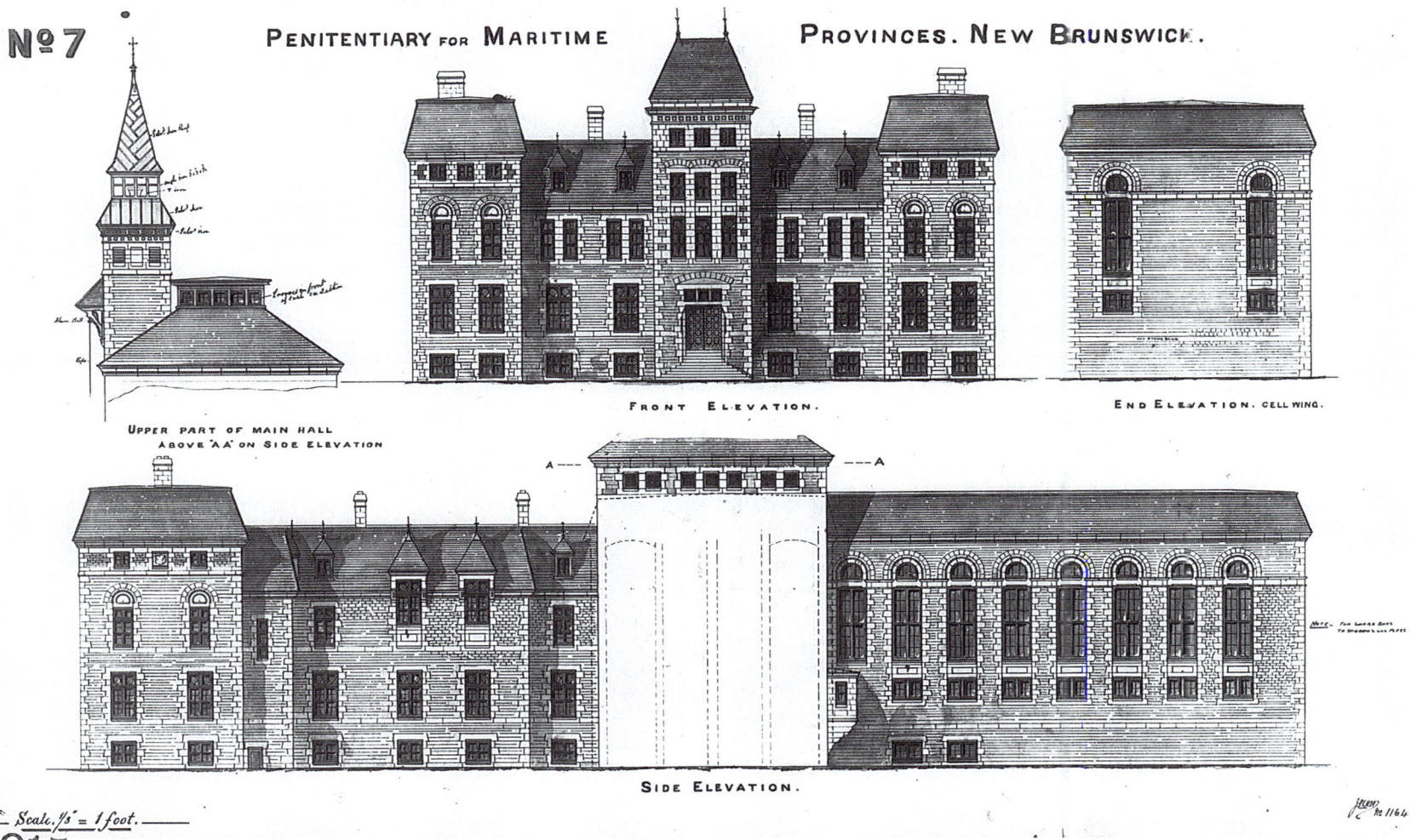

1.13. Dessin, élévations avant, latérale et arrière, Pénitencier de Dorchester (Nouveau-Brunswick), 1876–1879. Plans préparés par le Bureau de l'Architecte en chef. ANC, NMC 57901.

du Bureau de l'Architecte en chef dans le dessin extérieur. Les trois pénitenciers comportaient un bloc central d'administration dans une version austère du style Second Empire. Le pénitencier de Dorchester, le plus élaboré des trois, était dessiné selon un plan symétrique comportant trois pavillons en saillie et une haute toiture à la Mansart (figure 1.13). Le traitement des masses extérieures ressemblait jusqu'à un certain point au dessin presque contemporain de l'édifice Mackenzie au Collège militaire royal de Kingston, mais avec une interprétation plus sévère. L'ornementation de la façade était restreinte à des motifs de pierre taillée autour des portes et des fenêtres ; même les crêtes en fer forgé, en évidence à l'origine sur l'édifice du Collège militaire royal, avaient été éliminées parce que trop frivoles.

Les éléments Second Empire du pénitencier de Dorchester n'étaient qu'un masque superficiel pour un édifice dont le plan et l'organisation reflétaient les principes de l'environnement carcéral qui prenaient leur origine dans le mouvement de réforme pénitentiaire de la fin du XVIIIe et du début du XIXe siècles. Au début du XIXe siècle, la prison cessait d'être un endroit de détention pour devenir un instrument de réforme. Les nouvelles prisons étaient fondées sur le postulat que la réclusion et le contrôle conduisaient à la réforme. En plaçant le criminel dans un environnement contrôlé et structuré, combinant la réclusion individuelle avec un programme de travail et de formation morale, on pouvait corriger les comportements déviants. Au XIXe siècle, les pénitenciers canadiens adoptaient le système de type « Auburn », mis au point aux États-Unis au début du siècle. Ce système combinait des cellules individuelles avec des aires de travail communes. Le bloc « Auburn » typique comportait deux rangées de cellules placées dos à dos sur plusieurs étages et entourées de galeries ouvertes sur le périmètre extérieur du bloc, donnant accès aux cellules (figure 1.14). Le pénitencier de Kingston, bâti dans les années 1830, était le premier exemple, et le plus grand, du plan « Auburn » au Canada, et c'était également le premier à utiliser le plan en croix grecque, consistant en une rotonde centrale d'où rayonnaient quatre ailes. L'une des ailes logeait les services administratifs, et les trois autres logeaient les rangées de cellules, qui pouvaient toutes être observées du point central dans la rotonde.

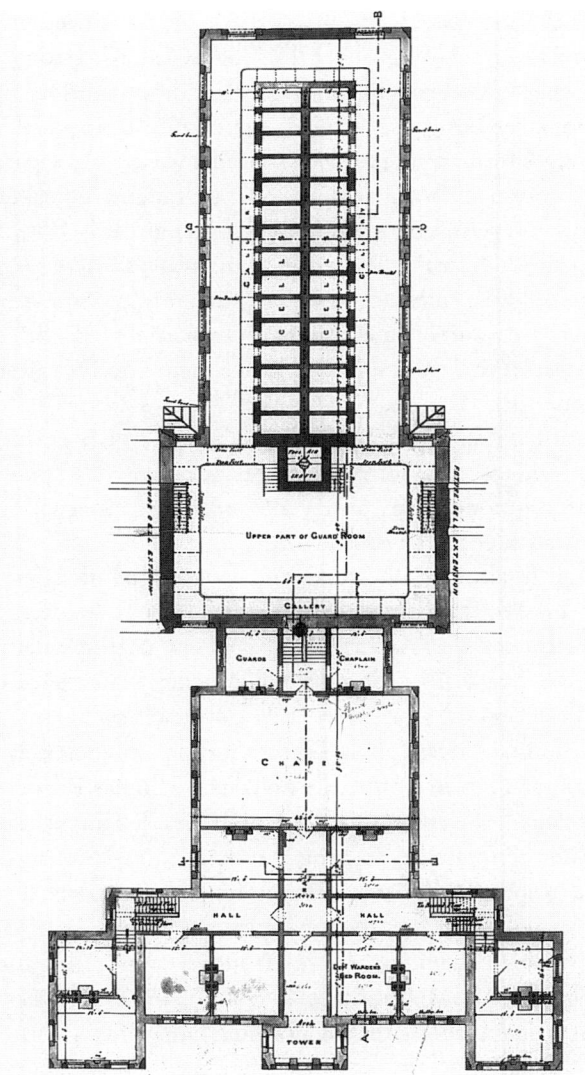

1.14. Plan d'étage, Pénitencier de Dorchester (Nouveau-Brunswick). ANC, NMC 57904.

Le plan et l'organisation spatiale des prisons fédérales dessinées par le Bureau de l'Architecte en chef suivaient le modèle de Kingston. Le pénitencier de Dorchester comprenait un bloc de l'administration avec des bureaux, un appartement pour le directeur et une chapelle. Une grande rotonde ouverte formant le point de surveillance central séparait le bloc de l'administration du bloc cellulaire, fait de rangées de cellules disposées selon le système « Auburn » typique. Dans les années 1870, les conditions de détention s'étaient quelque peu humanisées, même si les prisonniers étaient toujours enfermés pour la plus grande partie de la journée dans des cellules qui ne mesuraient que quatre pieds sur six pieds. Les hautes fenêtres de l'extérieur du bloc cellulaire de Dorchester étaient caractéristiques des plans des pénitenciers dans les années 1870, et elles avaient l'avantage de bien éclairer l'intérieur. Le plan en croix grecque n'était pas évident dans le bâtiment tel que construit, mais il était conçu pour accommoder deux autres ailes rattachées à la salle de garde centrale si le besoin devait s'en faire sentir.

D'après les rapports annuels du Ministère, les trois pénitenciers – Stony Mountain, New Westminster et Dorchester – avaient été dessinés par le personnel du Bureau de l'Architecte en chef. La correspondance interne laisse entendre que la Direction des pénitenciers avait exercé un fort contrôle sur l'élaboration des plans et la construction. Dans les premières années de la Confédération, la Direction des pénitenciers avait géré ses propres bâtiments, et en 1872, elle nommait Thomas Painter et James Adams, tous deux maîtres ouvriers au pénitencier de Kingston, en tant qu'architectes des pénitenciers de Kingston et de Saint-Vincent-de-Paul. En 1874, la responsabilité pour toutes les constructions de la Direction fut transférée au ministère des Travaux publics, mais tant Painter qu'Adams semblent avoir collaboré étroitement à l'élaboration des plans des prisons à Stony Mountain et à New Westminster.[40] Après 1874, on arriva à un compromis, et on nomma John Bowes comme architecte désigné des pénitenciers. En principe, Bowes appartenait au personnel de l'Architecte en chef, mais il semble avoir travaillé exclusivement pour la Direction des pénitenciers jusqu'à sa retraite en 1892.[41] Cet arrangement constituait cependant un irritant constant pour la Direction des pénitenciers, qui considérait que le ministère des Travaux publics était trop lent à répondre aux besoins. Vers la fin des années 1890, la Direction des pénitenciers avait pris en main ses propres constructions, et ne faisait appel aux services du Bureau de l'Architecte en chef qu'au besoin. Ce n'est que dans les années 1960 que ces services ont été transférés à nouveau au ministère des Travaux publics.

Salles d'exercice et manèges militaires

Un autre client important du Bureau de l'Architecte en chef était le ministère de la Milice et de la Défense. Au XIXe siècle et au début du XXe siècle, le Canada n'avait pas d'armée régulière permanente ; pour sa défense militaire et civile, il s'en remettait à une milice volontaire active. Pour garder sur pied et pour entraîner ces unités de milice, il fallait un réseau de manèges militaires et de salles d'exercice dans les communautés à travers le pays.[42] L'entraînement prenait la forme d'exercices réguliers et d'exercices de tir à la cible. Un terrain de parade couvert avec éclairage permettait de poursuivre l'entraînement toute l'année et même les soirs. Il fallait également des installations pour l'entreposage sécuritaire des armes et de l'équipement.

Comme dans le cas de la Direction des pénitenciers, il y avait toujours certaines tensions entre le ministère de la Milice et de la Défense et le ministère des Travaux publics, et pendant cinquante ans, les deux ministères allaient se disputer la responsabilité pour les constructions. La milice voulait garder le contrôle sur ses propres programmes de construction ; elle ne considérait pas que les architectes civils du Bureau de l'Architecte en chef étaient capables de concevoir des bâtiments correspondant aux normes militaires. En 1867 le ministère de la Milice et de la Défense demanda à Walter Moberley, un ingénieur travaillant alors pour le Northern Railway of Canada, de préparer trois plans normalisés pour des hangars d'exercice de différentes dimensions.[43] Ces plans prévoyaient des structures simples et peu coûteuses à ossature en bois, et au cours des cinq prochaines années, plus de 110 de ces structures allaient être érigées à travers l'Ontario et le Québec. Mais à la fin des années 1870, on élaborait des plans pour remplacer quelques-uns de ces hangars temporaires par des salles d'exercice permanentes en brique et en pierre. Entre-temps, le Bureau de l'Architecte en chef s'était doté d'un personnel permanent d'architectes expérimentés, et il considérait que ces édifices, qui allaient constituer des monuments importants dans la communauté, devaient relever de son mandat.

Au cours des années 1870, trois salles d'exercice en brique allaient être construites en Ontario, mais une seule, la Salle d'exercice du carré Cartier à Ottawa, était dessinée par le Bureau de l'Architecte en chef (figures 1.15 et 1.16).[44] Construite en 1879 pour loger les Governor General's Foot Guards et le 43e bataillon, c'est la plus vieille salle d'exercice qui subsiste au pays. Le plan était typique du nouveau type de salle d'exercice. Un espace d'exercice, plus grand et ouvert, mesurant 178 pieds sur 75 pieds était bordé sur deux côtés par deux étages de pièces et d'armureries plus petites. Le niveau supérieur était réservé aux mess des officiers et des sous-officiers et aux salles de musique. Une remise pour les armes en appentis se trouvait à l'arrière de l'édifice. Du point de vue de la structure, c'était un édifice assez conservateur, utilisant des fondations en pierre, des murs porteurs en brique et des fermes à poinçon plutôt classiques au lieu d'un système de fermes en fer ou en fer et bois. D'après le rapport annuel, le coût de l'édifice était peu élevé, et comme de nombreux autres plans à faible budget du Ministère, l'effet décoratif de l'extérieur dépendait d'une combinaison de briques rouges et de briques blanches autour des fenêtres et des portes.[45] Le dessin était vaguement italianisant, avec ses hautes fenêtres cintrées, bien que la marque du Bureau de l'Architecte en chef paraît dans le recours à des toits à la Mansart, ornés à l'origine de crêtes en fer forgé sur les deux tours d'angle.

Le ministère de l'Agriculture et le Service de l'immigration

Le ministère de l'Agriculture, qui gérait les dépôts d'immigration et les stations de quarantaine, était l'un des clients les plus importants et les moins difficiles du Bureau de l'Architecte en chef. En 1867, le gouvernement fédéral avait hérité de quelques hangars d'immigration à Québec et à Montréal, et de deux stations de quarantaine, l'une à la Grosse Île en aval de Québec, et l'autre à l'île Partridge à l'entrée du port de Saint-Jean.[46] Les activités de construction du ministère de l'Agriculture étaient à cette époque plutôt modestes lorsqu'on les compare à l'expansion à grande échelle se situant entre 1890 et 1914, mais le Ministère entreprit rapidement de moderniser et d'agrandir son inventaire d'édifices. Le Ministère avait besoin d'un réseau d'installations qui permettrait de traiter de façon efficace les nouveaux immigrants depuis leur point d'entrée jusqu'à leur destination finale. Les travaux étaient motivés non pas tant par un profond souci du confort et du bien-être des immigrants que par le fait que, laissés à eux-mêmes, les immigrants pauvres risquaient de rejoindre les indigents dans les ports et dans les principales villes.

La station de quarantaine représentait la première étape du processus d'immigration. Des stations de quarantaine avaient été créées dès les années 1830 à la Grosse Île, et à l'île Partridge, en réaction à une série d'épidémies de choléra.[47] Québec était le port d'entrée le plus important, et la Grosse Île constituait donc l'installation la plus vaste, comprenant en 1867 environ vingt hôpitaux temporaires, plusieurs résidences pour le personnel, une chapelle catholique et une autre protestante, et divers bâtiments de service.[48] Les installations à l'île Partridge étaient beaucoup plus réduites, comprenant seulement quelques hôpitaux temporaires et une résidence pour le médecin inspecteur. En 1872 et en 1873, on étendait le réseau en créant une autre station à l'île Lawlor, près de Halifax, et une autre, mineure, près de Chatham au Nouveau-Brunswick.

Dans les années 1870, le système de quarantaine était beaucoup plus rigoureux qu'il ne le serait dans les années 1930. En général, il reflétait une méconnaissance presque complète de l'épidémiologie, et donc un problème dans l'identification rapide et correcte des maladies. Tous les navires arrivant au Canada étaient inspectés par les médecins en poste. Si l'on soupçonnait une maladie contagieuse, le navire et tous ses passagers étaient placés en quarantaine pour environ deux semaines. Les stations de quarantaine au Canada comprenaient généralement un quai, des installations hospitalières pour les malades, et des baraquements d'habitation pour les convalescents ou les bien portants. On trouvait également

1.15. Salle d'exercice du carré Cartier, Ottawa (Ontario), 1879. Plans préparés par le Bureau de l'Architecte en chef. M. Trépanier, Parcs Canada, 1989.

un certain nombre de bâtiments résidentiels et de services pour le personnel médical et le personnel de soutien.

Au cours de ces années, les bâtiments étaient construits selon des normes de construction très primitives. Les stations de quarantaine avaient tendance à grossir et à rapetisser en fonction des besoins immédiats, et généralement, les bâtiments étaient considérés comme temporaires. Les structures étaient souvent appelées des « hangars », et la plupart étaient construites avec une ossature en bois posée sur des fondations en pierre. L'extérieur était revêtu de planches à clin, ou parfois de planches avec couvre-joints ; les toits étaient habituellement couverts de bardeaux de bois. Ces bâtiments n'étaient pas faits pour durer, et en conséquence, il n'en reste que très peu de cette époque.

À l'île Lawlor, le ministère des Travaux publics avait construit deux petits hangars hospitaliers et un hangar pour les convalescents, mais la plus grande partie des nouvelles constructions allaient s'élever sur la Grosse Île.[49] Vers 1873, on construisit un hangar d'immigration, des écuries et d'autres bâtiments de service. L'un des rares bâtiments qui subsistent de cette période à la Grosse Île est la chapelle protestante construite en 1877–1878 (figure 1.17).[50] Son revêtement de planches avec couvre-joints, ses fenêtres gothiques et ses contreforts décoratifs en bois en font un modèle réduit du style gothique à la manière des charpentiers. Les plans originaux, préparés à Ottawa par le Bureau de l'Architecte en chef, étaient beaucoup plus simples et comprenaient des fenêtres rectangulaires. Il semble bien que les constructeurs locaux ou le personnel aient décidé d'eux-mêmes d'enjoliver le bâtiment avec ces quelques détails supplémentaires. Pendant toute l'histoire des stations de quarantaine, le personnel sur place a conservé un certain degré d'autonomie par rapport au bureau des Travaux publics à Ottawa, entreprenant et exécutant souvent des projets de moindre envergure de leur propre chef.

Au début des années 1880, le réseau des installations d'immigration commençait à s'étendre, et le Bureau de l'Architecte en chef allait réaliser des constructions plus solides et plus durables pour certains projets. En 1881, on commença les travaux d'un hôpital de deux étages à la Grosse Île (figure 1.18). Construit avec des murs porteurs en brique sur des fondations en pierre, le plan correspondait en grande partie aux

1.16. Vue de l'intérieur, Salle d'exercice du carré Cartier. M. Trépanier, Parcs Canada, 1993.

1.17. Chapelle protestante, Grosse Île (Québec), 1877–1878. Plans préparés par le Bureau de l'Architecte en chef. Sur les plans, les linteaux des fenêtres et des portes sont droits ; les pointes des fenêtres et de la porte sont des modifications faites sur les lieux. J. Beardsell, Parcs Canada, 1990, S-181-1.

normes usuelles des hôpitaux de l'époque. Le bloc central comprenait des bureaux administratifs, des salles d'attente et de séjour, des cuisines et des chambres à coucher pour le personnel. Les deux ailes extérieures abritaient les salles pour les malades. Elles mesuraient soixante pieds sur vingt-cinq pieds et logeaient vingt lits, avec des fenêtres sur trois côtés. C'était la disposition typique d'une salle d'hôpital à l'époque.[51] La forme était dictée par le nombre de lits qui pouvaient être surveillés par une seule infirmière, et la nécessité de laisser pénétrer la lumière et l'air frais. Les volets à persiennes faisaient partie de la conception standard des hôpitaux ; ils permettaient une bonne aération tout en contrôlant l'éclairage.

Les stations d'immigration formaient l'autre grande partie du réseau. Avant la Confédération, des hangars d'immigration avaient été construits à Montréal et à Québec ; il s'agissait généralement de structures très simples destinées à fournir un abri rudimentaire aux nouveaux arrivants. Dans les années 1870, le ministère de l'Agriculture fit appel au ministère des Travaux publics pour agrandir ce réseau avec une série de nouveaux bâtiments dans les principaux centres de transit à travers le pays. Ces bâtiments plus tardifs étaient d'une construction plus solide en bois ou en brique sur des fondations de pierre. La plupart comportaient deux étages, et étaient placés en bordure des voies du chemin de fer. Leur fonction était de loger temporairement les nouveaux arrivants pendant que les agents d'immigration remplissaient leurs tâches administratives et avant qu'on ne les transfère dans un autre train. Ces bâtiments comportaient des bureaux pour les agents d'immigration, une salle à manger et des cuisines, ainsi que des dortoirs à l'étage. Entre 1870 et 1873, on construisit des stations d'immigration à Toronto, à Kingston, à Québec, à Montréal, à Sherbrooke et à London.[52] En 1881, le Canadien Pacifique atteignit Winnipeg, amenant dès lors des immigrants qui voulaient s'établir sur les Prairies. Entre 1880 et 1882, un hôpital pour immigrants et un grand hangar d'immigration furent construits à Winnipeg, et un autre bâtiment d'immigration fut construit à Brandon. Ces bâtiments étaient encore de construction plutôt rudimentaire, mais en moins de vingt ans, ils allaient tous être remplacés par des bâtiments plus grands.

Les hôpitaux de la marine

Le Bureau de l'Architecte en chef était également responsable de la construction d'un certain nombre d'hôpitaux de la marine. Ces bâtiments, situés dans d'importants centres de navigation ou près de ceux-ci à travers les Maritimes et au Québec, fournissaient des soins hospitaliers aux marins canadiens et étrangers. Administrés par le ministère de la Marine et des Pêcheries et payés grâce à une taxe spéciale perçue sur le tonnage des cargaisons, ces hôpitaux devaient éviter aux installations hospitalières locales d'avoir à se charger des soins des marins de passage. À la Confédération, le Ministère prit charge d'environ sept hôpitaux de la marine, à la place des divers gouvernements coloniaux.[53] Ce service demeura intact jusque dans les années 1930, mais très peu d'hôpitaux de la marine spécialisés ne furent construits après les années 1880.

Ce fut dans les années 1870 que les hôpitaux de la marine connurent une brève période d'expansion. De nouveaux bâtiments furent construits à Victoria, en Colombie-Britannique (1872) ; à St Andrews, au Nouveau-Brunswick (1873) ; à Souris, à l'Île-du-Prince-Édouard (1875) ; à Sydney, en Nouvelle-Écosse (1878) ; à Pictou, en Nouvelle-Écosse (1878) ; et à Lunenburg, en Nouvelle-Écosse (1879).[54] À la différence du grand hôpital d'immigration à la Grosse Île, ces bâtiments étaient généralement de petits hôpitaux pavillonnaires conçus pour accueillir entre huit et douze patients. Les plans architecturaux qui subsistent montrent une grande variété, mais l'hôpital de la marine de Lunenburg est une bonne illustration des dimensions de la construction et de l'apparence résidentielle de l'aménagement (figure 1.19). Il s'agit d'un bâtiment de deux étages et demi à ossature en bois, revêtu de planches à clin, avec des ailes d'un seul étage sur le côté et à l'arrière. La partie principale du bâtiment logeait les bureaux et les quartiers d'habitation de l'intendant en poste, tandis que les ailes abritaient les malades. Le dessin était typique de l'architecture domestique de la grande époque victorienne en Amérique du Nord. Des éléments comme le plan asymétrique en forme de L, les bordures de rive et les fleurons décoratifs sur le rebord du toit, et la menuiserie élaborée et richement tournée du porche étaient typiques de cette période. Seuls des éléments comme le

1.18. Hôpital, Grosse Île (Québec), 1881–1882. Plans préparés par le Bureau de l'Architecte en chef en consultation avec Frederick Montizambert, surintendant médical, Grosse Île. Détruit par un incendie en 1968. ANC, PA-46800.

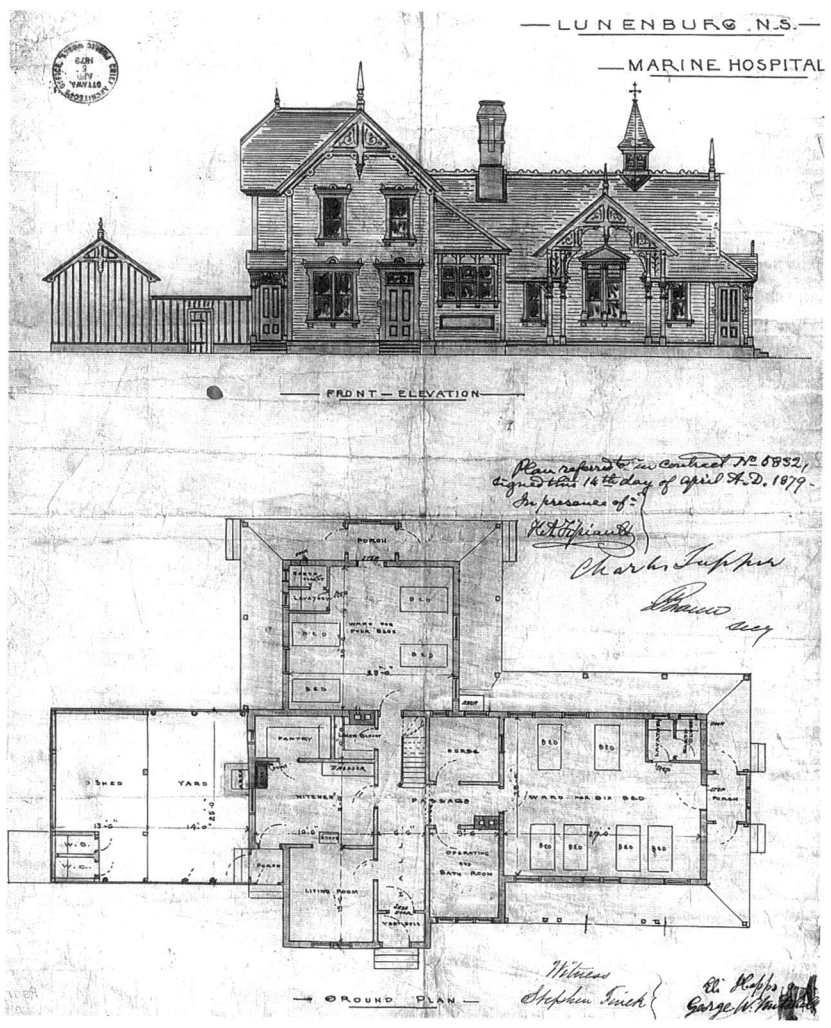

1.19. Dessin, hôpital de la marine, Lunenburg (Nouvelle-Écosse). Plans préparés par le Bureau de l'Architecte en chef, en 1879. ANC, NMC 23403.

ventilateur sur le toit, qui aérait les salles d'hôpital, laissaient deviner qu'il s'agissait d'un hôpital.

Hisser le drapeau : la construction jusque dans les Prairies

En 1870, le gouvernement fédéral achetait de la Compagnie de la Baie d'Hudson de vastes étendues de terres qui comprenaient le Manitoba, la Saskatchewan et l'Alberta d'aujourd'hui. La petite région autour de la colonie de la rivière Rouge, où s'était établie une communauté agricole prospère au début du siècle, était découpée dans l'ancien territoire de la Compagnie de la Baie d'Hudson pour former la province du Manitoba. Les autres terres, habitées par les peuples autochtones et métis qui menaient une vie nomade fondée sur la chasse au bison, étaient placées sous l'administration d'un gouvernement territorial contrôlé par Ottawa. L'annexion de ces territoires représentait un élément clé dans la réalisation de la vision canadienne d'une nation s'étendant d'un océan à l'autre. La politique fédérale durant la période après la Confédération était déterminée par l'intention du gouvernement de canadianiser le Nord-Ouest.[55]

La construction fédérale au Manitoba devait prendre des caractéristiques propres aux Prairies. Dans les années 1870, Winnipeg était déjà une communauté bien établie, avec une population de près de 4 000 habitants, et le genre de bâtiment fédéral requis ne différait pas substantiellement de ce que l'on trouvait dans d'autres villes de moyenne grandeur ailleurs au pays. Au milieu des années 1870, le gouvernement construisit un bureau de poste et des bureaux d'enregistrement des titres fonciers à Winnipeg et un pénitencier fédéral à Stony Mountain. C'étaient de solides édifices en brique, au toit à la Mansart emblématique.

Le ministère des Travaux publics était également chargé de la construction de l'édifice de l'Assemblée législative provinciale. Le Manitoba avait reçu un statut limité de province en 1870, mais il dépendait encore des subventions fédérales pour près de 80 p. 100 de ses revenus.[56] L'Assemblée législative provinciale représentait une partie intégrante du système fédéral du gouvernement, et le gouvernement d'Ottawa considérait manifestement qu'il était dans son intérêt de confirmer ce système visuellement et symboliquement en finançant généreusement la construction d'un édifice.

Le fait que le plan de ces bâtiments portait la marque caractéristique du Bureau d'Ottawa montrait clairement la relation étroite entre les niveaux fédéral et provincial de gouvernement (figure 1.20). La configuration de la façade, un large pavillon central flanqué de deux pavillons d'angle, ressemblait jusqu'à un certain point au bureau de douane récemment achevé de Saint-Jean, mais l'ornementation de l'édifice de l'Assemblée législative à Winnipeg était beaucoup plus discrète. La décoration se limitait à l'utilisation de garnitures en pierre taillée pour le cordon, les pierres d'angle et les moulures autour des fenêtres en plein cintre et en cintre surbaissé. Comme cela était typique des plans réalisés par le personnel du Bureau, l'édifice était réalisé avec économie et simplicité, aussi bien dans les matériaux que dans l'exécution, mais sa composition serrée et compacte et le bel équilibre des masses démontraient également la capacité du Bureau de l'Architecte en chef de réaliser de bons dessins compétents malgré ces restrictions.

À l'extérieur de Winnipeg, les activités de construction du Bureau étaient consacrées à des bâtiments beaucoup plus rudimentaires. En 1873, on créait la Police à cheval du Nord-Ouest (P.C.N.-O.) pour surveiller ces territoires et pour imposer la loi et l'ordre britanniques à la population. On construisit un certain nombre de postes à travers les territoires, y compris le Fort Walsh en 1875 et le Fort Macleod en 1876. À cause de l'éloignement de ces postes, les bâtiments étaient généralement construits par la P.C.N.-O. avec la main-d'œuvre et les ressources locales. Les relations entre la P.C.N.-O. et le Bureau de l'Architecte en chef étaient plutôt informelles, le Bureau prenant des contrats ou apportant son aide aux projets lorsqu'on le lui demandait, tandis que très peu de travaux de conception étaient faits à Ottawa.

Le gros des activités du Bureau dans les Territoires du Nord-Ouest était concentré sur l'aménagement de la nouvelle capitale territoriale à Battleford. Entre 1876 et 1878, le Bureau construisit un hôtel du gouvernement, diverses résidences pour les fonctionnaires gouvernementaux et un bureau d'enregistrement des titres fonciers. Il dressa également les plans des bâtiments de poste de la P.C.N.-O., qui faisait partie de l'établissement fédéral à Battleford.[57] Le seul bâtiment de cette époque qui subsiste sans modifications est la résidence du surintendant au fort ; le dessin et la construction de cette résidence sont caractéristiques de l'époque (figure 1.21).[58] L'absence de bois de construction scié obligeait à recourir à une construction pièce sur pièce en bois équarri, ce qui était la méthode de construction traditionnelle des bâtiments de la Compagnie de la Baie d'Hudson. À l'origine, l'extérieur était revêtu de planches à clin brutes et de bardeaux de pin.

Même construit avec ces matériaux locaux, le bâtiment évoque par son apparence extérieure le calme et la simplicité de la vie rurale anglaise. Bâti en équerre avec un pignon décentré décoré sous les corniches d'un motif trifolié gothique, ce type de bâtiment était courant dans les livres de modèles de maisons nord-américains, et dans les journaux populaires, tels que le *Rural Farmer*, qui traitaient des améliorations agricoles et domestiques. Selon les normes des régions de l'Est, il s'agissait de bâtiments modestes et fonctionnels, mais ils étaient conçus selon des valeurs européennes et canadiennes transportées jusqu'aux Prairies, identifiant clairement ce nouvel établissement comme un poste avancé de l'Empire britannique.

Conclusion

Au cours des années 1870, le Bureau de l'Architecte en chef s'est transformé d'un petit bureau administratif en une équipe, réduite mais compétente, de conception et de construction. Le premier groupe de cinq personnes a grossi pour atteindre quatorze employés en 1880. Au cours de cette même période, le budget annuel des nouvelles constructions a quintuplé.[59] Au cours de cette période, le bureau s'est également imposé comme le principal service d'architecture du gouvernement fédéral. Il s'est montré capable de construire un large éventail de types de bâtiments, depuis d'imposants édifices publics jusqu'à de modestes hangars d'immigration, en passant par des bâtiments spécialisés tels que les pénitenciers et les salles d'exercice.

1.20. Assemblée législative du Manitoba, Winnipeg (Manitoba), 1881–1883. Plans préparés par le Bureau de l'Architecte en chef. ANC, PA-31611.

Comparativement à certaines périodes subséquentes, le nombre de constructions au cours des années 1870 était relativement réduit, mais plusieurs œuvres architecturales exceptionnelles ont vu le jour. Le nouveau gouvernement fédéral voulait se donner une présence ferme dans la communauté, et son programme de construction après la Confédération portait sur l'érection de grands édifices publics dans les principaux centres urbains. En adoptant consciemment le style Second Empire comme style « fédéral » approuvé, le ministère des Travaux publics créait une image architecturale qui était synonyme des institutions du gouvernement. Ces édifices constituaient quelques-uns des exemples les plus marquants de l'architecture publique canadienne au cours de cette période, et ils devaient jouer un rôle important dans la dissémination du style Second Empire à travers le pays.

Malheureusement, très peu d'édifices de cette période ont survécu. Dès le tournant du siècle, le caractère ostentatoire et éclectique du style Second Empire était considéré comme le summum de la laideur, et la démolition de ces édifices, comme un acte d'assainissement urbain. Des vingt-quatre bureaux de poste, bureaux de douane et autres édifices publics construits sous le régime de Thomas Scott, seuls quelques-uns subsistent aujourd'hui. Les survivants les plus remarquables sont l'édifice Mackenzie au Collège militaire royal de Kingston, le bureau de poste à Fredericton et le bureau de douane à Victoria. Quelques-uns des plus beaux édifices construits au cours de cette période, comme le bureau de douane de Toronto ou le bureau de poste de Montréal, ont disparu depuis longtemps. Jusqu'à récemment, la survie des édifices fédéraux dépendait de facteurs extérieurs bien plus que d'efforts conscients de préserver les plus belles constructions.

1.21. Résidence du surintendant, Fort Battleford (Saskatchewan), 1876. Plans préparés par le Bureau de l'Architecte en chef. Fort Battleford est maintenant un lieu historique national. J. de Jonge, Parcs Canada, 1989.

CHAPITRE DEUX

L'âge d'or de l'architecture fédérale, 1881–1896

On a souvent considéré la période entre 1881 et 1896 comme l'âge d'or de l'architecture fédérale. Cette perception est due avant tout à la présence de Thomas Fuller (1823–1898) comme Architecte en chef au ministère des Travaux publics. Pour la première mais aussi la dernière fois, le poste était occupé par un architecte à la réputation internationale établie ; cet architecte allait laisser sa marque indélébile sur la nature de la construction fédérale au Canada. En tant qu'Architecte en chef, Fuller allait mener le Bureau à maturité. Le Bureau avait commencé à s'imposer comme un service architectural autonome dès les années 1870, mais Fuller allait lui donner une crédibilité professionnelle, assurant ainsi sa place au sein de l'appareil fédéral. Le personnel dont Fuller prenait la direction lui venait de son prédécesseur, mais sous son égide, le Bureau allait atteindre un niveau d'excellence dans la conception qui dépassait tous ses efforts jusque-là. L'influence de Fuller sur l'architecture du ministère des Travaux publics devait continuer à se faire sentir jusque loin dans l'avenir. Deux des quatre Architectes en chef qui allaient lui succéder avaient servi sous ses ordres, et l'influence exercée par son travail pouvait encore être décelée dans les années 1930.[1]

Les constructions fédérales à la fin du XIXe siècle reflétaient la richesse et la variété de l'architecture pratiquée par Fuller. Les grands édifices publics étaient souvent conçus selon une réinterprétation victorienne tardive du style Second Empire, mais les plus beaux travaux de Fuller, et sa contribution la plus marquante, étaient les édifices fédéraux plus modestes érigés dans des douzaines de communautés à travers le pays. Pour ces édifices, il a expérimenté avec une variété de thèmes architecturaux issus de l'éclectisme pittoresque de l'époque victorienne tardive. Grâce à de bons matériaux et à une excellente exécution, on a pu réaliser des plans où la simplicité et l'économie étaient masquées par la richesse des textures et des surfaces et la variété des rythmes et des contours. La qualité pittoresque du dessin était bien souvent encore rehaussée par l'excellente adaptation au site choisi. De 1881 à 1896, on allait construire plus de soixante-dix-huit petits édifices publics en milieu urbain.[2] Comme groupe, ces édifices créaient un langage architectural qui en vint à définir l'image publique du gouvernement fédéral du Canada.

Le règne de Fuller coïncida également avec la transformation et l'expansion graduelles et inévitables du Bureau de l'Architecte en chef, qui allaient changer de façon irréversible la nature même de cette fonction. Lorsque Fuller assuma les responsabilités du poste en 1881, l'inventaire des édifices fédéraux sous le contrôle du Ministère était relativement petit, mais pendant la durée de son mandat, le nombre de nouvelles constructions s'accrut régulièrement. Entre 1878 et 1888–1889, où elles atteignirent leur sommet, les dépenses consacrées à la construction publique augmentèrent de 300 p. 100.[3] En même temps, on demanda au Bureau de dessiner tout un nouvel éventail de types d'édifices pour répondre aux besoins des nouveaux programmes et aux responsabilités élargies du gouvernement fédéral dans l'administration des Territoires du Nord-Ouest. Ainsi, on ajouta à l'inventaire des palais de justice, de nouvelles installations pour immigrants, des écoles et des bâtiments agricoles.

Au cours des premières années de son mandat, Fuller participait activement à l'élaboration de la plupart des nouveaux plans, et son personnel et lui avaient le temps d'explorer et d'expérimenter de nouvelles solutions architecturales. Mais bientôt, cet esprit d'innovation allait être étouffé. Vers la fin des années 1880, un climat de restrictions avait été imposé au ministère des Travaux publics. Les budgets étaient réduits, mais la demande pour de nouveaux édifices publics se maintenait. Fuller et son bureau durent faire face à une charge de travail accrue tout en réduisant le personnel et en diminuant les budgets, réduisant pour cela le montant des sommes consacrées à chacun des projets, et adoptant une normalisation plus poussée des plans. L'esprit d'invention devait laisser la place aux exigences de l'économie et de l'efficacité.

La réorganisation du ministère des Travaux publics

La nomination de Thomas Fuller au poste d'Architecte en chef n'était que l'un des changements d'importance effectués au sein du ministère des Travaux publics. En 1879, le Service des chemins de fer et des canaux devint un ministère distinct.[4] À la suite de cette restructuration, le ministère des Travaux publics perdait 90 p. 100 de son budget d'ensemble et subissait une importante diminution de son prestige et de son pouvoir dans l'appareil fédéral.[5] Mais ces changements rehaussaient également la visibilité du Bureau de l'Architecte en chef au sein du Ministère. Jusque-là, les chemins de fer et les canaux avaient occupé la première place ; après 1879, la construction publique s'imposait comme le programme le plus important du Ministère, contrôlant environ 40 p. 100 de ses dépenses annuelles.[6]

Hector-Louis Langevin, ministre des Postes depuis sa réélection en 1878, prit la charge du ministère reconfiguré en 1879.[7] Suivant le même scénario qu'en 1869, son retour marquait le début d'un programme de construction énergique financé en grande partie par un nouveau tarif imposé en 1879.[8] En même temps, on décidait qu'encore une fois le Ministère avait besoin d'un nouveau leadership architectural. En septembre 1881, Langevin demanda au Conseil privé d'accepter la demande de sa retraite de Thomas Scott, même s'il n'avait encore que cinquante-cinq ans.[9] Plus tard, on a suggéré que Langevin avait forcé le départ de Scott, parce que ce dernier avait refusé d'approuver certains paiements extraordinaires à un entrepreneur qui avait également contribué généreusement à la caisse électorale de Langevin.[10]

C'est l'Architecte en chef adjoint David Ewart, à l'emploi du Bureau depuis 1871, qui remplaça Scott par intérim. Ewart avait beaucoup d'expérience dans la gestion du programme, mais ne jouissait d'aucune reconnaissance professionnelle à l'extérieur du gouvernement.[11] À la fin des années 1870, les avantages d'un service d'architecture autonome au sein du gouvernement avaient été clairement reconnus par la nouvelle administration, mais Langevin considérait également les édifices fédéraux comme des expressions importantes de l'État, et insistait sur des normes élevées de conception qui rejailliraient de façon positive sur l'image du gouvernement national. Manifestement, Langevin ne croyait pas que ces normes pouvaient être atteintes par un architecte du gouvernement relativement peu connu. Il voulait qu'un architecte à la réputation bien établie prenne la charge du Bureau de l'Architecte en chef.

Le 5 octobre 1881, Thomas Fuller écrivait à Samuel Keefer, avec qui il avait travaillé aux édifices du Parlement et qui était également un membre influent du Parti conservateur :[12]

> Je viens d'entendre qu'il est très probable que le poste d'Architecte du Dominion du Canada sera bientôt libre. Si c'est le cas, j'aimerais être nommé et je pense que je peux y prétendre, mais d'aucune façon et à aucun prix, je ne voudrais faire quoi que ce soit au détriment du titulaire. Je vous serais très obligé si vous vouliez avoir la gentillesse d'intervenir en ma faveur.[13]

C'était là un genre de lettre assez typique dans les dossiers du ministère des Travaux publics, dans laquelle un candidat en puissance sollicite l'appui d'amis influents au gouvernement. Dans ce cas-ci cependant, on peut penser que quelqu'un au sein du gouvernement avait poussé Fuller à écrire cette lettre. Il est peu probable que la nouvelle de la retraite de Scott, qui n'était pas encore officielle, ait été connue du public, et certainement pas de Fuller, qui habitait alors dans l'État de New York.

De toute évidence, Fuller avait des amis influents à Ottawa qui s'occupaient de ses intérêts, et il n'hésita pas à utiliser ces relations pour obtenir l'emploi. Keefer transmit immédiatement sa lettre au Premier ministre avec la recommandation suivante :

> [...] s'il est prévu de combler le poste de M. Scott, vous avez ici une possibilité exceptionnelle de vous assurer, à vos propres conditions, des services du meilleur architecte que je connaisse en Amérique.[14]

John A. Macdonald écrivit alors à Langevin pour lui recommander la nomination de Fuller, et c'est ce qui fut fait.

Thomas Fuller était né en Angleterre en 1823, et il reçut sa formation professionnelle dans les bureaux de James Wilson, de Bath, avec qui il devait s'associer plus tard.[15] En 1857, il émigra à Toronto, où il s'imposa rapidement comme concepteur d'églises dans le style néo-gothique. En 1859, sa firme de Fuller and Jones remporta le concours pour les plans du nouvel édifice du Centre du Parlement à Ottawa. Bien que le projet ait été accompagné de scandales et de mauvaise gestion, ce contrat lui permit d'établir solidement sa réputation à travers toute l'Amérique du Nord. En 1867, Fuller remporta un autre concours important, cette fois pour le Capitole d'État à Albany, dans l'État de New York. Mais en 1876, le projet d'Albany sombrait dans la confusion : non seulement le budget était-il hors contrôle, mais les modes architecturales avaient changé. Le style néo-roman était à la mode pour les édifices publics, et le plan vaguement Second Empire proposé par Fuller fut sévèrement jugé par certains critiques architecturaux américains. En 1876, Fuller fut renvoyé du projet, et il se retira dans une obscurité professionnelle temporaire dans le nord de l'État de New York.[16]

À ce moment sombre de sa carrière, on peut comprendre que le poste d'Architecte en chef ait pu intéresser Fuller ; quant au Ministère, il était prêt à fermer les yeux sur certains faits : Fuller avait trois ans de plus que Scott, et sa réputation en tant que gestionnaire responsable avait été fortement entachée. L'influence politique joua un rôle important dans sa nomination, mais sa renommée en tant qu'architecte reposait solidement sur les plans qu'il avait dressés pour les édifices du Parlement. Les contretemps qu'il avait connus aux États-Unis n'avaient pas vraiment miné sa réputation.

Les premières années: explorations stylistiques

Dès le mois de décembre 1881, Fuller était au travail à Ottawa. Il héritait de l'équipe de son prédécesseur, et il ne semble pas avoir fait de tentatives pour faire venir du sang neuf, ou alors il ne fut pas en mesure de le faire. Au cours des 15 prochaines années, quelques jeunes hommes allaient être recrutés à mesure que la charge de travail augmentait, mais le noyau de l'équipe devait rester relativement stable à partir des années 1870.[17] Pourtant, cette stabilité du personnel n'allait pas se transmettre aux travaux d'architecture. L'influence de Fuller dans ces travaux se fit voir presque immédiatement. La caractéristique la plus remarquable de son règne fut sa réussite à imposer ses propres valeurs esthétiques à une équipe qui avait dessiné des édifices fédéraux selon un même style relativement rigide pendant près d'une décennie. Aucun autre Architecte en chef n'allait exercer une influence personnelle aussi forte sur le travail du Bureau.

Le travail du Bureau de l'Architecte en chef sous la direction de Fuller porte la marque de toutes les complexités et incohérences qui traversent l'esthétique de l'architecture à la fin du XIXe siècle.[18] C'est une période qui doit beaucoup aux écrits du théoricien britannique de l'architecture John Ruskin. Ce dernier insistait sur les qualités visuelles et décoratives de la conception, et il prônait une architecture qui exploiterait les beaux effets de couleur et de texture des matériaux naturels. Il prônait également l'élaboration d'un nouveau vocabulaire de l'ornementation inspiré par les formes de la nature. Selon Ruskin, c'était l'architecture gothique italienne du XIVe et du XVe siècles qui fournissait le meilleur exemple de ces qualités. (En fait, c'était cette période de l'architecture qui avait inspiré Fuller dans son dessin pour l'édifice du Centre.) Mais Fuller ne devait jamais se limiter à un seul style. Dans les années 1860 et 1870, les architectes de l'époque victorienne avaient commencé à pousser leurs explorations de l'architecture du passé afin de découvrir de nouvelles formes et de nouveaux vocabulaires qu'ils pourraient incorporer librement dans leurs édifices. Les travaux de Fuller pour le gouvernement fédéral reflètent l'éclectisme libre et pittoresque de cette période. Il incorporait dans ses bâtiments des éléments de style gothique, roman, flamand, vernaculaire britannique et classique, mais toujours avec sa propre sensibilité et sa maîtrise des rythmes complexes, et avec la variation des masses et la finesse de détails qui caractérisaient son style. Cet éclectisme était surtout apparent au cours des premières années de Fuller en tant qu'Architecte en chef.

L'édifice Langevin à Ottawa fut le premier projet, et le plus coûteux, entrepris par le Bureau au cours de cette période (figures 2.1 et 2.2).[19] Commencé en 1883, l'édifice Langevin montra la capacité de Fuller de s'inspirer de toute une variété de sources historiques pour réaliser un dessin enraciné dans le passé tout en étant d'esprit contemporain.[20] Il s'agissait d'un édifice massif de trois étages et demi s'étirant sur 280 pieds le long du côté sud de la rue Wellington, face aux édifices du Parlement. L'articulation par pavillon et le recours à un grand toit à la Mansart évoquaient l'influence du style Second Empire, bien que le dessin d'ensemble n'ait qu'une ressemblance superficielle avec ce style. L'ornementation Renaissance que l'on trouvait sur les édifices fédéraux des années 1870 fut laissée de côté au profit d'un vocabulaire plus lourd et plus robuste tiré d'une variété de sources. Les fenêtres cintrées encadrées de courtes colonnes rondes étaient tirées de sources italiennes ou romanes de la première époque. Les lucarnes à deux niveaux faisaient penser à des influences flamandes ou de style Queen Anne. Le motif grillagé caractéristique du style Second Empire n'était pas en évidence ici. La façade était divisée horizontalement en trois niveaux distincts, et chacun des niveaux était défini par un groupement différent des fenêtres. Cette articulation complexe de la façade apparaissait également dans le dessin de Fuller pour l'édifice du Centre des édifices du Parlement, bien que dans ce cas, elle était exprimée dans un vocabulaire gothique.

Le budget très généreux alloué à l'édifice Langevin avait permis de faire appel à un niveau d'exécution et de construction beaucoup plus élevé que dans le cas de projets de moindres dimensions.[21] Pour sa façade, le calcaire ocre fut importé du Nouveau-Brunswick, et les colonnes furent faites de granite rouge poli. Pour les murs arrière, on avait utilisé un calcaire local. La structure intérieure, faite de colonnes en fonte, de poutres en fer forgé, de poutrelles d'acier et d'un plancher en dalles de béton, était techniquement assez avancée, et illustrait bien la complexité des systèmes structuraux avant l'époque de la production d'acier en masse et l'introduction de l'ossature métallique. La charpente du toit était également en fer, et c'était probablement le premier édifice fédéral conçu pour loger un ascenseur. L'excellence de la maçonnerie apparaissait dans des détails de finition comme les coins arrondis ou les profonds sillons des pierres au premier niveau. Les riches sculptures naturalistes de la frise et des motifs en médaillon sous les fenêtres du second étage exploitaient pleinement les possibilités décoratives et sculpturales du calcaire tendre.

L'édifice Langevin donna à Fuller une rare occasion de concevoir un espace intérieur selon des normes plus élevées que celles, toutes fonctionnelles, appliquées à la plupart des édifices gouvernementaux.[22] Le spacieux hall d'entrée était remarquable, avec ses quatre colonnes de granite poli et son large escalier bordé d'une fine rampe en fer forgé. Une des caractéristiques les plus intéressantes de l'intérieur était l'aménagement des bureaux. L'une des premières manifestations de la jeune science de l'aménagement et de l'administration des bureaux, le plan prévoyait des petites pièces privées pour les cadres supérieurs, et un certain nombre de grands espaces ouverts pour le personnel administratif. Présentée à la Chambre des communes comme un modèle de l'aménagement moderne, cette disposition à aires ouvertes permettait une étroite supervision des groupes d'employés.[23]

L'édifice Langevin constituait la première expansion importante du gouvernement fédéral à l'extérieur de la Colline du Parlement. Cet édifice occupe également une place dans la révélation du favoritisme éhonté, de la corruption et de la gestion irresponsable au ministère des Travaux publics. Ces méfaits ont parfois entaché cette administration. En 1883, un contrat fut signé avec la firme d'A. Charlebois pour une

2.1. Édifice Langevin, rue Wellington, Ottawa (Ontario), 1883–1889. Plans établis par le Bureau de l'Architecte en chef. L'édifice Langevin a été rénové en 1975–1977, et il loge maintenant les bureaux du Premier ministre et du Conseil privé. M. Trépanier, Parcs Canada, 1993.

somme de 295 000 $, stipulant que l'édifice devait être achevé en 1886 ; en fait, la construction dura deux ans de plus que prévu et coûta une somme additionnelle de 214 000 $. Le Ministère aurait pu survivre aux accusations de retards et de dépassements des coûts, mais le scandale allait être amplifié par les sous-traitants qui se plaignirent qu'ils avaient dû payer des pots-de-vin à l'entrepreneur général. Ils affirmaient que Langevin était au courant mais n'était pas intervenu. Ce scandale fut suivi par d'autres révélations néfastes de favoritisme et de corruption mettant en cause l'entreprise de construction québécoise Larkin, Connolly and Company. Pour résumer, l'un des bailleurs de fonds de cette firme, Thomas McGreevy, était un député conservateur du Parlement, étroitement lié à Langevin. Il était parent de Langevin par alliance, et il avait apporté de l'aide financière à la caisse électorale de Langevin pour l'élection de 1878. Par la suite, Larkin, Connolly allait recevoir environ 3,1 millions de $ en contrats du gouvernement entre 1878 et 1891, et on a laissé entendre que le nombre élevé de soumissions acceptées de cette firme était dû à la communication confidentielle de renseignements au sujet des soumissions des concurrents.[24]

Le scandale qui en résulta força Langevin à remettre sa démission en tant que ministre des Travaux publics en 1891, en même temps qu'on renvoyait l'ingénieur en chef pour avoir accepté un petit « cadeau » en contrepartie de son rôle dans l'affaire. Encore une fois, Fuller se tira de ce scandale avec une réputation relativement intacte, mais la réputation du Ministère était gravement atteinte. C'est en partie à la suite de ces scandales qu'on mit en place la Commission royale sur le service civil, en 1892, chargée d'examiner les questions de favoritisme, de dotation et d'administration au sein de la fonction publique.[25] Cette enquête n'allait donner lieu à aucun résultat concret, mais elle marquait un point tournant dans l'histoire du Ministère et dans ses relations avec le gouvernement. Le favoritisme allait toujours faire partie des travaux publics fédéraux, mais la tendance des ministres à gérer leurs ministères en tant que domaine privé, pour leur profit personnel et politique était en déclin. Après 1892, une séparation plus claire des pouvoirs entre le gouvernement et la fonction publique devait mener à l'émergence d'une bureaucratie fédérale moderne au début du XXe siècle.

2.2. Foyer de l'entrée principale, édifice Langevin. M. Trépanier, Parcs Canada, 1993.

44 Les biens de la Couronne

2.3. Édifice public, Hamilton (Ontario), 1882–1887, en 1927. Plans établis par le Bureau de l'Architecte en chef. L'édifice a été démoli. ANC, PA-57440.

L'édifice public de Hamilton était en construction en même temps que l'édifice Langevin, mais il était d'interprétation très différente (figure 2.3). Construit de 1882 à 1887, le dessin, avec une base rustiquée soutenant une rangée de pilastres corinthiens, s'inspirait d'un vocabulaire de la Renaissance italienne relativement traditionnel. Même s'il ressemblait quelque peu aux édifices fédéraux construits par Thomas Scott, l'édifice ne pouvait pas être interprété comme un ouvrage de transition entre les deux administrations. C'était plutôt une élaboration des propres travaux de Fuller des années 1870, dominés par le style Second Empire et le classicisme italien.[26] Le traitement des détails était caractéristique des ouvrages de Fuller. Il aimait les textures riches et variées créées par un assemblage complexe de formes décoratives. Le fond était fait des lourdes moulures des cadres entourant les portes et les fenêtres, et sur ce fond, venaient se surimposer les pilastres à panneaux ainsi qu'une frise et une corniche richement décorées. Le bloc principal de l'édifice était une interprétation plutôt conventionnelle des formes de la Renaissance italienne, mais le traitement du toit introduisait un nouvel élément non classique dans le dessin. Bien que moins orné que le toit à la Mansart des années 1870, ce toit adoptait de nouvelles formes irrégulières et pittoresques pour le toit pyramidal à forte pente de la tour d'horloge et des deux tours d'angle plus petites.

Entre 1882 et 1885, on dessina quatre édifices publics de dimensions moyennes dans un style éclectique qui réunissait des éléments flamands, Queen Anne et classiques. L'édifice public de Brockville utilisait ce vocabulaire décoratif plus large et plus éclectique (figure 2.4).[27] La façade principale était disposée de façon symétrique, avec deux pavillons d'angle surmontés de pignons chantournés à la flamande. Un fronton surélevé s'érigeant sur deux étages et soutenu par des consoles en pierre massives centrait le plan. Les entrées latérales permettaient d'accéder séparément au bureau de poste au rez-de-chaussée et au bureau de douane ainsi qu'au logement du concierge au second étage et à l'attique. Ce plan incorporait des éléments classiques, mais il dérivait encore directement de l'esthétique de l'apogée victorien. Les détails et les garnitures en pierre lisse étaient posés sur les murs en pierre rustiquée, créant ainsi des surfaces à la texture très riche. Les entrées en plein cintre et le traitement des fenêtres, avec de grandes feuilles de verre dans la partie inférieure et des carreaux multiples dans la partie supérieure étaient caractéristiques d'un édifice fédéral construit par Fuller. Les motifs naturels des panneaux de pierre sculptée, représentant des feuilles d'érable entrelacées, répondaient aux thèses de John Ruskin concernant un nouveau langage décoratif inspiré des formes de la nature.

Des variations de ce style apparaissent dans de nouveaux édifices fédéraux à New Glasgow, en Nouvelle-Écosse, à Newcastle, au Nouveau-Brunswick, et à Charlottetown, à l'Île-du-Prince-Édouard.[28] Ce type stylistique disparaît ensuite du répertoire du Bureau de l'Architecte en chef. L'édifice de Brockville était l'un des édifices les mieux exécutés de Fuller, et l'abandon de ce type était probablement dû davantage au coût de la construction qu'à une insatisfaction par rapport au dessin. Des édifices de ce type faisaient appel à un niveau élevé d'ornementation, et les quatre édifices faisaient partie des petits bureaux de poste les plus dispendieux de cette période. Le coût pouvait atteindre le double de celui d'un autre édifice fédéral de dimensions comparables.[29]

Le bureau de poste de Baddeck, en Nouvelle-Écosse, construit en 1885–1887, s'éloignait quelque peu de l'éclectisme de l'apogée victorien pratiqué par Fuller. La simplicité et le manque de prétention du dessin reflétaient l'influence du mouvement esthétique Arts and Crafts apparu en Grande-Bretagne dans les années 1870 et 1880 (figure 2.5).[30] Issu du style gothique de l'apogée victorien et des écrits de John Ruskin, le mouvement Arts and Crafts prônait une nouvelle architecture dérivée des bâtiments vernaculaires de la Grande-Bretagne. Selon ce mouvement, les architectes devaient rétablir le lien entre le métier de constructeur et le dessin architectural. Le bureau de poste de Baddeck reflétait ces nouvelles valeurs esthétiques. Un simple bloc de pierre, l'édifice était couvert d'un toit en croupe modeste avec des lucarnes asymétriques et un pignon décoré d'un motif à colombage. À la différence de la richesse décorative de l'édifice de Brockville, l'extérieur était exempt de toute décoration appliquée. Les portes et les fenêtres étaient disposées de façon irrégulière dans la façade. Malgré ce manque de prétention architecturale, l'édifice avait une forte présence sur la rue à cause de l'impression de lourdeur et de masse créée par les murs en pierre rugueuse.[31]

2.4. Édifice public, Brockville (Ontario), 1882–1886. Plans établis par le Bureau de l'Architecte en chef. L'édifice loge maintenant un centre culturel catholique. Travaux publics et Services gouvernementaux Canada, Service des relevés des richesses du patrimoine, 1982.

2.5. Bureau de poste, Baddeck (Nouvelle-Écosse), 1885–1887. Plans établis par le Bureau de l'Architecte en chef. Travaux publics et Services gouvernementaux Canada, Service des relevés des richesses du patrimoine, 1982.

L'édifice public de Galt : un prototype du « style fédéral »

L'édifice public de Galt (aujourd'hui Cambridge), en Ontario, est un premier exemple du type de dessin que l'on allait associer le plus étroitement au travail de Fuller au ministère des Travaux publics (figure 2.6).[32] C'était l'une des multiples variations sur un plan élaboré au début des années 1880, mais vers le milieu et la fin des années 1880, cette formule devait s'imposer comme le modèle principal pour les petits édifices publics. Commencé en 1884, l'édifice devait abriter le bureau de poste et les bureaux de douane. Un bloc de pierre de deux étages et demi, avec une tour d'horloge accolée, l'édifice montrait bien la capacité de Fuller d'apporter un raffinement architectural à la construction d'un petit édifice fédéral urbain. L'articulation caractéristique de la façade principale allait devenir l'un des traits distinctifs des édifices publics construits par Fuller. Le rez-de-chaussée était ponctué de trois baies, comportant une large fenêtre cintrée centrale flanquée de deux étroites fenêtres rectangulaires. Au deuxième niveau, l'agencement était modifié par l'insertion de deux petites fenêtres au-dessus de la fenêtre centrale inférieure. La ligne du toit était dominée par un lourd pignon à parapet avec deux fenêtres semi-circulaires. Exécutées dans le calcaire local, les surfaces étaient richement texturées par des murs rustiqués contrastant avec les garnitures en pierre lisse. Les lourds corbeaux sous le rebord du toit et les motifs à pointe de diamant des pierres sous la pointe du pignon étaient des motifs médiévaux beaucoup utilisés par Fuller. L'entrée centrale qu'aurait favorisée Scott était remplacée par une entrée latérale à laquelle on accédait par un porche trapu en plein cintre dans un style vaguement roman.

Par le plan et l'aménagement intérieur, l'édifice de Galt était typique de sa période. Il était doté des caractéristiques habituelles adaptées aux particularités et aux contraintes du site. L'étage principal abritait le bureau de poste, qui était divisé en une salle publique à l'avant et une aire de travail à l'arrière. Les deux aires étaient divisées par un comptoir. Quatre colonnes de fonte soutenaient l'étage au-dessus ; les finis intérieurs étaient simples et fonctionnels, consistant en un lambrissage à rainures et languettes au rez-de-chaussée, avec de lourdes garnitures moulurées autour des portes et des fenêtres. Les espaces à l'étage, qui logeaient les bureaux de la douane, étaient d'une finition plus simple. L'attique abritait l'appartement du concierge.

L'édifice de Galt s'harmonisait également avec son cadre, et montrait que l'architecte était en mesure d'adapter son plan aux caractéristiques particulières du site.[33] L'édifice était situé sur un terrain étroit coincé entre l'artère commerciale principale et la rivière. Afin de s'adapter à ce terrain resserré et d'exploiter les deux façades, l'aile à un seul étage abritant l'entrepôt de la douane, d'habitude placé à l'arrière, avait été déplacée vers la façade latérale, avec comme résultat que l'édifice comportait deux façades principales, l'une donnant sur la rue et l'autre sur la rivière, offrant ainsi un aspect imposant à partir de deux points de vue différents.

L'édifice public de Galt représentait le type de plan le plus courant que l'on puisse associer à la période où Fuller a occupé le poste d'Architecte en chef. Tout au long des années 1880 et 1890, des douzaines d'édifices de ce modèle ont été construits à travers tout le pays. Les exemples les plus élaborés datent des années 1880, pendant lesquelles il semble que le Bureau disposait de plus de temps pour développer des variations individuelles. Les premiers bâtiments de cette période sont également remarquables pour la richesse et la diversité des détails, ainsi que pour la facture et le raffinement des matériaux utilisés. L'édifice public de Windsor, en Nouvelle-Écosse (1883–1886) (figures 2.7 et 2.8), et l'édifice public de Summerside, à l'Île-du-Prince-Édouard (1883–1886) (figure 2.9), offrent deux des exemples les plus réussis de ce type.[34] Le recours à des murs en brique rouge avec des garnitures de pierre taillée constituait une solution de rechange fréquente aux murs en pierre rustiquée et taillée de l'édifice de Galt. L'édifice de Windsor était remarquable pour son vocabulaire décoratif riche et varié. Le travail de la pierre en pointe de diamant sous le pignon principal, le motif en damier sous les fenêtres du deuxième étage, l'encorbellement complexe sous le toit et le cordon, et le motif en éventail dans les lunettes au-dessus des fenêtres du deuxième étage étaient des caractéristiques récurrentes du vocabulaire décoratif de Fuller. L'ornementation de l'édifice de Summerside était plus modeste, mais elle comprenait une horloge perchée au sommet du toit, une solution de rechange souvent utilisée à la place d'une tour d'horloge.

2.6. Édifice public, Galt (aujourd'hui Cambridge), en Ontario, 1884–1887. Plans établis par le Bureau de l'Architecte en chef. Aujourd'hui, les locaux sont occupés par un restaurant. Travaux publics et Services gouvernementaux Canada, 1982.

2.7. Édifice public, Windsor (Nouvelle-Écosse), 1883–1886. Plans établis par le Bureau de l'Architecte en chef, vers 1884. L'édifice a été démoli. ANC, PA-135532.

Économie et restrictions : des transformations dans le style fédéral

Les cinq premières années du règne de Fuller furent l'une des périodes les plus créatrices et dynamiques dans l'histoire de la construction fédérale. Fuller semblait assumer ses fonctions avec énergie et enthousiasme, endossant son rôle de maître architecte de la nation. Au cours de cette période, il mit à l'essai une grande variété d'idées architecturales, démontrant une grande connaissance des tendances architecturales contemporaines en même temps que la capacité de développer ces idées de façon nouvelle et inventive. Chaque projet était traité comme un problème distinct, exigeant une solution conceptuelle propre qui tenait compte des conditions particulières de l'emplacement. Vers la fin des années 1880 toutefois, cet esprit d'innovation devint moins évident.

Pendant cette décennie, le nombre d'édifices fédéraux s'était accru régulièrement ; de plus, les types d'édifices publics s'étaient diversifiés avec le début de la colonisation des Prairies et le lancement de nouveaux programmes tels que le Service des fermes expérimentales et le réseau des écoles pour les Indiens. Les charges administratives croissantes incombant à l'Architecte en chef obligeaient Fuller à déléguer de plus en plus de travaux de conception à son personnel.[35] En même temps, le gouvernement entrait dans une période de restrictions financières. La dépression économique des années 1890 entraîna une réduction sévère des dépenses, qui n'allaient être ramenées à leur niveau antérieur qu'au début des années 1900. Après 1888–1889, le nombre de nouveaux édifices publics mis en chantier allait diminuer, mais surtout, on allait dépenser moins d'argent pour chacun des projets. Entre 1889 et 1896, le coût moyen de la construction d'un petit édifice fédéral allait diminuer de près de 40 p. 100.

Le départ de Langevin en 1891, et la réputation ternie du Ministère suite au scandale McGreevy eurent peut-être aussi certaines conséquences. Langevin avait joué un rôle clé dans la formulation du programme de construction du ministère des Travaux publics pendant plus de vingt ans ; au cours de cette période, il avait approuvé des dépenses somptueuses pour construire des édifices qui devaient « faire honneur au

Dominion ». Après Langevin, les édifices publics devaient toujours représenter dignement le gouvernement, mais l'idée d'édifices gouvernementaux en tant que monuments de l'État allait de plus en plus être tempérée par un souci croissant d'économie et d'efficacité.

L'effet d'une charge de travail accrue et de budgets restreints transparaît dans le caractère des travaux exécutés vers la fin des années 1880. L'éventail des différents plans se rétrécit de plus en plus à mesure que la construction fédérale se résumait à quelques modèles établis. Bon nombre de ces édifices construits plus tard étaient bien conçus et solidement construits, mais ils étaient d'exécution beaucoup plus simple et économique. L'édifice public de Portage la Prairie présentait une solution assez typique des plans gouvernementaux pendant les dernières années des fonctions de Fuller (figure 2.10). Les éléments de base, comme le plan rectangulaire, le pignon à parapet, et la disposition caractéristique des fenêtres, restaient fondamentalement inchangés, mais une bonne partie des détails qui apparaissaient sur les édifices précédents, tels que les édifices fédéraux de Galt ou de Windsor, était éliminée. La maçonnerie décorative n'apparaissait que dans le motif en diamant des pignons centraux. Les murs étaient faits entièrement d'une lourde pierre rustiquée, donnant à l'édifice une apparence massive et rude caractéristique du style néo-roman des travaux de l'architecte américain Henry Hobson Richardson. Une autre mesure d'économie courante était l'utilisation de tôle laminée pour le toit au lieu des tuiles d'ardoise plus coûteuses.

L'édifice public de Strathroy, en Ontario (1889–1891), était construit en brique, mais les parements de pierre étaient rustiqués plutôt que lisses, comme c'était le cas de l'édifice de Windsor (figure 2.11). La texture rustiquée des parements compensait pour l'absence de détails décoratifs, de plus en plus discrets et restreints. L'ornementation était limitée au pignon et aux porches d'entrée. L'édifice public d'Almonte, en Ontario (1888–1891), était bâti sur un plan comparable, mais exécuté en pierre rustiquée (figure 2.12). Cet édifice reflétait également la tendance vers une plus grande simplicité, même si la sensibilité de l'architecte au site était toujours très évidente. Situé sur un terrain triangulaire près du sommet de la pente de la rue Mill, le plan exploitait les

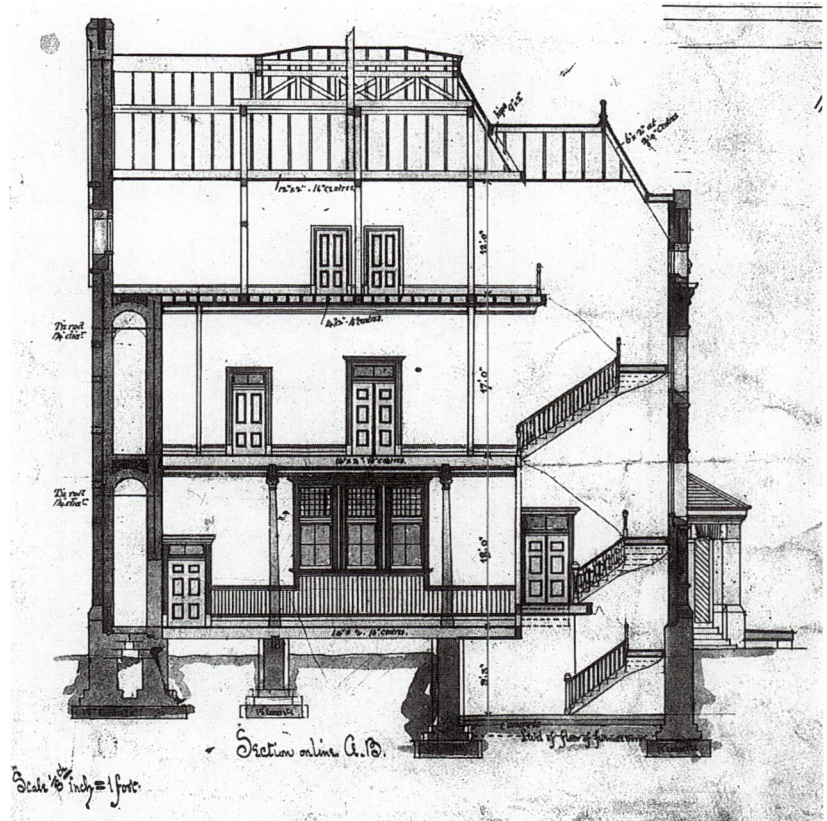

2.8. Coupe longitudinale, Édifice public, Windsor. ANC, NMC 60460.

2.9. Édifice public, Summerside (Île-du-Prince-Édouard), 1883–1886. Plans établis par le Bureau de l'Architecte en chef ; construction supervisée par David Stirling. Travaux publics et Services gouvernementaux Canada, Service des relevés des richesses du patrimoine, 1982.

irrégularités du site d'une façon efficace mais peu conventionnelle. Plutôt que de tourner l'édifice de façon à ce qu'il domine la ville, ce qui était la solution logique, la façade principale était placée de façon à dominer la rue étroite. Cette solution donnait moins d'importance visuelle à l'entrée principale, mais, vue de côté, elle mettait en évidence l'agencement complexe des masses de l'édifice créé par les plans fuyants du pignon en saillie, du bloc principal de l'édifice et de l'aile arrière à un seul étage. Il en résultait une composition dynamique et pittoresque qui dominait la ville et fournissait l'une des images les plus claires du rôle central que jouaient ces édifices publics fédéraux dans une petite communauté.

Une autre variation assez courante sur ce thème était illustrée par l'édifice public de Saint-Hyacinthe, au Québec, construit entre 1889 et 1894 (figure 2.13). Cet édifice comportait une tour d'horloge à l'angle comme l'édifice de Galt, mais le grand pignon central avait été remplacé par une lucarne plus petite avec parapet affleurant la façade principale. Les entrées latérales et le rythme complexe de l'agencement des fenêtres, avec une large fenêtre centrale au rez-de-chaussée et des fenêtres cintrées jumelées au deuxième niveau et une série de trois petites fenêtres dans le pignon, étaient caractéristiques des plans fédéraux de cette période. Plusieurs édifices du même genre devaient être construits dans les années 1880 et 1890. Quelques-uns étaient en brique, d'autres en pierre, et dans les versions plus modestes, la tour d'horloge était souvent absente.

Dans les villes canadiennes de l'Ouest, il semblerait que des normes différentes présidaient à la construction des édifices fédéraux. Dans les centres plus vieux et mieux établis comme Winnipeg et Victoria, on construisait des édifices assez raffinés, mais dans d'autres communautés, le Bureau de l'Architecte en chef avait tendance à ériger des édifices de grandes dimensions, certes, mais sans distinction architecturale.[36] L'édifice public de Brandon, au Manitoba, était un gros bloc de trois étages, à la finition extrêmement modeste et économique (figure 2.14).[37] Le pignon central à parapet semblait ajouté après coup pour relever le plan et lui donner une apparence moins industrielle. Ces tendances contradictoires étaient récurrentes dans la construction gouvernementale dans l'Ouest au cours des années 1880 et 1890. Il est possible qu'elles

L'âge d'or de l'architecture fédérale 51

2.10. Édifice public, Portage la Prairie (Manitoba), 1896–1898. Plans établis par le Bureau de l'Architecte en chef. Comme beaucoup d'autres édifices fédéraux de cette époque dans l'Ouest, c'est aujourd'hui l'hôtel de ville. Travaux publics et Services gouvernementaux Canada, Service des relevés des richesses du patrimoine, 1982.

2.11. Édifice public, Strathroy (Ontario), 1889–1891. Plans établis par le Bureau de l'Architecte en chef. Des boutiques occupent aujourd'hui le rez-de-chaussée. Travaux publics et Services gouvernementaux Canada, Service des relevés des richesses du patrimoine, 1982.

trahissent un manque d'intérêt de la part du Bureau de l'Architecte en chef pour ces projets lointains, mais il se peut aussi que ce soit le résultat d'un manque d'hommes de métier et d'entrepreneurs assez habiles pour exécuter des plans plus complexes et plus détaillés. Mais quelle qu'en soit la raison, avec le début du XXe siècle, cette différence entre l'Est et l'Ouest avait cessé d'être un facteur important.

Manèges militaires et salles d'exercice : une chicane d'attributions

Le réseau de salles d'exercice et de manèges militaires continuait à s'étendre au cours des années 1880.[38] En 1881, le nouveau ministre de la Milice et de la Défense, Adolphe Caron, prépara un rapport sur l'état des bâtiments de la milice au Canada. Ce rapport révélait que des 127 édifices appartenant au Ministère, quatre seulement étaient construits en brique ou en pierre, tandis que les autres structures, en bois, étaient délabrées. Caron réclamait la construction de nouvelles installations à travers tout le pays. À cette époque, la construction des salles d'exercice relevait encore du ministère des Travaux publics, et en 1883, le Bureau de l'Architecte en chef commença à travailler à la conception d'une nouvelle salle d'exercice à Québec. Malheureusement, Caron et Langevin étaient des rivaux acharnés, et Caron voyait d'un très mauvais oeil le contrôle que Langevin pouvait exercer sur ces riches contrats gouvernementaux. En 1884, il remporta de haute lutte le contrôle sur ce secteur de la construction. Au cours des dix années suivantes, le ministère de la Milice et de la Défense construisit un certain nombre de grandes salles d'exercice sous la direction d'Henry James.[39] Auparavant, James avait été à l'emploi du Bureau de l'Architecte en chef, mais en 1884 il passa à la Milice et à la Défense comme chef de la Direction du génie.[40]

Langevin démissionna en tant que ministre en 1891, Caron quitta le ministère de la Milice et de la Défense en 1892, et Henry James mourut l'année suivante. À ce moment, la construction des salles d'exercice redevint la responsabilité du ministère des Travaux publics. Au cours des quelques années subséquentes, on n'en construisit que trois, mais deux de ces édifices, le manège militaire de Toronto et celui de Halifax, devaient avoir une influence déterminante sur la conception future des salles d'exercice. Il s'agissait des premiers à utiliser un système moderne de fermes métalliques qui permettait de réaliser des portées beaucoup plus longues que ce qui avait été possible jusque-là.[41] Ils marquaient également de façon très claire une transition dans le rôle des salles d'exercice et des manèges militaires. Au lieu d'être simplement des endroits pour entreposer des armes et pour faire des exercices sous un toit, ces édifices allaient devenir une institution militaire et sociale importante au sein de la communauté. Les manèges militaires de Halifax et de Toronto offraient d'autres installations, comme des salles de conférence, une bibliothèque, une salle de billard et une allée de quilles, en plus de la salle d'exercice requise et de l'espace pour l'entreposage des armes.

Le manège militaire de Toronto, construit en 1893, était un édifice massif en brique avec des parements de pierre rustiquée dessiné dans un style roman crénelé (figure 2.15). Le plan général et l'agencement des masses ne s'éloignaient pas beaucoup de la génération précédente de ces édifices. Le toit élevé en pente avec une large entrée centrale dans la salle, flanquée de deux pavillons, ressemblait à celui de la salle d'exercice du carré Cartier à Ottawa datant de 1878. L'édifice de Toronto introduisait cependant un nouveau langage architectural dans la conception des manèges. Les tours d'angle crénelées et les grandes fenêtres en plein cintre sous de lourds voussoirs en pierre rustiquée évoquaient des associations romantiques de châteaux médiévaux et de guerriers sans peur et sans reproche. Ce type de conception allait établir un modèle de dessin, d'ingénierie et d'aménagement qui allait façonner le caractère des manèges militaires pour les trente années à venir.

Les Territoires du Nord-Ouest : de nouvelles tâches pour le Bureau, 1881–1896

Au cours des années 1880 et 1890, les activités du Bureau de l'Architecte en chef allaient devenir de plus en plus complexes et de plus en plus vastes. Nulle part cet élargissement n'était-il plus évident que dans les Territoires du Nord-Ouest. Le gouvernement Macdonald avait repris le pouvoir en 1878 avec la promesse d'édifier une économie nationale

2.12. Édifice public, Almonte (Ontario), 1888–1891. Plans établis par le Bureau de l'Architecte en chef. Travaux publics et Services gouvernementaux Canada, Service des relevés des richesses du patrimoine, 1982.

2.13. Édifice public, Saint-Hyacinthe (Québec), 1889–1894. Plans établis par le Bureau de l'Architecte en chef. Des bureaux et des logements occupent aujourd'hui l'édifice. Travaux publics et Services gouvernementaux Canada, Service des relevés des richesses du patrimoine, 1982.

forte. Des tarifs de protection qui renforceraient les liens économiques est-ouest constituaient un élément clé de la politique nationale. Le développement de la colonisation et le développement agricole du Nord-Ouest étaient des composantes essentielles de ce cadre économique. Les Prairies produiraient des récoltes pour l'exportation, et fourniraient un nouveau marché de consommation pour les produits manufacturés de l'Est. Le gouvernement fédéral avait créé un cadre administratif de base pour le développement de l'Ouest, mais au cours des années 1870, la colonisation demeurait sporadique. Le gouvernement n'allait réussir à attirer des nombres importants d'immigrants dans les Prairies qu'au début du XXe siècle, mais avec l'achèvement du chemin de fer transcontinental en 1885, le rôle du gouvernement fédéral dans le Nord-Ouest se fit sentir de plus en plus.[42]

Les édifices gouvernementaux érigés dans les Prairies ne constituaient qu'une petite partie du processus de canadianisation de ces territoires, mais ils lui donnaient une grande visibilité. La gamme d'édifices construits par le ministère des Travaux publics reflétait fidèlement les objectifs et les programmes de la politique nationale. La mise en place des structures administratives et judiciaires de base était manifestée par la construction des édifices gouvernementaux territoriaux et d'un réseau de palais de justice. Pour faire respecter les lois, la Police à cheval du Nord-Ouest fit construire et agrandir une série de postes. Pour desservir les nouvelles communautés et leur fournir les services fédéraux de base, il fallait construire de nouveaux édifices publics comme des bureaux de poste, des bureaux de douane et des bureaux d'enregistrement des terres. Pour réaliser l'assimilation proposée de la population autochtone, il fallait des écoles industrielles. Quant aux bâtiments de l'immigration et à la mise en place d'un réseau de fermes expérimentales, il s'agissait de la concrétisation de la politique gouvernementale visant à encourager et à aider la colonisation agricole des Prairies.

Regina : la nouvelle capitale

Lorsque le tracé du Canadien Pacifique (CPR) fut relocalisé dans le sud des Prairies, on déménagea la capitale territoriale jusque-là à Battleford,

2.14. Édifice public, Brandon (Manitoba), 1889–1892. Plans établis par le Bureau de l'Architecte en chef. L'édifice a été démoli. ANC, PA-32849.

2.15. Manège militaire et salle d'exercice de Toronto (Ontario), 1893, photographié en 1922. Plans établis par le Bureau de l'Architecte en chef. L'édifice a été démoli. ANC, PA-97252.

dans un nouveau site sur les rives de la rivière Wascana, près du chemin de fer. On donna à ce site le nom de Regina, en l'honneur de la Reine Victoria. En 1882, on y amena par rail environ quarante bâtiments en bois préfabriqués dans l'Est, qu'on monta au cours de l'hiver. Ces premiers bâtiments comprenaient une résidence pour le lieutenant-gouverneur et une construction devant loger le conseil territorial. Vers la fin des années 1880, on remplaça cependant graduellement ces premiers bâtiments par des structures plus durables.[43] Un nouvel Hôtel du gouvernement y fut construit en 1888-1891, et en 1891 également, un édifice administratif pour loger les bureaux du gouvernement fut érigé près des bâtiments d'origine (figures 2.16 et 2.17).

Ces deux édifices traduisaient le nouveau sentiment de permanence dégagé par la construction gouvernementale dans les Prairies qu'avait permis l'arrivée du chemin de fer ; en même temps, ils illustraient aussi le type de plan fonctionnel qu'on considérait approprié pour les territoires. L'édifice de l'administration était une longue construction rectangulaire en brique ponctuée de fenêtres cintrées jumelées, avec un toit à la Mansart qui rappelait un dessin utilisé du temps de Thomas Scott. L'extérieur de l'Hôtel du gouvernement était d'une grande simplicité, mais la finition intérieure était d'une grande qualité et comprenait des salles publiques imposantes. Il est impossible de déceler l'influence de Thomas Fuller dans l'un ou l'autre de ces édifices. Néanmoins, les deux remplissaient très bien leur rôle fonctionnel et symbolique. Comme devait le décrire un député au Parlement, l'Hôtel du gouvernement était « une structure solide, et une structure qui, tout en étant belle, ne comporte aucune extravagance quant à son ornementation. C'est une structure convenant à la personne qui représente le gouvernement du Canada, qui représente Sa Majesté, et qui est à la tête de la société comme aussi de la vie politique dans le Nord-Ouest. »[44]

L'Hôtel du gouvernement et l'édifice de l'administration se trouvaient à environ un mille et quart à l'ouest du centre commercial de la ville. La décision de construire en un endroit aussi incommode était due aux intérêts divergents du CPR et d'Edgar Dewdney, le lieutenant-gouverneur des Territoires du Nord-Ouest. La façon d'arriver à cette décision fournit également une illustration particulièrement transparente de l'importance politique et économique attachée à l'emplacement d'un édifice public, surtout dans ces établissements des Prairies où l'arrivée imminente du CPR donnait lieu à une spéculation foncière intense. À l'origine, le périmètre urbain, choisi par Dewdney lui-même, devait se trouver près des édifices gouvernementaux, qui étaient également voisins de terrains qui avaient été achetés récemment par Dewdney et quelques associés de la Compagnie de la Baie d'Hudson. Si leurs plans s'étaient réalisés, Dewdney et ses associés auraient été propriétaires d'une grande partie de ce qui allait devenir le centre-ville de Regina. Malheureusement pour eux, le CPR les priva de profits énormes en construisant la gare de chemin de fer plus à l'est. La ville se développa naturellement autour de la gare, mais Dewdney put se dédommager d'une partie de ses pertes en persuadant ses amis du gouvernement de placer quelques-uns des édifices gouvernementaux, y compris le nouveau quartier général de la Police à cheval du Nord-Ouest, près de ses terres. En conséquence, la nouvelle ville s'étalait sur plus de deux milles, avec à une extrémité le centre commercial, comprenant le bureau de poste, les bâtiments de l'immigration et le palais de justice territorial, et un centre administratif à l'autre extrémité.[45]

La construction pour la Police à cheval du Nord-Ouest

Dès 1883, le CPR avait atteint les contreforts des montagnes Rocheuses, établissant ainsi une voie d'approvisionnement efficace pour les biens et les matériaux. Pour le ministère des Travaux publics, cela signifiait que bon nombre des problèmes rencontrés lors de la construction dans les Prairies, et particulièrement pour la Police à cheval, étaient éliminés ou du moins simplifiés. Quand le nouveau quartier général, connu plus tard comme « le Dépôt », déménagea de Fort Walsh à Regina en 1882, le ministère des Travaux publics fut en mesure de monter rapidement un certain nombre de bâtiments préfabriqués amenés de l'Est par le chemin de fer.[46] Huit autres bâtiments furent construits par un entrepreneur local l'année d'après. Un bâtiment long à un étage, en bois et à pignons qui logeait à l'origine le mess, subsiste toujours en tant que chapelle, mais il a subi beaucoup de modifications. Tous les autres

2.16. Résidence du lieutenant-gouverneur, Regina (Saskatchewan), 1888–1891. Plans établis par le Bureau de l'Architecte en chef. J. Wright, Parcs Canada, 1991.

L'âge d'or de l'architecture fédérale   59

2.17. Édifice administratif du Gouvernement des Territoires du Nord-Ouest, Regina (Saskatchewan), 1891. Plans établis par le Bureau de l'Architecte en chef. L'édifice, qui appartient aujourd'hui à la province de la Saskatchewan, a été restauré en 1979. J. Wright, Parcs Canada, 1991.

2.18. Poste de la Police à cheval du Nord-Ouest, Lethbridge (Alberta), en 1888. Plans établis par le Bureau de l'Architecte en chef. Glenbow Archives, Calgary (Alberta), ANC 635-10.

bâtiments du dépôt au XIXe siècle ont disparu, mais l'organisation et l'emplacement de ces bâtiments autour d'une place d'arme centrale et des écuries attenantes sont encore visibles dans le plan actuel.

Au cours des quelques années subséquentes, le ministère des Travaux publics et le Bureau de l'Architecte en chef allaient construire de nombreux nouveaux bâtiments pour la Police à cheval du Nord-Ouest à Regina, à Battleford, à Lethbridge et à Prince Albert. À Lethbridge et à Prince Albert, on construisit des postes avec des quartiers pour les officiers, une caserne pour les hommes, une écurie, un entrepôt, un atelier de forgeron et un poste de garde (figure 2.18).

La Police à cheval et le ministère des Travaux publics avaient de bonnes relations de travail au cours de cette période, et la police allait décrire le poste à Prince Albert comme « le poste le mieux fini et le mieux agencé », « tout à l'honneur du commis de chantier et du surintendant du poste ».[47] Mais en même temps la Police à cheval, comme le ministère de la Milice et de la Défense et le Service pénitentiaire, voulait avoir plus de contrôle sur ses propres besoins de construction. Le Bureau de l'Architecte en chef à Ottawa préparait les plans de beaucoup de ces bâtiments, mais il semble avoir eu très peu à faire avec la construction. Généralement, le Bureau confiait la responsabilité de la gestion du projet à un commis de chantier, qui, selon la Police à cheval, n'était pas en mesure de bien comprendre leurs besoins. En 1888, même si la police reconnaissait les efforts du ministère des Travaux publics, elle soulignait aussi la nécessité de nommer « un architecte compétent pour se charger des améliorations à apporter aux bâtiments de la Police à cheval du Nord-Ouest ».[48] Dans bien des cas, la Police à cheval évitait simplement le problème en court-circuitant le ministère des Travaux publics et en faisant appel à des entrepreneurs et à des architectes locaux pour construire les nouveaux bâtiments dont elle avait besoin. De cette façon, la police fut en mesure d'entretenir des relations de travail plus souples avec le ministère des Travaux publics, en faisant appel à ses services au besoin, mais en mettant en chantier et en finançant ses projets de façon indépendante. En fait, une bonne partie de la construction mise en chantier au cours de cette période a dû se faire avec les services du commis de chantier, généralement payé par les Travaux publics, mais les bâtiments n'étaient pas dessinés par le Bureau de l'Architecte en chef. À la différence des luttes territoriales que les Travaux publics menaient avec le ministère de la Milice et de la Défense, dans ce cas-ci, le Ministère semblait tout à fait prêt à laisser la Police à cheval se charger elle-même de ses projets dans les régions éloignées.

Le palais de justice territorial

L'absence d'un niveau provincial de gouvernement dans les Prairies, à l'extérieur des frontières très limitées de la province nouvellement créée du Manitoba signifiait que le gouvernement fédéral devait se charger de toute une gamme de nouvelles responsabilités en matière de construction. La construction des palais de justice relevaient d'habitude de la compétence des provinces, mais dans les territoires, devint une priorité du gouvernement fédéral. Leur présence allait symboliser clairement la mise en place du nouvel ordre social que l'on était en train d'établir dans les Prairies. Même si Ottawa avait été responsable de l'administration de la loi depuis 1870, jusqu'en 1885, elle était administrée de façon plutôt lâche, avant tout par la Police à cheval et quelques magistrats désignés. Les tribunaux étaient généralement logés dans des bâtiments construits à d'autres fins.[49]

En 1886, le gouvernement fédéral mit en oeuvre une réforme importante du système de justice dans les territoires en vue de se préparer à l'augmentation de l'immigration qui était alors prévue. Les territoires furent divisés en quatre districts judiciaires en 1882, et en 1886, on prit des dispositions pour la nomination de juges, de greffiers et de shérifs pour chacun des districts. Une Cour suprême indépendante des Territoires du Nord-Ouest fut également créée, établissant ainsi un système de tribunaux autonomes au sein de la structure fédérale. La construction des palais de justice représentait un élément important de cette réforme.

Entre 1886 et 1905, dix nouveaux palais de justice furent construits dans les Prairies.[50] Quelques-uns des premiers, datant du milieu des années 1880, étaient des bâtiments en bois très modestes. Vers la fin des années 1880, les palais de justice prenaient une nouvelle apparence de permanence. Le premier de cette nouvelle génération était le palais de

2.19. Palais de justice, Fort Macleod (Alberta), 1902–1905. Plans établis par le Bureau de l'Architecte en chef. Cet édifice est le plus bel exemple qui reste des palais de justice construits dans les Territoires du Nord-Ouest ; restauré, c'est maintenant l'hôtel de ville. J. Wright, Parcs Canada, 1991.

justice de Calgary, construit en 1888. Une solide structure en calcaire de deux étages, il comportait un toit bas en croupe avec un pignon central à parapet et un porche avant profond à arcades. Comme il était de règle dans ce type de plan, le rez-de-chaussée logeait les bureaux, tandis que la grande salle d'audience se trouvait au second étage. L'un des derniers survivants de ces palais de justice territoriaux est celui de Fort Macleod. Construit en 1902–1905 et dessiné sous la direction du successeur de Fuller, l'édifice conservait les qualités essentielles caractéristiques de ces palais de justice territoriaux (figures 2.19 et 2.20). C'était une structure de deux étages en brique, avec des parements de pierre et un toit aux pignons croisés ; la solidité de la construction, la symétrie formelle de la façade, la pierre avec la date et le lourd porche d'entrée en brique l'identifiaient clairement comme un édifice public, mais en même temps, les affectations « stylistiques », si apparentes dans les édifices fédéraux du Centre et de l'Est du Canada, avaient été laissées de côté. C'est maintenant l'hôtel de ville de Fort Macleod, et la salle d'audience du deuxième étage sert aux délibérations du conseil municipal.

L'assimilation des Autochtones et l'école industrielle

La transformation des Prairies en un arrière-pays agricole passait par la sédentarisation pacifique de la population autochtone. Au cours des années 1870, une série de traités avaient été négociés avec les Indiens des Plaines par lesquels ils cédaient leurs revendications établies sur l'ensemble des terres en échange de droits sur des terres de réserve. Pour la population autochtone, le système des réserves peut avoir semblé un moyen de permettre la coexistence pacifique de deux sociétés en conflit ; pour le gouvernement, ces réserves représentaient une solution provisoire au problème indien. La fonction des réserves était de placer la population autochtone sous garde protégée jusqu'à ce qu'elle puisse être assimilée entièrement par la communauté blanche. L'idée était de transformer ces peuples nomades et leur mode de vie tribal en fermiers commerciaux indépendants, en travailleurs agricoles ou en domestiques. Ainsi, ils participeraient de façon productive à la Politique nationale.

L'éducation était considérée comme l'outil d'assimilation le plus

2.20. Salle d'audience du palais de justice de Fort Macleod. J. Wright, Parcs Canada, 1993.

efficace.[51] Auparavant, ce travail avait été laissé aux diverses églises et aux groupes missionnaires à l'œuvre dans les Prairies ; en vertu de la *Loi sur les Indiens de 1880*, le gouvernement fédéral assumait la responsabilité de l'éducation des Autochtones. Le gouvernement conservait des relations de travail étroites avec les groupes religieux, qui bien souvent administraient les écoles et fournissaient le personnel, mais le gouvernement fédéral chercha à mettre en place un système complet d'éducation des Autochtones. Le ministère des Affaires indiennes administrait trois niveaux scolaires : l'école de jour, qui se trouvait sur la réserve, le pensionnat, et l'école industrielle. De ces trois niveaux, l'école industrielle était considérée comme le meilleur outil d'assimilation. En 1879, un rapport préparé pour le gouvernement fédéral affirmait que ces écoles étaient les instruments les plus efficaces de la politique recommandée de « civilisation agressive ».[52] Leur objectif était d'abord de soustraire l'enfant à l'influence « corruptrice » de la famille et de la réserve, et ensuite de lui fournir une instruction de base pour lui apprendre à lire et à écrire, à cultiver la terre et à tenir maison.

Au cours des années 1880 et 1890, le ministère des Affaires indiennes mit en place un réseau d'écoles autochtones. Dans un premier temps, un certain nombre d'écoles religieuses existantes furent agrandies, mais vers la fin des années 1880, le Ministère avait entrepris un vaste programme de nouvelles constructions au Manitoba, en Saskatchewan, en Alberta et dans l'intérieur de la Colombie-Britannique. Un grand nombre des petites écoles de jour et des pensionnats furent construits par le ministère des Affaires indiennes ; les écoles industrielles, plus grosses, nécessitèrent les services du Bureau de l'Architecte en chef. On n'élabora aucun plan standard, mais l'école industrielle Saint-Paul, au Manitoba, établie en 1888 et administrée par l'Église anglicane, donnait un exemple assez typique des premières réalisations du Bureau dans ce domaine (figures 2.21 et 2.22).[53] Également connue sous le nom d'École industrielle de la Terre de Rupert, c'était un grand édifice rectangulaire avec un toit en croupe et une aile arrière. Vu de l'extérieur, l'édifice possédait une façade symétrique à onze baies, avec un frontispice central coiffé d'un pignon à fronton. Un petit clocher se trouvait au centre de la crête du toit. Le plan au sol était également symétrique, comprenant un hall central avec des bureaux et deux salles de classe de chaque côté. La salle à manger et la cuisine se trouvaient dans l'aile arrière. Le deuxième étage comprenait deux grands dortoirs, l'un pour les filles et l'autre pour les garçons, ainsi que des chambres à coucher séparées pour le personnel et pour les malades. Comme les autres écoles, elle comprenait également un certain nombre de dépendances, généralement une grange et une étable qui servaient à la formation agricole. Le bâtiment fut détruit par un incendie en 1906, et l'école fut alors fermée.

Le Bureau de l'Architecte en chef se montra efficace mais très conventionnel dans son approche des plans d'école. Par rapport aux travaux du Bureau, ces projets dans des endroits reculés étaient probablement considérés comme d'importance mineure et sans doute confiés à un membre du personnel qui allait préparer un plan en consultation avec le personnel du ministère des Affaires indiennes. Encore une fois, il n'y avait aucune indication dans la qualité ou le caractère de l'architecture que Fuller ait contribué d'une façon ou d'une autre à la conception. Il ne semble pas y avoir eu non plus une quelconque considération des problèmes ou des besoins particuliers à la construction d'installations éducatives à l'intention des élèves autochtones dans les Prairies. Au lieu de cela, le Bureau se tourna vers les modèles établis de la construction scolaire telle que pratiquée dans les communautés de l'Est du Canada, et les transplanta, avec quelques modifications fonctionnelles nécessaires, dans ce nouvel environnement et ces nouvelles conditions. Des édifices comme l'école industrielle Saint-Paul, avec sa construction en brique rouge, sa façade symétrique et son clocheton auraient pu aussi bien avoir été construits à Brockville ou à Smiths Falls.[54] C'était comme si le personnel du Bureau de l'Architecte en chef, dessinant des plans dans l'univers étroit de leurs planches à dessin à Ottawa, considérait le pays entier simplement comme un prolongement de leur environnement immédiat au centre du Canada.

Les écoles industrielles n'étaient pas de grandes oeuvres d'architecture, mais elles n'étaient pas non plus des bâtiments temporaires de fortune. Par leurs dimensions et la qualité de leur construction, elles formaient des symboles permanents et imposants de la domination et de la suprématie de la société blanche. Ces édifices montraient la volonté du

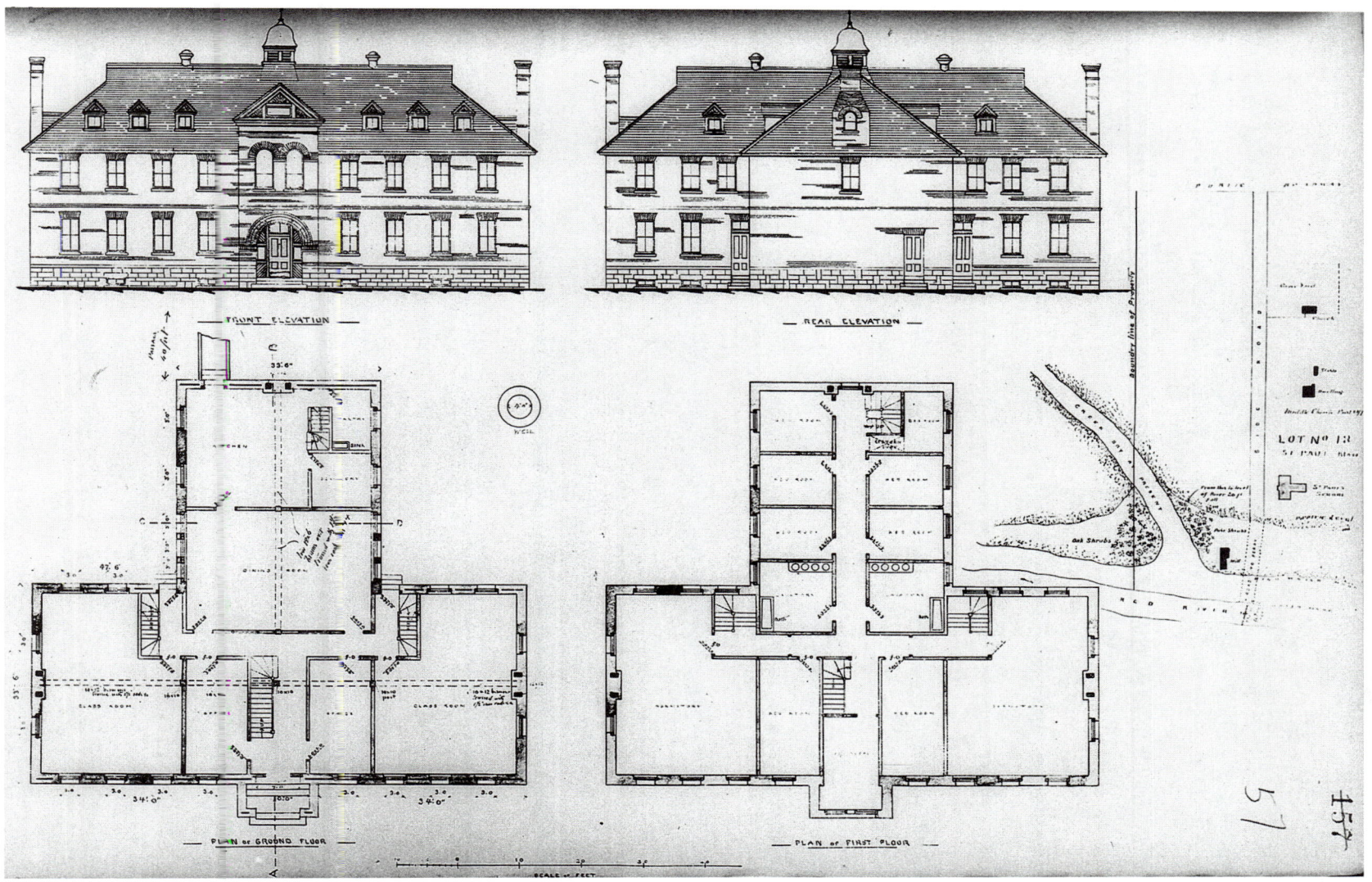

2.21. Plan de l'école industrielle Saint-Paul, Saint-Paul (Manitoba). Plans établis par le Bureau de l'Architecte en chef en 1888. L'édifice a été rasé par un incendie en 1906. ANC, RG11, Vol. 3911, C-138223.

66 Les biens de la Couronne

2.22. École industrielle Saint-Paul, en 1898. Archives du Manitoba.

gouvernement d'absorber et d'effacer une société autochtone distincte dans les Prairies, et sa confiance dans le réseau des écoles industrielles pour ce faire. À bien des égards, les écoles industrielles traduisaient les mêmes intentions sociales et morales que les pénitenciers du XIXe siècle ; l'architecture de ces bâtiments était vue comme prenant une part active à la réforme de ce que l'on considérait comme un comportement déviant. La conception de ces écoles, fermement enracinée dans la société blanche, visait clairement à appuyer et à renforcer les valeurs, les habiletés et les comportements que l'on inculquait aux élèves de façon si rigoureuse.

L'expansion des installations pour les immigrants

L'immigration était une composante essentielle de la colonisation de l'Ouest, et au cours des années 1880 et 1890, le ministère de l'Agriculture allait moderniser et agrandir ses installations afin de mettre en place un réseau complet et permanent de bâtiments et de services. L'objectif était le contrôle complet du processus d'immigration, depuis le point d'arrivée jusqu'à la destination finale sur la concession agricole.[55]

Une bonne partie des activités de construction eut lieu dans les stations de quarantaine. Les installations furent agrandies à la Grosse Île et à l'île Lawlor, et sur la côte Ouest, une nouvelle station fut construite à William Head, près de Victoria, en Colombie-Britannique.[56] Au cours de cette période, les stations de quarantaine se modernisèrent considérablement. La révolution dans les sciences médicales causée par les travaux d'hommes tels que Louis Pasteur et Robert Koch avait apporté de nouvelles connaissances sur la nature de la maladie, sur sa transmission et sur son contrôle. Au début des années 1890, les bâtiments de désinfection devinrent un élément standard de toutes les stations de quarantaine. Il s'agissait de grands bâtiments de forme irrégulière équipés de chambres de désinfection pour les bagages et les effets personnels, ainsi que de douches pour les nouveaux arrivants.

Les stations de quarantaine gagnèrent également en efficacité dans la séparation des différentes classes d'immigrants. On mit en place des bâtiments de détention de première, de seconde et de troisième classes à la Grosse Île, à l'île Lawlor et à William Head, soit en construisant de nouveaux bâtiments ou en transformant des structures existantes. Chaque classe de bâtiment de détention avait sa configuration et ses normes de conception propres. Ils étaient tous des bâtiments à ossature de bois avec des toits simples à pignons ou en croupe, mais on pouvait généralement identifier les bâtiments de première classe par la galerie qui courait devant la façade principale. Les bâtiments de première classe étaient habituellement divisés en trois parties, avec une section centrale comprenant une grande salle à manger au rez-de-chaussée et un hall au-dessus. Les deux ailes de chaque côté abritaient les salles de toilette et quatorze chambres privées dans chaque aile. Le bâtiment de détention de première classe à la Grosse Île, encore debout, était le plus vaste des bâtiments de ce type (figure 2.23).[57] Les bâtiments de détention de deuxième et de troisième classes offraient moins de commodités et moins d'espace. À William Head, on construisit deux bâtiments de troisième classe en 1893.[58] Les deux étaient de longues constructions à ossature de bois d'un seul étage. Une grande salle à manger se trouvait au centre, et deux grands dortoirs ouverts qui pouvaient accueillir 318 personnes s'étendaient de chaque côté. Les logements de troisième classe semblent avoir été conçus pour des passagers autres que britanniques ou blancs. À William Head, les bâtiments de détention de troisième classe étaient destinés aux immigrants chinois et japonais.

Dans les principaux centres de transit, le gouvernement fédéral apporta des améliorations aux logements dans les divers dépôts d'immigration. L'exemple le plus remarquable était le dépôt d'immigration du Bassin Louise, à Québec, dessiné en 1886 (figure 2.24).[59] Une longue structure en équerre mesurant 320 pieds sur 110 pieds, l'architecture et les installations de ce bâtiment étaient beaucoup plus avancées que celles des « hangars » des années 1870. Il offrait également un éventail plus vaste de services à l'immigrant en transit. Au rez-de-chaussée, on trouvait une série de bureaux pour les divers agents du gouvernement, une grande salle d'attente, une salle à manger et une cuisine. À l'étage, il y avait deux grands dortoirs, l'un pour les hommes et l'autre pour les femmes. De petites chambres à coucher pour hommes et pour femmes étaient également fournies, à l'intention des immigrants de première et

2.23. Bâtiment de détention de première classe, Grosse Île (Québec), 1893. Plans établis par le Bureau de l'Architecte en chef. La Grosse Île a été désignée comme un lieu historique national en 1988. J. Audet, Parcs Canada, 1990, S-148-6.

de deuxième classes. L'apparence extérieure empruntait certaines caractéristiques, comme la large marquise sur console, à la conception des gares ferroviaires, et comme beaucoup de gares de cette période, son plan reflétait l'influence du style Queen Anne ou du style « Shingle ». Le traitement décoratif du bois, défini par un motif de planches horizontales et diagonales, les motifs variés dans la pose des tuiles au deuxième niveau et sur les lucarnes, ainsi que les lourdes consoles de la véranda et du toit étaient caractéristiques de ce style. Le fait que la conception d'un dépôt d'immigration à Québec reçoive beaucoup plus d'attention que celle d'un palais de justice à Calgary montre bien que la vision du Bureau de l'Architecte en chef était avant tout axée sur le centre du Canada.

L'arrivée des immigrants dans les Prairies rendit nécessaire un nouveau type de bâtiment d'immigration. Une fois les nouveaux colons arrivés, ils avaient besoin d'un certain temps pour trouver une concession agricole et pour s'équiper pour la culture. Étant donné le peu de développement de ces communautés, les logements pour les nouveaux arrivants étaient souvent insuffisants. Ce problème donna lieu à un éditorial vigoureux dans un journal de Regina en 1886, décrivant les difficultés d'un certain nombre d'immigrants qui avaient dû chercher refuge dans des tentes fournies par la ville.[60] Quelques années plus tard, on construisit un nouveau centre d'immigration à Regina. L'un d'une série de bâtiments d'immigration construits pour les communautés des Prairies, ce centre offrait jusqu'à une semaine de logement gratuit mais rudimentaire (figure 2.25). Au rez-de-chaussée se trouvaient deux salles de séjour. Une aile arrière logeait la cuisine, et l'étage était occupé par deux dortoirs. C'était un bâtiment de deux étages et demi construit en bois avec un toit à pignons et un revêtement de planches à clin. De nombreux bâtiments similaires furent construits dans les communautés à travers les Prairies entre 1881 et 1900.

Le Service des fermes expérimentales du Dominion

Au milieu des années 1880, il commençait à devenir évident que le flot attendu d'immigrants vers les Prairies n'allait pas se matérialiser. Le gouvernement croyait qu'il ne pouvait pas construire une économie

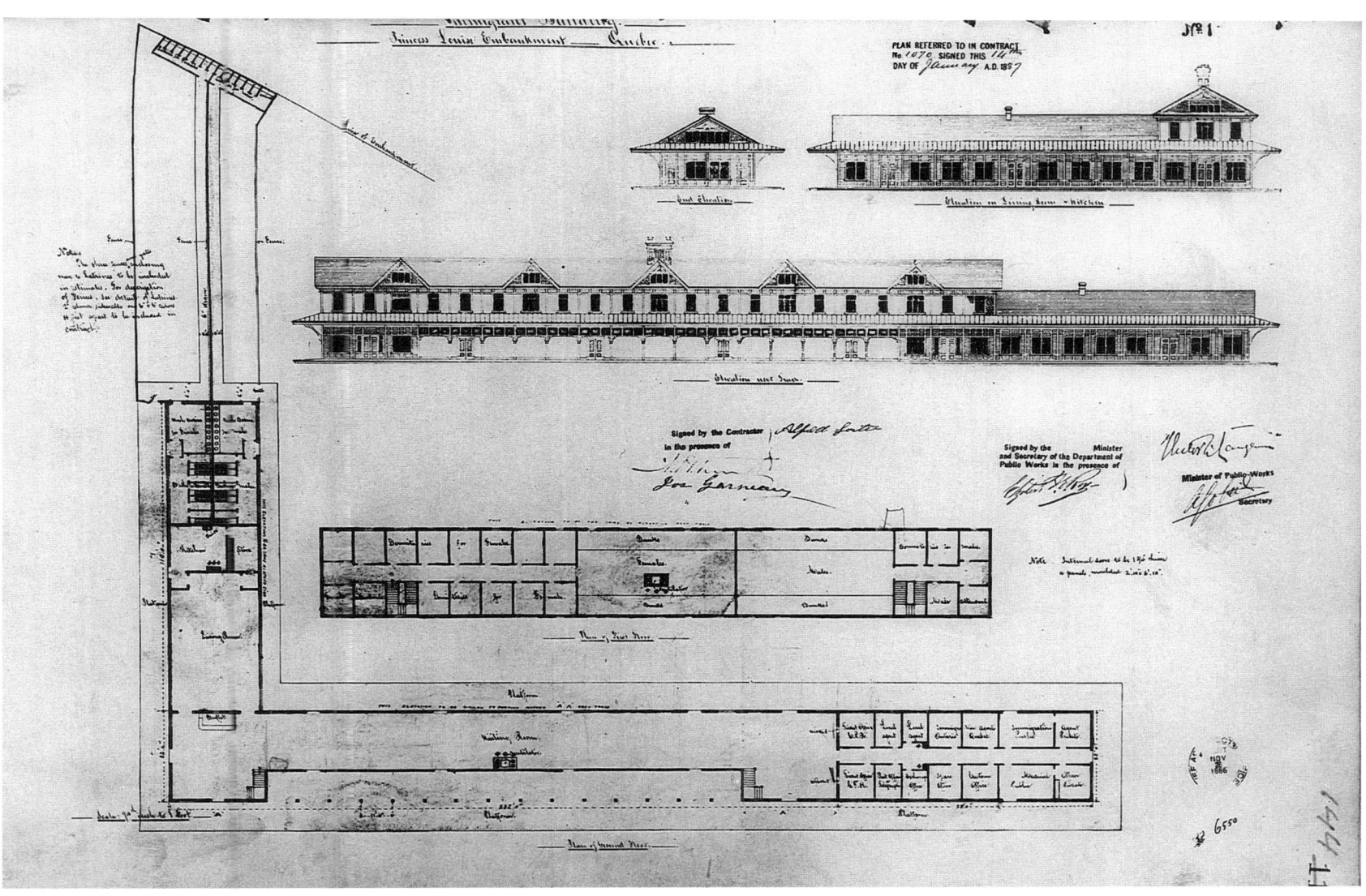

2.24. Plan et élévation, Dépôt d'immigration, Bassin Louise (Québec), 1886–1887. Plans établis par le Bureau de l'Architecte en chef. Démoli en 1915. ANC, RG11, vol. 3917, C-138224.

2.25. Centre d'immigration, Regina (Saskatchewan), 1889. Plans établis par le Bureau de l'Architecte en chef. L'édifice n'existe plus. ANC, PA-46555.

nationale solide sans une communauté agricole prospère et en santé dans le Nord-Ouest et ailleurs au pays. Le gouvernement décida alors de jouer un rôle plus actif dans la promotion de l'agriculture. En 1886, il créait le Service des fermes expérimentales pour développer de nouvelles techniques agricoles et de nouvelles variétés de récoltes qui feraient augmenter la productivité et les profits de l'agriculture.[61] À l'origine, le service comprenait une ferme centrale à Ottawa, où on faisait la plus grande partie des recherches primaires, et des fermes succursales plus petites situées à Nappan, en Nouvelle-Écosse, à Brandon, au Manitoba, à Indian Head, en Saskatchewan, et à Agassiz, en Colombie-Britannique. Le rôle des fermes succursales était de mettre à l'essai, dans les conditions locales, les nouvelles variétés de récoltes et les nouvelles techniques développées à Ottawa, et de faire également la démonstration de ces nouveaux développements aux fermiers.

Le Bureau de l'Architecte en chef fut chargé de toutes les nouvelles constructions pour le Service des fermes expérimentales. La Ferme expérimentale centrale d'Ottawa fut le complexe le plus étendu et le plus élaboré. Elle comprenait plusieurs bâtiments administratifs ainsi que des laboratoires, des granges, cinq grandes résidences pour le directeur et le personnel supérieur, et plusieurs petites maisons pour les contremaîtres et d'autres membres du personnel. Tous les bâtiments étaient conçus selon un thème logique et cohérent. Les bâtiments administratifs et les laboratoires étaient liés sur le plan visuel par leur construction en brique, bien que les dessins adoptés avaient tendance à être les moins inventifs, reprenant des plans qui ressemblaient à des édifices publics fédéraux très modestes.

La grange principale était l'édifice le plus imposant de la Ferme expérimentale centrale ; c'était le premier bâtiment agricole conçu par le Bureau de l'Architecte en chef (figure 2.26).[62] Cette structure massive en U comportait un grand toit à pignons, des bardeaux en motifs au niveau supérieur et un revêtement de planches avec couvre-joints au niveau inférieur. Ce type de revêtement allait devenir une caractéristique des bâtiments agricoles de la ferme. Bien que par ses dimensions et ses détails la grange ne soit pas typique, sa conception représentait une solution assez conventionnelle et conservatrice. Le bloc central, qui

2.26. Grange principale, Ferme expérimentale centrale, Ottawa (Ontario), 1913–1914. L'édifice reprend l'aspect extérieur de la grange de 1886, incendiée en 1913. M. Trépanier, Parcs Canada, 1993.

ressemblait à une grange ontarienne typique à deux étages, était construit au flanc d'une pente permettant un accès direct aux deux étages, l'un au plancher supérieur où était entreposée la machinerie agricole, et l'autre aux stalles à bétail en dessous. La charpente restait également conventionnelle. Dans les années 1880, la charpente de madriers, une charpente plus légère et plus adaptable, commençait à être utilisée ; pourtant, la grange principale était bâtie avec une lourde charpente de poutres équarries qui était plus difficile à construire et qui donnait un espace intérieur beaucoup moins efficace. Un incendie détruisit la grange principale en 1913 ; on construisit un nouveau bâtiment en 1914, avec quelques changements au plan intérieur, mais l'extérieur reprenait la conception originale.

Encore une fois, le personnel du Bureau de l'Architecte en chef avait démontré sa capacité d'adaptation face à des problèmes d'un genre nouveau, mais le cadre de leur travail ne permettait pas le développement de connaissances ou de techniques spécialisées. À cause de cette limitation, les ministères qui avaient des besoins spéciaux en matière de construction avaient tendance à mettre sur pied leurs propres services de construction. Dès le début du XXe siècle, le Service des fermes expérimentales avait identifié la conception de bâtiments agricoles comme un domaine de recherche particulier et, à l'exception des grands bâtiments administratifs, établissait lui-même les plans de la plupart de ses bâtiments. L'aspect de ces bâtiments n'était peut-être pas aussi attrayant, mais ils incorporaient les développements les plus récents de la technologie agricole.

Bâtiments résidentiels

Les installations du gouvernement fédéral comme les stations de quarantaine, les pénitenciers et les fermes expérimentales devaient également comprendre des bâtiments pour loger le personnel sur place. Au cours des années 1870, le Bureau de l'Architecte en chef avait établi le plan de quelques maisons, mais dans les années 1880 et 1890, les besoins en matière de construction domestique allaient croître. Le résultat fut que sous la direction de Fuller, le Bureau allait élaborer une gamme plus large de plans. Le plus bel exemple de construction résidentielle réalisé par le Bureau fut la Résidence du directeur, maintenant démolie, sur la Ferme expérimentale centrale (figure 2.27). Cet édifice irrégulier de deux étages et demi était bâti selon un plan asymétrique complexe, avec une toiture très pittoresque faite de pignons à colombage en saillie, des lucarnes, des fenêtres en saillie, des tourelles et de hautes cheminées nervurées. Le revêtement extérieur du rez-de-chaussée était en brique, et l'étage supérieur présentait des tuiles en motif comme celles utilisées pour le bâtiment d'immigration à Québec. Le travail du bois de la grande véranda et des porches exploitait pleinement les possibilités décoratives du tour et de la scie à chantourner, comme le montre l'abondance des poteaux et des rambardes tournés et des motifs en fuseau. C'était un excellent exemple du style Queen Anne ou du style « Shingle », populaire à l'époque pour les bâtiments résidentiels, et manifestement, Fuller profita de l'occasion qui lui était offerte de dessiner une belle résidence. Toutefois dans son enthousiasme pour ce projet, il dessina un bâtiment qui allait bien au-delà des besoins de base pour une résidence de fonctionnaire.

Des versions plus petites de cette résidence furent construites pour d'autres membres du personnel à la Ferme expérimentale centrale et sur les différentes fermes succursales.[63] Dans le cas des pénitenciers fédéraux, la plus grande partie des constructions était dirigée par le Service des pénitenciers, mais le dessin des bâtiments résidentiels était généralement confié au Bureau de l'Architecte en chef. Malheureusement, la plupart de ces constructions ont disparu, mais une autre résidence qui existe encore à la Ferme expérimentale centrale à Ottawa montre l'attention aux détails parfois donnée aux projets résidentiels de petite envergure (figure 2.28).[64] La résidence McNeely est un cottage pittoresque dans le style Queen Anne ou « Shingle » ; le plan adopte les bardeaux en bois, le plan asymétrique et les pignons décoratifs caractéristiques de ce style. Ce bâtiment représente un exemple assez élaboré du travail du Bureau dans le dessin de petites maisons. La Résidence du médecin adjoint, construite en 1893 et qui se dresse toujours à la Grosse Île, fournit un exemple d'un plan plus grand mais plus fonctionnel qui caractérisait souvent les bâtiments résidentiels du Bureau dans les endroits plus éloignés (figure 2.29).[65]

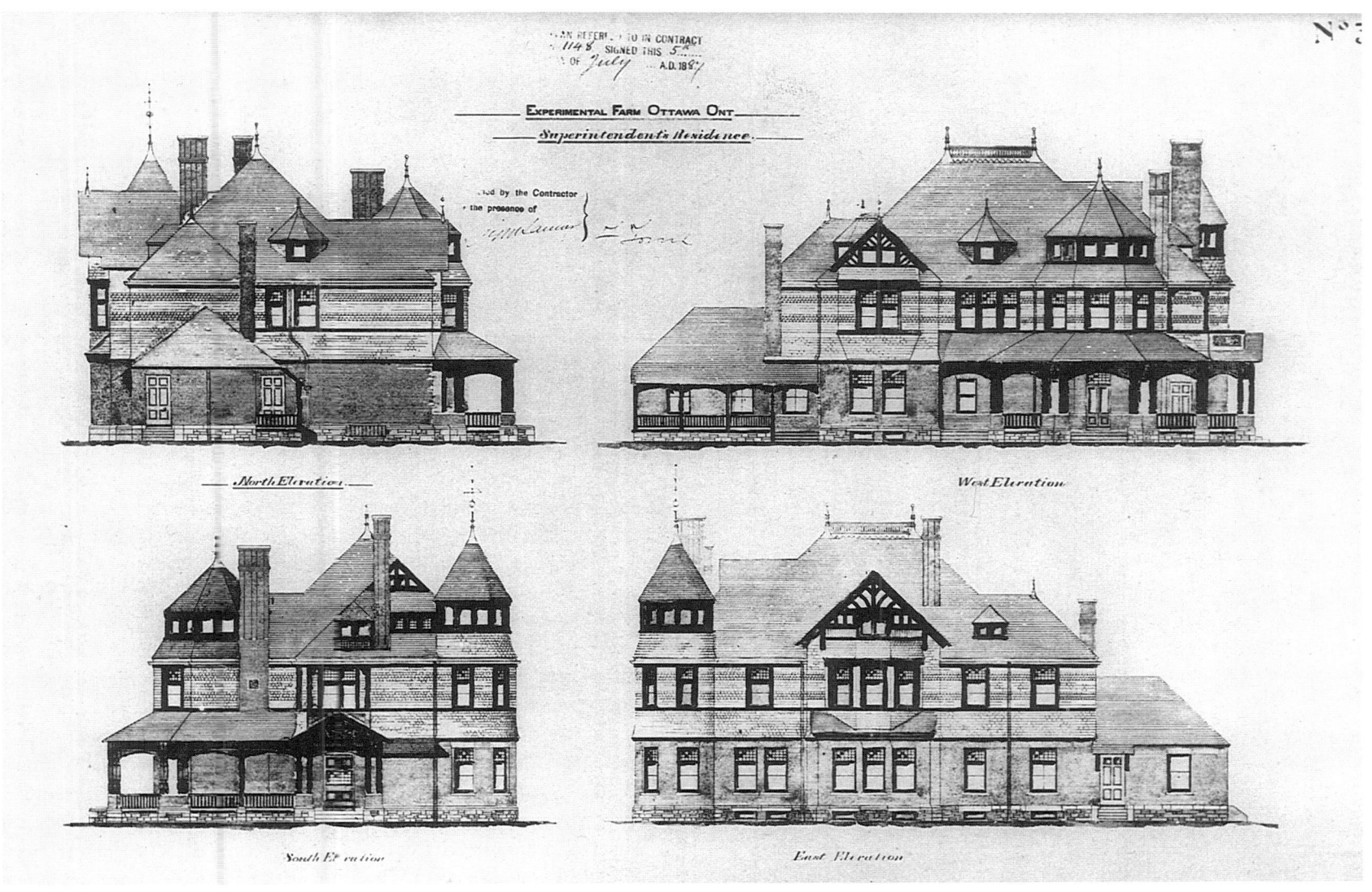

2.27. Plan, résidence du directeur, Ferme expérimentale centrale, Ottawa, 1887–1888. Édifice démoli vers 1935. ANC, RG 11, vol. 3918, C-138228.

2.28. Résidence McNeely, Ferme expérimentale centrale, Ottawa, 1889. Plans établis par le Bureau de l'Architecte en chef. M. Trépanier, Parcs Canada, 1993.

Conclusion

L'image populaire de la construction gouvernementale fédérale au Canada doit beaucoup à Thomas Fuller. Au tournant du XXe siècle, l'éclectisme de l'ère victorienne tardive était passé de mode, mais Fuller avait créé des motifs qui, à bien des égards, transcendaient les goûts architecturaux changeants. De nouveaux thèmes architecturaux allaient entrer dans le vocabulaire des édifices gouvernementaux au début des années 1900, mais l'héritage de Fuller demeurait solide, particulièrement dans le domaine des petits édifices publics. Ses édifices, qui se distinguaient par le choix de leur emplacement, leurs surfaces texturées, leurs détails simples mais bien exécutés et la qualité de leurs matériaux, définissaient une tradition architecturale qui allait influencer les travaux du Bureau de l'Architecte en chef jusque dans le siècle suivant.

En tant qu'Architecte en chef du ministère des Travaux publics, Thomas Fuller apportait au Bureau une crédibilité professionnelle qu'il n'allait jamais réacquérir. En 1889, une exposition architecturale à Toronto faisait beaucoup de place aux dessins du Bureau. Ces travaux furent accueillis avec des louanges sans réserve. Un critique écrivit : « La série de dessins en couleurs prêtés par M. Fuller d'Ottawa sont particulièrement bien faits, et du point de vue artistique, ils constituaient le clou de l'exposition. »[66] Par principe, les architectes professionnels n'avaient pas d'affection pour un Bureau de l'Architecte en chef autonome qui privait les architectes en pratique privée des contrats gouvernementaux lucratifs, mais en 1894, même un critique du Bureau devait admettre que « si le système actuel devait être maintenu, il ne serait pas facile de trouver dans tout le Dominion un homme mieux qualifié pour ce poste. »[67] Aucun autre Architecte en chef ne pouvait se targuer d'autant de respect de la part de ses collègues en pratique privée.

Nombreux furent ceux qui déplorèrent la fin de cette époque et la retraite de Fuller en 1896. Ils souhaitèrent la venue d'un architecte d'une stature égale à celle de Fuller qui pourrait amener une renaissance de l'âge d'or de la construction fédérale. Les années Fuller allaient cependant demeurer une anomalie dans l'histoire du ministère des Travaux publics. Dès le tournant du siècle, le rôle de l'Architecte en chef et le rôle

L'âge d'or de l'architecture fédérale 75

2.29. Résidence du mécecin adjoint, Grosse Île (Québec), 1893. Plans établis par le Bureau de l'Architecte en chef. J. Audet, Parcs Canada, 1990.

du Bureau en général avaient subi une transformation. Fuller lui-même avait sans doute dû se rendre compte, vers la fin des années 1880, que l'Architecte en chef ne pouvait plus agir en tant que maître d'oeuvre des édifices fédéraux. La demande croissante pour d'autres édifices fédéraux devant desservir une nation en expansion rapide allait exiger une uniformisation et une simplification croissante des plans. Cette tendance était déjà évidente dans les édifices publics construits dans les années 1890, et elle avait été remarquée même par les partisans de Fuller. Un critique formula le commentaire suivant : « [...] avec le temps, même l'architecte le plus polyvalent risque de se répéter, et sa polyvalence même peut le conduire à des clichés. Nous ne pouvons donc nous attendre à de grands progrès dans nos édifices nationaux, si nous continuons [...] à ne retenir les services que d'un seul homme. »[68] Au cours du XXe siècle, les architectes du gouvernement allaient apprendre à fonctionner avec les règles d'une bureaucratie plus moderne. L'architecture fédérale du début du XXe siècle allait être façonnée par la prémisse de base que les édifices gouvernementaux devaient montrer une bonne conception dans les limites de l'économie et de l'efficacité.

La contribution la plus importante de Fuller fut de démontrer au gouvernement les avantages d'avoir à son service un personnel d'architectes permanents connaissant bien les exigences de base des ministères clients et en mesure d'exécuter les édifices nécessaires rapidement et dans les limites du budget. La génération suivante d'architectes en chef allait aborder ce travail avec des compétences et une expérience très différentes. La plupart seraient recrutés par les services architecturaux du gouvernement à un âge peu avancé et allaient faire leur chemin au service du gouvernement. Ces architectes ne tenteraient pas d'imposer une identité architecturale personnelle aux travaux produits par le Bureau, mais ils étaient habitués à travailler au sein d'une structure administrative et organisationnelle complexe conçue pour produire en grand volume, et pour gérer et entretenir un inventaire toujours croissant d'édifices dispersés à travers une aire géographique toujours en expansion.

CHAPITRE TROIS

L'architecture de la croissance et de la prospérité, 1896–1914

Les années de 1896 à 1914 représentent l'une des périodes les plus productives dans l'histoire du Bureau de l'Architecte en chef. Ce fut une période de croissance et de prospérité sans précédent, alimentée par un secteur industriel et manufacturier en pleine expansion, par le développement de nouvelles industries basées sur les ressources, et par la colonisation agricole couronnée de succès des Prairies. Cette croissance nécessitait l'élargissement des institutions fédérales, et pour cela, il fallait construire de nouveaux bâtiments publics. Les recettes fédérales croissantes générées par cette prospérité permettaient au gouvernement de construire à un rythme qui ne serait pas atteint à nouveau avant les années 1950. De 1900 à 1914, le Bureau de l'Architecte en chef allait dépenser plus de 47 millions de $ pour la construction et la modernisation des édifices publics. Cette somme allait se traduire par plus de 300 nouveaux édifices publics, salles d'exercice et bureaux de douane, ainsi que de nombreuses structures mineures pour les stations de quarantaine, les centres d'immigration et les bâtiments agricoles. Au cours de ces années, l'inventaire des édifices fédéraux du ministère des Travaux publics allait tripler, et de nombreux autres bâtiments se trouvaient à l'étape de la planification lorsque le boom connut une fin abrupte avec le déclenchement de la Première Guerre mondiale en 1914.[2]

L'apparence et le caractère des édifices fédéraux conçus par le Bureau de l'Architecte en chef étaient façonnés et transformés par des forces différentes et souvent contradictoires. L'héritage de l'apogée victorien, cet héritage de Thomas Fuller, continuait à influencer l'architecture fédérale, mais au début des années 1900, une nouvelle architecture classique inspirée par l'École des beaux-arts de Paris et par le style baroque édouardien d'Angleterre allait introduire de nouveaux motifs architecturaux qui définiraient la construction gouvernementale jusque dans les années 1950. De nombreux monuments remarquables furent construits, mais la majorité des édifices étaient tributaires d'objectifs et de valeurs associés à l'émergence de la bureaucratie fédérale moderne. Pour être en mesure de maintenir un rythme élevé de construction, le Bureau dut mettre au point une efficace chaîne de montage de production architecturale par l'intermédiaire d'une conception plus économique et uniformisée. Ce fut l'époque de l'architecture « gouvernementale » – de bons édifices solides conçus selon des plans uniformisés qui pouvaient être exécutés dans les délais et dans les limites du budget dans des centaines de villes et de villages à travers tout le pays.

L'un des projets les plus importants entrepris au cours de ces années fut l'embellissement d'Ottawa, pour donner à cette rude ville de bûcherons la dignité d'une capitale nationale. Le début des années 1900 était animé d'un nouveau sentiment de nationalisme qui, à Ottawa, se manifestait par la vision de la ville comme symbole de la nation. La construction et l'aménagement entrepris par le gouvernement fédéral à Ottawa étaient guidés par la recherche d'une forme architecturale et urbaine distincte qui donnerait expression à l'identité culturelle unique du Canada. Dès le début du XXe siècle, Ottawa s'imposait comme un problème central mais distinct pour le Bureau de l'Architecte en chef. C'est pour cette raison que cet aspect de la construction gouvernementale sera traité séparément dans le chapitre suivant.

Les Travaux publics et l'émergence d'une bureaucratie moderne

En juin 1896, un gouvernement libéral dirigé par Wilfrid Laurier mit fin à près de trente ans de règne conservateur. Quatre mois plus tard, Thomas Fuller prit sa retraite du poste d'Architecte en chef.[3] Il fut remplacé par David Ewart, un architecte à l'emploi du Bureau depuis 1871. Pendant tout le temps qu'il allait occuper ce poste, Ewart et son personnel allaient se faire critiquer par la communauté des architectes pour la médiocrité générale de leurs édifices, et à bien des égards, ces critiques étaient justifiées. Une grande partie des travaux réalisés souffrait de l'absence de la marque personnelle que Fuller avait imprimée à l'architecture fédérale. Mais il ne faudrait pas attribuer ce déclin dans la qualité de la conception des divers bâtiments uniquement à l'Architecte en chef et à son personnel. Il faut plutôt y voir un reflet des changements fondamentaux dans la nature du travail et de son environnement au sein de la bureaucratie. La tendance vers une économie et une uniformisation croissantes était évidente au cours des dernières années où Fuller avait occupé ce poste, mais avec le début du XXe siècle, la croissance rapide de la fonction publique et la complexité toujours plus grande des programmes gouvernementaux exigeaient de nouvelles approches dans l'administration gouvernementale.

Au cours des premières années de ce siècle, le gouvernement et la fonction publique étaient soumis à des attaques constantes de la part de l'Opposition au Parlement pour son inefficacité, son favoritisme flagrant et sa corruption. En 1907 et en 1911, on créa des commissions royales d'enquête pour étudier la fonction publique et pour recommander les réformes nécessaires.

Ces commissions avaient été mises sur pied par deux gouvernements différents, mais les résultats avaient bien des points en commun.[4] Les deux commissions arrivèrent à la conclusion que le travail des ministères était devenu trop grand et trop complexe pour être administré de façon efficace par des ministres élus qui, bien souvent, ne conservaient leurs portefeuilles que pour de courtes périodes. La responsabilité pour la gestion au jour le jour des activités du ministère devait être attribuée à des fonctionnaires supérieurs permanents et à leur personnel. Le but était de créer une bureaucratie permanente et autonome qui servirait le gouvernement élu mais qui conserverait une certaine indépendance à son égard. Les deux commissions identifièrent la nécessité d'une obligation de rendre compte accrue et d'un contrôle plus étroit des dépenses. Elles soulignèrent également la nécessité d'éliminer le favoritisme dans la fonction publique en mettant sur pied un système officiel de recrutement, de promotion et de classification fondé sur le mérite. Le gouvernement allait se montrer résistant au changement. Il était impossible de mettre fin au favoritisme, et de nombreuses recommandations des commissions furent laissées de côté. Cependant, un grand nombre de recommandations furent effectivement mises en œuvre. En 1908, on créa la Commission de la fonction publique pour administrer les services du personnel et pour retirer cette fonction des mains des politiciens. En même temps, une nouvelle espèce de bureaucrates professionnels fit son apparition. Ces personnes imposèrent à leurs ministères les principes et les priorités de la bureaucratie, soit l'efficacité, la cohérence et la gestion financière prudente et conservatrice.

Au ministère des Travaux publics, la mise en place de cette bureaucratie et la délégation des responsabilités au sous-ministre et à son personnel supérieur furent facilitées par l'absence d'un leadership politique fort. Entre 1896 et 1914, le Ministère allait connaître six ministres différents. Certains, comme Joseph-Israël Tarte (ministre libéral de 1896 à 1902) et Robert Rogers (ministre conservateur de 1912 à 1917), furent des ministres puissants et efficaces, mais la plupart des autres ne furent pas en poste assez longtemps pour exercer une influence quelconque.[5] Dans ces conditions, le pouvoir administratif revint naturellement au sous-ministre. Au cours des premières années, ce poste fut d'abord occupé par Antoine Gobeil, et ce depuis 1891 ; en 1907, alors qu'il approchait de l'âge de la retraite, le gouvernement commença à chercher un remplaçant approprié.[6]

L'importance de cette nomination pour la bonne marche du Ministère était bien perçue par le gouvernement. En juillet 1907, Richard Cartwright, l'un des ministres principaux de Laurier, écrivit au Premier ministre pour lui recommander de nommer un sous-ministre compétent, affirmant que « le choix d'un bon sous-chef est presque plus important que celui d'un ministre ».[7] Un autre député du Parlement allait exprimer ce même point de vue encore plus fermement quelques années plus tard : « Qu'importe qui sont les ministres et les ministres délégués du Ministère? Ils ne sont que temporaires ; ils vont et viennent ; c'est le fonctionnaire permanent qui continue la tâche. »[8] En 1908, le gouvernement nommait James B. Hunter au poste de sous-ministre, et c'est à ce poste qu'il allait régner pendant quarante-trois ans sur le ministère des Travaux publics.

Né à Woodstock, en Ontario, Hunter avait étudié le journalisme à l'université de Toronto, mais en 1900, il s'était laissé persuader par James Sutherland, député libéral au Parlement, de venir à Ottawa pour occuper un poste de commis au Bureau du Conseil privé. En 1903, Sutherland était nommé ministre des Travaux publics, et il amenait avec lui Hunter comme secrétaire privé.[9] Hunter était l'incarnation même de cette nouvelle espèce de bureaucrates supérieurs.[10] Il n'avait pas d'expérience professionnelle des travaux publics, mais il était un administrateur intelligent et compétent qui avait de bonnes relations politiques. Il est difficile de définir précisément sa contribution au Ministère et son influence sur la construction gouvernementale, et comme on le verra, il n'y eut que peu d'occasions où il se mêla directement des activités du Bureau de l'Architecte en chef. Son succès semble plutôt lié à sa capacité de déléguer des responsabilités à son personnel professionnel supérieur tout en leur imposant le sens de l'ordre et de l'efficacité ainsi que de la modération dans les dépenses.

Le choix de David Ewart en tant qu'Architecte en chef en 1896 était une première indication de l'importance qui allait être donnée à une administration prudente et conservatrice. Ewart était un architecte très différent de Fuller, mais ce serait Ewart, et non pas Fuller, qui allait définir le profil professionnel de l'Achitecte en chef typique du XXe siècle. Fuller était venu à la fonction publique après de nombreuses années en pratique privée, tandis qu'Ewart était un fonctionnaire de carrière qui semble avoir eu très peu d'expérience professionnelle à l'extérieur du Bureau de l'Architecte en chef. Né en Écosse en 1841, il avait été formé à la School of Art d'Édimbourg. On sait peu de choses sur sa carrière en Écosse ; en 1871, il émigra au Canada, où il trouva un emploi dans le Bureau de l'Architecte en chef, office nouvellement créé.[11] Lorsque Scott prit sa retraite en 1881, Ewart agit brièvement comme Architecte en chef par intérim, mais la promotion lui échappa en faveur de Thomas Fuller. En 1896, il obtint sa deuxième chance ; cette fois, il réussit. La nomination d'Ewart était annonciatrice de cohérence et de prévisibilité, mais il apportait également une solide connaissance de l'administration du service et du fonctionnement du gouvernement. Ces qualités étaient essentielles dans le cadre de la nouvelle bureaucratie.

Au cours de son mandat, David Ewart allait superviser l'expansion rapide du Bureau de l'Architecte en chef et sa transformation graduelle en un élément parfaitement intégré de la bureaucratie fédérale. En 1896, il y avait environ quatorze employés occupés à dessiner des édifices publics ; la plupart étaient des employés temporaires sans aucune sécurité d'emploi ni statut professionnel au sein du gouvernement. Seize ans plus tard, soit en 1912, les dossiers du Ministère font état de trente-quatre employés occupés directement à dessiner des édifices publics et à en superviser la construction.[12] Ces nouveaux employés venaient en général du même secteur de la communauté des architectes. Comme le salaire d'un architecte des Travaux publics était relativement faible et que le poste n'avait que peu de prestige, il était difficile de recruter des architectes à la réputation bien établie. De plus, des réformes dans les pratiques de recrutement de la fonction publique conduisaient à engager des employés aux niveaux inférieurs, et les promotions aux niveaux supérieurs se faisaient au sein du même bassin.[13] En conséquence, les nouvelles recrues étaient généralement jeunes, avec très peu ou même aucune expérience du secteur privé.[14]

Mais malgré leur jeunesse et leur manque d'expérience, les employés du Bureau de l'Architecte en chef allaient former une équipe de conception très forte. Les bâtiments dessinés par cette équipe allaient montrer une confiance et une maturité créées par le défi d'un programme de construction ambitieux et amplement financé. De façon plus importante, il s'agissait d'un personnel dont l'identité professionnelle était inséparable de celle du Ministère. Quelques-uns allaient se mettre en pratique privée, mais la plupart allaient rester avec le Bureau pour toute la durée de leur vie professionnelle. Quelques-uns allaient même connaître des carrières très réussies au gouvernement. Dès l'année 1914 ou 1915, quatre des cinq futurs Architectes en chef travaillaient ensemble au sein du Bureau.[15] Ce personnel était en mesure de produire des édifices publics de belle apparence et de prestige ; en même temps, c'était un personnel qui produisait des douzaines d'édifices publics gouvernementaux uniformisés en réponse aux exigences bureaucratiques d'économie et de contrôle des coûts. Cet équilibre de compétence professionnelle et de compréhension claire des priorités du gouvernement les rendait très précieux pour la bureaucratie, et les assurait d'un rôle important dans la conception et la construction des nouveaux édifices publics jusqu'au milieu des années 1930.

La charge de travail incombant au Bureau de l'Architecte en chef allait croître régulièrement au début des années 1900, alors même que sa clientèle diminuait. Le Service de la quarantaine du ministère de l'Agriculture et le Service de l'immigration du ministère de l'Intérieur continuaient à être des clients loyaux, mais dès 1914 de nombreux ministères, particulièrement ceux qui géraient de grands inventaires de bâtiments ou qui avaient des besoins spécialisés, décidaient qu'ils seraient mieux servis en recrutant leur propre personnel de spécialistes. Ce processus de décentralisation avait commencé dans les années 1880, avec la mise sur pied d'un service de construction distinct pour le Service des pénitenciers du ministère de la Justice, et pendant quelque temps, pour le ministère de la Milice et de la Défense. Ce n'est qu'à la fin du XIXe siècle que le gouvernement allait reconnaître officiellement ces services ministériels indépendants. En 1896, la conception des pénitenciers allait être assumée par le maître ouvrier en chef à Kingston, et en 1906, il allait recevoir le titre d'Architecte du Service des pénitenciers.[16] Le Service des parcs du ministère de l'Intérieur, créé en 1886 avec l'établissement du premier parc dans les Montagnes Rocheuses, avait toujours construit ses propres bâtiments, et en 1911, cette disposition était reconnue avec la création du Service d'architecture et de génie du Service des parcs.[17] Le Service des fermes expérimentales du Dominion en arriva à un compromis avec les Travaux publics. Les bâtiments administratifs et d'usage général seraient souvent construits par le Bureau de l'Architecte en chef, tandis que la conception des bâtiments agricoles, qui était devenue un domaine en soi de la science agricole, était du ressort de la Division de la zootechnie. La construction des écoles pour les Autochtones fut également assumée par le Service des constructions au sein du ministère des Affaires indiennes. Le ministère de la Milice et de la Défense chercha à prendre le contrôle de son programme de construction et à l'enlever aux Travaux publics, mais il dut accepter une entente de collaboration quelque peu boiteuse, dans le cadre de laquelle les grands édifices seraient dessinés par le personnel de l'Architecte en chef, alors que les projets de moindre envergure seraient exécutés par les ingénieurs militaires.

Les édifices publics fédéraux et l'influence du grand style

Le ministère des Postes et le ministère des Douanes continuèrent à fournir au Bureau de l'Architecte en chef la plus grande partie de sa charge de travail. Pendant toute son histoire, le Bureau de l'Architecte en chef considéra manifestement la tâche de concevoir des édifices publics urbains comme sa tâche principale ; c'est dans ces bâtiments que l'on peut le mieux observer l'évolution de la conception dans l'architecture gouvernementale. La nomination de David Ewart au poste d'Architecte en chef n'eut pas d'effet immédiatement visible sur les plans produits par son service. Après dix ans passés sous la direction de Scott et seize autres années sous celle de Fuller, Ewart ne semblait pas avoir le désir de refaire l'architecture fédérale à sa propre image. On pourrait dire que le style personnel d'Ewart ne se distinguait en rien de celui du Bureau. Les bâtiments produits à la fin des années 1890 et au début des années 1900 suivaient sagement des modèles établis par Fuller. L'héritage de Fuller allait continuer à influencer la conception au gouvernement, mais avec le début du XXe siècle, de nouvelles influences allaient élargir et transformer le vocabulaire du Bureau de l'Architecte en chef.

Le bureau de poste de Vancouver (1905-1910), même s'il n'était pas le premier de son type, illustrait clairement la transformation des orientations stylistiques qui se produisait vers 1902 (figure 3.1).[18] Un imposant bâtiment de quatre étages revêtu de granit, cette construction adoptait le style baroque édouardien qui avait cours dans l'architecture publique en Grande-Bretagne au tournant du siècle.[19] Inspiré par les travaux des architectes du XVIIe et du début du XVIIIe siècles tels que Christopher Wren, James Gibbs et John Vanbrugh, ce style était influencé par l'architecture baroque française et italienne, mais réinterprété dans un style typiquement britannique. L'organisation de la façade du bureau de poste de Vancouver, comprenant une base en pierre rustiquée ponctuée d'ouvertures en plein cintre et d'une rangée de colonnes ioniques monumentales, était modelée sur les palais italiens. Des détails comme les frontons cintrés brisés et le grand toit à la Mansart étaient tirés de l'architecture baroque européenne et avant tout française. La tour d'angle à dôme était un élément du style utilisé par Christopher Wren. Ce motif représente également la transposition de la tour d'horloge emblématique du gouvernement fédéral dans un vocabulaire classique.

Par ce plan, le Bureau de l'Architecte en chef réagissait à une vaste évolution en faveur d'un style classique plus simple et en même temps plus imposant. Avec la fin du XIXe siècle, on pouvait observer une réaction contre l'éclectisme débridé de l'ère victorienne. Aux États-Unis, les architectes se tournaient de plus en plus vers la tradition classique française, telle qu'elle était véhiculée par l'enseignement et les principes de l'École des beaux-arts. Son vocabulaire classique formel, son aménagement rationnel et sa composition ordonnée créaient une nouvelle architecture de grandeur et de formalisme qui contrastait avec le laisser-aller pittoresque des conceptions victoriennes.

En Grande-Bretagne la réaction contre les excès superficiels des conceptions victoriennes se manifesta d'abord dans l'esthétique du mouvement Arts and Crafts, à la fin du XIXe siècle.[20] Ce mouvement cherchait

3.1. Bureau de poste de Vancouver, rue Granville, Vancouver (Colombie-Britannique), 1905-1910. Dessiné par le Bureau de l'Architecte en chef. L'édifice a été incorporé en 1981-1986 à un complexe de bureaux du gouvernement, le Sinclair Centre, récemment converti en boutiques et en bureaux. Richard Henriquez and Partners ont conçu les rénovations et le réaménagement. Travaux publics et Services gouvernementaux Canada, Service des relevés des richesses du patrimoine, 1992.

à ramener l'architecture à ses racines vernaculaires préindustrielles, mais son influence se limitait surtout au domaine de l'architecture domestique. L'architecture publique était dominée par le nouveau classicisme. La richesse et la grandeur de ce style faisaient appel au nouveau sentiment de splendeur impériale qui colorait l'opinion publique à l'époque édouardienne. Avec la deuxième décennie du XXe siècle, l'influence de l'École des beaux-arts française allait s'imposer de plus en plus, mais au départ, de forts sentiments nationalistes poussaient à la définition d'un nouveau langage du classicisme dérivé de sources britanniques. L'architecture de la période baroque fournit à l'architecture édouardienne ses sources historiques, mais ces formes furent traduites à une échelle grandiose qui mérita à cette période de l'architecture son titre de « grand style ».[21]

L'influence du nouveau classicisme allait se faire sentir dans l'architecture canadienne au cours des dernières années du XIXe siècle, mais ce n'est qu'au début du XXe siècle que ce style allait vraiment s'imposer dans la construction publique, commerciale et institutionnelle.[22] Ce changement stylistique au sein du Bureau de l'Architecte en chef est peut-être dû à des développements dans l'ensemble de la communauté architecturale au Canada ; il peut également avoir été motivé par la tournée de David Ewart en Europe au cours de l'été de 1901.[23] L'objet de cette tournée était d'examiner des bâtiments publics qui pourraient servir de modèles pour certains nouveaux édifices publics qu'on dessinait à Ottawa. Au cours de son séjour à Londres, Ewart a sûrement vu quelques-uns des nouveaux édifices publics alors en construction à Whitehall dans le grand style.[24] En tout état de cause, l'adoption du style classique coïncida avec le retour d'Ewart au Canada. À ce moment, le Bureau devenait un des chefs de file au Canada en ce qui avait trait à l'adaptation des styles Beaux-Arts et baroque édouardien à l'architecture publique ; dans les années subséquentes au contraire, le Bureau de l'Architecte en chef allait acquérir une réputation de conservatisme et de résistance aux nouvelles influences stylistiques.

Le bureau de poste de Vancouver illustrait également très bien l'effet que pouvait avoir un nouvel édifice fédéral sur le développement local. Comme bien d'autres villes canadiennes, Vancouver connut une très forte croissance au début des années 1900. Au cours du XIXe siècle, le district commercial était concentré sur la rive de Burrard Inlet, dans le district qui porte maintenant le nom de Gastown. L'achat par le gouvernement fédéral d'un emplacement pour le bureau de poste au coin des rues West Hastings et Granville contribua fortement à éloigner du port la poussée du développement dans le district financier. En quelques années seulement, plusieurs banques importantes ainsi que des édifices à bureaux de prestige s'élevèrent près du nouveau bureau de poste.[25]

L'édifice de Vancouver joua également un rôle important dans l'introduction de nouvelles techniques de construction dans la ville. La structure intérieure utilisait des poteaux et des poutres en acier soutenant des planchers en béton armé. Les murs extérieurs en granit doublés de brique étaient des murs porteurs traditionnels auxquels était attachée la charpente en acier. Dans le contexte des techniques de construction canadiennes, cette façon de faire mixte était relativement conservatrice. Les charpentes en acier indépendantes avaient fait leur apparition à Toronto vers 1895 et furent bientôt utilisées à Montréal et à Winnipeg.[26] À Vancouver cependant, cet édifice fut le premier à utiliser des poutres en acier.[27] Encore une fois, les édifices fédéraux constituaient non pas une source d'innovation, mais un moyen de diffusion des nouvelles idées et des nouvelles techniques dans d'autres parties du pays.

Le bureau de poste de Vancouver constituait un prototype pour une série d'édifices fédéraux à venir. L'édifice public à Moose Jaw, en Saskatchewan, construit en 1911, fournit un exemple tardif de ce type. Son plan, comprenant une base rustiquée avec arcs en plein cintre, une rangée de colonnes engagées, un toit à la Mansart et une tour d'horloge à dôme placée à l'angle du bâtiment, était une version simplifiée et réduite de l'édifice de Vancouver (figure 3.2). Des variations sur ce thème se retrouvaient à Regina, Edmonton, Brantford et Lethbridge.[28] Ces bâtiments étaient tous bien dessinés et solidement construits, mais ils révélaient également la tendance au sein du Bureau de l'Architecte en chef d'exécuter le travail dans les limites des conventions établies. Cette tendance à l'uniformisation créait des symboles reconnaissables du gouvernement fédéral, mais conduisait aussi à une certaine prévisibilité et à un manque d'originalité dans le dessin.

À la fin de la première décennie du XXe siècle, on pouvait déceler de nouvelles influences dans le travail du Bureau de l'Architecte en chef. Parallèlement à une évolution stylistique qui se manifestait tant dans l'architecture britannique que canadienne en général, la construction fédérale montrait une tendance marquée en faveur des formes classiques plus simples mais plus monumentales associées avec l'architecture de l'École des beaux-arts de Paris. Deux édifices au Nouveau-Brunswick, la station postale A à Saint-Jean et la station postale A à Fredericton, tous deux commencés en 1913, fournissaient d'excellents exemples de cette tendance (figures 3.3 et 3.4). L'édifice de Saint-Jean ressemblait à bien des égards au bureau de poste de Vancouver, dans son recours à la forme des palais italiens, avec une base à arcades soutenant une rangée de colonnes ioniques monumentales, même si on avait éliminé les éléments français et baroques, tels que le toit à la Mansart, la tour à dôme et les frontons brisés.[29] La masse rectangulaire compacte de l'édifice était contenue par la ligne horizontale vigoureuse du toit plat au-dessus d'une lourde corniche et d'un attique. Les détails gardaient toute la qualité sculpturale de l'édifice de Vancouver, mais avec moins de flamboyance. La station postale A de Fredericton était un exemple d'un édifice fédéral de dimensions moyennes construit dans le style Beaux-Arts.[30] Le vocabulaire classique conservait une simplicité et une discrétion qui étaient caractéristiques du style Beaux-Arts à son meilleur. L'utilisation de colonnes engagées à côté de pilastres de facture simple allait devenir un motif récurrent dans les travaux du Bureau de l'Architecte en chef.[31]

Les petits édifices publics et l'ère de l'uniformisation gouvernementale

Au cours des premières années des fonctions d'Ewart, avant que la charge de travail ne s'alourdisse, le personnel disposait de plus de temps pour élaborer des variations originales pour les petits édifices publics. Ainsi, l'édifice public de Nelson, en Colombie-Britannique, construit en 1901, et présentant une tour arrondie et une façade composite faite d'une base en pierre rustiquée surmontée de brique rouge, était l'un des plans un peu plus pittoresques dessinés par le Bureau. Comme beaucoup

3.2. Édifice public, Moose Jaw (Saskatchewan), 1911. Dessiné par le Bureau de l'Architecte en chef. L'édifice fait aujourd'hui fonction d'hôtel de ville. J. Wright, Parcs Canada, 1991.

3.3. Station postale A, Saint-Jean (Nouveau-Brunswick), 1913–1916. Plans préparés par le Bureau de l'Architecte en chef ; architectes responsables : J.T.C. Mckean et G.E. Fairweather. L'édifice constitue aujourd'hui un élément important du paysage urbain patrimonial de la rue Prince William, qui se compose d'un groupe homogène d'édifices datant surtout de la fin du XIXe siècle. ANC, PA-46589.

3.4. Station postale A, Fredericton (Nouveau-Brunswick), 1913. Dessinée par le Bureau de l'Architecte en chef. Inventaire des bâtiments historiques du Canada, 1985.

3.5. Édifice public, Nelson (Colombie-Britannique), 1901, au début du XXe siècle. Dessiné par le Bureau de l'Architecte en chef. L'édifice fait aujourd'hui fonction d'hôtel de ville. ANC, PA-53155.

d'autres édifices fédéraux de cette période, c'est aujourd'hui l'hôtel de ville (figure 3.5). L'édifice public de Sydney Mines, en Nouvelle-Écosse, construit en 1904, constituait une variation tout à fait différente, par son recours à des pignons en escalier et à une tour octogonale (figure 3.6). Aujourd'hui, cet édifice sert également d'hôtel de ville.

En 1905 et en 1906, à mesure qu'augmentait le nombre de travaux de construction, l'uniformisation des plans devenait de plus en plus évidente. L'édifice public à Humboldt, en Saskatchewan, construit en 1911, était typique de cette période ; son plan illustrait les traditions conservatrices et parfois anachroniques au sein du Bureau de l'Architecte en chef (figure 3.7).[32] La configuration de base du plan, avec sa tour d'horloge à l'angle, son toit en croupe à forte pente et tronqué, ses pignons à parapet décentrés et ses ouvertures en plein cintre, rappelait les édifices publics de l'ère victorienne tardive réalisés par Thomas Fuller. Mais à la différence des édifices de Fuller, cette deuxième génération de dessins montrait une tendance croissante vers la simplification et l'économie. La brique remplaçait la pierre comme matériau de construction standard, et les détails décoratifs étaient réduits au minimum. L'effet visuel de l'édifice dépendait d'un bon agencement des masses et d'une répartition rythmée des ouvertures. Les parements en pierre taillée ajoutaient un peu de couleur et donnaient de la définition aux éléments principaux de la façade. Des variations sur ce thème furent mises au point pour des édifices plus petits. L'édifice public à Rock Island, au Québec, reprenait le même toit en forte pente, les fenêtres en plein cintre et la tour d'horloge, même si tout l'édifice ne s'élevait que sur un étage et demi (figure 3.8).[33]

L'édifice public à Campbellton, au Nouveau-Brunswick, représentait un autre type de dessin commun pour les édifices fédéraux de petites et de moyennes dimensions, avec des racines architecturales remontant aux édifices fédéraux de Thomas Fuller (figure 3.9). Construit pourtant en 1910, quatorze ans après le départ de Fuller, cet édifice aurait tout aussi bien pu être construit dans les années 1890.[34] Un bloc de brique de deux étages et demi, la façade était dominée par un pignon central à parapet qui avait été l'une des marques de commerce de Fuller. Les entrées latérales, le lourd encorbellement sous la corniche, la tour d'horloge centrale, et des détails comme les boules de pierre de chaque côté du pignon

3.6. Édifice public, Sydney Mines (Nouvelle-Écosse), 1904. Dessiné par le Bureau de l'Architecte en chef. L'édifice sert aujourd'hui d'hôtel de ville. ANC, PA-04621.

3.7. Édifice public, Humboldt (Saskatchewan), 1911. Dessiné par le Bureau de l'Architecte en chef. Désigné lieu historique national en 1977, l'édifice loge aujourd'hui le musée local. Travaux publics et Services gouvernementaux Canada, Service des relevés des richesses du patrimoine, 1990.

central étaient des détails empruntés aux édifices de Fuller. Ce n'était que l'utilisation d'un toit un peu plus bas, l'élimination des détails carrément médiévaux, l'utilisation incongrue des moulures de porte classiques, ainsi que l'utilisation de poteaux et de poutres d'acier à l'intérieur, qui indiquaient que cet édifice datait d'une époque plus tardive.

À l'occasion, de nouvelles solutions à des problèmes de conception allaient être trouvées par le Bureau de l'Architecte en chef. Par exemple, aux alentours de 1914, on dessina une série de petits édifices publics dans un style italianisant distinctif. L'édifice public de Newmarket en Ontario, était un exemple de ce style. Le dessin adoptait de nombreux éléments de base de l'édifice public à Humboldt, tandis que le toit moins incliné, les fenêtres en plein cintre et la forte saillie du toit lui donnaient son aspect italianisant (figure 3.10).[35]

La station postale C à Toronto introduisait un autre type de dessin qu'on allait associer étroitement au Bureau de l'Architecte en chef (figure 3.11). Conçu dans un style classique dépouillé et économique, c'était un édifice en brique de deux étages avec des accents de pierre dans les cordons et les moulures des portes et des fenêtres. Le vocabulaire classique était simplifié et réduit au minimum. Son élévation symétrique, ses pilastres peu profonds marquant les deux pavillons d'extrémité en légère saillie et ses larges corniches allaient devenir des clichés des plans gouvernementaux. Parfois des édifices de cette nature comportaient aussi un fronton ou un entablement simple au-dessus des portes principales. L'aménagement intérieur était conforme aux plans typiques des Travaux publics. Les deux entrées latérales donnaient accès à des espaces séparés : l'une au bureau de poste au rez-de-chaussée, et l'autre aux bureaux gouvernementaux au-dessus. Bien souvent, le haut des fenêtres du rez-de-chaussée était de forme semi-circulaire, permettant ainsi de surélever le plafond du rez-de-chaussée.

Au cours des trente années subséquentes, des douzaines de dessins semblables allaient tomber des tables à dessin du Bureau de l'Architecte en chef. Les détails décoratifs et le nombre des baies changeaient d'un édifice à l'autre, mais un bloc en brique rouge, de style plus ou moins classique, répondait aux deux exigences fondamentales de l'architecture gouvernementale : une apparence suffisamment digne à un coût raisonnable. En 1907, le Bureau élabora également ses premiers véritables plans uniformisés, mais ces plans ne furent pas utilisés très largement. On ne connaît que deux édifices construits selon le « plan uniformisé B », qui était un bloc classicisant typique de deux étages : l'édifice public à Maple Creek, en Saskatchewan (figure 3.12), et l'édifice public à Westville, en Nouvelle-Écosse. L'idée d'utiliser des plans uniformisés pour produire des bureaux de poste fédéraux à la chaîne intéressait tant le ministère des Travaux publics que le ministère des Postes, mais un tel programme ne serait mis en oeuvre que dans les années 1960.[36]

Ces édifices gouvernementaux n'étaient pas de grandes œuvres d'architecture, mais à bien des égards ils représentaient la contribution la plus importante du Bureau de l'Architecte en chef à la construction canadienne. Par leur nombre, ils formaient une trame urbaine commune qui était cohérente et reconnaissable à travers tout le pays. Ils montraient moins d'invention architecturale que ceux dessinés du temps de Thomas Fuller, mais ils eurent un effet plus considérable sur le caractère du paysage urbain canadien. Au cours du XIXe siècle, on construisit moins d'édifices publics, et ceux-ci se trouvaient généralement dans des communautés déjà bien établies. Dans les années de prospérité du début du XXe siècle, on construisait des édifices publics à un rythme accéléré. De 1900 à 1914, la population augmenta de 64 p. 100, tandis que le nombre d'édifices publics augmenta de près de 200 p. 100. Cela signifiait que de nombreuses petites villes se voyaient maintenant doter de leurs propres édifices gouvernementaux, et l'effet visuel et physique de ces structures sur ces petites communautés, parfois marginales, fut important. Dans les Prairies, l'importance d'un édifice fédéral était particulièrement évidente, alors qu'on y fondait des centaines de nouvelles petites villes et de nouveaux villages.[37] Dans cet environnement compétitif, la construction d'un nouvel édifice fédéral apparaissait comme une preuve de la stabilité de la communauté et comme une garantie de croissance future.

L'effet visuel de ces édifices était dû en partie à une politique intentionnelle du Ministère d'améliorer la qualité d'ensemble de la construction et des matériaux. Dans son rapport annuel de 1898–1899, le sous-ministre des Travaux publics affirmait :

3.8. Édifice public, Rock Island (Québec), 1911. Dessiné par le Bureau de l'Architecte en chef. C. Cameron, Parcs Canada, 1982.

3.9. Édifice public, Campbellton (Nouveau-Brunswick), 1910–1911, en 1927. Dessiné par le Bureau de l'Architecte en chef. ANC, PA-135567.

Il est également dans l'intention du Ministère de recourir le moins souvent possible à des constructions de bois, et d'utiliser plutôt le fer, la pierre, le béton, la brique, la terre cuite ou d'autres matériaux à l'épreuve du feu pour la construction des édifices publics, non seulement pour obtenir une meilleure protection contre les incendies, mais également comme un incitatif réel pour les individus et les entreprises dans les petites villes et les autres agglomérations de suivre l'exemple du gouvernement [...][38]

Bien sûr, quelques édifices publics construits au XIXe siècle utilisaient également des matériaux et des méthodes destinés à les mettre à l'épreuve du feu, mais ces édifices étaient relativement peu nombreux, et on les construisait généralement dans des communautés bien établies où l'utilisation de ces matériaux et de ces méthodes était plus courante. Avec le début du XXe siècle, les édifices publics fédéraux construits en béton, en brique, en fer ou en acier avec des toits et des moulures de corniche en tôle galvanisée furent introduits dans les municipalités plus petites où les constructions existantes étaient pour la plupart des structures à charpente de bois.

L'importance durable de ces édifices était accrue par le fait qu'ils étaient le produit d'une ère de prospérité. Ils avaient été construits dans l'idée que le pays allait continuer à s'étendre, mais ce ne fut pas le cas. Au cours des années 1920 et 1930, le taux de croissance allait diminuer. De nombreux petits centres urbains ne connaîtraient qu'une faible expansion, et même aucune, et certains verraient même leur population diminuer. Le problème était encore aggravé par le fait qu'après les années 1920, l'augmentation de la population allait se concentrer de plus en plus dans les grands centres urbains. En conséquence, bon nombre de ces édifices publics du début du XXe siècle demeurent des monuments importants dans la communauté. L'aspect des rues principales des communautés canadiennes doit beaucoup à ces solides édifices en brique rouge avec leur tour d'horloge caractéristique. Bien que le gouvernement fédéral se soit défait d'un grand nombre de ces édifices, plusieurs d'entre eux ont été restaurés et logent aujourd'hui des institutions locales comme des administrations municipales, des bibliothèques et d'autres services publics.

Les commandes d'édifices publics confiées à des architectes privés

Le ministère des Travaux publics préférait de toute évidence travailler avec ses propres employés, mais au début des années 1900, la communauté architecturale dans son ensemble exerçait de plus en plus de pressions pour qu'un plus grand nombre d'architectes privés soient appelés à construire des édifices gouvernementaux. Le débat sur le rôle que devaient jouer les divers intervenants dans la conception des édifices publics allait se durcir, creusant un fossé entre le Bureau de l'Architecte en chef et les professionnels de l'extérieur, et ce débat allait ressurgir périodiquement dans l'histoire du Bureau. Au cours des années 1880 et 1890, Thomas Fuller jouissait du respect de la communauté architecturale, et rares étaient ceux qui mettaient en doute sa capacité d'exercer un monopole exclusif sur la conception au gouvernement. David Ewart, par contre, ne pouvait pas faire état des mêmes antécédents professionnels que Fuller, ce qui provoqua un profond ressentiment chez les architectes indépendants qu'un fonctionnaire inconnu puisse diriger le programme de construction le plus vaste et le plus coûteux du pays.[39]

Le débat allait encore être envenimé tant par l'exemple du gouvernement des États-Unis que par le nouveau sentiment d'identité professionnelle qui se faisait jour dans le milieu des architectes au Canada. En 1893, le gouvernement des États-Unis avait voté la *Tarnsey Act*, qui permettait et encourageait l'emploi d'architectes privés dans le cadre des projets de grands édifices fédéraux.[40] Cette loi allait être révoquée en 1912, mais les architectes canadiens continuaient à l'invoquer comme un modèle pour le Canada.[41] En même temps, la capacité de la communauté architecturale d'influencer le gouvernement s'était affermie avec la création d'un certain nombre d'associations provinciales d'architectes vers la fin du siècle, et enfin, avec la création de l'Institut royal d'architecture du Canada, intervenue en 1907.[42] Le siège social se trouvait à Ottawa, et l'organisation agissait comme un groupe de pression pour la profession. L'une de ses priorités était d'amener le gouvernement fédéral à confier plus de travail à ses membres. L'argument de l'organisation était que les édifices gouvernementaux, en tant que symboles de la

3.10. Édifice public, Newmarket (Ontario), 1914–1915. Dessiné par le Bureau de l'Architecte en chef. J. Wright, Parcs Canada, 1991.

92　Les biens de la Couronne

3.11. Station postale C, Toronto (Ontario), 1902. Dessinée par le Bureau de l'Architecte en chef. J. Wright, Parcs Canada, 1991.

L'architecture de la croissance et de la prospérité 93

3.12. Édifice public, Maple Creek (Saskatchewan), 1908. Dessiné d'après un plan uniformisé par le Bureau de l'Architecte en chef. J. Wright, Parcs Canada, 1991.

nation, devraient incorporer les normes les plus élevées d'excellence architecturale, ce qui ne pouvait se faire que par l'intervention d'architectes privés formés et aguerris dans l'univers exigeant et concurrentiel de la pratique privée.

En réponse à ces pressions, l'administration Laurier accorda quelques contrats à l'extérieur, et l'administration Borden, qui prit le pouvoir en 1911, adopta des politiques encore plus ouvertes. L'un des premiers projets donnés à contrat fut le bureau de poste de Winnipeg, construit entre 1904 et 1909 par les architectes de Toronto Frank Darling et John A. Pearson (figure 3.13).[43] Situé sur l'avenue Portage, le bureau de poste de Winnipeg était dessiné dans le style baroque édouardien. Cet édifice en pierre de quatre étages présentait une façade de style Renaissance typique, défini par une base à arcades soutenant une rangée de colonnes ioniques engagées au-dessus. Deux pavillons en légère saillie, avec de grandes fenêtres terminales richement ornementées de frontons brisés semi-circulaires et de colonnes annelées, marquaient les extrémités de l'édifice. Le toit à la Mansart était ponctué de lucarnes aux frontons semi-circulaires brisés par des obélisques décoratifs.

Le bureau de poste de Winnipeg montrait les avantages et les inconvénients du recours à des architectes indépendants. À bien des égards, le dessin était similaire à celui du Bureau pour le bureau de poste de Vancouver, dont la construction allait débuter l'année suivante. L'édifice de Winnipeg, cependant, se distinguait par la qualité et la complexité de sa finition. Des détails comme la base en pierre cannelée, les moulures sculptées des portes et des fenêtres, et des éléments tels que les obélisques décoratifs montraient un raffinement beaucoup plus poussé dans la décoration. Une comparaison entre ces deux édifices tendrait à confirmer l'argument que les architectes privés produisaient des édifices de qualité supérieure, mais cette qualité avait un prix. Malgré toutes les variables dans les dépenses et dans la façon d'inscrire les dépenses, les comptes du Ministère montrent que les coûts de construction du bureau de poste de Winnipeg étaient de près de 60 p. 100 plus élevés que ceux de l'édifice de Vancouver, qui n'était pourtant que de dimensions légèrement inférieures et construit avec des matériaux similaires.[44] Au gouvernement et dans la bureaucratie, les économies et le contrôle des coûts avaient presque toujours le dessus sur l'excellence de la conception. C'était pour cette raison que le gouvernement préférait travailler avec son propre personnel.

La station postale G de Toronto, dessinée par E.J. Lennox, était l'un des premiers exemples d'un nouveau type d'édifice fédéral qu'on désignait « succursale postale » (figure 3.14). Au cours des premières années du XXe siècle, des villes comme Toronto et Montréal s'étendirent rapidement, et il n'était plus possible ni commode de loger les services postaux et les bureaux du gouvernement dans un seul endroit central. Entre 1902 et 1914, on construisit quatre succursales postales à Toronto, et huit à Montréal. La station postale G était un exemple assez typique de ce nouveau type d'édifice. La forme en temple, avec un portique en façade, était caractéristique des petites banques. Ce type d'édifice n'était pas particulièrement grand, mais un principe fondamental de l'architecture gouvernementale voulait que les édifices publics devaient atteindre, sinon dépasser, les normes architecturales présentes dans leur environnement immédiat. C'est pourquoi, dans des villes comme Toronto et Montréal, où les normes architecturales dominantes étaient plus élevées, ou du moins plus coûteuses, les édifices gouvernementaux devaient également se plier à des normes plus élaborées.

Les meilleurs travaux à contrat étaient généralement exécutés dans les principales villes, où le gouvernement pouvait faire appel aux meilleurs architectes du pays. Mais les architectes privés mirent également au point un certain nombre de plans originaux pour des petits édifices urbains. L'un des édifices les plus remarquables de ce type était l'édifice public de Collingwood, réalisé en 1913-1914 (figures 3.15 et 3.16).[45] Sur la recommandation d'un important homme d'affaires de l'endroit, le contrat fut donné à l'architecte local, Philip C. Palin, à qui on permit de « montrer ce qu'il savait faire ».[46] L'édifice était un magnifique exemple du style Beaux-Arts adapté à un petit édifice public. La construction de deux étages et demi, avec un toit bas en croupe, se distingue par la forme complexe et raffinée du portique et de la colonnade en saillie. L'emplacement, coincé entre deux blocs commerciaux ordinaires de deux étages, n'était pas particulièrement favorable, mais l'architecte parvint à créer une présence spatiale en plaçant l'édifice en retrait et en laissant le

3.13. Bureau de poste, Winnipeg (Manitoba), 1904–1909. Dessiné par F. Darling et J.A. Pearson. L'édifice n'existe plus. ANC, PA-46614.

96 Les biens de la Couronne

3.14. Station postale G, Toronto (Ontario), 1913. Architecte : E.J. Lennox. C'est maintenant un centre communautaire. J. Wright, Parcs Canada, 199*.

L'architecture de la croissance et de la prospérité 97

3.15. Édifice public, Collingwood (Ontario), 1913–1914. Architecte : Philip C. Palin. M. Trépanier, Parcs Canada, 1992.

3.16. Vue intérieure, édifice public, Collingwood. Travaux publics et Services gouvernementaux Canada, Service des relevés des richesses du patrimoine, 1992.

portique faire saillie sur la façade. Le fait le plus remarquable à propos de cet édifice, c'était le budget d'une générosité inhabituelle qui lui fut manifestement consacré, alors qu'il s'agissait d'un édifice public d'une importance mineure.[47] La façade principale était entièrement revêtue de marbre blanc, et la richesse des détails, sous la forme de colonnes corinthiennes, de balustrades et d'une frise et d'une corniche très ornées, exploitaient pleinement les possibilités sculpturales du matériau À l'intérieur, le spacieux foyer public comportait des détails de marbre et de bronze, et était éclairé par une verrière voûtée faite de verre plombé.

Sur un plan moins coûteux mais plus original, l'architecte d'Ottawa Francis Sullivan construisit en 1914 un petit bureau de poste urbain à Stonewall, au Manitoba (figure 3.17). Sullivan avait travaillé brièvement pour Frank Lloyd Wright à Chicago, et il avait été à l'emploi du Bureau de l'Architecte en chef de 1908 à 1911. Il se lança ensuite dans la pratique privée à Ottawa, mais sans beaucoup de succès.[48] Peut-être pour renflouer cette pratique chancelante, ses anciens collègues des Travaux publics lui donnèrent la commande de deux petits bureaux de poste, l'un à Stonewall et l'autre à Shawville, au Québec. Le bureau de poste de Stonewall était l'un des premiers exemples d'un bureau de poste à une seule pièce. Même s'il s'agissait d'un édifice très modeste, l'influence de Wright était apparente dans le sentiment de masse et de vigueur créé par le travail de la pierre rustiquée, les fortes lignes horizontales et la fente étroite des fenêtres. Vers la fin des années 1930, le gouvernement allait construire des centaines de ces petits bureaux de poste semi-ruraux, mais aucun n'allait égaler celui de Stonewall pour son interprétation originale et innovatrice.

L'entrepôt de vérification des douanes

De nouveaux bâtiments pour la Direction des douanes et de l'accise du ministère du Revenu représentaient manifestement une priorité pour le nouveau gouvernement conservateur après 1911. Entre 1900 et 1920, les recettes brutes tirées des droits d'importation et de la taxe d'accise étaient passées de 28 millions de $ à 188 millions de $.[49] Pour traiter le volume toujours croissant des marchandises qui arrivaient au pays le gouvernement construisait huit nouveaux édifices de grandes dimensions dans les centres importants de transit au cours des trois premières années de son mandat.[50] À la différence des bureaux de douane des années 1870, il s'agissait avant tout d'entrepôts, avec quelques espaces à bureaux. Le grand espace public, la salle des comptoirs, qui avait caractérisé les grands bureaux de douane des années 1870, fut temporairement éliminé de ce type d'édifice. Le bureau de douane de Montréal, commencé en 1912, présentait l'une des illustrations les plus remarquables de cette tendance (figure 3.18).[51] L'édifice se trouvait au coin des rues McGill et d'Youville, et l'entrée principale se trouvait dans la façade donnant sur la rue McGill. Dans les années 1930, l'édifice fut agrandi du double ; la nouvelle partie était conçue pour s'harmoniser avec le bâtiment existant. Le plan extérieur, avec sa rangée monumentale de colonnes ioniques, représentait l'un des exemples les plus imposants du style Beaux-Arts dans la construction gouvernementale, alors que l'intérieur de l'édifice logeait essentiellement un entrepôt conventionnel. L'un des premiers édifices fédéraux à utiliser un squelette en acier, le plan intérieur comprenait une rangée de bureaux administratifs sur le devant de l'édifice, à chacun des niveaux, alors que le reste de l'espace était occupé par des aires d'entreposage ouvertes à finition minimale. Des ascenseurs desservaient les locaux à bureaux, tandis qu'à l'arrière de l'édifice se trouvait un grand monte-charge.

La situation de cet édifice au centre-ville de Montréal semblait exiger une façade imposante, alors que dans d'autres villes, on élaborait des plans plus modestes. L'entrepôt de vérification des douanes de Calgary, construit en 1912–1914, présentait une solution assez conventionnelle pour ce type (figure 3.19). Le bloc de quatre étages, avec des pilastres appliqués, une lourde corniche et une base en pierre rustiquée, ressemblait à un entrepôt commercial typique. La même formule fut adaptée à d'autres entrepôts de vérification des douanes construits à peu près en même temps à Vancouver, à Edmonton, à Winnipeg et à Port Arthur. Comme dans le cas de l'édifice de Montréal, les bureaux de douane, logés au rez-de-chaussée, étaient aménagés à la façon d'un bureau de poste typique, et les espaces au-dessus et derrière ces bureaux étaient utilisés comme aires ouvertes d'entreposage.

3.17. Bureau de poste, Stonewall (Manitoba), 1914. Architecte : F.C. Sullivan. Inventaire des bâtiments historiques du Canada, 1974.

3.18. Bureau de douane, Montréal (Québec), 1912–1914. Dessiné par le Bureau de l'Architecte en chef. Agrandi en 1930. J. Wright, Parcs Canada, 1991.

La réforme de la milice et la construction des salles d'exercice

Le ministère de la Milice et de la Défense demeurait l'un des clients les plus importants du Bureau. Au début des années 1900, le gouvernement fédéral lança un programme de réforme de la milice canadienne. Des événements comme la dispute au sujet de la frontière avec l'Alaska et le retrait des forces impériales britanniques des bases à Halifax et à Esquimalt mettaient en lumière la nécessité pour le Canada de se doter d'une force militaire. L'expérience canadienne au cours de la guerre des Boers avait suscité une nouvelle fierté nationale pour le courage des soldats canadiens, mais elle avait également fait apparaître les défaillances dans la formation, l'équipement et le commandement. La *Loi de la milice* de 1904 traçait un programme rigoureux de réformes, comprenant une formation complète dans le maniement du fusil, l'exercice militaire, l'entraînement physique et divers plans d'éducation. Le but était de transformer un ramassis de soldats de fin de semaine en une armée civile moderne.[52]

La construction d'un réseau élargi de salles d'exercice et de manèges militaires était un élément clé de ces réformes. Les unités de la milice devaient être dotées d'installations permanentes comprenant une salle d'exercice, des salles de tir, des magasins pour l'entreposage des armes et de l'équipement, et des salles de conférence. Les nouvelles installations devaient également renforcer le sentiment d'identité et d'esprit de corps de l'unité ; pour cela, beaucoup d'entre elles avaient des salles de loisirs, des mess, et parfois même des allées de quilles au sous-sol. Les salles d'exercice ou les manèges militaires de cette époque d'avant-guerre n'étaient pas vraiment différents de ceux construits dans les années 1880 et 1890, mais il devait y en avoir beaucoup plus. En 1908, le ministre de la Milice et de la Défense estimait qu'environ 360 nouveaux bâtiments seraient nécessaires pour répondre de façon adéquate aux besoins de la milice.[53] Cet objectif ne fut jamais atteint, mais entre 1900 et 1918, on construisit environ cent nouvelles salles d'exercice. De plus, on construisit un certain nombre d'entrepôts de la milice à London, à Winnipeg, à Québec et à Ottawa. Il s'agissait de grands entrepôts en pierre ou en brique conçus pour abriter les équipements de la milice.[54]

3.19. Entrepôt de vérification des douanes, Calgary (Alberta), 1912–1916. Dessiné par le Bureau de l'Architecte en chef. Inventaire des bâtiments historiques du Canada, 1974.

La responsabilité pour la conception et la construction de ces installations était partagée entre le ministère des Travaux publics et celui de la Milice et de la Défense, et les relations entre les deux n'étaient pas toujours faciles. Les militaires trouvaient généralement que les édifices conçus par le Bureau étaient trop coûteux et trop élaborés. Les créneaux, les tourelles et le travail décoratif de la pierre étaient des frivolités inutiles et coûteuses ; les militaires voulaient un type de bâtiment simple et fonctionnel pour loger les régiments de la milice.[55] Au cours des dix années subséquentes, le rôle du Bureau de l'Architecte en chef dans la conception et la construction des édifices pour la milice allait graduellement s'estomper. En 1909, le ministère de la Milice et de la Défense remporta une victoire importante quand il obtint le droit de dessiner et de construire tous les édifices militaires d'un coût inférieur à 15 000 $.[56]

En 1911, le nouveau gouvernement Borden nomma Sam Hughes ministre de la Milice et de la Défense. Hughes, que l'on surnommait « Drill Hall Sam », c'est-à-dire « Sam des salles d'exercice », avait la ferme intention de prendre le contrôle de son grand nouveau programme de construction de salles d'exercice. De 1911 à 1915, on construisit cinquante-neuf nouveaux manèges militaires, dont quarante-trois furent conçus et construits par les ingénieurs militaires. Seulement seize furent conçus par le ministère des Travaux publics, et de ce nombre, dix reprenaient des plans uniformisés qui avaient été élaborés par le ministère de la Milice et de la Défense.[57] Malgré ces contraintes et restrictions, les salles d'exercice et les manèges militaires dessinés par le Bureau de l'Architecte en chef faisaient partie de ses réalisations les plus remarquables. La salle d'exercice de Trois-Rivières (1905-1907) en fournissait un bon exemple, qui était représentatif du travail du Bureau (figure 3.20).[58] L'édifice fut conçu et réalisé sous la direction de T.W. Fuller, nommé architecte responsable des bâtiments militaires en 1902, poste qu'il devait occuper jusqu'en 1918 lorsqu'il fut promu à celui d'Architecte en chef adjoint sous Richard C. Wright. Le fils de Thomas Fuller, il s'en tint loyalement aux thèmes architecturaux établis par son père. Les tours octogonales jumelées encadrant la grande porte de la salle d'exercice de Trois-Rivières, les pavillons d'angle rehaussés d'une tour ronde et la ligne crénelée du toit reprenaient les associations architecturales avec les châteaux fortifiés du Moyen Âge. Les murs en brique rouge rehaussés de détails en pierre rustiquée étaient caractéristiques du travail des deux Fuller. À la différence des salles d'exercice de son père, T.W. Fuller plaçait souvent l'entrée principale au milieu du côté le plus long de l'édifice. La salle d'exercice elle-même s'ouvrait derrière les deux niveaux de bureaux et d'autres pièces placées à l'avant. En conséquence, le plan ne présentait pas la même articulation claire des espaces intérieurs qui avait été caractéristique des édifices précédents.

T.W. Fuller dirigeait la conception et la construction de toutes les salles d'exercice produites par le Bureau de l'Architecte en chef après 1902.[59] Les dimensions et les plans de ses édifices variaient, mais tous relevaient d'un même thème stylistique. Les modèles introduits au début des années 1900 se maintinrent pendant toute la décennie, mais dès les années 1910, on peut déceler une subtile transition stylistique. Le manège militaire Mewata, à Calgary (1917-1918), était le dernier d'une série de grandes salles d'exercice construites dans l'Ouest canadien (figure 3.21).[60] Il était bâti sur le même plan que l'édifice de Trois-Rivières, construit plus tôt, et avec plusieurs des mêmes éléments décoratifs, mais une partie des qualités pittoresques était perdue dans les détails. La pierre rustiquée était remplacée par de la pierre de taille lisse, et la ligne du toit était moins accidentée et moins pittoresque, soulignant ainsi l'agencement simple et symétrique des masses de l'édifice.

Les bâtiments de l'immigration et les stations de quarantaine

Le Service de la quarantaine du ministère de l'Agriculture et le Service de l'immigration, transféré au ministère de l'Intérieur en 1892, donnaient beaucoup de travail au Bureau avant la Première Guerre mondiale. Le ministère de l'Intérieur, sous la direction de Clifford Sifton et de son successeur, Frank Oliver, lança une campagne dynamique pour attirer de nouveaux colons dans l'Ouest au début des années 1900. Les politiques du ministère comprenaient comme élément important un réseau élargi et amélioré d'installations et de services d'immigration, capable de traiter de façon efficace les immigrants, au nombre de 3,4 millions et plus, qui

3.20. Manège et salle d'exercice, Trois-Rivières (Québec), 1905–1907. Dessiné par le Bureau de l'Architecte en chef. Travaux publics et Services gouvernementaux Canada, 1989.

3.21. Manège Mewata, Calgary (Alberta), 1917–1918. Dessiné par le Bureau de l'Architecte en chef. Le manège Mewata est toujours utilisé. ANC, PA-53020.

allaient arriver au Canada entre 1900 et 1920.⁶¹ Les bases de ce réseau avaient été jetées dans les années 1880 et 1890, mais avec l'accroissement du nombre d'immigrants, de nombreux bâtiments d'origine durent être remplacés par des bâtiments plus grands et mieux équipés. Cette nouvelle génération d'édifices était également de meilleure qualité et construite plus solidement. Les structures en bois des années 1890 et du début des années 1900 firent place graduellement à des édifices plus substantiels en brique, en acier et en béton. Cette tendance en faveur de structures plus durables traduisait également l'avis du gouvernement, selon lequel l'immigration continuerait à jouer un rôle important dans la croissance à long terme du Canada.

Les bâtiments de l'immigration du début du XXᵉ siècle se répartissent en trois types de base. D'abord, il y avait les grands centres de réception d'immigrants, situés dans les principaux ports de l'Est. Comme ceux construits au cours des années 1890, ils se trouvaient près des voies de chemin de fer, et avaient pour but de fournir un abri (ou au mieux, un hébergement pour la nuit) pendant qu'on organisait la suite du voyage. Des centres de réception furent construits à Halifax (1896–1897), à Saint-Jean (1900–1901) et à Québec (1911–1912). Les premiers bâtiments à Halifax et à Saint John étaient des structures en bois assez simples, alors que le bâtiment d'immigration plus tardif situé au Bassin Louise, à Québec, était un solide édifice de deux étages à la charpente d'acier et de béton. Aucun nouvel édifice d'immigration ne fut construit dans les grandes villes de l'Ontario ; la vague des immigrants se dirigeait vers l'Ouest et les Prairies, laissant de côté le Canada central.

Le deuxième type d'installation construit dans l'Ouest du Canada était le centre d'immigration.⁶² Dans ces centres, les immigrants étaient logés gratuitement pendant plusieurs jours, jusqu'à une semaine, pendant qu'ils cherchaient du travail ou prenaient leurs dispositions pour s'établir sur une concession agricole. Logement et nourriture gratuits avaient été fournis par le Service de l'immigration depuis les années 1880, mais comme pour les dépôts de l'Est, les premiers centres étaient tous de simples structures en bois. Avec le début des années 1900, le ministère de l'Intérieur commença à construire des centres d'immigration permanents plus grands dans les principaux centres urbains. Le premier édifice de ce type fut construit à Winnipeg en 1905 (figure 3.22). Le centre d'immigration de Winnipeg était un bâtiment imposant de quatre étages, construit en acier et béton armé, et revêtu de brique. Même s'il se trouvait à côté de la voie du chemin de fer, il avait l'apparence d'un édifice public important, avec son élévation classique soulignée par une base en pierre à arcades et décorée de pilastres et de frontons.

Les distinctions de classe étaient inscrites dans les centres d'immigration. À la différence des stations de quarantaine, qui accueillaient toutes les classes d'immigrants, les centres ne servaient que pour ceux qui ne pouvaient pas se payer leur propre hébergement. Les installations étaient assez rudimentaires, offrant des dortoirs et des salles de séjour réservés selon le sexe, et des salles à manger communes. Avec l'augmentation de l'immigration en provenance de l'Asie au début du XXᵉ siècle, la question de la ségrégation raciale se refléta également dans la conception de ces édifices. En 1914, on construisit un grand nouveau centre à Vancouver et, en plus de séparer les hommes et les femmes, on identifia également des dortoirs et des aires de séjour séparés pour les Chinois et pour les Blancs. Les plans montrent également une cuisine séparée au sous-sol pour les immigrants japonais.⁶³

Le troisième type d'édifice d'immigration était formé par les installations secondaires ou satellites des édifices plus importants situés dans les principaux centres de transit. À Calgary, Lethbridge, Strathcona (Edmonton) et Regina, on construisit des centres de deux étages plus petits. Encore une fois, ceux construits au cours de la première décennie étaient généralement dotés d'une charpente en bois, tandis que les édifices plus tardifs, comme le centre d'immigration de Calgary construit en 1911, étaient faits de brique avec des garnitures de pierre. Les édifices les plus petits mais les plus nombreux dans ce réseau étaient les maisons d'accueil de une ou de deux pièces construites dans les régions éloignées à mesure qu'on les ouvrait à la colonisation. Quelques-uns furent construits sous la direction du Bureau de l'Architecte en chef, mais beaucoup furent probablement confiés à des entrepreneurs locaux, peut-être avec une certaine supervision de la part de l'agent régional des Travaux publics. Le centre d'immigration à Castor, en Alberta, était un exemple typique de ce genre d'installation (figure 3.23).

3.22. Centre d'immigration, Winnipeg (Manitoba), 1905. Dessiné par le Bureau de l'Architecte en chef. L'édifice n'existe plus. ANC, NMC 47137.

3.23. Bâtiment d'immigration, Castor (Alberta), vers 1911. Glenbow Archives, Calgary, Alberta, ANC-3635-7.

3.24. Hôpital de détention de troisième classe, Île Partridge (Nouveau-Brunswick), vers 1904, en 1914. Dessiné par le Bureau de l'Architecte en chef. Cette photographie montre un ajout de deux étages en construction. Démoli en 1941. Collection de la famille Bisson, projet de recherche de l'île Partridge, Saint-Jean (Nouveau-Brunswick).

L'augmentation rapide du nombre d'immigrants nécessitait également un important agrandissement des cinq grandes stations de quarantaine : l'île Partridge, au Nouveau-Brunswick ; l'île Lawlor, en Nouvelle-Écosse ; la Grosse Île, au Québec ; William Head et Prince Rupert, en Colombie-Britannique. Entre 1897 et 1905, on érigea de nouveaux bâtiments de détention à l'île Partridge, et on inaugura trois nouveaux hôpitaux pavillonnaires à l'île Partridge, à l'île Lawlor et à William Head. La Grosse Île, qui restait la station la plus importante, recevant près de 50 p. 100 des immigrants arrivant au Canada, se développa en une communauté de plus en plus complexe et autonome. Au cours de cette période de huit ans, on construisit sur l'île une boulangerie, plusieurs nouvelles maisons pour les employés, et même une école pour les enfants des employés.[64] Suivant en cela le modèle de développement que l'on a pu constater dans ces édifices construits pour le Service de l'immigration, ils étaient généralement construits en bois, avec un revêtement de bardeau ou de planche à clin. L'hôpital de détention de troisième classe à l'île Partridge, construit vers 1905, était typique de cette période de construction (figure 3.24).

Juste avant le début de la guerre, des travaux qui allaient établir de nouvelles normes de construction débutèrent sur une série de bâtiments dans toutes les grandes stations de quarantaine. À la Grosse Île et à William Head, on construisit deux grands bâtiments de détention de première classe en 1912 et 1913 (figure 3.25). Deux bâtiments de détention de troisième classe furent également construits à la Grosse Île et à Prince Rupert. Tous ces bâtiments étaient construits en béton renforcé de poutres et de colonnes d'acier, un matériau et une technique de construction qui commençaient tout juste à être utilisés par le Bureau de l'Architecte en chef.[65] Les bâtiments de détention de troisième classe conservaient les mêmes normes d'hébergement que celles qui avaient cours pendant les périodes antérieures. Les chambres avaient deux ou quatre couchettes, et à l'extrémité de chacun des étages, se trouvaient des salles communes. Le plan extérieur montrait un long bloc à deux étages avec une toiture basse à deux pans, ponctué régulièrement par des fenêtres à guillotine et une série de contreforts simples et des pignons décoratifs à parapet. Les bâtiments de détention de première classe

L'architecture de la croissance et de la prospérité 109

3.25. Bâtiment de détention de première classe, Grosse Île (Québec), 1912–1914. Dessiné par le Bureau de l'Architecte en chef. Des édifices identiques ont été construits à William Head vers 1914 et à l'île Partridge en 1922. J. Beardsell, Parcs Canada, 1990, S-148-6.

avaient les installations habituelles associées avec cette classe d'immigrants : des chambres privées plus grandes, une salle de séjour au deuxième étage avec un foyer, et une grande salle à manger avec une cuisine à l'arrière. Ces bâtiments, avec les colombages de style tudor sous les pignons et la large galerie s'étendant sur tout le devant, avaient presque l'apparence d'un lieu de villégiature.

Dawson : une introduction à la construction dans le Nord

Pour le gouvernement fédéral, le Nord était un vaste territoire presque inhabité ; sa valeur possible pour la nation n'était que très vaguement perçue. En 1894, la Police à cheval du Nord-Ouest établissait Fort Constantine sur les rives du fleuve Yukon, afin d'affirmer la souveraineté de la Couronne dans une région qui attirait de plus en plus de mineurs et de commerçants en provenance des États-Unis.[66] En 1896 cependant, on découvrit un grand gisement d'or près de la rivière Klondike, et dès 1897, la ruée vers l'or du Yukon avait commencé. La nouvelle ville de Dawson fut créée près des champs aurifères, et très vite elle devint un important centre commercial. Lorsque le gouvernement fédéral créa le Territoire distinct du Yukon en 1898, Dawson en devint la capitale.

Au cours des quelques premières années, les services des gouvernements fédéral et territorial étaient logés dans des espaces loués, mais avec l'augmentation du personnel et des loyers, on décida de construire des édifices plus durables. Au départ, le gouvernement territorial, qui dépendait du ministère de l'Intérieur, s'était occupé de ses propres locaux, mais en 1899, le ministre Clifford Sifton recommanda que la construction des nouveaux édifices publics proposés soit confiée au ministère des Travaux publics. Il recommanda également que l'on envoie l'un de ses agents les plus compétents au Yukon pour superviser les travaux.[67] De fait, deux employés des Travaux publics, J.B. Charleson et le jeune T.W. Fuller, furent choisis pour cette affectation. Charleson fut nommé surintendant des Travaux publics et était avant tout responsable de la construction du télégraphe du Yukon ; T.W. Fuller fut nommé architecte résident à Dawson.[68]

De 1899 à 1901, Fuller dressa les plans et supervisa la construction d'un édifice administratif, d'un bureau de poste, d'un palais de justice, d'une résidence pour le commissaire, d'une école et d'un bureau du télégraphe. Fuller, qui avait commencé sa carrière dans les Travaux publics en 1885 sous la tutelle de son père, savourait cette indépendance professionnelle que lui permettait son éloignement. La liberté dont il jouissait par rapport aux contraintes et aux conventions du Bureau d'Ottawa apparaissait avec le plus d'évidence dans son plan définitif de 1901 pour le bâtiment administratif (figure 3.26).[69] En 1899, on avait préparé des plans pour deux édifices : un bureau d'enregistrement et un édifice administratif. Les deux étaient des bâtiments à deux étages et au toit en croupe, ressemblant au type solide mais ennuyeux d'édifice que l'on avait construit pour le gouvernement à travers les Prairies. Fuller cependant s'était laissé prendre par la promotion agressive du Yukon au tournant du siècle, et il persuada le gouvernement de construire quelque chose de plus substantiel. Bien que la proposition définitive combinât les deux fonctions, l'édifice terminé offrait deux fois plus de surface de plancher que prévu au départ. Le coût était également le double des estimés de départ. Il s'agissait d'une longue structure rectangulaire ; la façade principale présentait trois pavillons en saillie et à fronton marquant le centre et les deux extrémités de l'édifice. À la différence de la qualité simple et utilitaire des plans de 1899, le nouvel édifice administratif comportait des détails très élaborés. Son style classique comprenait des pilastres en bois sur la façade, des cadres de porte et de fenêtre à fronton, des avant-toits et des corniches élaborés et moulés, et des chantournages très ornés dans les frontons.

Les bâtiments de Dawson obligèrent le Bureau de l'Architecte en chef à confronter les problèmes de la construction dans l'Arctique. À cause du pergélisol, on ne pouvait pas utiliser de fondations en maçonnerie ; au lieu de cela, on dut appuyer l'édifice administratif sur des poteaux en bois placés à tous les quatre pieds et enfoncés dans le sol jusqu'à une profondeur de dix pieds. Le plancher principal de l'édifice était également surélevé de cinq pieds au-dessus du niveau du sol afin de l'isoler de la terre gelée. De la sciure dans les murs et une double épaisseur de papier de construction servaient d'isolation supplémentaire. En 1900, on voyait Dawson comme le nouveau centre commercial du Nord, et les

L'architecture de la croissance et de la prospérité   111

3.26. Édifice de l'administration territoriale, Dawson (Territoire du Yukon), 1901–1902. Dessiné par T.W. Fuller. L'édifice a été restauré et fait partie d'un parc historique national. Travaux publics et Services gouvernementaux Canada, Service des relevés des richesses du patrimoine, 1987.

premiers édifices gouvernementaux traduisaient ce sentiment de confiance dans la stabilité et la prospérité futures de la ville. Mais ces promesses n'allaient pas se réaliser : dès 1905, Dawson était en déclin. Il n'y eut presque pas de nouvelles constructions du gouvernement fédéral jusqu'à la Deuxième Guerre mondiale. À ce moment, la construction dans le Nord prit une allure plus pratique et fonctionnelle, mais les problèmes que Fuller avait dû affronter en 1900 étaient toujours là. Le pergélisol, la nécessité d'une bonne isolation, et la difficulté de trouver des matériaux de bonne qualité : ces problèmes se posèrent encore au Bureau jusque dans les années 1960.

Conclusion

Les années entre 1896 et 1914 furent parmi les plus productives de l'histoire du Bureau de l'Architecte en chef. Pendant cette période de prospérité économique et d'expansion du pays, la demande pour de nouveaux édifices et établissements fédéraux s'accrut. En 1914, on avait construit plus de 300 édifices publics, salles d'exercice et bureaux de douane, ainsi que de nombreux bâtiments de quarantaine et d'immigration, à travers tout le pays. La conception de ces bâtiments reflétait les divers courants architecturaux qui influençaient l'architecture au Canada au cours de l'époque édouardienne. Certains édifices publics, comme le bureau de poste de Vancouver ou celui, aujourd'hui démoli, de Winnipeg, étaient de beaux exemples du style baroque édouardien orné. Des édifices comme le bureau de douane de Montréal ou la station postale A à Fredericton montraient l'influence des formes plus calmes mais plus monumentales du style Beaux-Arts d'inspiration française. En même temps, certains éléments stylistiques relevant de la tradition pittoresque victorienne se maintenaient dans le travail du Bureau de l'Architecte en chef. Les édifices publics à Nelson, en Colombie-Britannique, et à Humboldt, en Saskatchewan, rappelaient tous les deux, par leur agencement des masses et par leurs détails, les édifices publics construits par Thomas Fuller à la fin du XIXe siècle.

Le programme fédéral de construction du début du XXe siècle allait jouer, et continue à jouer, un rôle important dans la définition du caractère propre de l'environnement urbain canadien. L'édifice public en brique rouge, avec sa tour d'horloge sur le coin, comme aussi la salle d'exercice crénelée, continuent à marquer leur environnement, et demeurent immédiatement reconnaissables en tant qu'institutions du gouvernement fédéral. Au cours de ces années, le ministère des Travaux publics construisit plus de 200 de ces édifices publics ou bureaux de poste urbains, et aujourd'hui, il en reste approximativement 141. Certains appartiennent toujours au gouvernement fédéral, mais la plupart ont été transférés aux municipalités ou à des propriétaires privés.[70] Cependant, la place qu'occupent ces édifices dans leurs communautés est mise en évidence par les fonctions qu'on leur a attribuées en tant qu'institutions publiques importantes : hôtels de ville, bibliothèques, musées et centres communautaires.

Cette époque de la construction canadienne, entre 1896 et 1914, fut également marquée par un changement dans la nature de l'environnement de travail au sein du Bureau de l'Architecte en chef. Les plans produits par le Bureau reflétaient les nouvelles exigences qu'imposait un rythme de construction plus élevé, et ils traduisaient aussi l'accent accru que l'on mettait sur l'économie et l'efficacité au sein de la bureaucratie. Le Bureau n'en fut pas moins à l'origine d'un certain nombre d'édifices remarquables, mais la majorité des édifices publics dérivaient de plus en plus d'une série de plans types dont on gratifiait les communautés considérées comme politiquement méritantes. Sous la direction d'Ewart, le Bureau de l'Architecte en chef se montra parfaitement en mesure d'assumer ces demandes. Dès 1910, le Bureau avait recruté une nouvelle génération de jeunes architectes dont les contributions individuelles allaient se fondre rapidement dans l'identité collective, mais qui, en tant que groupe, formaient une équipe de conception efficace et compétente capable de mettre en chantier des centaines d'édifices publics. L'équipe qui se forma au début du XXe siècle allait jeter les bases d'une organisation qui se maintiendrait tout au long des années 1920 et 1930.

CHAPITRE QUATRE

Nationalisme, symbolisme et architecture : l'aménagement de la capitale, 1899–1945

> Si nous voulons que le Canada soit un grand pays, il faut lui donner une capitale fière et belle, qui soit digne d'un grand peuple.
> Harold Fisher, maire d'Ottawa, 1918.[1]

L'idée qu'Ottawa devait se distinguer comme symbole de la nation remontait au tournant du siècle. Certes, elle était le siège du gouvernement depuis 1857, mais cette situation était considérée surtout comme un accident de l'histoire. Les édifices du Parlement, le bureau de poste principal, l'édifice Langevin et Rideau Hall symbolisaient la présence fédérale à Ottawa, mais la ville elle-même conservait sa réputation de fruste bourgade reculée, centre du commerce du bois de charpente et du bois de construction dans la vallée de l'Outaouais. La tradition veut que la transformation du village de bûcherons en capitale nationale ait connu son coup d'envoi en 1893, le jour où Wilfrid Laurier promit de faire d'Ottawa la « Washington du Nord ».[2] À ce moment-là, il avait surtout l'intention d'en faire un important centre intellectuel, mais les tenants de l'embellissement de la ville eurent tôt fait de reprendre l'expression à leur compte. Cette promesse allait aussi permettre aux historiens de situer, par une formule bien frappée, la naissance d'un grand dessein pour la capitale nationale.

Plusieurs facteurs ont fait évoluer la façon d'envisager le rôle d'une capitale nationale. Au cours des années antérieures à 1914, de nombreux édifices publics fédéraux étaient construits au pays, mais Ottawa reçut la part du lion. Une fonction publique en expansion et la création d'un certain nombre d'institutions nationales exigeaient de nombreux immeubles neufs, tandis que la hausse des revenus et le sentiment de confiance qui accompagnaient la croissance et la prospérité encourageaient le gouvernement à planifier sur une échelle plus grande que jamais.[3] La forte influence du mouvement « City Beautiful », qui allait dominer l'urbanisme nord-américain au début du XXe siècle, favorisait aussi une vision globale du développement. Les urbanistes adeptes de « City Beautiful » souhaitaient insuffler une grandeur et une beauté nouvelles au paysage urbain en le remodelant globalement, dans le respect des principes classiques d'ordre, d'harmonie et de symétrie.

À Ottawa, l'enthousiasme pour l'embellissement de la ville était alimenté par le nationalisme nouveau apparu au début du XXe siècle. L'histoire, la culture et la géographie du Canada devinrent un thème important à étudier et à célébrer dans la littérature, les arts et les recherches universitaires.[4] Pour le gouvernement fédéral, ce sentiment était axé sur une vision d'Ottawa comme noyau spirituel et symbolique de la nation. C'était pour cette raison que les bâtiments gouvernementaux érigés dans la capitale au cours de cette période ne suivaient pas les mêmes tendances architecturales et stylistiques que ceux que l'on construisait ailleurs au pays. Le ministère des Travaux publics cherchait plutôt à créer une forme architecturale et urbaine qui définirait et exprimerait ce que l'on concevait comme l'identité culturelle unique du Canada.[5]

Les édifices du Parlement, symbole national

Pour bien comprendre l'évolution de l'architecture et de l'urbanisme publics à Ottawa, ainsi que la conception que l'on avait de l'avenir de cette ville, il faut revenir aux premiers édifices du Parlement (figure 4.1). Au moment de leur construction, ces bâtiments offraient l'un des exemples les plus raffinés du meilleur style gothique de l'apogée victorien d'Amérique du Nord. Toutefois, dès le début du XXe siècle, ils revêtaient une nouvelle signification expressément rattachée à Ottawa et au Canada. Autrefois considérés comme d'une extravagance folle, ils étaient désormais vus comme un symbole de la vision hardie et de la confiance qui, croyait-on, avait imprégné la fondation de notre pays. L'éclectisme de leur conception était censé traduire la dualité culturelle fondamentale du Canada. C'est ainsi qu'en 1907, le poète Wilfred Campbell écrivait : « Que nous soyons d'origine française ou britannique, en tant que peuple, nous trouvons dans ces édifices [...] une épopée de pierre qui est non seulement une révélation de la beauté universelle, mais un emblème de l'idéal, du sens artistique, de l'ascendance et du christianisme que nous partageons. »[6] Il est peu probable que les architectes aient eu l'intention de traduire les fondements biculturels du pays dans leur œuvre. De fait, le choix du style gothique est généralement interprété comme l'affirmation d'une allégeance politique et culturelle à la Grande-Bretagne. En architecture, la signification fluctue constamment, car elle reflète non seulement les valeurs et aspirations des constructeurs, mais aussi celles que leur imposent les générations suivantes.

Jusqu'aux années 50, la prééminence reconnue des édifices du Parlement a servi de fil conducteur aux interventions fédérales en matière de construction et d'urbanisme dans la capitale nationale, tout en posant un dilemme aux architectes et aux urbanistes. Au début du siècle, en Amérique du Nord, dans l'esprit des gens, l'architecture et les espaces urbains publics suivaient généralement le modèle classique associé à l'École des beaux-arts et au mouvement « City Beautiful ». Or, les édifices du Parlement, de style gothique de l'apogée victorien, résumaient tout ce que les architectes du début du XXe siècle avaient rejeté. Les architectes soutenaient que le vocabulaire gothique pouvait être repris en tenant compte des normes esthétiques contemporaines. Toutefois, l'incompatibilité fondamentale entre ce thème symboliquement significatif mais architecturalement désuet et les tendances dominantes de l'architecture publique et de l'urbanisme allait continuer d'entraver et de miner le processus d'aménagement tout au long de la première moitié du XXe siècle.

Premiers efforts : la Commission d'amélioration d'Ottawa, 1899–1903

Pendant les deux premières décennies du XXe siècle, à Ottawa, l'urbanisme suivit l'évolution et la maturation progressives du mouvement « City Beautiful ». Certes, ce dernier ne représentait qu'une seule manifestation parmi d'autres de l'urbanisme naissant, mais son concept de base prévalait aux États-Unis et au Canada, au cours de cette période.[7] Issu de l'art de l'aménagement paysager et du mouvement « Parks and Recreation » en vogue au XIXe siècle, le concept des « belles villes » avait été élaboré par des architectes et des paysagistes et il bénéficiait d'appuis parmi les milieux d'affaires. Ses adeptes voyaient la ville comme une œuvre d'art, et son aménagement devait être dicté par une vision esthétique unique.

La « World Columbian Exposition », tenue à Chicago en 1893, exerça une influence profonde sur l'aménagement de tendance « City Beautiful » en Amérique du Nord. Cette manifestation, organisée pour célébrer le 400e anniversaire de la découverte de l'Amérique, occupait un site aménagé par l'architecte Daniel Burnham, de Chicago, et par le célèbre paysagiste américain Frederick Law Olmsted. Les bâtiments avaient été conçus par Burnham et quelques autres grands architectes américains. Il s'agissait bien sûr d'une installation temporaire, mais qui devait avoir des effets importants sur l'aménagement urbain, car elle offrait un exemple grandeur nature de ce que pourrait être la ville de l'avenir. Les principes du classicisme Beaux-Arts, à savoir l'ordre,

4.1. Lithographie, édifice du Parlement, Ottawa (Ontario), en 1868. Tiré de Charles DeVolpi, *Ottawa : A Pictorial Record, Historical Prints and Illustrations of the City of Ottawa, Province of Ontario, Canada, 1807–1882,* Montréal, Dev-Sco, 1964, pl. 60. ANC, C-83946.

l'harmonie et la symétrie, appliqués à l'ensemble du tissu urbain allaient engendrer des villes qui seraient belles, et donc plus habitables et plus humaines. L'urbanisme était une question de conception plutôt qu'un processus politique.[8]

Dans la capitale, les premiers efforts à cet égard remontaient à 1899, date de création de la Commission d'amélioration d'Ottawa.[9] Nommée à l'échelon fédéral, elle avait d'abord reçu un budget annuel de 60 000 $. De nouveaux espaces verts furent aménagés sous sa direction le long du canal Rideau et dans le parc Rockcliffe. Une route panoramique fut construite sur les rives du canal, tandis que l'avenue King-Edward était élargie et bordée d'arbres. À ce moment-là, le mandat de la Commission ne touchait pas les édifices publics. Son œuvre peut être interprétée au regard du mouvement « Parks and Recreation » du XIXe siècle, qui cherchait à améliorer les villes en ajoutant, dans le tissu urbain lui-même, des éléments de beauté naturelle, sous la forme de parcs paysagers et d'avenues panoramiques.

En 1903, une première étape fut franchie dans l'élaboration d'un plan intégré pour la ville d'Ottawa. Cette année-là, Frederick Todd, architecte paysagiste de Montréal, fut embauché pour élaborer une stratégie visant à orienter les efforts de la Commission d'amélioration d'Ottawa. Le rapport Todd maintenait l'accent sur les paysages naturels, mais son auteur adoptait une vision plus globale de l'embellissement.[10] Il définissait la nécessité de régir l'emplacement et l'expansion des zones industrielles, afin qu'elles ne viennent pas enlaidir les beaux endroits de la ville. Il esquissait un réseau de parcs raccordés entre eux par des boulevards panoramiques qui rattacheraient Ottawa à la ville voisine de Hull. Il recommandait également l'aménagement d'une vaste réserve naturelle du côté québécois de la rivière, idée qui deviendra réalité lors de la création du Parc de la Gatineau.

Le rapport Todd donnait corps à une vision plus ample d'Ottawa, en tant que symbole de la nation. Dans son introduction, l'auteur écrivait :

> Il est non seulement certain qu'Ottawa deviendra le centre d'un district vaste et peuplé, mais le fait qu'elle soit la capitale d'un pays immense, dont on commence à peine à deviner la grandeur future, nous oblige à y concentrer tout ce par quoi l'homme traduit ses plus grandes réalisations intellectuelles et à en faire une ville qui reflète le caractère de la nation et la dignité, la stabilité et le bon goût de ses citoyens.[11]

Les édifices publics allaient jouer un rôle majeur dans la création de cette image de « dignité », de « stabilité » et de « bon goût ». Todd a été le premier à voir la nécessité d'adopter un thème architectural uniforme, qui serait en harmonie avec les édifices du Parlement. Il suggérait également que la rue Sussex, qui mène du Parlement à la résidence du Gouverneur général, devienne l'axe principal pour la construction des futurs édifices publics.

L'aménagement de la rue Sussex, 1903–1911

Le rapport Todd a coïncidé avec la décision gouvernementale de loger dans des bâtiments permanents quelques-unes des institutions nationales, culturelles et scientifiques récemment créées. Entre 1899 et 1908, on assista à Ottawa à la construction de l'Observatoire fédéral (1899–1900), de l'édifice des Archives publiques (1905–1907), du Musée commémoratif Victoria (1905–1908) et de la Monnaie royale (1905–1908) (figures 4.2 et 4.3) Le Bureau de l'Architecte en chef n'avait jamais entrepris de tels chantiers. Aussi, en 1901, David Ewart était-il envoyé faire une tournée en Europe, pour y observer des exemples concrets.[12] Il n'existe pas de récit détaillé de son voyage, mais il est manifeste que cette expérience l'a profondément influencé. Après son retour, comme nous l'avons dit dans le chapitre précédent, le grand style du baroque édouardien et le classicisme plus réservé du style Beaux-Arts européen, qui dominaient alors l'architecture britannique, entrèrent dans le vocabulaire du Bureau de l'Architecte en chef. Les leçons apprises par Ewart n'allaient toutefois pas être appliquées aux immeubles d'Ottawa. Certes, certaines caractéristiques d'édifices abritant des institutions européennes comparables furent effectivement retenues, mais le programme stylistique des nouveaux immeubles demeurait incontestablement fidèle aux recommandations du rapport Todd.

À l'exception de l'Observatoire fédéral, construit avant le rapport

Nationalisme, symbolisme et architecture 117

4.2. Monnaie royale, rue Sussex, Ottawa (Ontario), 1905–1908. Dessiné par le Bureau de l'Architecte en chef. Travaux publics et Services gouvernementaux Canada, Service des relevés des richesses du patrimoine, 1987.

4.3. Musée commémoratif Victoria, Ottawa (Ontario), 1905–1908. Dessiné par le Bureau de l'Architecte en chef. ANC, C-9273.

Todd, le Bureau de l'Architecte en chef s'en tenait à ce qu'il était convenu d'appeler le « gothique tardif ».[13] Les esquisses préliminaires montraient un bâtiment dont les caractéristiques rappelaient les édifices du Parlement. Toutefois, cette option fut rejetée en faveur d'un style plus austère, le gothique de la période Tudor.[14] Ewart le jugeait mieux adapté aux édifices publics modernes, et surtout il était exempt des excès décoratifs du gothique de l'apogée victorien.[15] Conformément aux recommandations de Todd, les immeubles abritant les Archives nationales et la Monnaie royale furent construits sur la rue Sussex, première étape modeste dans la création d'un paysage urbain unifié.[16]

Le Musée commémoratif Victoria, à environ un mille au sud de la colline du Parlement, ne faisait pas partie du plan d'aménagement de la rue Sussex, mais c'était l'immeuble le plus important et le plus réussi de cette période. Dans sa conception initiale, le bâtiment long et étroit devait comporter une tour centrale en saillie et, à l'arrière, une aile semi-circulaire abritant un amphithéâtre à deux étages. Aux angles extérieurs, le corps principal était prolongé par des ailes garnies elles-mêmes de tourelles octogonales aux quatre coins. Les collaborateurs de l'Architecte en chef avaient défini ici le vocabulaire qui allait être repris dans d'autres bâtiments d'Ottawa : tourelles, ligne de toit crénelée, contreforts, ouverture de l'entrée principale en arc brisé et fortes lignes horizontales (créées par des cordons en saillie ponctués de rangées de fenêtres à linteaux droits soulignés de chaînes d'angle en pierre unie). L'appareil bossagé et rustiqué en grès de Nepean rappelait fortement les édifices du Parlement, malgré une apparence plus sobre et plus ordonnée.[17]

Malheureusement, le bâtiment tel qu'il existe aujourd'hui revêt une apparence encore plus sévère que celle qu'il devait avoir à l'origine. En effet, les plans prévoyaient une haute tour centrale, ornée de tourelles d'angle et surmontée d'une couronne nervurée à claire-voie, elle-même garnie de crochets et d'un fleuron délicat. Les travaux étaient déjà fort avancés lorsque la tour commença à s'enfoncer et à s'éloigner du mur principal. Le sous-sol, qui n'avait jamais été sondé correctement, s'avérait incapable de supporter le poids de la structure. En 1916, il fallut donc tronquer la tour en réduisant sa hauteur de quatre-vingts pieds, d'où l'entrée plutôt trapue qui demeure aujourd'hui.

Conçu pour abriter les collections botaniques, zoologiques et ethnologiques de la Commission géologique du Canada, le musée devait comporter des aires d'exposition bien éclairées, une grande salle, une bibliothèque, des installations pour le public et des bureaux pour le personnel. L'immeuble était en outre le siège d'un important établissement public très en vue. L'aménagement de la structure était axé sur un vaste hall, ouvert sur toute la hauteur des quatre étages (figure 4.4). En face, au fond de ce hall, un escalier central donnait accès aux niveaux supérieurs. Des balcons en fer encerclaient cet espace à chaque étage. Dépourvu de détails somptueux – la frugalité du gouvernement fédéral prévalait toujours – c'était néanmoins un lieu empreint d'une sorte de grandeur, peu fréquente dans les édifices publics fédéraux. L'iconographie décorative traduisait le rôle symbolique du Musée commémoratif Victoria. C'était l'un des premiers édifices fédéraux garnis de motifs ornementaux entièrement canadiens. Deux têtes d'orignal surplombaient l'entrée principale ; les vitraux de couleur placés au-dessus des portes étaient illustrés d'exemples de la flore et de la faune indigènes. La présence d'éléments décoratifs proprement canadiens allait devenir l'une des caractéristiques de l'architecture canadienne jusqu'au milieu du XXe siècle.

Ayant mis en branle la construction de ces trois édifices, le gouvernement fédéral décida ensuite de créer des locaux pour loger sa fonction publique, alors en rapide expansion. En 1906, le ministère des Travaux publics organisa un concours national pour la construction de deux nouveaux immeubles, le premier devant abriter les bureaux de divers ministères et l'autre, la Cour suprême du Canada, la Cour de l'Échiquier (aujourd'hui la Cour fédérale du Canada) et les bureaux du ministère de la Justice.[18] Il s'agissait du premier grand concours d'architecture depuis celui qui avait été lancé pour les édifices du Parlement, en 1858. Les bâtiments devaient être construits du côté ouest de la rue Sussex, entre les rues Wellington et Saint-Patrick. L'emplacement, long et étroit, faisait face au parc Major et, était situé au-delà du vallon qui marque l'entrée du canal Rideau, à la colline du Parlement. Le projet devait d'ailleurs comporter, sur le canal, un pont reliant la colline aux nouveaux immeubles de la rue Sussex (figure 4.5). Aucun style n'était exclu, mais

4.4. Hall principal, Musée commémoratif Victoria, en 1993. M. Trépanier, Parcs Canada, 1993.

le néo-gothique, dans l'une ou l'autre de ses versions, bénéficierait d'une certaine préférence.

En septembre 1907, le premier prix était attribué à la firme montréalaise de W.S. et Edward Maxwell. Leur projet pour les deux édifices, publié dans le *Canadian Architect and Builder* en décembre de la même année, avait un caractère gothique, rappelant un peu la période élisabéthaine ou celle de Jacques 1er.[19] Ils étaient cependant de style mixte, car ils comprenaient aussi quelques éléments classiques, les plus remarquables étant les coupoles décoratives du pavillon central. Ils devaient néanmoins être construits en grès de Nepean rustiqué, et plusieurs de ses éléments – contreforts à faible relief, ligne de toit brisée ornée d'un parapet et ouvertures en arche de type Tudor – se seraient bien harmonisés avec le Parlement et les nouveaux bâtiments de la Monnaie royale et des Archives publiques, le long de la même rue. L'édifice de la Justice était le plus traditionnel des deux dans sa conception, mais il était plus majestueux par sa structure (figure 4.6). Les architectes avaient réglé le problème de la longueur et de l'étroitesse de la façade qu'imposait la nature du site en créant une élévation symétrique mais complexe, définie par une série de volumes distincts, dont chacun était doté d'une ligne de toit, d'une définition murale et de baies différentes. Ces éléments correspondaient eux-mêmes aux fonctions particulières des espaces intérieurs. L'unité de cette façade interminable était assurée par son pavillon central dominant, avec sa ligne de toit étagée, ses tourelles d'angle et son immense fenêtre cintrée. Le dessin en était fort animé et d'une qualité égale à celui des premiers édifices du Parlement.

À l'annonce des résultats du concours, certains s'étonnèrent que la première place ait été attribuée aux Maxwell.[20] Considérés comme les plus importants défenseurs du style classique au Canada, ils n'avaient pas une réputation de médiévistes.[21] Toutefois, leur formation de tendance Beaux-Arts et leur capacité d'en adapter la rationalité au décor gothique leur donnait un avantage sur leurs concurrents. L'édifice de la Justice devait être ordonné autour de quatre cours intérieures, reliées entre elles par un ensemble de couloirs principaux et secondaires, formant deux réseaux de circulation largement distincts, dont l'un devait réunir les cabinets des juges et les bureaux et l'autre, servir au public. Quant au bâtiment administratif, il aurait affiché une apparence beaucoup moins dynamique que l'édifice de la Justice, mais son plan s'inspirait des principes les plus modernes de l'aménagement des locaux à bureaux. Avec deux grandes cours intérieures, chaque étage comportait un large hall situé au centre du bâtiment. Des couloirs secondaires étroits s'étendaient perpendiculairement à ces halls et autour des deux cours. L'espace intérieur réservé aux bureaux n'était divisé par aucune cloison fixe : les aires étaient laissées entièrement ouvertes, ce qui donnait toute liberté pour la disposition intérieure.

Si intéressant qu'il fût, ce projet allait avorter, comme plusieurs autres par la suite. Les noms des candidats retenus n'avaient pas sitôt été annoncés que la volonté d'agir commença à flancher. L'administration fédérale allait toujours ressentir un certain malaise face aux concours d'architecture. Les projets soumis reposaient sur des programmes ou des directives assez générales et, donc, restaient souvent schématiques. En principe, des dessins plus détaillés devaient être élaborés plus tard, de concert avec le client, une fois l'architecte choisi, tandis que le Bureau de l'Architecte en chef assurerait la liaison entre les deux parties. Souvent, toutefois, il ne s'établissait guère de liens entre l'architecte et le client, car ce dernier, dans bien des cas, renonçait volontiers à son rôle au profit des fonctionnaires du ministère des Travaux publics. Eux-mêmes architectes professionnels, les membres de l'équipe du Bureau de l'Architecte en chef avaient tendance à usurper la place du concepteur choisi, qui devenait de moins en moins indispensable.

C'était en tout cas ce qui s'était passé dans le cas du projet Maxwell. En 1909, le gouvernement annonça que le Bureau de l'Architecte en chef avait établi une nouvelle série de plans.[22] Ceux-ci ne ressemblaient en rien à la proposition Maxwell. Ils s'inscrivaient plutôt dans la suite du thème adopté pour le Musée commémoratif Victoria, quoique sur une échelle plusieurs fois plus grande (figure 4.7). On ne sait pas exactement pourquoi le projet Maxwell avait été abandonné – le motif économique semble le plus plausible. Ni un projet ni l'autre n'allait jamais voir le jour. Le gouvernement finit par décider d'ériger un nouveau bureau de douane sur une partie du site. L'édifice Connaught ressemblait à une

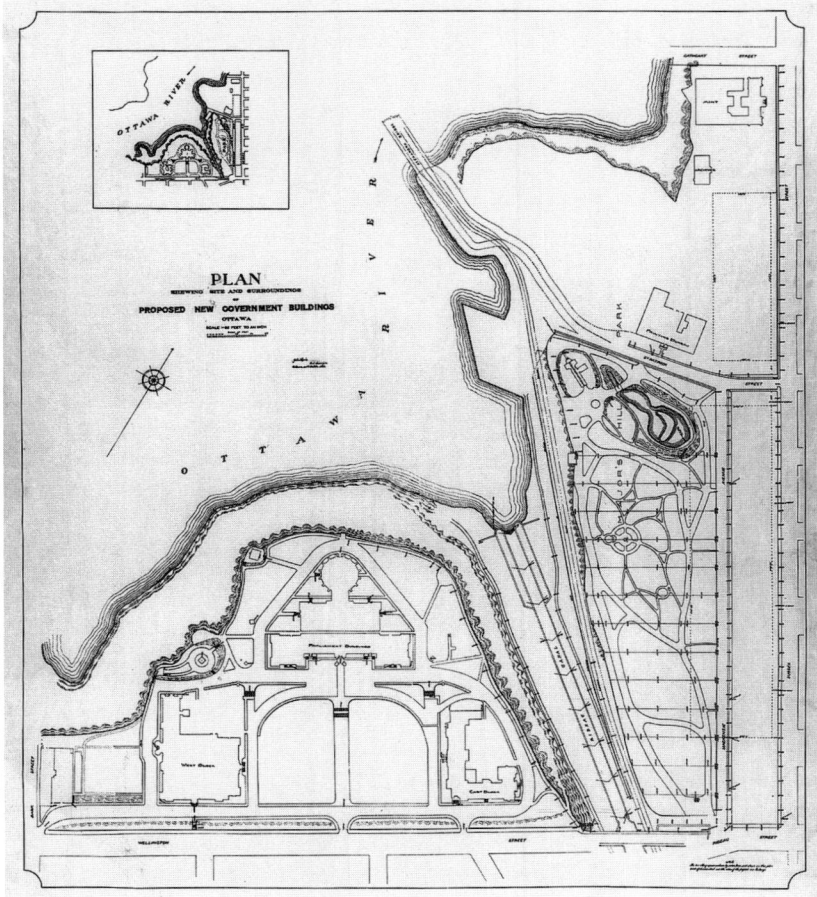

4.5. « Plan montrant l'emplacement et les environs des futurs édifices du Parlement, 1906. » Ces nouveaux bâtiments devaient être situés le long du parc Major, qui est séparé de la colline du Parlement par le canal Rideau (en bas à droite) et le parc. Le Château Laurier, qui sera construit au bout du parc Major, entravera la création d'un complexe gouvernemental bien intégré. ANC, C-78961.

4.6. Plans et élévations envisagés, nouvel immeuble de la Justice, 1907. Architectes : W.S. et Edward Maxwell. *Canadian Architect and Builder*, vol. 20, n° 9 (septembre 1907), p. 176.

4.7. Élévation envisagée, immeubles administratifs, parc Major, Ottawa (Ontario). Plans établis par le Bureau de l'Architecte en chef en 1909. *Construction*, vol. 3, n° 6 (mai 1910), p. 70.

version réduite des plans de 1909 du Bureau de l'Architecte en chef et se mariait bien aux autres bâtiments de la rue Sussex (figure 4.8).²³

David Ewart considérait l'édifice Connaught comme l'un de ses plus beaux immeubles. Cependant, la communauté des architectes l'attaqua avec une virulence sans précédent : les éditoriaux des périodiques spécialisés le décrivaient comme une œuvre « de conception puérile et de construction douteuse ».²⁴ L'ambiance s'alourdit : les pétitions et les lettres au ministre s'accumulèrent ; les journaux jugèrent le projet mauvais et de nature à entacher la dignité de la capitale nationale.²⁵ L'intensité de cette critique était due en partie à un malentendu quant à la destination du bâtiment qui fut finalement construit à cet endroit. La communauté architecturale voyait l'édifice Connaught comme un pâle substitut à la grandiose réalisation annoncée après le concours. Il s'agissait en fait d'une construction entièrement différente qui devait, à l'origine, être érigée dans le quartier des affaires du centre de la ville. Le projet de la rue Sussex ayant été abandonné, le gouvernement avait décidé de construire le bureau de douane sur cet emplacement plutôt que d'en acheter un autre.

La décision d'abandonner la construction d'un complexe gouvernemental unifié le long de la rue Sussex était le résultat d'un ensemble de facteurs. L'évolution du projet, puis son rejet final, avaient permis de mesurer les difficultés que supposait, pour l'administration fédérale, la conduite à terme d'une entreprise de cette envergure. Les décisions incompatibles ou conflictuelles de tel ou tel ministère ou organisme, le climat économique mouvant et les changements de gouvernement étaient autant d'obstacles éventuels. Dans ce cas-ci, le premier indice défavorable avait été la décision par le gouvernement d'autoriser le chemin de fer du Grand Tronc à construire un hôtel, le Château Laurier, dans le parc Major, en 1907. L'immeuble était considéré comme un atout pour la ville, mais il compromettait l'intégrité du site envisagé pour le complexe gouvernemental, car il était situé entre l'édifice de l'Est et le site lui-même. L'hôtel fut conçu et construit sans égard aux nouveaux édifices qui devaient être érigés de l'autre côté de la rue. La construction achevée, il était manifeste que la massive silhouette de ce faux château écraserait le centre administratif prévu.²⁶

Mais surtout, en 1911, le gouvernement de sir Wilfrid Laurier avait été battu par les Conservateurs de Robert L. Borden. Aucun contrat n'avait encore été signé pour le complexe de la rue Sussex et les montants investis dans le projet restaient minimes. Tout nouveau gouvernement répugne à réaliser un projet lancé par son prédécesseur – d'autant plus lorsque le projet en question a fait l'objet d'une publicité négative. Aussi, le gouvernement Borden avait-il décidé de reprendre la planification du début.

Ottawa, l'une des capitales de l'Empire : le concours de 1913

Après 1911, les projets de construction du gouvernement fédéral visèrent surtout le côté nord de la rue Wellington, à l'ouest de la colline du Parlement. Cette zone offrait des avantages au regard de la rue Sussex. Elle occupait, au bord des falaises de calcaire qui surplombent la rivière des Outaouais, un site très pittoresque et imposant. Elle permettait aussi un accès plus facile et direct à la colline. Mais surtout, il s'agissait d'une aire beaucoup plus vaste. Au cours de la première décennie du siècle, l'administration publique avait grandi régulièrement, et les deux édifices qui avaient été envisagés en 1906 auraient été totalement insuffisants. En 1911, le nouveau gouvernement commença donc à élaborer un projet beaucoup plus ambitieux qui allait comporter 1,2 million de pieds carrés, répartis entre quelque dix bâtiments.²⁷

La direction de l'entreprise était confiée au Bureau de l'Architecte en chef. Le projet supposait une intégration globale de l'architecture et de l'urbanisme, mais il marquait en même temps un changement radical d'orientation. Au départ, Frederick Todd avait reçu mission d'établir un plan général pour le terrain de la rue Wellington, mais, on ne sait trop pourquoi – sans doute le manque de confiance dans le planificateur canadien – le ministère décida d'aller chercher conseil ailleurs.²⁸ En 1912, le ministre des Travaux publics écrivait au haut-commissaire du Canada à Londres pour lui demander des renseignements sur deux « artistes paysagistes » – Thomas Mawson et Edward White – que l'on envisageait alors d'embaucher comme consultants pour le projet de la

4.8. Édifice Connaught, rue Sussex, Ottawa (Ontario), 1913–1916. Dessiné par le Bureau de l'Architecte en chef. M. Trépanier, Parcs Canada, 1993.

rue Wellington.²⁹ Mawson était le choix logique, s'étant acquis une réputation comme architecte paysagiste fortement sympathique au mouvement « City Beautiful ». Mais il ne fut pas choisi. Il écrira plus tard que sa nomination avait sans doute été bloquée par le Canadien Pacifique qui, dit-il, se sentait menacé par ses vues sur la nécessité d'empêcher la multiplication des voies ferrées dans le centre des villes.³⁰ Or, le haut-commissaire à Londres à ce moment-là était Lord Strathcona, l'un des fondateurs et des principaux actionnaires du Canadien Pacifique, ce qui tendrait à confirmer la thèse de Mawson. Strathcona recommanda donc White, architecte paysagiste londonien fort renommé, concepteur de jardins avant tout. Contrairement à Mawson, White n'avait pas d'antécédents solides en architecture ni en aménagement urbain.³¹

Pour compenser son manque d'expérience dans ces deux domaines, il retint les services d'Aston Webb. Ce dernier était l'un des architectes les plus célèbres de son époque.³² En Angleterre, il avait dirigé des chantiers très importants, tels l'agrandissement du Victoria and Albert Museum (1891) et l'université de Birmingham (1901). De plus, il avait renouvelé en 1903–1912 la façade du palais de Buckingham ainsi que le mail et l'Admiralty Arch. Il avait aussi conçu les bureaux du chemin de fer Grand Tronc à Londres (1904). Webb avait d'abord établi sa réputation comme maître du baroque anglais, mais, vers les années 1910, ses œuvres traduisaient l'influence plus sobre de l'École des beaux-arts.

L'avant-projet de White et Webb pour Ottawa représentait un transfert direct du grand style édouardien sur le sol canadien. Caractéristique du style de Webb, il se composait d'un assemblage classique soigneusement ordonné de pavillons à coupole, de longues colonnades, de portiques et d'arcs de triomphe, orchestrés avec grandiloquence. Deux ensembles se faisant face étaient rangés de part et d'autre d'une large allée centrale orientée est-ouest (figure 4.9). Les bâtiments étaient reliés entre eux par une série d'arcs qui assuraient l'unité de cet ensemble grandiose. L'élément principal était l'édifice de la Justice, situé en retrait, sur le promontoire surplombant la rivière. Cet immeuble donnait sur une vaste place, où se dressait un grand campanile, au haut duquel une galerie d'observation était prévue.³³

La proposition avait une saveur toute britannique par la complexité de son plan et par les modèles architecturaux qu'elle rappelait, notamment les travaux de Christopher Wren. Les pavillons à dôme reposant sur un tambour ceinturé de colonnes, lui-même posé sur une base carrée à fronton, rappelaient les pavillons conçus par cet architecte pour l'hôpital de Greenwich, au XVIIIᵉ siècle. Mais le projet correspondait aussi au courant principal du mouvement « City Beautiful ». Le plan symétrique était dominé par deux axes principaux, soit l'allée et la place. Les divers bâtiments étaient subordonnés à cette disposition étroitement unifiée. Le concept global possédait une qualité monumentale, grâce à ses vastes espaces publics et à ses larges façades qui dominaient la rue. Le plan White-Webb était très séduisant. Il allait placer Ottawa à la pointe du raffinement urbain. S'ils avaient été réalisés, ces immeubles auraient rivalisé avec certains des plus beaux plans « City Beautiful » exécutés dans de nombreuses capitales nord-américaines au début du XXᵉ siècle.

En 1913, le ministère des Travaux publics lançait un concours international ouvert à tout architecte exerçant sa profession en Grande-Bretagne ou dans l'une de ses colonies. L'avant-projet de White et Webb était inclus avec les termes de référence en tant que suggestion aux architectes du type de design envisagé par le Ministère. Soixante et une propositions furent reçues : trente et une provenaient du Canada, dix-neuf d'Angleterre, deux d'Écosse et une d'Afrique du Sud.³⁴ En avril 1914, un comité d'évaluateurs indépendants retenait six finalistes : Thomas A. Moodie, de Londres ; Saxe et Archibald, de Montréal ; Hutchinson et Wood, de Montréal ; W.E. Noffke, d'Ottawa ; David H. Macfarlane et Herbert Raine, de Montréal ; et Frederick G. Robb et G. Gordon Mitchell, également de Montréal.³⁵ Malheureusement, la plupart des plans soumis ont disparu. Ceux qui nous sont parvenus reflètent un grand éventail de styles et de conceptions. Chez Thomas Moodie, on remarquait le recours à un vocabulaire gothique perpendiculaire adapté au goût de l'École des beaux-arts. Son plan est centré sur un édifice de la Justice dominant, entouré d'une structure semi-circulaire massive, avec des ailes radiales destinées à abriter des bureaux (figure 4.10). W.S. et Edward Maxwell, qui n'étaient pas finalistes, soumettaient une version remaniée de leur projet initial qui avait remporté le concours relatif à la rue Sussex en 1906 (figure 4.11). C.F.A. Voysey, figure de proue du

4.9. Vue et plan au sol d'immeubles fédéraux projetés, rue Wellington (côté nord), Ottawa (Ontario). Dessin d'Edward White et Aston Webb, 1912. *Builder*, mai 1913, ANC, L-14903.

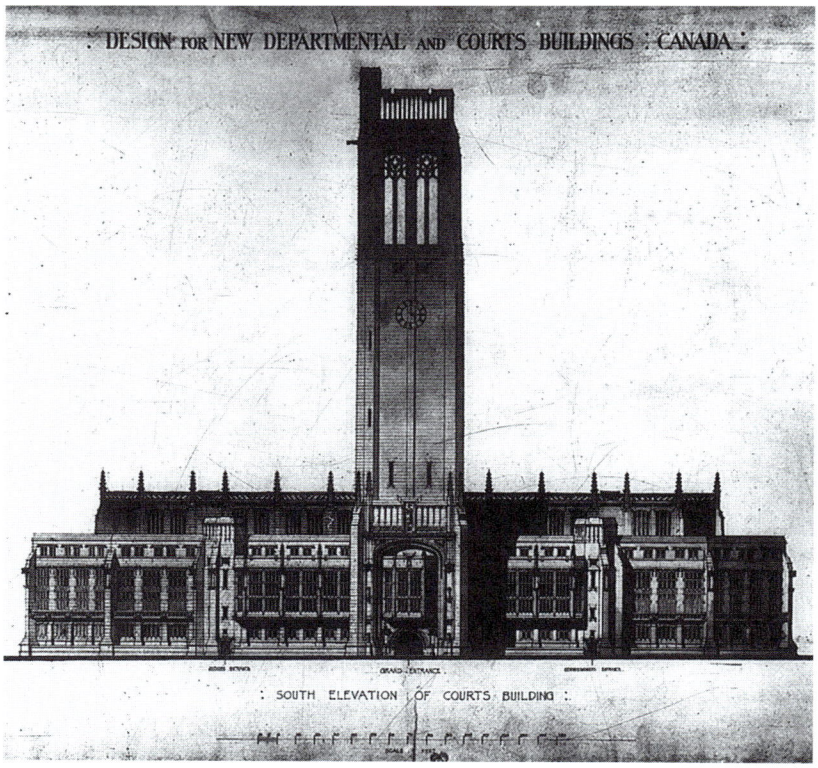

4.10. Proposition d'un architecte, concours de 1913 relatif aux immeubles administratifs, Ottawa (Ontario). Architecte : Thomas Moodie. Moodie faisait partie des six finalistes. ANC, NMC 142136.

« Freestyle » britannique, connu surtout pour ses travaux en architecture domestique, proposait lui aussi un ensemble de style médiéval, empreint toutefois de la sobriété qui caractérisait son concepteur : surfaces planes et unies pour les murs et simplicité dans les détails. Le plan de Voysey, qui excellait dans les bâtiments à petite échelle, manquait de cohésion. Le projet de l'architecte torontois John Lyle s'apparentait à la proposition préliminaire de Webb, mais le plan au sol était marqué par une plus grande simplicité (figure 4.12). Il s'agissait d'une vaste place, ouverte sur la rue et bordée d'une longue suite de colonnes basses, dont le motif se prolongeait jusqu'à l'édifice de la Justice, pour former un ensemble architectural à la fois unifié et spectaculaire.

Le concours se terminait en avril mais son principe de base fut remis en question avant même le choix des finalistes. Dès le début, le comité d'évaluation avait des doutes quant au plan White-Webb. Tout en affirmant en privé que le projet comportait des lacunes sérieuses, le comité recommanda que les architectes soient encouragés à se sentir libres dans leurs propositions pour le concours international.[36] Le plan avait été élaboré isolément, sans grand effort pour intégrer les nouveaux bâtiments dans le tissu urbain existant. Les axes nord-sud n'étaient dans le prolongement d'aucune rue et, surtout, le projet ne tenait nullement compte, ni par son style ni par sa disposition, de la prééminence symbolique et visuelle des édifices du Parlement. Les immeubles que l'on souhaitait créer devaient être des composantes secondaires du grand ensemble fédéral. Or les architectes avaient prévu un complexe qui risquait d'écraser les édifices de la colline.[37]

Le choix du thème classique pour les édifices dans la proposition de White et Webb allait à l'encontre du fort sentiment nationaliste et de la nécessité de créer une architecture qui serait l'expression d'une identité culturelle proprement canadienne. Les critiques fusaient de toutes parts. En avril 1913, Thomas Mawson faisait le commentaire suivant sur l'avant-projet :

> Je serais surpris si, après réflexion, les Canadiens voulaient faire l'expérience de ce style. Si l'intention avait été de remplacer les édifices du Parlement et les actuels immeubles administratifs, on pourrait excuser ce

4.11. Proposition d'un architecte, concours de 1913 relatif aux immeubles administratifs, Ottawa (Ontario). Architectes : W.S. et Edward Maxwell. Musée des beaux-arts du Canada, n° d'acquisition 1784.

4.12. Proposition d'un architecte, concours de 1913 relatif aux immeubles administratifs, Ottawa (Ontario). Architecte : John Lyle. Centre canadien d'architecture.

genre de projet, qui est étranger à la mentalité canadienne. Manifestement, les qualités esthétiques que possèdent indubitablement les immeubles du Parlement devraient orienter plutôt la suite de l'ensemble.³⁸

Même le comité des évaluateurs du concours n'était pas très enthousiaste devant cette vision classique ; il choisit deux propositions gothiques parmi celles des six finalistes.

On a aussi reproché au concours de 1913 sa portée trop limitée et son manque de conformité aux méthodes en vogue en matière d'urbanisme. En 1920, de nombreuses villes des États-Unis et du Canada avaient donné mission à des architectes et à des urbanistes d'élaborer des plans directeurs, comportant des lignes de conduite complètes et globales sur l'orientation future du développement des villes. Le projet du Bureau de l'Architecte en chef ne concernait qu'une petite partie du centre de la ville, et il était envisagé indépendamment de la ville entière et de la région. Tandis que le Bureau de l'Architecte en chef rédigeait le cahier des charges du concours concernant la rue Wellington, les conseils municipaux d'Ottawa et de Hull, ainsi que la Commission d'amélioration d'Ottawa, réclamaient la création d'une commission d'aménagement indépendante. Au moment même du lancement public du concours, un décret du Conseil privé ordonnait la création de la Commission du plan fédéral.³⁹ Le concours de 1913 ne fut jamais abandonné officiellement, mais la Commission du plan fédéral, qui représentait une autre façon de voir, allait défendre une vision fort différente de la capitale nationale.

La Commission du plan fédéral, 1913–1915

D'après son mandat, elle devait : établir un projet concernant l'ensemble de la région et, plus particulièrement, prévoir des parcs (emplacement, disposition et esthétique) et des boulevards de raccordement ; avancer une proposition pour l'organisation des transports et de la circulation ; et faire des recommandations quant à l'emplacement et au style architectural des futurs édifices publics. Composée principalement de gens d'affaires et de membres de la classe politique nommés pour des raisons partisanes, elle n'avait pas pour charge d'élaborer des plans.⁴⁰ Son rôle était plutôt de veiller à ce que les projets retenus répondent aux besoins et aux aspirations de la population, tout en respectant les délais et le budget impartis. L'élaboration proprement dite du plan détaillé avait été confiée à un architecte de Chicago, Edward H. Bennett, l'un des principaux adeptes du mouvement « City Beautiful » aux États-Unis.⁴¹

Publié en 1915, le rapport de la Commission du plan fédéral s'inscrivait dans la lignée des travaux de Bennett, traduisant l'esprit d'une vision tardive, ou évoluée, du mouvement « City Beautiful ». Le rapport n'était plus axé uniquement sur les grands espaces et les grands édifices publics. Il s'attaquait à toute une série de problèmes urbains qui incluaient le transport et le zonage.⁴² Il préconisait, pour améliorer Ottawa, une réorganisation et une simplification du réseau de transit des chemins de fer. À cette époque, un réseau de voies ferrées et de gares se superposait à celui des rues et perturbait le flot de la circulation. Il fallait, disait le rapport, regrouper le tout en deux lignes ferroviaires principales, et construire quelques viaducs et un tunnel dans le cœur de la ville. Bennett recommandait aussi l'adoption de règlements de zonage pour mettre fin à la juxtaposition aléatoire des quartiers résidentiels et industriels.

Dans ses recommandations relatives à la partie centrale de la ville, Bennett rejetait complètement la proposition White-Webb. Il écrivit : « Il est impossible de ne pas considérer avec réticence tout projet tendant à s'écarter architecturalement de l'actuel groupe d'édifices. Non pas qu'ils soient au-dessus de toute critique, mais parce que l'harmonie générale qui s'en dégage et l'heureuse expression qui leur a été donnée, semblent bien convenir à un pays septentrional. »⁴³ Marquant un retour aux recommandations Todd, le rapport Bennett insistait plutôt pour que l'on adopte une architecture qui s'harmoniserait avec les édifices du Parlement :

> [...] l'architecture des nouveaux immeubles doit être en harmonie et non en contraste. Sur le plan architectural, les bâtiments doivent se caractériser par des silhouettes marquées, des toits pentus, des pavillons et des tours, et ne jamais faire concurrence au groupe actuel, mais plutôt y faire écho.⁴⁴

Pour autant, le rapport ne recommandait pas une reprise intégrale du même style. Il proposait plutôt le XVIIe siècle français comme source d'inspiration, et il citait le Château Laurier comme modèle.

L'identification du style Château comme le style d'architecture le plus approprié pour les édifices gouvernementaux à Ottawa, et le renvoi précis au Château Laurier, n'étaient pas entièrement dictés par des considérations formalistes et des partis pris de conception. Issu de l'éclectisme victorien, le style Château s'était manifesté dans sa forme la plus familière dans l'architecture des hôtels et des grandes résidences en Grande-Bretagne et aux États-Unis à la fin du XIXe siècle et au début du XXe siècle. L'apparence somptueuse, exotique et pittoresque de ce style dégageait une image de luxe et de romantisme qui séduisait les voyageurs. Au Canada, le style Château était influencé tant par des modèles britanniques (et particulièrement écossais) qu'américains, mais il allait également prendre une signification symbolique bien particulière au contexte culturel canadien.[45]

Le Château Frontenac, à Québec, dessiné en 1888 par l'architecte américain Bruce Price, n'était pas le premier exemple du style Château, mais il devait jouer un rôle clé dans la définition de son image populaire au Canada.[46] Le dessin traduisait les tendances internationales prévalantes dans l'architecture hôtelière, mais les rappels de l'architecture française semblaient particulièrement convenir à son utilisation au cœur du Vieux-Québec. Le succès commercial et architectural du Château Frontenac allait conduire son propriétaire, le Canadien Pacifique, et plus tard ses principaux concurrents, à construire toute une chaîne d'hôtels dans le grand style Château à travers le pays. Ces deux facteurs, l'étroite association avec les chemins de fer nationaux, qui étaient en eux-mêmes des symboles importants de l'identité canadienne, et la perception de ce style comme une émanation aristocratique des styles français et écossais, insufflaient à ce style une signification iconographique et symbolique lorsqu'il était appliqué à l'architecture publique dans la Capitale nationale. Il acquit ainsi une image nationale puissante, qui le fit durer au Canada bien après qu'il eût perdu sa popularité auprès de la communauté architecturale élargie.

Les ensembles administratifs envisagés par Bennett étaient d'une portée plus large et paraissaient plus faciles à intégrer dans le tissu urbain que le plan White-Webb (figures 4.13 et 4.14). Le principal groupe d'immeubles administratifs, situé du côté nord de la rue Wellington, comportait, encore une fois, une large allée orientée est-ouest, centrée sur la tour Mackenzie de l'édifice de l'Ouest. L'édifice de la Justice occupait la place centrale, au fond, soit au bord de la falaise. Dans le plan Bennett, toutefois, la place ouverte située devant était entourée de bâtiments sur tous les côtés. Manifestement, Bennett voulait éviter de créer sur la rue Wellington un second vaste espace qui ferait concurrence aux parterres de la colline du Parlement. Bennett citait aussi la rue Sussex comme avenue secondaire pour les constructions de l'administration fédérale, où l'on pourrait ajouter un musée des beaux-arts et d'autres immeubles plus modestes. De plus, un grand centre municipal englobant un nouvel hôtel de ville, une gare ferroviaire agrandie, un bureau de poste et finalement une salle de spectacles devait occuper l'emplacement situé entre la rue Elgin et les voies de chemin de fer. D'autres projets d'importance concernaient aussi la rue Lyon et, de l'autre côté de la rivière des Outaouais, la ville de Hull. La vue globale du projet envisagé montre un noyau central dominé par des édifices à bureaux de conception harmonisée, avec toits pentus dans le style Château et lucarnes très élaborées. La qualité et le détail des divers bâtiments devait passer après les grands effets visuels créés par la spectaculaire suite de bâtiments de conception uniforme.

Le rapport de la Commission du plan fédéral possédait de grandes qualités. Il s'attaquait à la situation réelle et actuelle de la ville et cherchait à suggérer des solutions pratiques et réalistes à des problèmes comme celui des transports ferroviaires à l'intérieur de la ville, le zonage industriel et résidentiel et l'agrandissement du réseau des parcs et terrains de jeux. Mais il accusait aussi certaines des limites inhérentes à l'urbanisme d'inspiration « City Beautiful ». Si les principes généraux et les paramètres du développement étaient définis, les mécanismes administratifs, juridiques ou organisationnels qui devraient être instaurés pour mettre le plan en œuvre n'étaient nullement évoqués. Le document recommandait la création d'une commission du district fédéral qui remplacerait les administrations municipales élues. Toutefois, comme les

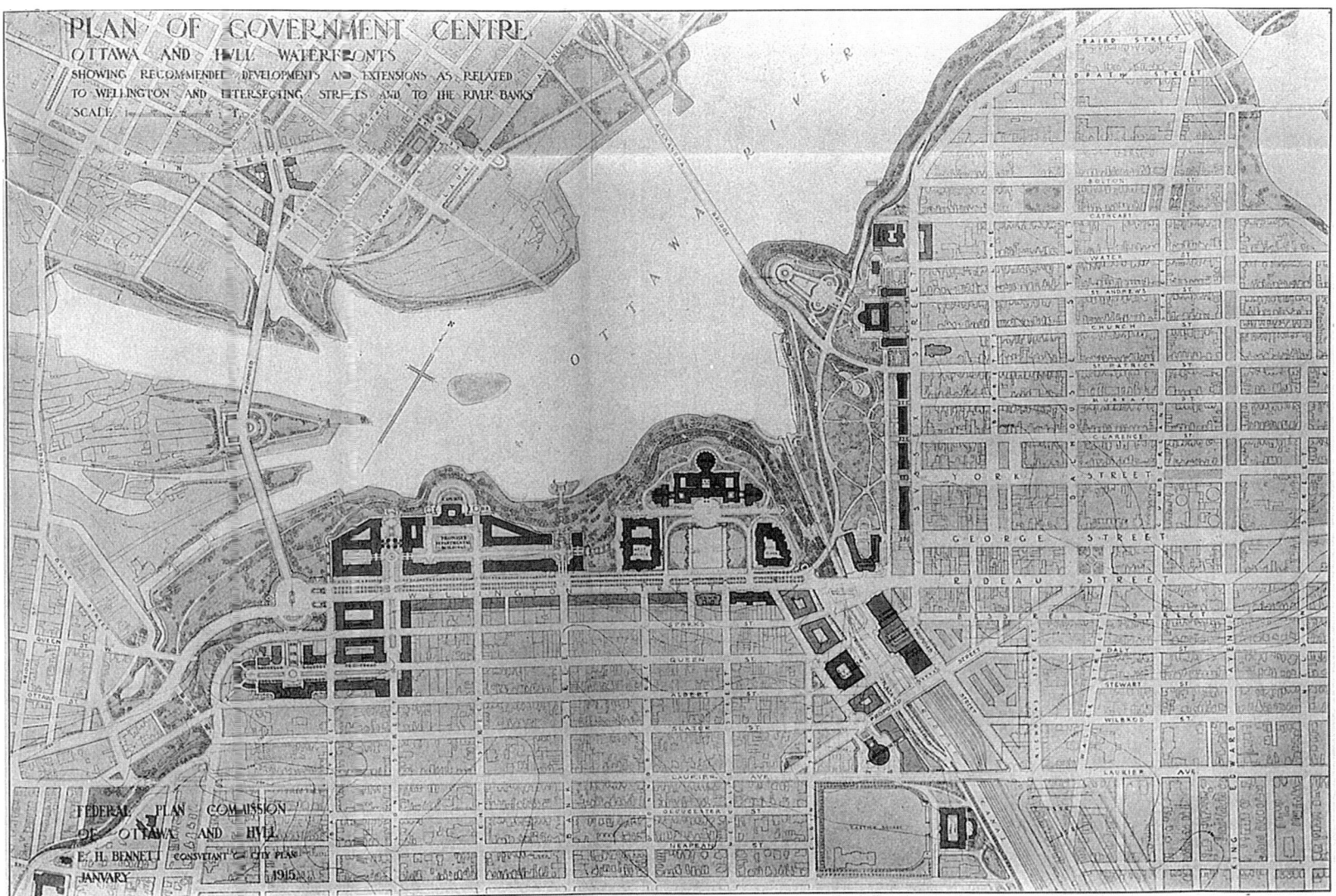

4.13. Proposition de la Commission du plan fédéral, complexe gouvernemental, Ottawa (Ontario), 1915. Tiré du *Report of the Federal Plan Commission on a General Plan for the Cities of Ottawa and Hull*, Ottawa, 1916, pl. 14. ANC, NL 18068.

134 Les biens de la Couronne

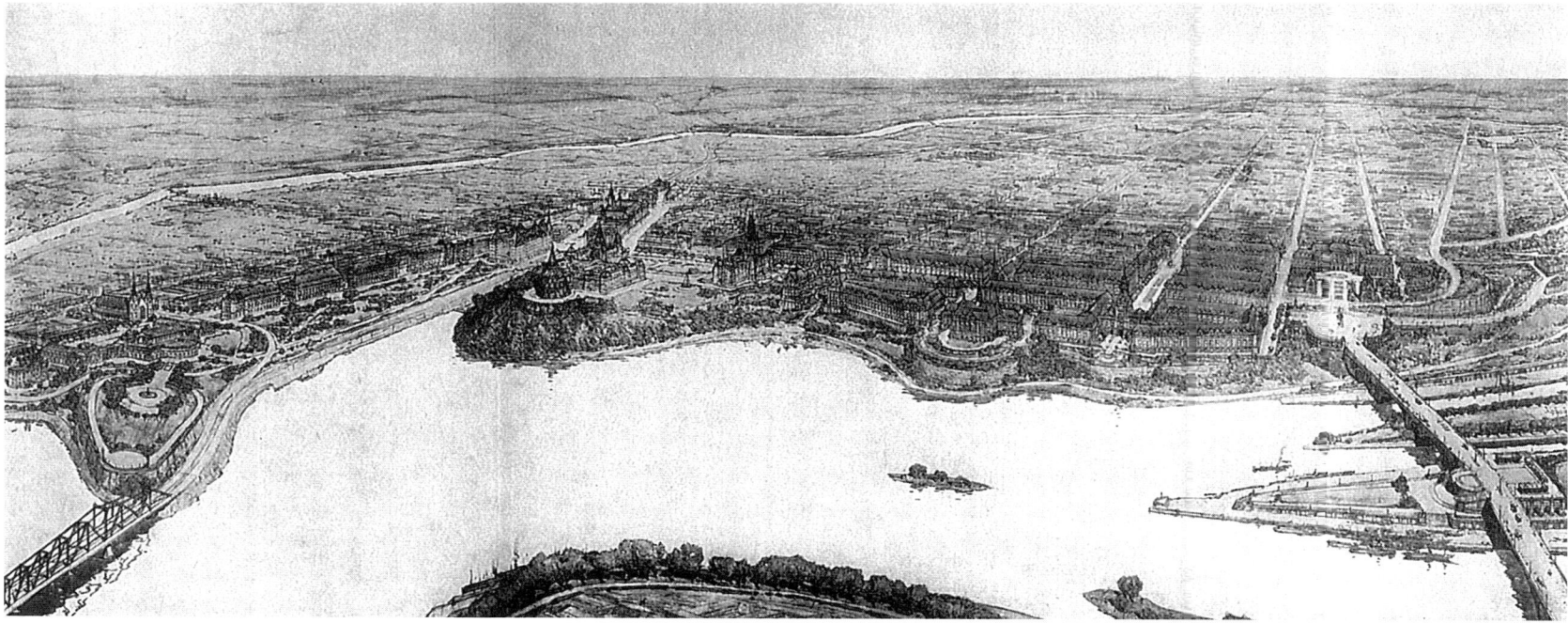

4.14. Vue en perspective, complexe gouvernemental. Tiré du *Report of the Federal Plan Commission on a General Plan for the Cities of Ottawa and Hull*, Ottawa, 1916, p. 15. ANC, NL 18069.

maires de Hull et d'Ottawa faisaient partie de la Commission du plan, cette suggestion ne fut jamais envisagée sérieusement. Par ailleurs, le rapport présentait une vision figée de l'avenir d'Ottawa. Le thème architectural imposé provenait manifestement des goûts en vigueur à l'époque édouardienne, et il devait vite devenir désuet.

Une version modifiée du plan Bennett sera plus tard réalisée, mais si la situation politique et économique était demeurée stable, une part plus importante encore l'aurait sans doute été. Toutefois, la guerre ayant éclaté en 1914, le gouvernement consacrait désormais toutes ses ressources financières à l'effort de guerre, exception faite des dépenses essentielles. Au moment de l'armistice, en 1918, le gouvernement fédéral avait accumulé une dette énorme et, à la fin des années 1910 et au début des années 1920, la construction des édifices publics à Ottawa se limitait à deux seuls chantiers. Le premier concernait la reconstruction de l'édifice du Centre, détruit par un incendie en 1916, et le second, la réalisation de l'édifice James B. Hunter. En 1917, celui-ci devint le premier immeuble gouvernemental à être construit selon les normes des bureaux à caractère commercial. Ces chantiers furent tous deux lancés par suite de demandes et d'événements extérieurs aux directives d'aménagement et de conception qui etaient en place. Ils seront donc traités à part, dans le prochain chapitre.

Malgré de multiples retards et contretemps, les recommandations de la Commission du plan fédéral ne furent jamais abandonnées. Tout au long des années 1920, le gouvernement maintenait son intention de passer à la réalisation dès que les fonds seraient disponibles. En prévision de ce moment, un nouveau comité, encore un!, fut créé en 1919. Il se composait de David Ewart, Architecte en chef à la retraite, de Richard C. Wright, Architecte en chef en fonction, et de Thomas Adams, urbaniste britannique réputé. Le rôle de ce comité interne et officieux était de passer au crible les divers projets d'immeubles gouvernementaux et de faire des recommandations sur la façon de procéder.[47] On ne lui demandait pas d'établir de nouveaux plans, mais la présence d'Adams amenait ses membres à considérer le problème sous un angle radicalement différent. D'emblée, Adams cherchait à adapter le projet à ses propres conceptions de l'urbanisme.

Adams fut probablement nommé au comité parce qu'il était déjà lié par contrat au gouvernement fédéral. Il avait été invité au Canada en 1914, à titre d'expert urbaniste auprès de la Commission de la conservation. Ce groupe avait été créé en 1909 pour enquêter sur l'agriculture scientifique et sur la gestion des ressources naturelles du Canada, y compris la vie humaine et l'environnement urbain.[48] Adams était connu et respecté dans sa spécialité, mais son approche de l'aménagement urbain différait considérablement de celle des autres conseillers qui avaient travaillé au projet. Il avait été, au début de sa carrière, un adepte du mouvement des « cités-jardins » d'Ebenezer Howard et, comme urbaniste, il accordait la priorité aux réformes sociales et municipales, au logement et aux services publics plutôt qu'à l'embellissement des lieux publics. Qui plus est, sa sensibilité esthétique n'était pas ancrée dans la tradition Beaux-Arts. Pendant son séjour au Canada, Adams établit plusieurs plans de villes, qui tous étaient conçus selon la manière apparemment fortuite et irrégulière du paysagisme pittoresque traditionnel.[49]

Ce comité était du même avis que la Commission du plan fédéral. Il estimait que le style Château était le plus approprié pour les nouveaux édifices gouvernementaux, mais il n'acceptait pas le plan de base proposé par Bennett. De plus, ses membres ne s'entendaient pas entre eux. David Ewart présenta son propre projet, qui prévoyait deux rangées de bâtiments longs et bas, placées de chaque côté du mail est-ouest, dans l'axe de la tour Mackenzie. Même si, en principe, on s'était servi d'un vocabulaire d'esprit Château, la structure générale des immeubles prévus – chacun comportant un pavillon central et deux pavillons d'angle en saillie – rappelait le Musée commémoratif Victoria et l'édifice Connaught, répétés à plusieurs exemplaires. Les immeubles étaient situés à bonne distance de la rue Wellington, et Ewart avait prévu des parterres paysagers devant chacun d'entre eux. C'était comme s'il avait voulu reprendre le premier aménagement prévu sur la rue Sussex, avec façade sur le parc Major. Malheureusement, Ewart ne vécut pas pour défendre son projet ; il décéda en 1921, et ses plans furent mis de côté.[50]

Un deuxième plan, soumis conjointement par Wright et Adams, était manifestement beaucoup inspiré d'Adams (figure 4.15).[51] Dans toutes les propositions précédentes, qu'elles aient été d'inspiration gothique ou

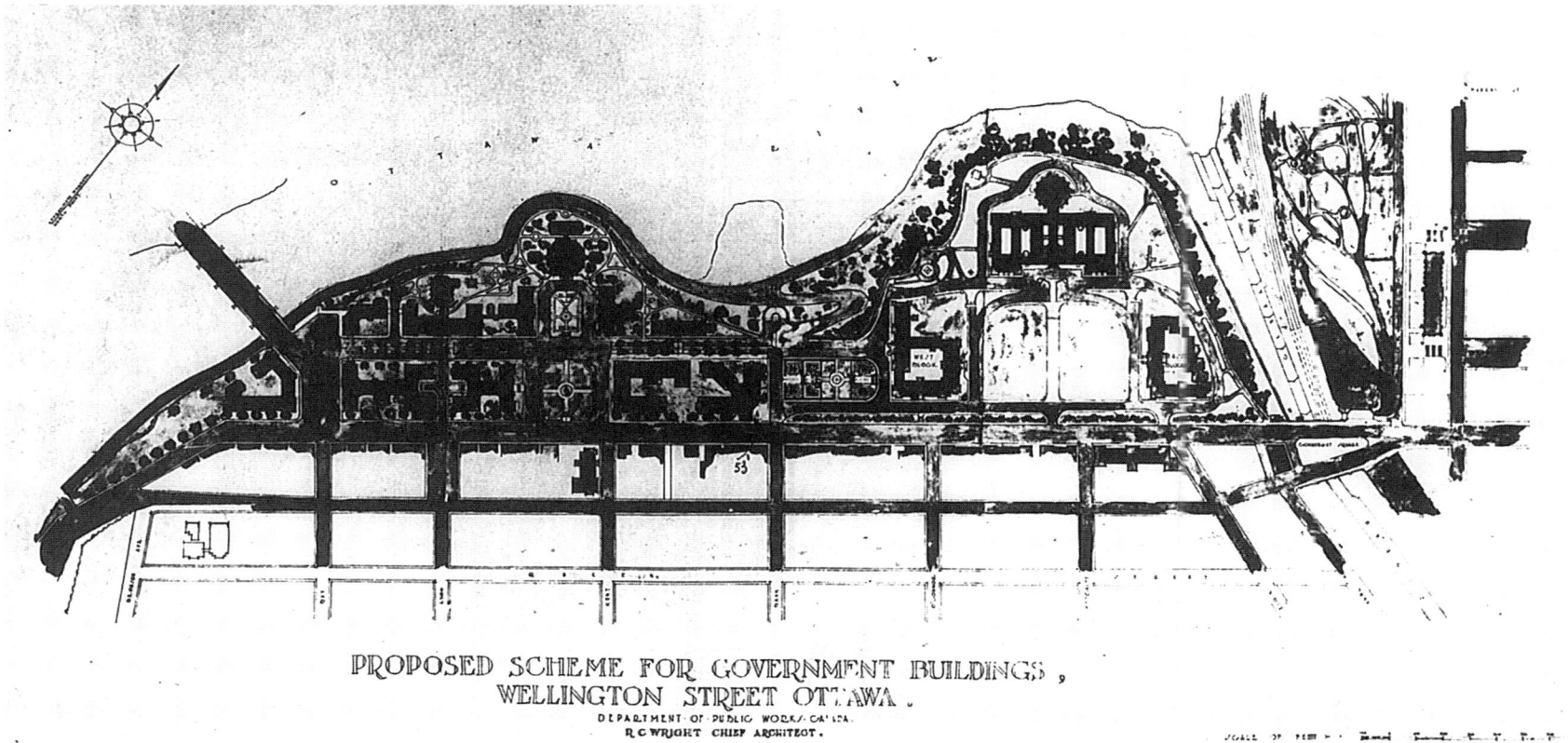

4.15. Plan envisagé des immeubles administratifs, rue Wellington (côté nord), Ottawa (Ontario). Établi par Richard C. Wright et Thomas Adams, vers 1920. ANC, MMC 121803.

classique, l'influence de l'aménagement dans le style Beaux-Arts était très forte – la stricte symétrie du plan, le monumentalisme dans l'espace et dans les dimensions, et le dessin géométrique des parterres paysagers. D'un autre côté, le plan Wright-Adams introduisait une spontanéité et un pittoresque nouveaux dans la disposition. Chaque bâtiment avait un plan différent et irrégulier. Les façades le long de la rue Wellington auraient formé une suite de plans brisés, irréguliers, ouvrant sur une série de cours intérieures intimes et asymétriques. Le mail est-ouest était de dimensions plus modestes. La grande avenue majestueuse était remplacée par une rue bordée d'arbres, de proportions réduites, plus humaines. Des jardins réguliers étaient prévus aux endroits appropriés, mais la plupart des espaces verts étaient aménagés en parcs boisés sillonnés de sentiers, dans le style pittoresque.

Ce dernier projet était l'œuvre d'un comité spécial, qui travaillait plus ou moins dans l'ombre au sein de la fonction publique fédérale. C'est pourtant cette proposition qui allait déboucher sur des résultats concrets. Elle réussit non pas parce qu'elle était la meilleure, mais parce qu'elle était la plus récente et la plus complète au moment où le gouvernement trouvait la volonté et les fonds nécessaires pour passer à l'acte. Au début des années 1920, le processus de planification avait avancé à un rythme lent et mesuré, mais rien n'avait été réalisé. Toutefois en 1927, les revenus fédéraux augmentaient, et un devis fut enfin présenté pour la construction du premier des nouveaux immeubles. Au lieu de lancer un concours ou d'embaucher un architecte à contrat – processus qui s'était avéré hasardeux et inefficace – le gouvernement confia le chantier, presque par défaut, au Bureau de l'Architecte en chef.[52]

L'édifice de la Confédération était le fruit de plusieurs décennies de planification, de révisions et de compromis (figure 4.16). Son style avait été défini par la Commission du plan fédéral, son plan de base, déterminé par Wright et Adams, tandis que les plans d'exécution détaillés avaient été tirés par une équipe du ministère, dont le chef était T.D. Rankin, l'architecte principal.[53] Même le sous-ministre des Travaux publics avait pris part à la conception. Il avait en effet suggéré de prendre pour modèle le nouvel Hôtel MacDonald, situé à Edmonton.[54] Malgré la complexité du processus de conception, l'édifice de la Confédération était un bâtiment remarquable.[55] Haut de neuf étages, chapeauté d'un toit de cuivre pentu et orné de lucarnes, c'était une interprétation libre du style Château. Comme dans le cas de l'hôtel MacDonald d'Edmonton, sa structure était centrée sur une haute tour située dans un angle, mais en retrait par rapport au premier plan. Le côté pittoresque était accentué par la tour circulaire placée à droite de la grande tour et par le traitement asymétrique des deux façades principales, sur les rues Bank et Wellington. Par son profil et les détails de sa construction, le bâtiment rappelait le Château Laurier, situé à l'autre bout de la rue Wellington, tandis que les murs chaudement panachés, en grès de Nepean, avec bordures de grès Wallace, s'harmonisaient avec les mêmes matériaux employés dans le complexe de la colline du Parlement.

La presse spécialisée et les organismes professionnels jugèrent le bâtiment détestable et décidèrent de s'en servir comme point de mire d'une campagne de dénigrement de l'architecture publique fédérale. Dans une pétition adressée par l'Institut royal d'architecture au gouvernement, on pouvait lire : « D'après les piètres illustrations publiées dans la presse, il semble que ces immeubles ne seront pas à la hauteur des capacités des architectes canadiens d'aujourd'hui. »[56] Le style Château, soutenait-on, convenait mal à un immeuble à bureaux moderne, et on critiquait sévèrement le plan « en flèche ». Un architecte écrivit que « dans toute université sérieuse, l'étudiant en architecture qui présenterait un tel plan, pour n'importe quel bâtiment, et d'autant plus pour un édifice de cette importance, n'obtiendrait pas la note de passage ».[57] Ce commentaire trop sévère révélait une certaine rigidité de pensée dans la communauté architecturale de l'époque. On apprécie mieux la valeur esthétique de l'immeuble aujourd'hui ; au moment de sa construction il fut jugé anachronique, car il conservait quelques éléments du pittoresque victorien, considéré comme incompatible avec le nouveau classicisme moderne qui allait dominer l'architecture publique canadienne à la fin des années 1920 et au cours des années 1930.

Apparemment indifférent à ces attaques, le ministère des Travaux publics poursuivait ses travaux le long de la rue Wellington. En 1934, commençait la construction d'un deuxième immeuble, aujourd'hui appelé édifice de la Justice, qui était d'une facture voisine de l'édifice de

138 Les biens de la Couronne

4.16. Édifice de la Confédération, Ottawa (Ontario), 1928–1931. Dessiné par le Bureau de l'Architecte en chef. J. Wright, Parcs Canada, 1992.

la Confédération. En 1937, le Bureau de l'Architecte en chef dessinait les plans de deux autres bâtiments, qui devaient être situés rue Wellington toujours, mais du côté opposé de la future grande place. Ils ne furent jamais réalisés (figure 4.17).[58]

William Lyon Mackenzie King et Jacques Gréber : une nouvelle conception de la capitale

En 1937, l'aménagement et la planification de la « cité parlementaire » prenaient une autre direction. L'influence personnelle de William Lyon Mackenzie King, qui en tant que premier ministre s'intéressait beaucoup à l'embellissement de la capitale nationale, joua un grand rôle dans cette réorientation. En 1927, la Commission d'amélioration d'Ottawa devint la Commission du district fédéral, avec des pouvoirs accrus, un budget plus important et des attributions élargies : son mandat débordait désormais du côté québécois.[59] Pendant que le ministère des Travaux publics faisait creuser les fondations du nouvel édifice de la Confédération, King s'intéressait de près à l'élargissement de la rue Elgin et à la création d'une grande place publique. Ce large carrefour allait devenir la Place de la Confédération que nous connaissons aujourd'hui. Un Monument commémoratif de guerre, conçu et exécuté en Grande-Bretagne, devait occuper le centre de la place qui pour King s'apparentait à Piccadilly Circus. La réalisation de ce projet forçait le gouvernement à exproprier plusieurs terrains situés dans ce secteur.[60]

Le début de la dépression et la victoire du parti conservateur aux élections de 1930 ralentirent la réalisation de ce plan, mais en 1935, King revenait au pouvoir, toujours habité du même enthousiasme pour l'embellissement de la ville d'Ottawa. Lors d'un séjour à Paris, en 1936, il visita l'emplacement de l'Exposition universelle qui devait avoir lieu l'année suivante. Son guide était Jacques Gréber, architecte en chef de l'exposition et urbaniste réputé. King, très impressionné par Gréber, l'invita immédiatement à participer à l'aménagement de la future Place de la Confédération.[61]

L'arrivée de Gréber à Ottawa en 1937 explique l'abandon du projet concernant les deux édifices de la rue Wellington (figure 4.17). Le pittoresque victorien attardé dont étaient empreints les bâtiments prévus, avec leurs murs en pierres rustiquées et irrégulières, était sans doute bien étranger au goût français de Gréber. Son premier rapport, établi en 1937 (et révisé en 1938), souscrivait à bon nombre des recommandations de la Commission du plan fédéral de 1915, mais il portait surtout sur l'aménagement de la Place de la Confédération et de la rue Elgin. Tout en préconisant la conservation du toit pentu de style Château, avec corniche uniforme, il prônait une liberté architecturale plus grande dans tous les autres aspects de la conception.[62] Gréber recommandait aussi une pierre de couleur claire, ce qui représentait une nette démarcation par rapport aux tons panachés et plus foncés du grès de Nepean dont on avait jusqu'alors l'habitude de se servir pour les immeubles gouvernementaux du centre de la ville.[63]

Le travail de Gréber à Ottawa allait être interrompu par la guerre, mais deux importants édifices publics – la Cour suprême du Canada, par Ernest Cormier (1938–1946), et la station postale B, œuvre de W.E. Noffke (1938–1939) – furent mis en chantier pendant ces années (figures 4.18 et 4.19). Ces deux bâtiments conservaient le toit de type Château, mais celui-ci n'y jouait qu'un rôle emblématique, les rattachant stylistiquement au programme prévu dès 1915 par la Commission du plan fédéral. À tous les autres égards, les deux édifices appartenaient pleinement au classicisme moderne qui allait dominer l'architecture publique canadienne des années 1930.[64] De fait, dans les deux cas, les architectes n'avaient pas prévu des toits de type Château, et c'était Gréber qui avait insisté pour que les plans soient modifiés.[65] Compte tenu des antécédents très classiques de Gréber, on peut supposer qu'il traduisait simplement en cela les goûts de son client, le Premier ministre Mackenzie King, qui restait convaincu que ces toits pentus en cuivre convenaient bien à l'image de la capitale nationale.[66]

La Cour suprême du Canada était l'un des plus remarquables produits du programme de construction du gouvernement fédéral au cours des années 1930. Ce bâtiment massif en granit abritait les cabinets des juges de la Cour suprême, deux salles d'audience pour la Cour de l'Échiquier (aujourd'hui la Cour fédérale du Canada) et des locaux à bureaux. La façade principale se composait d'un corps de bâtiment central percé de

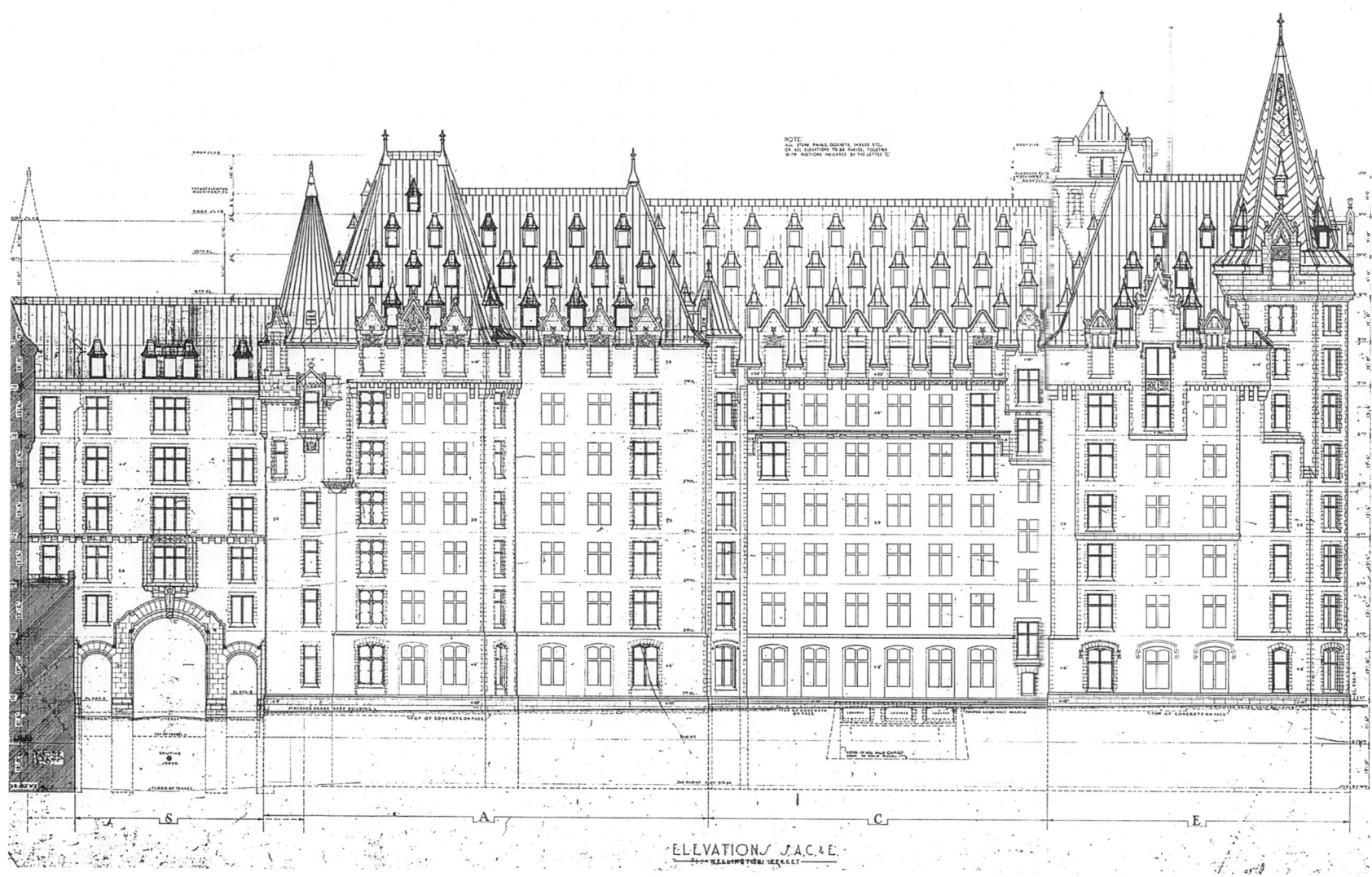

4.17. Plans envisagés des immeubles administratifs, rue Wellington (côté nord), Ottawa (Ontario). Dessin du Bureau de l'Architecte en chef, 1937. Travaux publics Canada, Salle des plans, dossier 149.

Nationalisme, symbolisme et architecture

4.18. Cour suprême du Canada, Ottawa, Ontario, 1938–1946. Dessiné par Ernest Cormier. Photographie de Paul Couvrette, 1993.

4.19. Grand hall d'entrée, Cour suprême du Canada. Photographie de Paul Couvrette, 1989.

sept baies et flanqué de deux pavillons en saillie. Cette composition, qui faisait écho aux grandes divisions de l'intérieur, était manifestement issue de la tradition classique, mais toutes les références historiques précises avaient été supprimées. Un décalage subtil entre ses larges plans de granit lui conférait rythme et mouvement. Dans cette œuvre, Cormier se montrait classique non pas par le détail d'un vocabulaire, mais grâce à un ensemble de principes sous-jacents d'ordre, de symétrie et d'équilibre.

L'édifice de la Cour suprême joua également un rôle important dans la définition d'une nouvelle image architecturale qui, pendant une brève période, au cours de l'après-guerre, allait se refléter sur la conception des immeubles fédéraux à Ottawa. Comme nous le verrons dans le chapitre 7, Gréber fut de nouveau invité à Ottawa en 1945, cette fois pour établir un vaste plan englobant toute la région. Encore une fois, l'élaboration d'un plan intégré pour la cité parlementaire allait constituer le sujet d'une grande partie du rapport. Les dessins des plans et modèles que Gréber soumit alors pour les nouveaux immeubles fédéraux rappelaient fortement l'ouvrage proposé par Cormier en 1938, et encore en construction à ce moment-là. En 1950, trois importants immeubles gouvernementaux conçus dans un style classique, minimaliste étaient en chantier.

Conclusion

La question du plan directeur d'Ottawa préoccupa grandement le ministère des Travaux publics au cours des premières années du XXe siècle. Entre 1899 et 1939, le gouvernement forma deux commissions de planification ; produisit deux rapports à vaste portée ; tint deux grands concours d'architecture (un national et un international) ; engagea quatre urbanistes provenant de quatre pays différents; et créa un comité directeur interne qui, à son tour, présenta sa propre série de recommandations. Au cours de la première décennie du siècle, quatre immeubles furent érigés dans le style gothique de la période Tudor cher au Bureau de l'Architecte en chef. Cette option fut ensuite remplacée par celle de la Commission du plan fédéral, qui représentait le résultat des premiers efforts d'aménagement de la ville d'Ottawa. Exemple classique du mouvement « City Beautiful », il supposait un traitement intégré de l'architecture et du paysage, ainsi que la prise en compte d'un ensemble de préoccupations urbaines plus pratiques – transports, zonage et développement des banlieues, par exemple – dans le cadre d'un plan directeur global. Ce plan allait orienter le développement de la capitale pendant les années 1920 et 1930, mais, au bout du compte, n'allait pas donner lieu à beaucoup de résultats. En 1935, deux immeubles seulement avaient été construits plus ou moins selon le plan, puis celui-ci fut abandonné. La vision d'Ottawa qui avait été formulée avant la Première Guerre n'était plus conforme aux tendances architecturales alors en vogue.

L'échec de ces efforts était attribuable en partie à des complexités et à des problèmes inhérents aux mécanismes bureaucratiques de l'administration fédérale. La responsabilité de l'aménagement et de la construction dans la ville d'Ottawa incombait au Bureau de l'Architecte en chef, du ministère des Travaux publics, et à la Commission d'amélioration d'Ottawa (Commission du district fédéral, à partir de 1927). Les deux organismes cherchaient à donner à la ville une structure architecturale et urbaine. Malheureusement, la coordination entre eux laissait à désirer tout au long de cette période. Souvent, les initiatives tournaient court lorsque des projets contradictoires étaient lancés. Les administrations municipales, la ville d'Ottawa en particulier, avaient aussi leurs idées sur la façon dont la ville devait évoluer.[67] Les changements de gouvernement, et les priorités changeantes en matière de dépenses gouvernementales compliquaient encore les choses, ce qui interdisait la réussite de toute campagne soutenue d'aménagement et de construction.

De plus, la mise en œuvre d'un plan cohérent et global était entravée par le dilemme fondamental que comportait la construction dans la capitale nationale. Tous les immeubles fédéraux devenaient des symboles de l'État, mais à Ottawa l'intention symbolique avait pour corollaire la nécessité pour le Canada de se donner une identité culturelle ; construire dans le coeur de la capitale exigeait le respect des normes les plus hautes de conception et une architecture qui joue le rôle d'un symbole culturel significatif. Les conséquences politiques et symboliques que véhiculait tout acte de construire dans la capitale semblaient démoraliser les divers protagonistes qui participaient à l'aménagement de la capitale. Au cours de la première moitié du XXe siècle, le gouvernement répugnait à favoriser une vision unique d'Ottawa. L'hésitation et l'incertitude ne cessaient d'enrayer le mécanisme. En 1945, l'aménagement de la capitale allait connaître un nouveau départ sous la direction de Jacques Gréber. Même si le rapport Gréber était le document le plus réussi à avoir jamais été produit, concrètement, il n'offrait pas de solution architecturale convaincante au problème que posait la construction à l'ombre de la colline du Parlement.

CHAPITRE CINQ

Les réalisations du temps de guerre et les années d'assoupissement, 1914–1927

L'éclatement de la guerre, en 1914, marqua la fin d'une époque. Les chantiers déjà avancés furent pour la plupart menés à terme, mais tous les autres travaux à caractère non militaire furent interrompus brusquement. Les projets concernant une future ville fédérale à Ottawa et beaucoup d'autres grands ouvrages (bureau de douane à Toronto, édifices fédéraux à Calgary et Vancouver, etc.) furent relégués dans les classeurs du Bureau de l'Architecte en chef. On renonça aussi à la construction de nombreux autres petits édifices publics pour lesquels les devis avaient été établis et les terrains achetés. La paix fut rétablie en 1918, mais les travaux ne furent pas repris. Par suite de la guerre, le gouvernement fédéral fit face à une lourde dette, à une économie affaiblie et à un malaise social croissant dans tout le pays. Certes, en instaurant l'impôt fédéral sur le revenu en 1917, le gouvernement s'était assuré de nouvelles recettes, mais il lui fallut consacrer ces fonds à la réduction de la dette nationale et à d'importantes dépenses essentielles, comme l'acquisition de certains chemins de fer privés pour constituer le Canadien national. Tous les autres postes de dépenses furent diminués et la taille de la fonction publique fut réduite progressivement.

Seuls trois grands chantiers importants, ayant tous pour origine la situation ou les événements du temps de guerre, furent menés à terme pendant cette période : la reconstruction, sur la colline du Parlement, de l'édifice du Centre incendié en 1916 ; l'achèvement de la construction d'hôpitaux entreprise par la Commission des hôpitaux militaires et confiée par la suite au ministère des Travaux publics en 1918 ; et la construction à Ottawa, en 1917–1918, de l'édifice James-B.-Hunter, un immeuble à bureaux de plusieurs étages qui devait répondre au manque de locaux dont souffrait le gouvernement pendant la guerre. Ce sont là les derniers projets à avoir été réalisés avant que le programme n'entre dans une période d'assoupissement. Les seuls chantiers lancés et menés à terme entre 1918 et 1927 concernaient quelques petits édifices publics et quelques bâtiments secondaires d'organismes fédéraux comme le Service des fermes expérimentales et le Service de la quarantaine. La moyenne annuelle de 20 nouveaux bureaux de poste et édifices publics urbains, qui avait été maintenue au cours de la décennie d'avant-guerre, tomba à environ deux ou trois par an, mais la plupart des réalisations se situèrent entre 1925 et 1927, lorsque le rythme des travaux commença à s'accélérer. Devant cette absence d'activité et de défi, le Bureau de l'Architecte en chef se réfugia dans le passé. Exception faite des trois grands chantiers évoqués plus haut, l'architecture gouvernementale sembla être devenue imperméable aux idées et influences nouvelles. Jusqu'au début des années 1930 le style des immeubles gouvernementaux demeura conforme à des règles établies au cours des premières années du siècle.

Les réalisations du temps de guerre : l'édifice du Centre sur la colline du Parlement

Le 3 février 1916, un incendie éclate dans la salle de lecture de la Chambre des communes. Quelques minutes après avoir été découvert, le feu était hors contrôle. Le lendemain matin, il ne restait plus de l'édifice du Centre que les murs extérieurs et la bibliothèque, qui était séparée du reste du bâtiment par une porte coupe-feu. Quelques jours plus tard, le gouvernement créa un comité composé de membres de tous les partis, avec mission de veiller à la reconstruction de l'édifice. James B. Hunter, le sous-ministre, et E.L. Horwood, le nouvel Architecte en chef, participèrent aux réunions, mais ils n'y votèrent pas. Étant donné l'importance nationale du projet, il fut décidé que la direction en serait confiée à des élus du peuple. Le comité retint les services de John A. Pearson et de J.-Omer Marchand et leur demanda de faire rapport sur l'état du bâtiment. Ces deux architectes n'avaient jamais travaillé ensemble. Mais le fait que Pearson ait été un anglophone de Toronto et Marchand un francophone de Montréal permet de supposer que des considérations politiques autant que professionnelles ont présidé au choix de l'équipe.[1]

D'emblée, les architectes affirmèrent qu'il était possible de restaurer le bâtiment. Quelques semaines plus tard, néanmoins, ils finirent par conclure que les murs encore debout n'étaient pas suffisamment solides. Ceux-ci furent donc démolis. Cette intervention contraria le comité, qui affirma ne pas avoir été consulté. Au départ, il en fit le reproche aux architectes, même s'il est peu probable que Pearson ou Marchand aient pu prendre une mesure aussi définitive sans avoir consulté le ministre et les hauts fonctionnaires des Travaux publics.[2] Il est possible que la décision de faire vite, sans passer par le comité, ait été suscitée par le désir de ne pas laisser traîner les choses. Comme nous l'avons dit au chapitre précédent, la signification symbolique du vieil immeuble touchait au plus profond de l'imagination populaire, et beaucoup pensaient, tant au sein du comité que dans le public, qu'il fallait sauver le bâtiment et le reconstruire tel qu'il était auparavant. Pour les architectes et le Ministère, cet attachement sentimental à l'édifice était tempéré par des préoccupations pratiques et esthétiques. En jetant par terre les vieux murs, Pearson allait devenir le concepteur principal et être libre de créer un nouvel ouvrage, certes conforme dans ses grandes lignes au bâtiment antérieur, mais qui en même temps respecterait des normes modernes et répondrait à la demande croissante du Parlement en matière de locaux à bureaux.[3]

Le comité parlementaire donna alors instruction aux architectes de construire une version amplifiée du bâtiment initial « sans modifier le caractère général et le style de l'ouvrage ».[4] Pearson se plia à cette consigne jusqu'à un certain point seulement (figures 5.1, 5.2 et 5.3). Beaucoup d'éléments caractéristiques des parterres, notamment les murs et la terrasse conçus par Calvert Vaux dans les années 1870, furent conservés. Le grès de Nepean fut encore une fois choisi comme matériau principal, tandis qu'un grès de l'Ohio servit aux bordures.[5] La composition générale de la façade principale, tour centrale flanquée de deux ailes en saillie, elles-mêmes soulignées aux angles par des pavillons à toit mansardé, était presque identique à celle du bâtiment disparu. La répartition des ouvertures était elle aussi très semblable. Néanmoins, Pearson n'a jamais eu l'intention de réaliser une reconstitution fidèle de l'original. Aussi, les changements structurels et stylistiques sont-ils nombreux.

En 1916, l'architecture de l'apogée victorien n'était plus à la mode. Pearson souhaitait redéfinir le vocabulaire décoratif de Fuller et remplacer ses excès de pittoresque et de polychromie par une esthétique plus conforme aux principes Beaux-Arts d'ordre et de simplicité. La ligne de toit, notamment, fut grandement simplifiée, les lucarnes ouvragées furent remplacées par de simples lucarnes à croupe, tandis que le parapet de fer très orné courant le long du toit fit place à une simple rampe de métal réservée aux seuls pavillons d'angle. Pearson décida aussi de supprimer les bordures en grès rouge de Postdam qui tenaient tant de place dans l'ouvrage de Fuller. Aux quelques protestations du public, il répondit que la couleur contrastante de cette pierre nuirait à l'effet désiré de solidité et de robustesse.[6] Avec la tour du Centre, construite en dernier lieu, Pearson se démarqua considérablement de l'original. Contrastant avec la structure trapue et ornée de Fuller, la nouvelle tour s'élevait en flèche au-dessus du corps de bâtiment principal. Baptisée tour de la Paix, elle est devenue l'emblème le plus connu et le plus important d'Ottawa et du gouvernement fédéral.

5.1. Édifice du Centre, édifices du Parlement, Ottawa (Ontario), 1916–1927. Architecte : John A. Pearson ; associé : J.-Omer Marchand. Travaux publics et Services gouvernementaux Canada, Service des relevés des richesses du patrimoine, 1991.

Quant au plan et à l'agencement interne, ils étaient entièrement nouveaux. Le premier édifice, disposé en triangle, comptait trois étages et demi, la bibliothèque étant placée au sommet du triangle. En ajoutant un étage et en créant, derrière la façade, un bâtiment rectangulaire, l'architecte augmentait de 50 p. 100 l'espace intérieur. L'ancienne structure de pierre, de brique et de fer était remplacée par une ossature d'acier indépendante, avec parement de pierre sur maçonnerie de parpaings creux et de brique.

La disposition intérieure était elle aussi entièrement différente. Le plan s'articulait autour d'un pivot central. L'entrée principale, au pied de la tour de la Paix, donnait sur le hall de la Confédération, large espace semi-octogonal inspiré d'une salle capitulaire médiévale. Son pilier central qui représentait, dit-on, la Grande-Bretagne, soutenait une voûte en éventail complexe qui reportait la poussée sur les dix colonnes gothiques du pourtour (figure 5.3). Plus loin dans l'axe central, le grand hall d'honneur menait à la bibliothèque du Parlement. Contrairement à l'ancien bâtiment, où l'on retrouvait un mélange de styles, selon le goût de l'époque victorienne, le nouvel édifice du Centre offrait, dans ses aires publiques, l'expression raffinée d'un vocabulaire gothique à saveur toute britannique. Diverses caractéristiques, comme les arcs brisés en pierre, les baies à claire-voie et les voûtes nervurées en cinq parties, avec clefs de voûte richement sculptées au point de rencontre des nervures, s'inspiraient du gothique anglais du XIIe siècle. Cette période plaisait particulièrement aux architectes du XXe siècle parce qu'on n'y retrouvait pas les décors tarabiscotés du gothique tardif ni l'éclectisme débridé du néo-gothique victorien.[7]

L'axe central partageait le rez-de-chaussée en deux moitiés, dont l'une était réservée à la Chambre des communes et l'autre au Sénat (figure 5.4). Chaque côté possédait une porte et un hall d'entrée propres. Ceux-ci formaient deux axes secondaires aboutissant à la Chambre des communes du côté ouest et au Sénat du côté est. Les deux vastes salles de facture médiévale occupaient en hauteur l'équivalent de deux étages. Leur éclairage provenait d'une série de fenêtres en arc brisé, qui n'occupaient que la partie haute des murs. La Chambre des communes était plus grande, mais le Sénat, en tant que chambre haute, possédait un décor

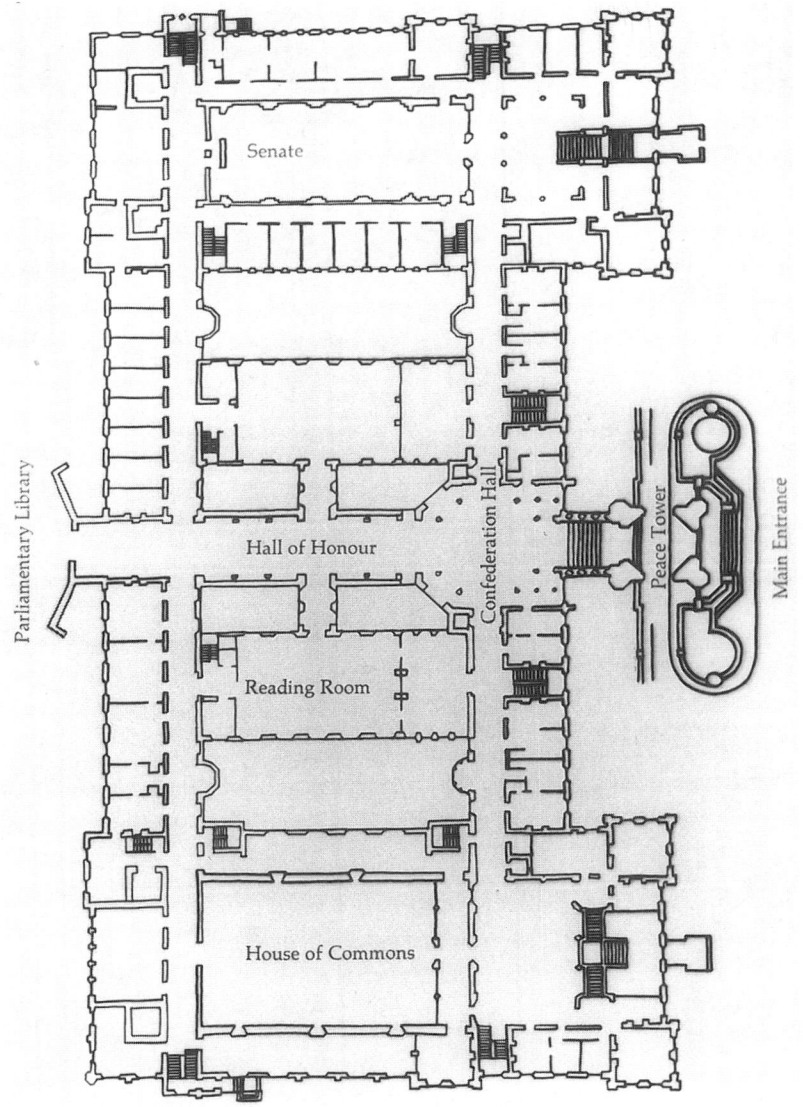

5.2. Plans d'étage, édifice du Centre. Office national du film du Canada, *Témoin d'un siècle : le Palais du Parlement canadien*, Ottawa, 1967.

5.3. Hall d'honneur, édifice du Centre. Travaux publics et Services gouvernementaux Canada, Service des relevés des richesses du patrimoine, 1993.

plus recherché. Tous les deux étaient assortis d'un salon de lecture, d'un fumoir, de salles pour les comités, ainsi que de bureaux pour les deux présidents. Deux couloirs secondaires, perpendiculaires aux halls principaux, joignaient les deux secteurs. Les étages supérieurs abritaient les bureaux des sénateurs et des députés. La salle à manger du Parlement était située au dernier étage, au-dessus de la Chambre des communes. Le style de ces parties secondaires du bâtiment variait selon les fonctions auxquelles elles étaient destinées. Par exemple, les pièces réservées au président du Sénat sont de style gothique Tudor, tandis que certaines des salles de lecture et de réunion des comités, ainsi que la salle à manger, affichaient un élégant décor classique de style Adam.

Même si le Parlement siège dans le nouvel édifice depuis 1920, le travail de sculpture ornementale s'y poursuit encore de nos jours. Depuis 1936, trois artistes principaux en ont assumé la direction : Cléophas Soucy (de 1936 à 1950), William Oosterhoff (de 1950 à 1962) et Eleanor Milne (de 1962 à ce jour). Certes, chacun d'eux a développé son propre style, mais non sans chercher à rester en harmonie avec le cadre néo-gothique et à enrichir le programme décoratif d'une iconographie typiquement canadienne. Au cours de la dernière décennie, plusieurs sculpteurs autochtones ont également été invités à créer des panneaux en relief pour le bâtiment. Un peu comme pour une cathédrale du Moyen Âge, la construction de l'édifice du Centre est un processus continu dans lequel sont mises à profit les compétences de plusieurs générations d'artistes et d'artisans.

Chantiers du temps de guerre : les hôpitaux militaires

La responsabilité de construire ces établissements fut d'abord confiée à la Commission des hôpitaux militaires, qui relevait du ministère de la Milice et de la Défense et qui existait depuis 1915.[8] Pendant les premiers mois de la guerre, plusieurs hôpitaux temporaires et maisons de repos furent installés dans des établissements privés et des résidences prêtés à la Commission. Dès octobre 1916, 2 000 lits avaient été rendus disponibles dans quarante-sept établissements. On ne tarda toutefois pas à constater que cette méthode improvisée ne saurait suffire à assurer

5.4. Chambre des communes, édifices du Parlement, Ottawa (Ontario). Travaux publics et Services gouvernementaux Canada, Service des relevés des richesses du patrimoine, 1993.

l'accueil des nombreux blessés en provenance des champs de bataille européens. Il s'avérait trop coûteux et trop long de transformer des bâtiments existants en centres hospitaliers. Il était plus économique et plus rapide de partir de zéro.

En 1917, le capitaine W.L. Symons fut nommé architecte en chef de la Commission des hôpitaux militaires. Au cours des dix mois suivants sa nomination, il élabora une série de plans types pour la construction de plusieurs hôpitaux temporaires.[9] Ce travail était déjà fort avancé lorsqu'une réorganisation majeure survint, par suite d'un conflit de juridiction avec le Service de santé de l'armée canadienne. À partir de février 1918, les hôpitaux militaires qui assuraient les soins de courte durée aux soldats de l'armée active allaient être gérés par le Service de santé. Quant à la Commission des hôpitaux militaires, reconstituée en ministère du Rétablissement civil des soldats, elle continua d'administrer les hôpitaux qui assuraient des soins aux anciens combattants atteints d'incapacités permanentes ou qui demandaient une hospitalisation de longue durée.[10] Du même coup, la conception et la construction des hôpitaux fut assumée, pour les deux ministères, par le ministère des Travaux publics. L'Architecte en chef était l'ultime responsable du programme, mais il semble que le capitaine Symons, désormais « Architecte des hôpitaux militaires », soit demeuré le maître d'œuvre.[11]

Les hôpitaux militaires canadiens étaient l'aboutissement de deux tendances distinctes : le partage des établissements en pavillons et le concept du bâtiment temporaire. L'idée des pavillons était apparue en France à la fin du XVIIIe siècle, lorsqu'on avait compris que la lumière et l'air frais aidaient à combattre la maladie.[12] Plutôt que de regrouper toutes les fonctions hospitalières dans un seul immeuble, on consacrait à chaque grand service un bâtiment séparé, rattaché à ses voisins par des couloirs ou des passerelles. De grandes fenêtres sur au moins deux façades permettaient une bonne ventilation et l'apport de lumière naturelle. Cette structure permettait aussi d'isoler plus facilement les malades par petits groupes.

Les hôpitaux de campagne, temporaires et transportables, étaient apparus pour la première fois pendant la guerre de Crimée, et ils avaient fait leurs preuves sur les plans pratique et médical au cours de la guerre de Sécession.[13] En Europe, la plupart des hôpitaux de campagne construits au cours de la Première Guerre mondiale étaient des structures de plain-pied, faites de planches grossières ou de toile, et chauffées au moyen de poêles à bois ou à charbon.[14] Au Canada toutefois, ce type de bâtiment peu solide n'était pas pratique. En raison du climat, il fallait prévoir des structures plus robustes, capables de mieux résister aux intempéries. La Commission des hôpitaux militaires créa donc ce qu'elle appela des structures « semi-permanentes ». Il s'agissait de bâtiments à cadre en bois, posés sur une fondation en béton ou en billes de bois et couverts de toits à deux pans en pente douce. Les montants étaient couverts de planches bouvetées, et une feuille de papier goudronné était apposée sur l'intérieur et l'extérieur. La finition intérieure était faite de panneaux de fibre. L'extérieur était habituellement enduit de stuc, ce qui assurait une certaine protection contre le feu à ces bâtiments principalement faits de bois.[15]

L'unité – ou pavillon – était la composante de base de l'hôpital militaire. La commission fit l'essai de divers plans au cours des premiers mois du programme. Dès 1918 toutefois, une disposition type fut retenue (figure 5.5).[16] Il s'agissait d'un long bâtiment rectangulaire, flanqué de deux pavillons, chacun contenant environ trente-huit lits et se terminant par une véranda vitrée sur trois côtés. La partie du milieu abritait le poste des infirmières et les bureaux des médecins. Parfois, dans les premiers plans, certaines installations, salles de bains et cuisines par exemple, étaient prévues dans les pavillons, mais elles ont été plus tard placées dans des unités distinctes rattachées aux pavillons par d'étroits corridors. Les pavillons étaient toujours des bâtiments à deux étages, structure considérée comme la plus économique et la plus pratique. Cette unité de base pouvait être répétée autant de fois que nécessaire pour former des complexes plus ou moins importants. Qui plus est, la taille du complexe pouvait facilement être ajustée en ajoutant ou en démolissant des bâtiments. Il est certain que la décision d'adopter ce type de plan a été prise par le personnel de la Commission des hôpitaux militaires. En 1910–1911, le Bureau de l'Architecte en chef avait préparé les plans d'un hôpital à cinq pavillons pour le poste de quarantaine de la Grosse Île, mais la Commission les avait remplacés par un plan

5.5. Pavillon type, Hôpital Rena-Maclean, Charlottetown (Île-du-Prince-Édouard), 1918. Plans établis par la Commission des hôpitaux militaires et le Bureau de l'Architecte en chef. *Construction* 13, n° 3 (mars 1920), p. 89.

radial plus complexe, avec un bâtiment administratif au centre.[17] Il était typique des militaires d'adopter la solution la plus simple et la plus pratique.

La majeure partie des travaux du programme des hôpitaux militaires furent réalisés à l'intérieur d'une période de dix-huit mois. Au cours de cette époque, plus de quinze millions de dollars furent consacrés à quatre-vingts chantiers, un peu partout au pays.[18] L'hôpital militaire de Camp Hill à Halifax fut le premier projet du genre, mais Sainte-Anne-de-Bellevue, près de Montréal, était l'un des plus importants avec mille lits. C'était le type même des hôpitaux militaires de la première guerre (figure 5.6).[19] Le bâtiment de l'administration, avec ses bureaux et ses salles d'opération, et le bâtiment des services, où se trouvaient la cuisine et la salle à manger, formaient le noyau du complexe. Sept pavillons distincts, désignés selon leur destination (soins actifs, convalescence, neurologie, officiers, etc.), étaient liés entre eux par d'étroits corridors ou des passerelles couvertes, qui constituaient le squelette du complexe. Entre les bâtiments, se trouvaient de petites unités de service, équipées de salles de bains et de locaux d'entreposage. Les bâtiments subsidiaires, comme les centres d'enseignement professionnel et de loisirs, les laboratoires, ainsi que les logements des officiers médicaux, des infirmières et des infirmiers, étaient placés autour du complexe central. Ces bâtiments étaient souvent un peu plus raffinés, munis par exemple de galeries et de vérandas de bois en façade, mais leur structure, leurs matériaux et leurs composantes de base étaient les mêmes (figure 5.7). La centrale électrique, où se trouvait aussi la buanderie, était placée à l'écart. Bien que beaucoup de ces établissements existent toujours, les bâtiments temporaires proprement dits ont pour ainsi dire tous disparu.

Le ministère du Rétablissement civil des soldats adopta une méthode analogue de planification, mais choisit le plus souvent la brique comme matériau, car ses hôpitaux devaient accueillir des malades chroniques. Les deux plus grands établissements hospitaliers sous sa compétence étaient l'Orthopaedic Hospital de Toronto, couramment appelé Christie Street Hospital, et le Psychopathic Hospital de London, en Ontario.[20] Son réseau était toutefois composé surtout de sanatoriums pour tuberculeux. Au cours de la Première Guerre mondiale, plus de soldats furent frappés de maladies que blessés au front. L'affection la plus répandue était la tuberculose.[21]

Les sanatoriums construits par la Commission des hôpitaux militaires et, plus tard, par le Bureau de l'Architecte en chef, pour le ministère du Rétablissement civil, étaient conformes aux normes de conception et d'agencement des années 1880 et 1890. Avant l'avènement des antibiotiques, on prescrivait aux tuberculeux du repos, du bon air, du soleil, une diète surveillée et une dose modérée d'exercice. Au cours des années 1890 et au début des années 1900, la National Sanatorium Association recommandait d'installer les établissements à leur intention dans des régions rurales et de veiller à la qualité esthétique des bâtiments. En effet, croyait-on, un décor agréable aurait des effets bénéfiques et hâterait le rétablissement des malades.

Trouver des lits pour accueillir les nombreux soldats qui avaient contracté la tuberculose représentait un problème majeur pour la Commission des hôpitaux militaires. Afin de ne pas avoir à engager des fonds trop importants en construisant ses propres installations permanentes, le gouvernement chercha à agrandir des sanatoriums relevant des gouvernements provinciaux ou du secteur privé. Lorsque le ministère du Rétablissement civil des soldats n'aurait plus besoin de ces bâtiments, ceux-ci pourraient être rendus aux organismes qui les lui avaient cédés. Les nouveaux pavillons construits sous la direction du Bureau de l'Architecte en chef différaient considérablement de ceux qui composaient habituellement les hôpitaux militaires. Celui du Mountain Sanatorium de Hamilton en est un exemple caractéristique (figure 5.8). Les salles étaient situées côté façade d'un bâtiment à deux étages. De larges fenêtres laissaient le soleil et l'air frais entrer à profusion. Les lits étaient placés le long du mur du fond, tandis que des chaises longues installées devant les fenêtres permettaient aux malades de s'imprégner des rayons bénéfiques du soleil. Les zones réservées aux services et aux bureaux étaient situées à l'arrière du bâtiment. Dans un sanatorium typique de l'ouest du Canada, le solarium (ou véranda) était séparé de la salle par une cloison, afin que l'on puisse chauffer le dortoir séparément, la véranda servant uniquement pendant la journée (figure 5.7).

Même si la plupart de ces bâtiments étaient conçus pour répondre à

5.6. Vue et plan au sol, Hôpital militaire Sainte-Anne-de-Bellevue, Sainte-Anne-de-Bellevue (Québec). Ministère du Rétablissement civil des soldats, *Canada's Work for Disabled Soldiers*, Ottawa, [1919], p. 98.

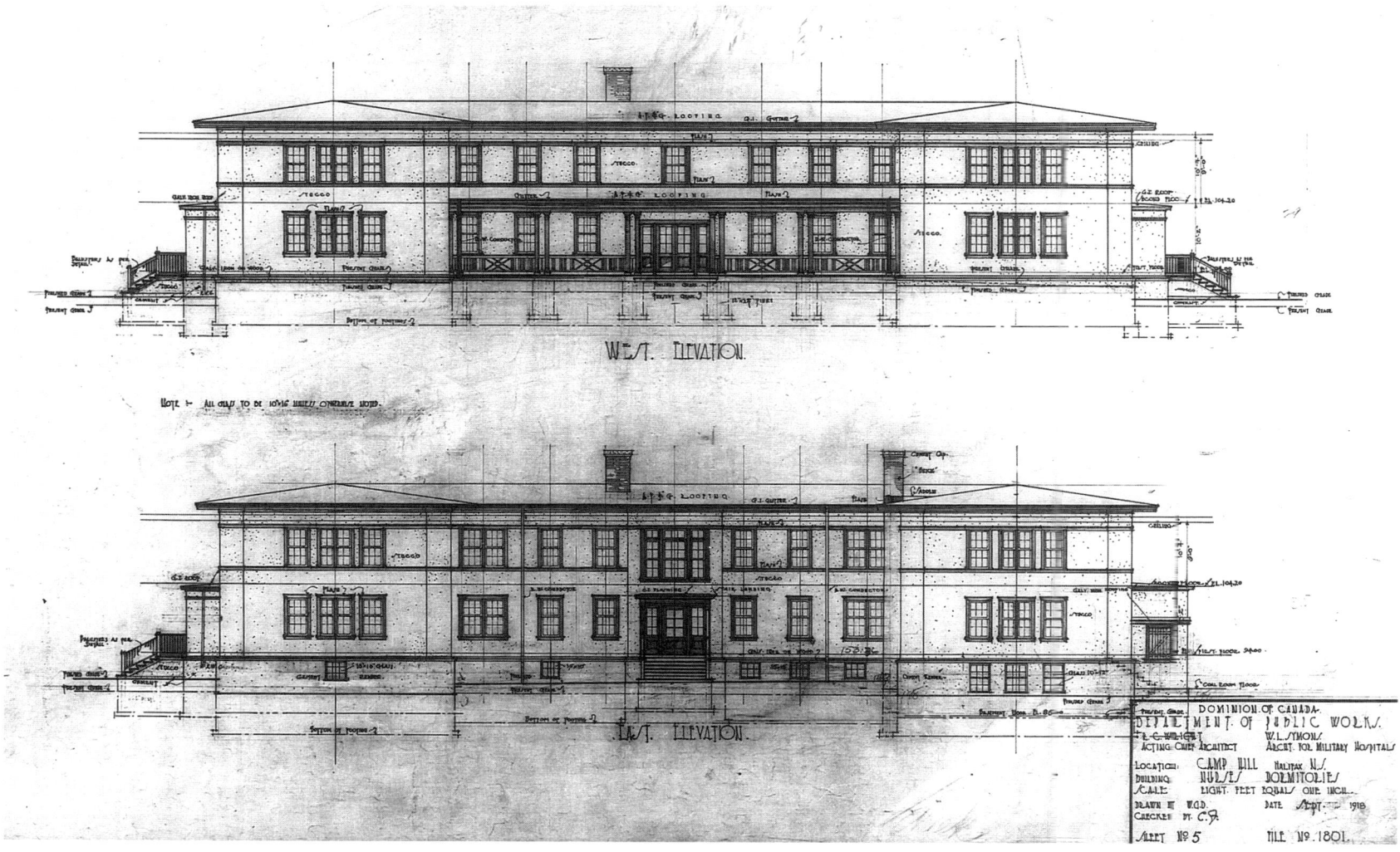

5.7. Plan du dortoir des infirmières, Hôpital militaire de Camp Hill, Halifax (Nouvelle-Écosse), 1918. Conçu par le Bureau de l'Architecte en chef, W.L. Symons, architecte des hôpitaux militaires. ANC, NMC 0059439.

5.8. Mountain Sanatorium, Hamilton (Ontario). Ministère du Rétablissement civil des soldats, *Canada's Work for Disabled Soldiers, Ottawa*, [1919], p. 122.

5.9. Édifice James B. Hunter, Ottawa (Ontario), 1917–1920. Plans établis par le Bureau de l'Architecte en chef. Démoli en 1982. ANC, PA-151668.

un besoin temporaire, beaucoup des experts qui participaient au programme estimaient avoir créé un modèle pouvant être appliqué aux établissements permanents. Le coût d'un hôpital moderne était devenu prohibitif pour bien des municipalités, et les installations risquaient d'être vite dépassées. Certains soutenaient que les hôpitaux militaires comblaient les besoins fondamentaux des services médicaux à une fraction du coût des hôpitaux municipaux traditionnels. En adoptant un type de construction semi-permanent, plus économique, il devenait possible d'agrandir ou de modifier plus facilement les établissements pour répondre à des exigences nouvelles, tout en dépensant moins.[22] Toutefois, les hôpitaux militaires n'allaient guère influencer la conception des hôpitaux par la suite. Deux décennies plus tard, une nouvelle guerre éclaterait et le gouvernement fédéral devrait encore une fois construire des hôpitaux militaires. Les techniques modernes et des systèmes perfectionnés d'assainissement et de régulation du climat amèneraient cependant des solutions tout à fait différentes.

Chantiers du temps de guerre : l'édifice Hunter

L'édifice du Centre et les hôpitaux militaires étaient placés sous l'autorité administrative du ministère des Travaux publics, mais, dans les deux cas, le rôle du Bureau de l'Architecte en chef consistait avant tout à soutenir le processus de conception sur les plans technique et administratif, sans guère y participer. Le seul chantier du temps de guerre entrepris à l'instigation du Bureau fut celui de l'édifice James-B.-Hunter, situé au coeur d'Ottawa (figure 5.9). Quoiqu'il était moins prestigieux que l'édifice du Centre et moins important que le programme des hôpitaux militaires, ce chantier était néanmoins important, car il traduisait l'évolution de la notion gouvernementale d'édifice public. Sa conception, attribuable au sous-ministre dont il porte le nom, répondait aux besoins de l'administration en locaux à bureaux. Au cours de le Première Guerre mondiale, le nombre de fonctionnaires et de militaires avait augmenté rapidement, et en 1917, le gouvernement louait sur le marché privé près de 900 000 pieds carrés de locaux.[23] Hunter voyait là une dépense superflue et exagérée, et il réussit à convaincre les décideurs que le gouvernement ferait des économies en construisant ses propres locaux.

L'édifice Hunter fut le premier véritable « immeuble à bureaux » de l'administration fédérale, que l'on distinguera désormais de l'édifice « public ». Comme l'expliquait Hunter, il ne s'agissait pas d'ériger un monument au gouvernement, mais plutôt de satisfaire aux normes habituelles des locaux commerciaux à bureaux.[24] Leur première proposition ayant été rejetée parce que trop coûteuse, les architectes du Bureau acceptèrent les « impératifs du temps de guerre » et « surmontant la réticence que presque tous les architectes ont à modifier leurs plans, supprimèrent tout ce qui n'était pas absolument nécessaire ».[25] Cela donna un immeuble de neuf étages, à charpente d'acier et à planchers en dalles de béton. Le parement de pierre calcaire qui devait revêtir les trois façades sur rue fut finalement limité aux deux premiers étages. Les trois entrées furent rehaussées de quelques détails classiques : colonnes indépendantes et rangées de pilastres peu saillants. Les étages restants furent finis en brique créant l'effet d'une tapisserie rouge, matériau légèrement granulé fréquemment utilisé pour les édifices publics au cours de cette période.[26] L'édifice Hunter était solide et fonctionnel, mais peu remarquable sur le plan architectural. Fait révélateur des priorités du gouvernement : c'est l'un des rares édifices publics à avoir mérité une approbation enthousiaste et un éloge de la Chambre des communes.[27] L'un des premiers occupants de l'édifice fut le ministère des Travaux publics.

L'apparence et le plan de l'édifice Hunter étaient conformes aux normes habituellement suivies pour les immeubles à bureaux modernes. La division de la façade en trois niveaux – deux étages pour la base en pierre, cinq étages pour le corps du milieu et deux étages pour l'attique ou chapiteau, le tout couronné d'une lourde corniche saillante – était la solution la plus souvent adoptée pour les édifices à bureaux à plusieurs étages au début du XXe siècle. Le plan de l'intérieur était lui aussi caractéristique de l'époque. Le bloc rectangulaire occupait tout le terrain disponible, obéissant ainsi à l'impératif économique de superficie maximale au sol. Les locaux étaient répartis autour d'une cour intérieure centrale, disposition qui s'imposait avant l'apparition de l'éclairage fluorescent et de la climatisation moderne. Un étroit couloir courait au milieu de l'espace environnant consacré aux bureaux. Trois groupes de deux ascenseurs desservaient les étages. Les colonnes de la charpente intérieure étaient placées de chaque côté des couloirs de circulation, de manière à obstruer le moins possible les locaux à bureaux.

Au début du XXe siècle, la conception des immeubles à bureaux était devenue une préoccupation majeure, non seulement pour les architectes, mais aussi pour les spécialistes de la gestion des entreprises et les courtiers en immobilier commercial. Ces gens cherchaient à trouver les agencements les plus adéquats, et à créer des locaux fonctionnels qui puissent être loués à prix fort. Il fut alors déterminé que chaque bureau devait mesurer entre vingt et vingt-cinq pieds de profondeur et pas moins de neuf pieds de largeur. La profondeur maximale recommandée avait été déterminée d'après la distance à laquelle la lumière naturelle pouvait pénétrer dans un immeuble. Quant à la largeur, elle correspondait à la moitié de l'écart entre les poutres, lequel allait de dix-huit à vingt-cinq pieds.[28] La division structurale de l'édifice Hunter, où l'écart entre les poutres était de vingt pieds, était conforme à ces règles. Tous les bureaux mesuraient vingt pieds de profondeur, mais leur largeur variait beaucoup, des petits bureaux privés, où elle était de dix pieds environ, aux vastes aires ouvertes réservées au personnel de soutien ou au rangement des archives. L'apparence extérieure de l'immeuble était en grande partie subordonnée à la disposition intérieure des bureaux. Les fenêtres à guillotine jumelées, fréquentes dans les édifices à bureaux commerciaux de cette époque, étaient placées en fonction du local de base, large de dix pieds, plutôt que de la charpente sous-jacente en acier. Sur le plan structurel, il aurait été possible de dégager complètement les surfaces situées entre les murs porteurs, sous peine toutefois de réduire les divisions intérieures possibles.

L'immeuble à bureaux moderne était le résultat des progrès enregistrés dans les techniques du bâtiment, de l'augmentation du prix des terrains et de la densité croissante des quartiers urbains centraux. Mais son succès était également lié à la montée des grandes sociétés, qui avaient besoin de centres administratifs compacts et centralisés.[29] Et si ce type de locaux convenait au gouvernement fédéral, c'était parce que l'administration publique avait connu des changements du même ordre. Au XIXe siècle, à Ottawa, la fonction publique avait formé un groupe restreint et serré, installé sur la colline du Parlement et aux alentours. Entre 1900 et 1914, l'élargissement des programmes gouvernementaux entraîna un accroissement sensible du nombre d'employés de l'État, accroissement qui allait d'ailleurs se poursuivre tout au long de la guerre. En 1920, on comptait quelque 50 000 fonctionnaires fédéraux travaillant à plein temps ; le ministère des Travaux publics réunissait 350 personnes à lui seul. Un immeuble comme l'édifice Hunter était bien adapté à la réalité organisationnelle de plus en plus complexe de l'administration fédérale du XXe siècle.[30] Sa superposition compacte de locaux et son plan intérieur modifiable permettaient de gérer et de coordonner efficacement les activités d'un grand nombre d'employés appartenant à une même hiérarchie.

L'édifice Hunter devait être la solution temporaire d'un problème à court terme. Une fois la guerre finie et les projets de la Commission du plan fédéral réalisés, l'immeuble pourrait être déclaré excédentaire et mis en vente sur le marché libre. Toutefois, au bout du compte, l'idée de loger les fonctionnaires à meilleur compte et plus efficacement s'avéra irrésistible, tant pour le gouvernement que pour l'appareil gouvernemental. Ce bâtiment marquait l'apparition d'une approche à deux niveaux, qui allait se traduire par une évolution désordonnée de la construction publique. À l'intérieur de la cité parlementaire, le gouvernement acceptait que l'on construise uniquement des bâtiments des plus imposants. Mais ces derniers coûtaient cher, et il était souvent plus facile et plus rapide d'ériger des immeubles de moindre qualité à l'extérieur de ce centre chargé de signification symbolique. Les véritables conséquences de cette double norme allaient devenir plus évidentes pendant le boom du bâtiment de l'après-guerre, notamment pendant les années 1950 et 1960. La multiplication des immeubles fédéraux dans les banlieues contrasterait alors avec la lenteur consternante du développement dans le centre. Encore aujourd'hui, la présence, à l'ombre de la colline, de terrains de grande valeur inexploités rappelle le dilemme esthétique, symbolique et financier que supposait la construction exclusive de monuments à la grandeur de l'État dans le centre de la capitale.

Les restrictions de l'après-guerre et les années de ralentissement

Les trois important chantiers que nous venons d'évoquer avaient vu le jour en raison de la situation ou des événements du temps de guerre. Une fois le conflit mondial terminé, le Ministère ne reprit pas ses travaux là où il les avait laissés en 1914. L'élection fédérale de 1921 amena la défaite des Conservateurs de Meighen et la victoire du Parti libéral, dirigé par un nouveau chef, William Lyon Mackenzie King. Malgré une grave récession économique et un chômage élevé, le nouveau gouvernement n'estima pas opportun d'intervenir pour stimuler la reprise. Il adopta plutôt une politique sévère de réduction de la dette et visa le rétablissement de l'équilibre budgétaire. Le premier budget des Libéraux diminuait d'un quart les dépenses gouvernementales.[31]

La construction constituait une cible facile pour ces réductions. Sous la gouverne du nouveau ministre des Travaux publics, J.H. King, le gouvernement fédéral resserra successivement ses budgets à ce chapitre en 1921, 1922 et 1923.[32] Les fonds destinés à des chantiers nouveaux furent consacrés pour une grande part aux hôpitaux militaires et à l'achèvement de l'édifice du Centre Au début des années 1920, seuls les bâtiments jugés essentiels furent autorisés, et il s'agissait souvent de structures secondaires, dans de grands complexes gouvernementaux, comme des stations de quarantaine et des fermes expérimentales. Les restrictions furent relâchées à partir de 1925, mais les premières autorisations concernant les nombreux projets mis de côté en 1914 ne furent données que l'année suivante.

La demande baissant, il était plus facile de mettre un frein à la construction. Les années 1920 furent marquées par une croissance démographique plus lente et, surtout, par une évolution dans la distribution de la population. Au cours des premières années du siècle, la fondation et le développement de nombreux centres urbains de petite et moyenne importance avait exigé une augmentation du nombre et de la taille des édifices publics. L'urbanisation observée au cours de l'avant-guerre se poursuivit, mais la croissance se concentra de plus en plus dans les grandes agglomérations comme Toronto, Montréal, Hamilton et

Vancouver. Beaucoup de villes plus petites prirent peu ou pas d'expansion. Certaines, notamment dans la région des Maritimes, où la récession frappa le plus durement, connurent même un déclin au cours de cette période. Dans de telles circonstances, le besoin en édifices publics diminua.[33] Certes, le gouvernement avait besoin d'espace supplémentaire dans les grandes villes, mais il pouvait le trouver facilement sur le marché de la location.[34] C'est avec l'essor de l'industrie de la construction, à la fin des années 1920 et au cours des années 1930, que beaucoup des nouveaux bâtiments verront le jour.

Dans ce climat de rigueur, le Bureau de l'Architecte en chef traversa une période de ralentissement marqué. Les deux architectes en chef, qui se succédèrent à la tête du service après la guerre et jusqu'à la fin des années 1920, n'eurent que peu d'occasions de se faire valoir. En 1914, David Ewart prit sa retraite en tant qu'Architecte en chef, mais il continua d'agir comme expert conseil auprès du ministère jusqu'à sa mort en 1921.[35] Il fut remplacé par E.L. Horwood, que l'on avait recruté dans le secteur privé, à Ottawa. Il s'agissait là d'un choix inhabituel, car Horwood ne possédait ni l'expérience de la fonction publique, ni une réputation professionnelle exceptionnelle. Sa nomination souleva d'ailleurs de véhémentes protestations de la part de la Commission de la fonction publique, qui y vit un des cas les plus flagrants de favoritisme.[36] Le nouveau titulaire n'occupa son poste que peu de temps ; il fut remplacé en 1918 par Richard C. Wright, qui était l'Architecte en chef adjoint depuis 1906.[37]

Cette nouvelle nomination apportait une promesse de cohérence et de continuité dans le travail du Bureau, et son caractère conservateur allait de pair avec la situation générale de l'effectif du service. Entre 1914 et 1934, celui-ci connut en effet une stabilité remarquable. Quelques fonctionnaires donnèrent leur démission ou prirent leur retraite, mais la plupart demeurèrent en place. Le recrutement fut pratiquement interrompu au cours de cette période. La conjoncture n'était pas facile pour les architectes de la fonction publique, dont la rémunération demeurait très au-dessous de celle de leurs confrères du secteur privé.[38] Dans le même temps, certains membres de la profession ne cessaient de saper le moral des employés du Bureau de l'Architecte en chef en remettant en question leur compétence professionnelle.[39] Ces facteurs, ajoutés à l'absence de défi, finirent par engendrer un climat d'assoupissement et de stagnation qui se refléta dans la conception des bâtiments.

En effet, au cours des années 1920, les créations du Bureau de l'Architecte en chef demeurèrent conformes à quelques modèles de base. L'édifice public de Sackville, au Nouveau-Brunswick (figure 5.10), illustre l'une de ces formules standardisées. Ce bâtiment de brique à deux étages était modestement orné d'un portique de pierre au-dessus de l'entrée principale. La ligne de toit était soulignée d'une simple corniche de métal, et les parements de pierre, qui souvent enrichissaient ce genre de construction, étaient pratiquement absents. En général, les détails architecturaux, comme les bandeaux et les linteaux, étaient exécutés en brique, par souci d'économie. Il s'agissait par exemple de panneaux décoratifs ou de treillis (c'était le cas à Sackville), ou encore de rangées de briques placées à l'horizontale. Les immeubles qui abritaient des bureaux fédéraux au deuxième avaient soit deux entrées sur leur façade principale, soit une entrée secondaire sur le côté, s'ils étaient construits à l'angle d'une rue.

L'édifice public comportant une tour d'horloge dans un angle, qui avait été le plus répandu juste après 1900, disparut presque entièrement du répertoire. L'une des rares exception fut l'édifice public d'Edmunston, au Nouveau-Brunswick, réalisé en 1925. Son corps de bâtiment était néanmoins conforme au modèle type de cette époque, à savoir un simple cube agrémenté de quelques détails classiques (figure 5.11). Le toit très pentu, la tour asymétrique, les pignons ornés de parapets et toute la gamme des ouvertures à arc en plein cintre ou surbaissé, caractéristiques des édifices publics d'Ewart, disparurent. L'idée que, dans les petites localités, l'édifice public devait constituer un point de repère dans la rue principale était en net déclin.

Le Bureau de poste de Stouffville, en Ontario, représentait un nouveau type d'édifice public (figure 5.12).[40] Ce bâtiment de brique, à un étage et demi, avec son toit bas en croupe tronquée et sa porte centrale surmontée d'une petite lucarne à parapet, était un exemple des multiples bureaux de poste à une seule pièce construits au milieu des années 1920.

5.10. Édifice public, Sackville (Nouveau-Brunswick), 1923-1924. Plans établis par le Bureau de l'Architecte en chef. ANC, PA-46378.

En général, ceux-ci possédaient un petit vestibule donnant accès à la grande salle. La zone de tri du courrier se trouvait derrière le comptoir. Caractéristique fondamentale des édifices publics de l'époque, un appartement pour le concierge était aménagé dans l'attique. Ce type de bâtiment, dont le prototype remontait à la première décennie du siècle, ne deviendrait courant qu'au milieu des années 1920.[41] Sa petite taille n'était pas nécessairement le résultat des restrictions budgétaires ; il représentait plutôt le début d'un nouveau programme de construction visant à offrir des édifices fédéraux sur mesure aux petites municipalités semi-rurales. À partir du milieu des années 1920, ces bureaux de poste de plain-pied, à une seule pièce, allaient constituer la majeure partie des nouveaux chantiers du ministère.

Les autres ministères aussi se ressentirent de la politique de rigueur du gouvernement. Le programme des manèges militaires et des salles d'exercice se poursuivit au cours des premières années de la guerre, mais ceux d'Edmonton (1914-1915), de Lévis (Québec) (1915), de Winnipeg (1914-1915) et de Calgary (1915-1917) furent les derniers à être construits. Quelques édifices militaires furent érigés mais ils furent commandés et payés par les régiments eux-mêmes. Le ministère de la Milice et de la Défense se chargea de les entretenir.[42] Aucun bâtiment nouveau n'allait être érigé par le ministère de la Milice et de la Défense, ni par le ministère des Travaux publics, avant le milieu des années 1930. Même si la Gendarmerie royale du Canada répondait généralement elle-même à ses propres besoins en matière de construction,[43] il lui arriva à quelques reprises de recourir aux services du Bureau de l'Architecte en chef. Le Collège royal militaire donna également du travail au Bureau. D'autres grands services, comme la direction de l'immigration du nouveau ministère de l'Immigration et de la Colonisation, ne lancèrent aucun nouveau chantier.[44] L'immigration connut une baisse marquée au cours de l'après-guerre, et le vaste réseau d'installations constitué dans les années 1900 répondait à tous les besoins du moment.[45]

La direction des services de quarantaine, transférée au nouveau ministère de la Santé en 1919, réussit à maintenir un modeste programme de construction de la fin des années 1910 au milieu des années 1920. Les travaux en question se concentrèrent surtout à l'île Partridge, au Nouveau-Brunswick, où l'on chercha à créer des installations aussi conformes que possible aux normes élaborées à la Grosse Île et à William Head avant la Première Guerre mondiale. Au cours des années 1920, on y construisit un centre de désinfection, des bâtiments de détention de première et de seconde classe, un grand hôpital à deux étages possédant quarante lits, un plus petit établissement de seize lits réservé au traitement de la variole, et plusieurs résidences et unités de service. Le pavillon de détention de première classe était identique à ceux qui avaient été construits à la Grosse Île et à William Head vers 1914. D'autres bâtiments, comme le pavillon de détention de deuxième classe, étaient faits de matériaux moins durables, à savoir d'une structure en bois recouverte de planches à clin (figure 5.13). Le seul autre ouvrage digne de mention était la résidence des infirmières, à William Head, construite en 1915 (figure 5.14). Réalisation d'importance moyenne, ce bâtiment de style vaguement Tudor allait pourtant servir de modèle à plusieurs constructions des années 1920. On le retrouverait le plus souvent dans les complexes gouvernementaux des régions non urbaines.[46]

Ce furent les derniers chantiers de la direction des services de quarantaine. Au cours des années 1920, les politiques d'immigration et de santé publique allaient changer radicalement. L'immigration diminua. Mais surtout, divers facteurs, comme les progrès de l'épidémiologie, l'amélioration de la coopération internationale dans le contrôle des maladies et la mise en place d'un programme universel de vaccination, rendirent progressivement inutiles les grandes installations de quarantaine.[47] En 1923, le gouvernement décida que tous les navires à destination de Québec s'arrêteraient désormais à Pointe-au-Père, près de Rimouski, pour un contrôle médical ; seuls les bateaux soupçonnés de transporter des cas de maladies graves, choléra ou typhus par exemple, seraient désormais détenus à la Grosse Île. Les passagers atteints d'affections moins graves seraient gardés à l'hôpital des immigrants, à Québec.[48] Les activités à la Grosse Île furent interrompues en 1938, et les autres stations de quarantaine furent fermées peu après.[49]

Le ministère de l'Agriculture semble avoir été l'un des seuls à ne pas être paralysé par les réductions budgétaires. Tant le Service des fermes expérimentales fédérales que la Direction générale de l'hygiène vétéri-

5.11. Édifice public, Edmunston (Nouveau-Brunswick), 1925. Plans établis par le Bureau de l'Architecte en chef. ANC, C-70479.

5.12. Bureau de poste, Stouffville (Ontario), 1926. Plans établis par le Bureau de l'Architecte en chef. ANC, PA-46262.

naire connurent une croissance régulière. Au début du XXe siècle, à mesure que l'agronomie progressait et se perfectionnait, le Service des fermes expérimentales prit de l'expansion. Au cours des années 1910, plusieurs services de recherche furent créés et ils exigeaient des installations nouvelles. Certes, le Bureau de l'Architecte en chef fut chargé de concevoir et de construire quelques bâtiments dans les fermes du Ministère, mais son activité se concentra surtout à la Ferme expérimentale centrale d'Ottawa.

L'un des premiers chantiers fut le nouveau bâtiment consacré aux recherches sur les céréales et les graminées, construit en 1915-1916 en remplacement d'un pavillon datant de 1911, détruit par le feu en 1915 (figure 5.15).[50] La moitié du bâtiment était constituée d'un grenier, avec aire de battage et entraînement central, où les céréales pouvaient être transférées directement des véhicules de transport aux cuves de stockage situées à l'intérieur. L'autre moitié abritait des bureaux et les divers ateliers et laboratoires nécessaires au traitement et à l'analyse des céréales et des graminées. En dépit de cette double vocation du bâtiment, le Bureau de l'Architecte en chef décida de lui donner l'aspect d'une grange, plutôt que d'un édifice voué à l'administration et à la recherche. La surface des murs extérieurs était recouverte d'un parement avec couvre-joints au rez-de-chaussée, et de bardeaux de bois au niveau supérieur. Ce thème décoratif avait été créé par le Bureau de l'Architecte en chef dans les années 1880, à l'époque de Thomas Fuller, pour garnir les granges et bâtiments agricoles. Le personnel de la Division de la zootechnie avait depuis longtemps abandonné ce style pittoresque dans son propre travail, pour le remplacer par un type de construction simple et sans ornement, qui pouvait servir de modèle à l'agriculteur moyen.

Les autres constructions de la Ferme expérimentale centrale allaient des petits abris de stockage et de rangement des outils aux structures plus importantes, à un ou deux étages, à finition de brique ou de stuc, abritant des bureaux ou des laboratoires. Ces bâtiments étaient généralement de petite taille, mais ils étaient conçus pour donner à la ferme l'aspect d'une exploitation agricole prospère plutôt que d'un centre de recherche de l'État. Les bâtiments administratifs évoquaient souvent un domicile privé sans prétention. À l'époque, il existait encore beaucoup de variété

5.13. Bâtiment de détention de deuxième classe et résidence de l'agent en chef, île Partridge (Nouveau-Brunswick), vers 1923. La résidence en brique, de forme cubique, est caractéristique des maisons d'habitation conçues par le Bureau à cette époque. La véranda à deux niveaux fut ajoutée plus tard. Ces deux bâtiments ont été démolis en 1941. Collection de la famille Bisson, Projet de recherche sur l'île Partridge, Saint-Jean (Nouveau-Brunswick).

5.14. Résidence des infirmières, Station de quarantaine de William Head (Colombie-Britannique), 1915. Conçu par le Bureau de l Architecte en chef, ce bâtiment est maintenant administré par l'Institut William Head, établissement correctionnel fédéral qui relève du Solliciteur généra . ANC, NMC 106187.

Les réalisations du temps de guerre et les années d'assoupissement 165

5.15. Bâtiment des céréales et de l'agrostologie, Ferme expérimentale centrale, Ottawa (Ontario), 1915–1916. Plans établis par le Bureau de l'Architecte en chef. M. Trépanier, Parcs Canada, 1993.

5.16. Institut de recherches vétérinaires, Hull (Québec), 1925–1928. Plans établis par le Bureau de l'Architecte en chef. M. Trépanier, Parcs Canada, 1993.

dans les plans, mais le gothique de la période Tudor, avec ses faux colombages, allait être retenu pour le laboratoire de botanique en 1926 et être employé fréquemment pour les bâtiments administratifs de la ferme.[51]

La Direction générale de l'hygiène vétérinaire du ministère de l'Agriculture administrait un programme de recherche distinct, qui occupait certains laboratoires de la Ferme expérimentale centrale depuis 1902.[52] En 1918, toutefois, cette direction générale fit l'acquisition d'une ferme située juste au nord de Hull. Le fait que l'autorisation d'acheter un bien foncier à cette fin ait été accordée en pleine période de restrictions montre la priorité qui était accordée à l'entreprise et surtout au mandat principal qui y était associé : l'éradication de la tuberculose bovine, un fléau devenu alors grave et coûteux pour le Canada. Au début, les bureaux furent installés dans la vieille maison de ferme achetée en même temps que la terre, puis dans les quelques granges et abris construits par la suite.

Dès le début des années 1920, les employés de la Direction générale de l'hygiène vétérinaire commencèrent à réclamer un laboratoire moderne. C'est ainsi qu'en 1925 on amorça la construction d'un nouveau bâtiment, qui ouvrira en 1928 : le siège de l'Institut de recherches vétérinaires (figure 5.16). D'après la correspondance du Ministère, certains membres du personnel avaient visité des établissements analogues aux États-Unis. Ils avaient ensuite tiré des plans généraux et fixé des règles de construction. Le bâtiment devait entre autres être à l'épreuve du feu, posséder un incinérateur expressément réservé aux déchets contaminés et répondre à des exigences précises en matière de locaux et d'espace. Contrairement à ce qu'il avait fait pour les locaux et laboratoires de la Ferme expérimentale centrale, le Bureau de l'Architecte en chef ne chercha pas à utiliser ici un vocabulaire pittoresque de type Tudor. La façade principale étroite, avec sa porte centrale à encadrement classique et sa tour stylisée à coupole dont les fenêtres rappelaient des meurtrières, ressemblait à bien d'autres édifices publics urbains, comme celui d'Edmunston, dont il était presque contemporain. Vu de côté, il affichait une silhouette plus typiquement industrielle. Dans cette construction à charpente d'acier et à planchers de béton, les pans de murs situés entre les poutres avaient été percés de larges fenêtres qui donnaient au bâtiment une apparence plus légère et plus aérienne, peu fréquente dans les immeubles gouvernementaux de cette époque. Il en résultait un étrange mélange de styles et de genres, peut-être parce que le traitement audacieux des fenêtres traduisait davantage les préférences des chercheurs qu'une décision esthétique du Bureau de l'Architecte en chef.

Conclusion

À partir de 1925 et 1926, la rigueur budgétaire se relâcha à l'échelon fédéral. Dès 1927, le gouvernement, encouragé par la reprise économique, se lança dans quelques-uns des vastes projets qu'il avait mis de côté en 1914. Les quinze années précédentes avaient été marquées par un nombre réduit de défis et de réalisations. La reconstruction de l'édifice de l'Ouest fut le chantier le plus considérable de la période, mais son plan avait été conçu à l'extérieur du Bureau. Dès 1927, bon nombre des hôpitaux militaires qui avaient constitué le principal élément du programme de construction à la fin de la guerre furent démontés. L'édifice Hunter demeura la plus importante nouveauté de l'architecture fédérale canadienne au cours de cette période. En effet, il représentait un nouveau type d'immeuble, dont la fonction première était d'offrir des locaux modernes, pratiques et économiques à une fonction publique en expansion. Toute architecture est imbue de signification. Ici, le message symbolique ne concernait pas la dignité de l'État, mais exprimait plutôt l'identité organisationnelle de l'administration publique.

Une fois ces grands chantiers menés à terme, le Bureau de l'Architecte en chef connut un moment de déclin. Cloîtrés dans leurs nouveaux bureaux de l'édifice Hunter, ses membres s'occupaient d'expédier les affaires courantes, c'est-à-dire de maintenir le parc immobilier fédéral et de concevoir quelques bâtiments assez secondaires. Les édifices publics continuèrent de se conformer aux quelques modèles de base qui avaient été établis au début des années 1900. Toutefois, à cause des restrictions budgétaires, on en réduisit à la fois la taille et la qualité de la finition. Lorsque le travail reprit, en 1927, le personnel vieillissant du Bureau de l'Architecte en chef était mal préparé à affronter avec créativité les défis d'un ambitieux nouveau programme de travaux publics.

CHAPITRE SIX

La construction pendant la Dépression, 1927–1939

En mai 1927, après plus de dix années de restrictions, le journal canadien *Construction* annonçait la reprise du programme fédéral de construction.[1] Cette décision reflétait le climat de confiance et de bien-être qui régnait dans la seconde moitié des années 1920. Au milieu de cette décennie, le pays était entré dans une brève mais intense période de croissance économique, fondée en grande partie sur l'expansion d'industries comme les pâtes et papiers, les mines et l'hydro-électricité. À la même époque, l'arrivée au pouvoir en 1926 d'un gouvernement libéral fortement majoritaire, dirigé par Mackenzie King, mit fin à des années d'instabilité politique et de tourmente, ponctuées par l'élection de plusieurs gouvernements aussi vindicatifs qu'éphémères.[2] Les douze années qui suivirent, si elles furent marquées par de grands bouleversements économiques et politiques, n'en constituèrent pas moins une période d'activité et de croissance soutenues pour le ministère des Travaux publics et pour le Bureau de l'Architecte en chef. Le krach boursier de 1929 et le début de la Dépression devaient entraîner la suspension du programme fédéral de construction, mais le Bureau reprit son élan avec l'adoption, en 1934, de la *Loi sur la construction d'ouvrages publics*, qui visait à stimuler l'économie nationale par le biais de dépenses gouvernementales. Bien que cette période d'expansion fût moins importante que celle de 1896 à 1914, en 1939, on comptait au pays près de trois cents nouveaux édifices fédéraux – surtout des bureaux de poste et des édifices publics urbains.[3]

L'architecture fédérale de l'époque peut être regroupée en deux périodes bien distinctes. Ainsi, entre 1927 et 1933, la plupart des édifices ont été conçus par les employés du Bureau de l'Architecte en chef. Dessinés et construits suivant des normes élevées, ces édifices restent conformes aux styles établis au début des années 1900. Le vocabulaire classique familier, parfois remplacé par celui des styles Château et gothique, était devenu indissociable de la perception que le Bureau avait de l'édifice fédéral idéal. Le Bureau de l'Architecte en chef n'était pas le seul à afficher un tel conservatisme, mais sa résistance au changement avait été accentuée par les longues années d'inactivité durant lesquelles les employés avaient eu peu d'occasions de développer ou d'explorer de nouvelles idées. À la reprise des travaux en 1927, le Bureau était simplement retourné à ses habitudes de 1914.

En 1934, l'image architecturale du gouvernement fédéral subit une transformation profonde. La fin des années 1920 avait été une période dynamique dans l'architecture canadienne : les notions nouvelles de simplicité, de sobriété et de fonctionnalisme associées au mouvement Art déco et au style classique moderne commencèrent à pénétrer et à transformer les traditions établies, sans toutefois les renverser. En 1934, le gouvernement décida d'abandonner sa politique de conception à l'interne et d'engager des architectes en pratique privée dans le cadre d'une politique visant à employer ces travailleurs de tous les secteurs de

Observatoire fédéral, Ferme expérimentale centrale, Ottawa (Ontario), 1899–1900. Plans établis par le Bureau de l'Architecte en chef. Wayne Duford, Inventaire des édifices historiques, 1936.

Édifice du Centre, édifices du Parlement, Ottawa (Ontario), 1916–1927. Architecte : John A. Pearson ; associé : J. Omer Marchand. A. Guindon, Parcs Canada, 1993.

Édifice fédéral, Regina (Saskatchewan), 1935–1937. Conçu par Reilly and Portnall. Travaux publics et Services gouvernementaux Canada, Service des relevés des richesses du patrimoine, 1981.

Bâtiment de détention de première classe (haut), toilettes (bas), Grosse Île (Québec), 1912. Plans établis par le Bureau de l'Architecte en chef. J.P. Jérôme, Parcs Canada, 1996.

Détail d'un panneau en relief, édifice de distribution urbaine, Toronto (Ontario), 1939–1940. Conçu par Charles B. Dolphin. C. Cameron, Parcs Canada, 1989.

Édifice Connaught, rue Sussex, Ottawa (Ontario), 1913–1916. Dessiné par le Bureau de l'Architecte en chef. M. Trépanier, Parcs Canada, 1993.

Manège militaire et salle d'exercise, Halifax (Nouvelle-Écosse), 1893. Plans établis par le Bureau de l'Architecte en chef. Travaux publics et Services gouvernementaux Canada, Service des relevés des richesses du patrimoine, 1988.

Édifice du Dominion, Winnipeg (Manitoba), 1934–1937. Plans établis par George W. Northwood. Travaux publics et Services gouvernementaux Canada, Service des relevés des richesses du patrimoine, 1982.

Hall de l'Édifice du Dominion, Hamilton (Ontario), 1935–1937. Conçu par Hutton and Souter. Travaux publics et Services gouvernementaux Canada, Service des relevés des richesses du patrimoine, 1993.

Bureau de poste, Dawson City (Yukon), 1900–1902. Plans établis par T.W. Fuller. J. Butterill, Parcs Canada, 1996.

Musée commémoratif Victoria, Ottawa (Ontario), 1905–1908. Dessiné par le Bureau de l'Architecte en chef. M. Trépanier, Parcs Canada, 1993.

l'industrie de la construction, ce qui mit fin à l'isolement du Bureau par rapport aux influences architecturales extérieures. Cette décision eut pour effet de revitaliser l'architecture fédérale. Beaucoup des architectes ainsi engagés introduisirent de nouveaux modèles dans le répertoire des édifices fédéraux et ces modèles influencèrent à leur tour les travaux du Bureau de l'Architecte en chef. Au cours des six années qui suivirent, le gouvernement fédéral érigea certains des plus beaux exemples d'édifices publics Art déco et classiques modernes au Canada.

Les édifices fédéraux de 1927 à 1933 : la revitalisation du Bureau de l'Architecte en chef

En 1927, le programme fédéral de construction, qui avait montré des signes de reprise en 1925 et 1926, atteignit sa vitesse de croisière. Des projets mis au rancart depuis 1914 furent relancés et de nombreux autres furent proposés. En 1929, plus de cent édifices étaient en voie de planification ou de construction au pays. Ce vent d'optimisme amena également le gouvernement à s'engager dans plusieurs grands projets. Le plus coûteux visait l'aménagement de la cité parlementaire, conformément aux recommandations de la Commission du plan fédéral de 1915. Comme nous l'avons vu au chapitre 4, ce projet a débuté avec la construction de l'édifice de la Confédération (1928–1931), et s'est poursuivi avec celle de l'immeuble de la Justice (1934–1938), de la Cour Suprême (1938–1946) et enfin de la Station postale B (1938–1939). À la même époque, d'autres gros édifices coûteux furent construits à l'extérieur de la capitale, dont un bureau de douane à Toronto, un terminus postal à Montréal, un bâtiment d'administration du Conseil national de recherches à Ottawa, de gros édifices à bureaux fédéraux à Calgary, à Windsor et à Saskatoon, de même que des dizaines de petits bureaux de poste et autres édifices fédéraux.

La réalisation de ce programme de construction fut confiée au personnel du Bureau de l'Architecte en chef. Les édifices conçus révélaient à la fois ses forces et ses faiblesses. Dans les années difficiles, le Bureau avait joui de la protection du sous-ministre James B. Hunter et n'avait pas subi d'importantes coupures. Même si quelques architectes étaient partis de leur plein gré, la plupart étaient restés en poste, car les occasions d'emploi étaient rares à l'extérieur.[4] Le seul changement majeur au sein du Bureau fut la nomination de T.W. Fuller à titre d'Architecte en chef en 1927.[5] Fuller remplit ses fonctions avec assurance et compétence, mais sa nomination n'eut aucune incidence perceptible sur l'organisation ou le caractère du Bureau. Comme beaucoup de ses prédécesseurs, Fuller était un fonctionnaire de carrière dont la vie professionnelle se limitait au ministère des Travaux publics. Engagé comme dessinateur par son père, Thomas Fuller, il avait peu à peu gravi les échelons de la hiérarchie. En 1918, il était devenu l'adjoint de l'Architecte en chef Richard C. Wright ; quand celui-ci mourut, en 1927, Fuller était tout désigné pour lui succéder.[6]

La même chose se produisit en 1936 lorsque Charles D. Sutherland succéda à Fuller. Sutherland avait eu une carrière très semblable à celle de Fuller. Engagé en 1901, il s'était élevé dans la hiérarchie et, en 1928, il était devenu l'assistant de Fuller et son successeur désigné. Les deux nominations assuraient le maintien du statu quo et une transition sans accrocs à la direction du Bureau.

Les professionnels du Bureau de l'Architecte en chef avaient tous été façonnés dans le même moule bureaucratique. En 1927, les trente et un architectes et ingénieurs du Bureau avaient été embauchés avant la Première Guerre mondiale, sauf deux. Leur âge moyen était près de cinquante ans et ils étaient tous très familiers avec la conception des édifices publics, même si la plupart d'entre eux n'avaient jamais ou presque travaillé dans le secteur privé. Malgré des années de faible productivité, les employés du Bureau de l'Architecte en chef faisaient manifestement preuve de maturité et d'expérience ; ils avaient planifié, conçu et supervisé la construction de dizaines d'édifices fédéraux sans jamais avoir été confrontés à des accusations graves de mauvaise planification ou de dépassement de budget. Par ailleurs, comme le Bureau n'avait eu aucun défi important à relever au cours de la décennie précédente, il s'était transformé en un milieu fermé, isolé des nouveaux courants architecturaux. Ses employés avaient défini et établi leurs canons esthétiques à l'époque édouardienne et cela se voyait dans leur production.[7]

L'arrêt de l'évolution architecturale du Bureau de l'Architecte en chef n'explique qu'en partie le conservatisme des édifices fédéraux à la fin des années 1920 et au début des 1930. Dans certains cas, ce conservatisme était inévitable puisque les projets réalisés dataient des années 1910. Par exemple, l'édifice de la Confédération, à Ottawa, dont la construction a débuté en 1928, avait été conçu à partir des recommandations et des dessins contenus dans le rapport de la Commission du plan fédéral. À Calgary, on avait dessiné les plans d'un nouvel édifice fédéral en 1918 et, quand les fonds nécessaires à sa construction furent débloqués en 1927, les employés se contentèrent de dépoussiérer les vieux dossiers avant de se mettre au travail.[8]

L'un des plus importants projets de l'époque était le nouveau bureau de douane de Toronto, dont les plans avaient eux aussi été dessinés avant la Première Guerre mondiale.[9] L'idée de construire un nouveau bureau de douane remontait au début des années 1900 et, en 1911, le projet d'aménagement du centre ville présenté par John Lyle, à la demande du Civic Improvement Committee de Toronto, incluait un édifice public de ce type au même endroit.[10] Lyle prévoyait un édifice à façade rectiligne, mais en 1913 on avait proposé d'ériger plutôt un vaste édifice dont la façade suivrait la courbe de la rue Front. On ignore si des plans détaillés ont alors été préparés, mais il est évident qu'on voulait un édifice dont le style Beaux-Arts s'accorderait à celui de la nouvelle gare Union (1915-1920) plus loin dans la rue.

Le bureau de douane de Toronto est l'exemple parfait du travail bien fait mais conservateur du Bureau de l'Architecte en chef à l'époque (figure 6.1). Doté d'une composition équilibrée et proportionnée, il crée, avec la gare Union voisine, un paysage urbain imposant et visuellement cohérent qui reflète le côté théâtral et grandiose propre à l'esthétisme du mouvement « City Beautiful ». Il ressemble beaucoup au bureau de douane de Montréal dont la construction avait débuté près de vingt ans plus tôt. Suivant les conventions classiques types, il s'appuie sur une base en pierre solide, marquée par une maçonnerie de pierre à joints très creux et ponctuée de baies semi-circulaires. La façade principale se divise horizontalement en trois parties : un pavillon central en saillie doté de six colonnes ioniques autoportantes, flanqué de deux pavillons latéraux légèrement avancés. Entre les pavillons, les murs sont accentués par une rangée de pilastres ioniques qui soulignent les lignes verticales appuyées de la corniche et de l'attique. L'extérieur en pierre calcaire de Queenston masque une charpente de béton armé construite en deux étapes. L'aile est et le pavillon central ont été bâtis en 1929-1931, l'aile ouest en 1934-1935. Même si les deux sections sont présentées comme un tout, à l'origine elles ne communiquaient pas entre elles et les étages supérieurs n'étaient pas harmonisés.

En 1936, Percy Nobbs, architecte, professeur et critique montréalais bien connu, écrivait au sujet du travail du Bureau de l'Architecte en chef : « Les architectes du ministère des Travaux publics manquent peut-être parfois de raffinement dans les détails, mais ils savent très bien planifier et la plupart de leurs édifices ont des volumes harmonieux et s'agencent bien les uns aux autres. »[11] Ce commentaire pénétrant aurait fort bien pu s'appliquer au bureau de douane de Toronto. L'ensemble possède un air de grandeur et de dignité approprié à un édifice fédéral important, mais quand on l'examine de près, on constate que la finition simple a été réalisée dans un esprit d'économie. À l'extérieur, les fûts des pilastres et des colonnes sont dénués d'ornements ; la corniche est moulurée très simplement ; de plus, les clés de voûte et les allèges, souvent sculptées, n'ont pas été décorées. L'entrée principale, sous le portique central, donne sur un hall et un vestibule d'ascenseur plutôt modestes, dont les planchers et les lambris sont en marbre. Seule la salle des comptoirs a échappé à ce traitement dépouillé. Dans la tradition du bureau de douane original de Toronto, bâti en 1873-1876, la nouvelle salle des comptoirs est un espace public impressionnant ouvert sur deux étages. Son plafond à caissons repose sur deux rangées de pilastres ornés de chapiteaux corinthiens dorés (figure 6.2). Le reste de l'édifice renferme des espaces de bureaux types et un entrepôt d'examen.[12]

Les petits édifices fédéraux le poids de la tradition

Les gros édifices représentaient une fraction des édifices construits à la fin des années 1920 et au début des années 1930. Selon son habitude, le Bureau était surtout occupé à des édifices publics plus petits et moins chers. Le talent des employés du Bureau de l'Architecte en chef et leur

La construction pendant la Dépression 171

6.1. Bureau de douane, rue Front, Toronto (Ontario), 1929–1931 et 1934–1935. Conçu par le Bureau de l'Architecte en chef. J. Wright, Parcs Canada, 1991.

6.2. Salle des comptoirs, bureau de douane, Toronto. Travaux publics et Services gouvernementaux Canada, Service des relevés des richesses du patrimoine, 1993.

affinité avec la composition classique sont manifestes dans les édifices publics de taille moyenne construits dans les petites villes et les centres régionaux. Deux des meilleurs exemples encore debout de ce type de construction sont les édifices publics de Fort William (aujourd'hui Thunder Bay) en Ontario et de Moncton au Nouveau-Brunswick (figures 6.3 et 6.4).[13] Tous deux appartiennent à un groupe d'édifices conçus en 1931, mais dont la construction fut provisoirement retardée par les coupures de dépenses effectuées entre 1931 et 1933. Ils possèdent une base à joints très creux rustiquée sur laquelle reposent les deux étages supérieurs ; leurs façades s'organisent autour de pilastres entre lesquels les fenêtres en retrait sont séparées par des allèges en métal. À cette échelle quelque peu réduite, l'économie de détails caractéristique du Bureau n'est pas aussi évidente, et la façade, ornée de pavillons en saillie et de colonnes autoportantes engagées entre deux lourds pilastres, donne une impression de monumentalité et de variété sculpturale.

Le Bureau de l'Architecte en chef a surtout produit des petits édifices publics et des bureaux de poste destinés à de petites villes et à des municipalités rurales. Ces édifices ont été conçus pour répondre à des besoins fonctionnels et spatiaux assez courants, d'après des modèles de base qui pouvaient être modifiés selon les besoins. Certains de ces modèles faisaient déjà partie du répertoire architectural fédéral. Par exemple, l'édifice public de Lloydminster, en Saskatchewan (1931-1932), avec sa tour d'angle et ses fenêtres en arc, s'inspire directement des bureaux de poste à la Ewart construits avant la guerre (figure 6.5). Seuls son toit plat et sa tour coiffée d'un dôme le distinguent des édifices antérieurs, qui possèdent en général un toit en croupe et une tour d'horloge pyramidale.

Les autres formules courantes ne témoignent d'aucune évolution dans le design depuis le début des années 1900. L'édifice public de Parry Sound, en Ontario (figure 6.6), possédait certes un étage supplémentaire, mais avec son corps de brique doté de deux entrées latérales, ses fenêtres en arc du rez-de-chaussée et ses détails classiques tirés du répertoire courant du Bureau, on pouvait facilement le confondre avec la station postale C de Toronto, construite en 1902.[14]

Le bureau de poste de Hantsport, en Nouvelle-Écosse, illustre un

6.3. Édifice du Dominion, Moncton (Nouveau-Brunswick), 1934–1936. Plans établis par le Bureau de l'Architecte en chef en 1931. ANC, PA-135584.

6.4. Édifice du Dominion, Fort William (aujourd'hui Thunder Bay), en Ontario, 1934–1935. Plans établis par le Bureau de l'Architecte en chef en 1931. Travaux publics et Services gouvernementaux Canada, Direction des biens immobiliers, Ontario, 1994.

modèle très courant, qui est d'abord apparu à la fin des années 1920 (figure 6.7). Les édifices construits suivant ce modèle étaient des blocs d'un étage et demi coiffés d'un toit tronqué à quatre versants. Faits de briques, ils possédaient une façade à trois baies, de même qu'un frontispice central surmonté d'un petit pignon en parapet. Le bureau de poste proprement dit occupait le rez-de-chaussée, qui était divisé en deux par le comptoir et soutenu en son milieu par deux colonnes en acier. L'entrepôt d'examen occupait souvent une aile à l'arrière et les combles servaient de logement au concierge. À quelques exceptions près, ces édifices ont été construits dans des agglomérations de moins de 1 500 habitants, à un coût moyen de 16 000 $ environ.[15] Entre 1927 et 1935, une trentaine de bureaux de poste du genre ont été bâtis dans toutes les provinces du pays.

Les bureaux de poste de style « bungalow » étaient aussi très courants. La plupart étaient des structures de plain-pied à toit en croupe dont la porte centrale était flanquée de fenêtres à guillotine triples ; quelques-uns étaient dotés d'un toit à la Mansart plus pentu (figure 6.8). D'un coût variant de 7 000 à 10 000 $, ces édifices étaient les plus modestes que concevait le Bureau et desservaient généralement de petites communautés rurales de moins de mille habitants.[16] Une vingtaine d'entre eux ont été construits entre 1927 et 1939 ; il y en aurait sans doute eu davantage sans l'intervention du sous-ministre James B. Hunter. Hunter se mêlait rarement des affaires du Bureau en ce qui concernait la conception des édifices, mais après avoir pris connaissance des plans d'un de ces bureaux de poste, il écrivit : « Je ne crois pas qu'il devrait y avoir d'autres édifices publics de ce genre, car à mon avis, ils n'ont pas du tout l'air d'édifices publics, mais bien plutôt de bungalows. Je pense que les employés sont capables de faire beaucoup mieux. »[17] Sur ce, les bureaux de poste de style « bungalow » furent rayés du répertoire du Bureau.

Les terminus postaux : l'industrialisation du courrier

La fin des années 1920 vit apparaître un nouveau type d'édifices : le terminus postal. Dans les années 1920, l'augmentation de la population et, plus encore, l'expansion rapide des affaires par correspondance et des achats par catalogue avaient entraîné un accroissement considérable du volume du courrier au Canada. Le terminus postal ne remplaçait pas le bureau de poste urbain standard ; il constituait plutôt un centre régional de distribution et d'expédition du courrier.

Le terminus postal de Montréal, dessiné en 1931 et construit en 1934–1937, fut le premier édifice spécialisé de ce type au Canada (figure 6.9).[18] Dans les années 1920, les bureaux de poste commençaient à appliquer les méthodes de production « à la chaîne » à la manutention et au tri du courrier, et ces méthodes, conçues pour la production en série de biens manufacturés, exigeaient un tout nouveau type de local. Tout comme l'entrepôt d'examen de douane, qui remplissait des fonctions similaires, le terminus postal de Montréal était une construction à charpente d'acier à l'épreuve du feu, sans cloisons, percée de grandes fenêtres laissant pénétrer la lumière du jour. Même s'il y avait un bureau de poste public au rez-de-chaussée, la plus grande partie de cette structure massive de sept étages abritait les espaces de travail de type industriel nécessaires pour loger le nouveau matériel de traitement du courrier. L'extérieur très simple, orné de grands pilastres minces reliés par des arcs gothiques aplanis, tenait compte du plan intérieur.

Les stations de passage frontalier : la surveillance de la frontière

Au cours des années 1920, le volume du trafic commercial et privé sur les routes et à la frontière canado-américaine connut une augmentation constante liée au fait que le transport automobile était de plus en plus efficace et fiable, et à celui que la classe moyenne pouvait désormais se procurer des voitures de série à un prix abordable. Quelques stations de passage frontalier avaient été construites après la Première Guerre mondiale, mais la surveillance des biens et des personnes qui sortaient du pays et qui y entraient était demeurée très lâche.[19] La nécessité de resserrer cette surveillance devint une question politique lorsque la Chambre des communes apprit que certains fonctionnaires au Québec acceptaient des pots de vin pour « fermer les yeux » lorsque d'importantes quantités d'alcool étaient livrées illégalement aux États-Unis.[20] Le scandale qui en

6.5. Édifice public, Lloydminster (Saskatchewan), 1931–1932. Conçu par le Bureau de l'Architecte en chef. Cet édifice a été vendu par le gouvernement fédéral et abrite aujourd'hui les bureaux de l'administration municipale. Frank Korvemaker, Direction du patrimoine, gouvernement de la Saskatchewan, 1990.

6.6. Édifice public, Parry Sound (Ontario), 1931–1932. Conçu par le Bureau de l'Architecte en chef. Travaux publics et Services gouvernementaux Canada, Direction des biens immobiliers, Ontario, 1994.

résulta causa la chute du gouvernement libéral en 1926. Quand les Libéraux revinrent au pouvoir, plus tard la même année, une de leurs grandes priorités en matière de construction fut l'établissement d'un réseau de stations permanentes de douane et d'immigration aux principaux points d'entrée le long de la frontière.[21]

Les édifices construits à la fin des années 1920 étaient le plus souvent de simples structures en brique ou à charpente de bois, dotées, de part et d'autre, d'une marquise protégeant les voitures arrêtées à la station.[22] En 1932, on conçut un nouveau modèle qui illustrait l'importance croissante accordée à ces édifices en bordure de la route, qui étaient les nouvelles voies d'accès au pays. Cet intérêt découlait en partie de la décision du gouvernement américain de construire d'imposants édifices en brique aux principaux passages frontaliers, au début des années 1930. À plusieurs reprises, le bel édifice en construction à quelques mètres de distance allait permettre au ministère des Travaux publics de justifier sa décision d'ériger un nouvel édifice de douane et d'immigration.[23] Le nouveau modèle fut utilisé à Beebe (1932), Trout River (1939) et Lacolle (1934–1935) au Québec, de même que sur la route du Pacifique, au sud de Vancouver, en Colombie-Britannique (1935–1936). Il s'agissait d'un édifice d'un étage et demi dont les murs et les pignons en stuc étaient accentués par des colombages (figure 6 10). Modestes par rapport aux édifices américains le plus souvent de style géorgien colonial, ces structures arboraient un style Tudor pittoresque. Le gouvernement canadien avait manifestement choisi un thème architectural distinctif dans le but de symboliser les différences culturelles et politiques entre les deux nations.

La construction d'édifices voués à la recherche

Les différents programmes de recherches du gouvernement fédéral étaient des clients de plus en plus importants pour le ministère des Travaux publics. Le ministère de l'Agriculture avait son propre service du Génie, mais faisait appel au Bureau de l'Architecte en chef pour beaucoup de ses édifices à bureau et de ses installations de recherches. Le bâtiment horticole de la ferme expérimentale centrale, à Ottawa, construit en 1928-1929, était représentatif d'un thème utilisé de façon récurrente par le Bureau. Depuis 1910, le style manoir Tudor, avec ses toits pentus, ses pignons et ses colombages décoratifs, était le style de prédilection pour les petites structures gouvernementales – stations de quarantaine et fermes expérimentales – situées dans les milieux ruraux ou les parcs caractéristiques des complexes fédéraux non urbains.

Le ministère des Mines (réorganisé pour devenir le ministère des Mines et des Ressources en 1936) était également en train, dans les années 1930, d'agrandir ses installations de recherches de la rue Booth à Ottawa, où trois nouveaux édifices étaient prévus.[24] Situés dans une zone industrielle, ces édifices se prêtaient mal au style manoir Tudor. L'architecte W.E. Noffke, d'Ottawa, s'inspira donc des bureaux de poste pour créer des structures en brique de deux étages ornées de détails classiques. Les ailes arrière sont cependant très différentes. Conçues pour recevoir l'équipement lourd et la machinerie nécessaires à la recherche sur les combustibles et la métallurgie, elles offrent des aires de travail ouvertes à l'épreuve du feu, dotées de plafonds hauts, de fenêtres à guillotine et, dans un cas, d'une toiture à lanterneau continu qui assure éclairage et ventilation. Même s'ils ont été quelque peu modifiés pour tenir compte des normes actuelles de construction et des besoins changeants des programmes de recherches, ces trois édifices servent toujours de laboratoires de recherches.

Dans ce domaine, le projet le plus ambitieux fut la construction du nouveau bâtiment d'administration du Conseil national de recherches du Canada. Créé en 1916 sous le nom de Conseil consultatif honoraire de recherches scientifiques et industrielles, le Conseil avait à l'origine pour fonction de conseiller le gouvernement sur l'état de la recherche industrielle au Canada ; de diriger et guider la communauté scientifique ; et de promouvoir la recherche par des subventions et des bourses. En 1925, son mandat fut élargi. Rebaptisé Conseil national de recherches (CNR), il commença à embaucher du personnel et à soutenir un programme actif de recherches. Au début, les employés du CNR occupaient des locaux loués ou empruntés, mais en 1928 le gouvernement approuva la construction d'un nouvel édifice et d'une centrale électrique. Le gouvernement suggéra de lancer un concours national de

6.7. Bureau de poste, Hantsport (Nouvelle-Écosse), 1929-1930. Conçu par le Bureau de l'Architecte en chef. J. Wright, Parcs Canada, 1985.

6.8. Bureau de poste, Broadview (Saskatchewan), 1936–1937. Conçu par le Bureau de l'Architecte en chef. Travaux publics et Services gouvernementaux Canada, Région de l'Ouest, 1987.

dessin, mais le Conseil craignait la lenteur d'un tel processus. En 1929, la construction du nouvel édifice du Conseil national de recherches fut confiée à l'importante firme d'architectes torontoise C.B. Sproatt & E.R. Rolph (figure 6.11).[25]

La construction de cet édifice était le premier projet majeur confié à des architectes du secteur privé depuis la reconstruction de l'édifice du Centre sur la colline du Parlement Renommé pour ses matériaux de qualité et pour ses détails riches et soignés, ce bel édifice contraste avec les autres réalisations plus sobres du Ministère, comme le bureau de douane de Toronto. Il s'agissait de concevoir un intérieur répondant à la double fonction de l'édifice en tant que centre administratif d'une importante institution nationale et laboratoire de recherches industrielles.

Les architectes ont intégré ces deux fonctions de façon ingénieuse en structurant l'espace. La partie publique occupe l'axe central de l'édifice. L'entrée principale s'ouvre sur un hall élégant où prend place un escalier elliptique en travertin crème. La rotonde du rez-de-chaussée, dont le plafond est recouvert d'une fresque illustrant le ciel nocturne, mène à un auditorium de trois cents places. Au-dessus, se trouvent une bibliothèque de deux étages et une salle de lecture, de même qu'une arcade monumentale traversée par une mezzanine qu'éclairent de hautes fenêtres. Le reste du bâtiment encadre deux cours situées de part et d'autre de l'axe principal. La partie avant de l'édifice abrite les bureaux d'administration et les salles de conférence, tandis que les ailes extérieures et l'arrière recèlent les laboratoires de recherches. À la demande du Conseil, ces derniers ont plus tard été équipés de cloisons mobiles permettant de réorganiser aisément l'espace de travail et dotés de matériaux ignifuges, notamment de portes vitrées en acier de type industriel.

L'extérieur offre très peu d'indices quant à la fonction de l'édifice en tant que centre de recherches industrielles appliquées. Les architectes ont plutôt choisi d'intégrer cette structure à vocation double dans une enveloppe de style Beaux-Arts que l'on pourrait aisément prendre pour un palais de justice, un hôtel de ville ou un autre édifice public important. L'élévation principale symétrique est divisée en quatre sections, disposées de chaque côté du frontispice et séparées par deux pavillons secondaires. L'entrée principale, soulignée par un fronton reposant sur deux lourds pilastres et deux colonnes doriques autoportantes, est impressionnante et donne accès aux principaux espaces publics : le hall, l'auditorium et la bibliothèque. Les deux sections latérales, accentuées par une riche colonnade dorique, correspondent aux bureaux d'administration principaux. Les deux ailes extérieures, de même que les élévations arrière et latérales, plus simples et dotées de fenêtres plus larges, correspondent aux laboratoires.

Le choix du style classique et la dichotomie apparente entre la forme Beaux-Arts et la fonction de recherche industrielle de l'édifice soulevèrent la critique de l'architecte torontois Eric Arthur :

> Si vous soumettiez un problème semblable à un étudiant en architecture, il penserait immédiatement à l'une des grandes usines d'Erick Mendelsohn à Berlin. Il penserait lumière puissance et majesté de la science. Sproatt et Rolph n'ont vu que la majesté de l'État [...] Sa façade grandiose n'évoque que la fonction publique ; des myriades de commis dans des myriades de bureaux.[26]

Arthur déplore que les architectes ne se soient pas inspirés des modernistes allemands, ce qui révèle l'intérêt récent de certains cercles pour la nouvelle architecture européenne fonctionnaliste. Ce point de vue ne reflète cependant pas les valeurs architecturales dominantes au Canada dans les années 1930.

Le choix du style classique monumental avait été en partie dicté par l'emplacement de l'édifice sur la promenade Sussex, une route pittoresque utilisée pour les parcours d'honneur entre la résidence du Gouverneur général et la colline du Parlement. Plus encore, ce choix illustre la force de la tradition Beaux-Arts dans l'architecture canadienne. Aux yeux d'Eric Arthur, le résultat était un édifice public des plus banals, mais la plupart des architectes associaient inévitablement le langage classique à leur perception d'un édifice public et de l'image que celui-ci devait projeter. Sproatt et Rolph appartenaient à une génération d'architectes en fin de carrière et représentaient, comme beaucoup d'employés du Bureau de l'Architecte en chef la faction la plus conservatrice de l'architecture canadienne. Nous verrons les architectes de la génération

6.9. Terminus postal, Montréal (Québec), 1934–1937. Conçu par le Bureau de l'Architecte en chef en 1931. ANC, PA-61866.

180 Les biens de la Couronne

6.10. Bureau de douane et d'immigration, Route du Pacifique, Surrey (Colombie-Britannique), 1935–1936. Plans étab is par le Bureau de l'Architecte en chef. Démoli dans les années 1980. E. Mills, Parcs Canada, 1984.

6.11. Édifice du Conseil national de recherches, Ottawa (Ontario), 1929–1932. Conçu par C.B. Sproatt et E.R. Rolph. Travaux publics et Services gouvernementaux Canada, Service des relevés des richesses du patrimoine, 1982.

suivante s'élever contre l'historisme académique du style Beaux-Arts, tout en continuant de définir l'architecture publique dans le cadre de la tradition classique.

La Loi de 1934 sur la construction d'ouvrages publics

Le krach boursier d'octobre 1929 n'entraîna pas l'effondrement immédiat de tous les secteurs de l'économie. La croissance de la fin des années 1920 continua de soutenir l'économie pendant les premières années de la Dépression, dont les effets à long terme furent ainsi masqués.[27] En 1930, le Parti conservateur dirigé par R.B. Bennett défit le gouvernement libéral en promettant de revitaliser l'économie et de mettre rapidement fin au chômage. Sa stratégie reposait sur des remèdes conventionnels : augmenter les tarifs douaniers pour protéger et stimuler la croissance des industries et des manufactures. Le chômage était considéré comme un problème à court terme dont on viendrait à bout grâce au secours direct et à des projets de création d'emplois à forte proportion de main-d'œuvre, comme la construction de routes.

En 1932, la situation avait empiré. En février, 25 p. 100 de la main-d'œuvre était sans emploi et le coût du secours direct, associé à la baisse des recettes publiques, entraînait un déficit croissant à tous les paliers de l'administration. L'économie instable fut minée encore davantage par la décision des Britanniques d'abandonner l'étalon-or au profit de l'argent sterling. Comme le dollar canadien était étroitement lié à la livre britannique, sa valeur par rapport au dollar américain chuta. Pour soutenir la monnaie canadienne, le gouvernement imposa une politique de restrictions budgétaires destinées à équilibrer le budget. Il y eut des coupures dans les programmes de secours, des hausses de taxes et toutes les dépenses fédérales furent réduites.[28]

Le boom de la construction, qui avait débuté en 1927, avait permis au ministère des Travaux publics de maintenir son budget à des niveaux élevés pendant les premières années de la Dépression. En fait, le plus important budget annuel de construction avait été voté en 1930-1931, au moment où beaucoup de gros projets entrepris à la fin des années 1920 étaient en voie d'être complétés. En 1932, cependant, la politique de restrictions du gouvernement eut un effet immédiat sur les activités du Bureau de l'Architecte en chef. Beaucoup de projets, pour lesquels les plans et devis étaient prêts, furent annulés, et aucun nouveau projet ne fut lancé. En moins de deux ans, le budget de construction passa de 8,76 millions de $ à 833 730 $ (1933-1934).

L'économie canadienne toucha le fond au cours du premier trimestre de 1933. Le taux de chômage était alors de 30 p. 100 et le coût du maintien des programmes de secours de base menaçait d'acculer plusieurs administrations provinciales et municipales à la faillite. Si le gouvernement fédéral voulait survivre à la prochaine élection, il devrait prouver qu'il était capable de redresser la situation. En 1932, aux États-Unis, Franklin D. Roosevelt avait remporté une grande victoire aux élections présidentielles grâce à une campagne axée sur la reprise économique. Le « New Deal » proposé par Roosevelt s'inspirait de l'œuvre de John Maynard Keynes, un économiste britannique qui militait en faveur de dépenses gouvernementales axées sur des projets d'immobilisations utiles. Ces projets devaient créer de l'emploi et stimuler l'économie du secteur privé, tout en améliorant l'infrastructure des ouvrages publics au pays. L'une des principales composantes du programme de Roosevelt était la création de la Public Works Administration (PWA) qui s'assortissait de 3,3 milliards de $ en fonds supplémentaires pour des projets d'ouvrages publics.[29]

La PWA fut adoptée par le Congrès américain en mai 1933 et on exerça toute l'année des pressions sur le gouvernement canadien pour qu'il introduise un programme similaire.[30] En janvier 1934, le Premier ministre Bennett demanda au major-général Andrew McNaughton, codirecteur des camps de secours gouvernementaux, de préparer des plans et un budget en vue d'une version canadienne de la PWA. McNaughton présenta un ambitieux programme de travaux, incluant le prolongement de la transcanadienne, la construction d'aéroports, de barrages, d'ouvrages d'irrigation et de maisons, des travaux de reboisement, la participation aux travaux publics municipaux et provinciaux, et la construction de nombreux édifices publics. Le coût annuel de ce programme était estimé à 70 millions de dollars.[31] Cependant, même s'il s'était engagé politiquement à mettre sur pied un programme de dépenses, le Premier ministre avait des idées conservatrices en matière de finances et hésitait à accumuler un tel déficit.

En juin 1934, la *Loi sur la construction d'ouvrages publics* fut déposée devant le Parlement. Son contenu était plutôt modeste : elle prévoyait 40 millions de $ pour 185 projets répartis sur plusieurs années.[32] De cette somme, 19,5 millions de $ étaient alloués pour la construction de nouveaux édifices publics. Parallèlement, les budgets de fonctionnement normaux des ministères, qui servaient à financer les projets de construction, de réparation et d'entretien, furent aussi restaurés à leurs niveaux d'avant la Dépression. La priorité fut donnée aux projets permettant de créer des emplois à long terme et à ceux impliquant des coûts de location élevés pour le gouvernement.[33] Étant donné ces critères, on eut tendance à privilégier les projets importants dans les grands centres urbains. Afin de maximiser l'effet stimulant de ces projets, des échelles de salaires furent établies ; on encouragea le recours à la main-d'œuvre manuelle ; et on rendit obligatoire (autant que possible) l'utilisation de matériaux canadiens. Le ministère des Travaux publics détermina également le type de chaque construction (acier ou béton armé) afin de distribuer équitablement le travail entre les deux secteurs les plus influents de l'industrie de la construction. Le programme proposé était également conçu de façon que la plus grande partie de l'argent soit dépensée dans des circonscriptions conservatrices. Le comté représenté par R.B. Bennett, celui de Calgary Ouest, était le plus favorisé avec 1,5 million de dollars.[34]

Ce programme ne remporta toutefois pas le succès escompté sur le plan politique et fut, dès le début, considéré comme « trop peu, trop tard ».[35] En 1935, même si l'économie générale montrait des signes d'amélioration, il ne réussit pas à restaurer la crédibilité du gouvernement conservateur qui subit en octobre l'une des pires défaites électorales de son histoire.

La Loi sur la construction d'ouvrages publics eut cependant un effet profond sur le caractère de l'architecture fédérale. Elle marqua également un changement quant au rôle du Bureau de l'Architecte en chef dans la construction des ouvrages publics. Au départ, le Bureau avait assumé que la majorité des travaux de conception lui seraient confiés. À l'été et à l'automne de 1934, prévoyant une charge de travail accrue, il avait embauché six architectes stagiaires, cinq dessinateurs et quatre ingénieurs de structure et ingénieurs mécaniciens.[36] Entre-temps, divers organismes d'architecture, comme l'Institut royal d'architecture du Canada et les associations provinciales, firent des pressions sur le gouvernement pour qu'il confie davantage de projets à des architectes indépendants. Ce lobby professionnel, qui avait vu le jour au début des années 1900, avait été relativement inactif pendant la guerre, surtout parce que les ouvrages publics étaient rares. La reprise de la construction en 1927 entraîna également la reprise de la campagne de lobbying, qui s'intensifia dans les années 1930 vu la rareté du travail dans le secteur privé.

Le ton et le contenu du débat n'avaient pas changé depuis le début des années 1900 : les édifices publics devraient refléter les plus hautes normes en matière d'architecture au Canada et les architectes du gouvernement ne répondaient plus à cet idéal. Comme l'affirmait l'Institut royal d'architecture du Canada dans une pétition datée de 1928 : « Les édifices publics, surtout lorsqu'ils sont imposants, devraient témoigner de la culture de la communauté, ce qui est rarement le cas au Canada. »[37] Dans beaucoup de lettres, on soulignait que, sans être incompétents, les architectes du gouvernement étaient des fonctionnaires dont la réputation ne reposait pas sur le maintien d'une bonne clientèle. Ils étaient donc peu motivés à se tenir au courant des nouveaux développements. De plus, les architectes du gouvernement n'avaient pas la liberté d'action et le sens de la concurrence qui produisent une architecture de qualité. Leur milieu de travail (la bureaucratie fédérale, marquée par la division des responsabilités et les limites imposées à la créativité) leur donnait « peu d'occasions, sinon aucune, de faire individuellement de leur mieux pour régler le problème ».[38]

Au début, le Ministère défendit sa position. Dans une lettre adressée au président de l'Institut royal d'architecture du Canada, le ministre des Travaux publics affirmait que payer les salaires des fonctionnaires revenait moins cher que payer la commission de 5 p. 100 exigée par un architecte du secteur privé. Les architectes du gouvernement connaissaient mieux les besoins des clients et pouvaient dessiner des plans plus vite, de façon plus efficace et avec un minimum de dépassement de coût.

Les architectes du secteur privé avaient par ailleurs tendance à dépasser les coûts et à ne pas toujours respecter les normes. Grâce à son personnel permanent, le Ministère évitait en outre le problème délicat du favoritisme, qui rapportait en réalité très peu au Parti sur le plan politique. Au cours des sept années précédentes, le Bureau de l'Architecte en chef avait prouvé qu'il pouvait mener à bien un important programme de construction et la bureaucratie avait clairement l'intention d'assumer la réalisation des travaux prévus aux termes de la Loi sur la construction d'ouvrages publics.

Les pressions politiques et le désir de fournir de l'emploi à des professionnels durement touchés par la Dépression força toutefois le gouvernement à modifier sa politique. En novembre 1934, dix-sept architectes avaient reçu des commandes du gouvernement ; presque tous les projets « à grand rayonnement » avaient été ainsi donnés à contrat.[39] Comme toujours, le processus de sélection était teinté de favoritisme politique. Les nominations étaient faites par le ministre des Travaux publics, sur la recommandation du caucus du Parti. Dès l'annonce du programme, le Ministre et divers députés avaient été inondés de courrier par des architectes en quête de travail. Une lettre adressée en 1934 par un député de Montréal au ministre des Travaux publics, concernant la nomination possible d'un architecte pour surveiller la construction d'une annexe au bureau de douane de Montréal, illustre bien la nature politique du processus de nomination : « Son nom [celui de l'architecte] serait certainement mal accueilli par nos amis conservateurs, pour des raisons évidentes. Même s'il vient d'une famille de Conservateurs, il n'a jamais été membre de notre organisation et a toujours été du côté de nos adversaires. »[40] Le député recommandait un autre architecte « plus acceptable » à qui le contrat fut accordé.

La redéfinition de l'image fédérale : l'influence du classicisme moderne

Bien que le programme de travaux lancé durant la Dépression ait produit sa part d'édifices médiocres, la décision d'employer des architectes de l'extérieur a manifestement eu un effet positif sur l'architecture fédérale. La fin des années 1920 et le début des années 1930 avait été une époque excitante et dynamique dans l'histoire de l'architecture au Canada. Les changements et les transformations alors survenus découlaient d'une tension entre des valeurs architecturales et esthétiques divergentes et souvent conflictuelles. Au milieu des années 1920, le nouveau modernisme de l'avant-garde européenne, illustré par les œuvres de *De Stijl* dans les Pays-Bas, du Bauhaus en Allemagne et de Le Corbusier en France, était de plus en plus connu et recrutait des adeptes au Royaume-Uni, en Europe et, dans une moindre mesure, aux États-Unis. Les architectes canadiens étaient au courant de ces nouveautés qu'ils trouvaient souvent admirables, mais ils ne pouvaient renier les traditions architecturales dans lesquelles ils avaient été formés. Comme le disait l'un d'eux : « Le problème quand vient le temps de jeter l'érudition et la tradition aux oubliettes est qu'en agissant de la sorte nous nous privons des expressions mêmes qui forment nos phrases, nos paragraphes et toutes nos compositions architecturales. »[41] Comme la plupart de leurs confrères nord-américains et européens, les architectes canadiens préconisaient une position à mi-chemin entre le passé et le présent.

Le courant architectural de la fin des années 1920 et des années 1930 cherchait à fusionner ou concilier tradition et modernité, de façon à éviter l'historisme contraignant de la première et la pauvreté ornementale et culturelle de la seconde.[42] Cette période et la vision du design qui la caractérise portent plusieurs étiquettes stylistiques. Le terme le plus répandu, Art déco, provient de l'Exposition des arts décoratifs et industriels organisée à Paris en 1925, qui a attiré l'attention du public sur les nouvelles tendances modernistes en design décoratif. Le terme Art déco est un générique qui peut être appliqué à plusieurs styles architecturaux pour lesquels il existe des étiquettes plus précises et plus descriptives. « Style moderne », désignant un style de courbes et de formes simples, s'appliquait davantage aux cinémas, aux postes d'essence et aux édifices commerciaux. « Classicisme moderne » était utilisé pour désigner une architecture inspirée de la tradition classique, mais interprétée suivant les concepts modernistes de simplicité, de pureté de la forme et de retenue dans les détails. Le « classicisme moderne » était le plus souvent associé à l'architecture publique.

À la fin des années 1920 et au début des années 1930, le Bureau de l'Architecte en chef continuait de construire des édifices respectant les conventions établies vingt ans plus tôt. En 1934, les architectes de l'extérieur commencèrent à introduire des idées qui allaient redéfinir l'image architecturale du gouvernement fédéral.[43] On comprend mieux la nature de ce changement si on compare le bureau de douane de Toronto (encore en construction en 1934) et le nouvel édifice du Dominion de Hamilton l'un des premiers bâtiments réalisés en vertu de la Loi sur la construction d'ouvrages publics (figure 6.12). Les deux édifices ont une charpente d'acier recouverte de pierre calcaire ; leurs façades adoptent la syntaxe classique familière : base bien définie, colonnes et corniche. La différence réside dans la qualité des détails et dans leur relation avec les volumes sous-jacents. Sur l'édifice de Toronto, les colonnes ioniques autoportantes, les cordons en relief de même que la corniche et l'architrave d'entrée, en saillie par rapport au mur de structure, donnent à la façade une qualité tridimensionnelle et sculpturale. Par contre, sur l'édifice du Dominion de Hamilton, les détails sont moins nombreux, plus épurés. Les pilastres sont réduits à de simples bandes effilées et les « ordres » classiques ont été remplacés par d'étroits bandeaux ornés de motifs géométriques simples – cercles et carrés. La corniche est un simple bandeau sur lequel des motifs foliés et floraux ont été sculptés en bas-relief. Les ornements sont plats, à deux dimensions ; ils semblent avoir été tracés sur la surface lisse des murs de calcaire. Cette approche, qui accentue le plus souvent les volumes simples et nets, était l'une des caractéristiques du classicisme moderne.

Libérés des règles et des conventions de l'historisme didactique, les architectes pouvaient développer un nouveau vocabulaire décoratif issu de l'expérience contemporaine. Le panneau en relief surmontant l'entrée principale de l'édifice du Dominion de Hamilton était typique du style et de l'imagerie nationaliste associés à l'architecture publique de l'époque (figure 6.13). Il propose une série de figures allégoriques représentant les industries et les ressources naturelles du Canada : agriculture, exploitation forestière, pêche et transport. Ces images illustrent des thèmes canadiens, mais le rendu conserve un lien avec les conventions artistiques du passé. Les figures héroïques, aux muscles noueux, ont des poses

6.12. Édifice du Dominion, Hamilton (Ontario), 1935–1937. Conçu par Hutton et Souter. Travaux publics et Services gouvernementaux Canada, Service des relevés des richesses du patrimoine, 1984.

6.13. Détail d'un panneau en relief, édifice du Dominion de Hamilton. De gauche à droite, figures allégoriques représentant la pêche, l'agriculture (récolte et semis) et le commerce des fourrures. J. Wright, Parcs Canada, 1985.

qui évoquent immédiatement la sculpture gréco-romaine. Ce mélange de contemporain et d'historique, de moderne et de traditionnel, définit le thème directeur de l'architecture canadienne des années 1930.

Comme beaucoup d'autres édifices donnés à contrat, l'édifice du Dominion de Hamilton avait une finition et une ornementation très soignées par rapport aux normes du ministère des Travaux publics. La qualité de la conception et de l'exécution est surtout évidente dans le traitement des principaux espaces publics intérieurs. Le grand hall postal, situé au rez-de-chaussée, à gauche du hall d'entrée principal, est d'inspiration classique, mais l'espace et les détails possèdent une légèreté qui lui confère la calme froideur caractéristique du style classique moderne (figure 6.14). La lumière naturelle pénètre abondamment par les hautes fenêtres qui ponctuent le mur extérieur. Le plancher est fait de marbre de quatre couleurs, disposées suivant un motif géométrique auquel le plafond à caissons fait écho. Le plafond et la frise tout autour présentent un mélange subtil de couleurs pastel : vert mousse, bronze, gris et argent, avec des touches de rouge. À l'intérieur, l'ornementation reprend les motifs géométriques stylisés de l'extérieur. On retrouve également des images du Canada dans la carte située au-dessus du comptoir et dans des médaillons illustrant un navire, un aéronef, un traîneau de chiens et un train – des thèmes courants dans l'iconographie des postes. L'intérieur, très bien entretenu, a conservé une partie de son mobilier d'origine, dont les magnifiques luminaires en métal battu et les hautes tables élégantes de style grec.

L'édifice du Dominion de Hamilton n'était qu'un des nombreux projets majeurs entrepris en vertu de la Loi sur la construction d'ouvrages publics. À Halifax, London, Winnipeg, Regina et Vancouver, d'autres édifices imposants reflétant l'influence du style Art déco ou classique moderne furent aussi construits. L'édifice du Dominion de Winnipeg, conçu par George W. Northwood, n'avait pas de liens évidents avec la forme classique (figure 6.15).[44] Bien que ses dimensions globales aient été assez semblables à celles de l'édifice de Hamilton, son plan triangulaire et sa façade principale, située au sommet du triangle, accentuaient sa verticalité. Cet effet était amplifié par de hauts pilastres minces dépassant la ligne de corniche pour créer une forme ouverte sur

6.14. Hall postal, édifice du Dominion de Hamilton. Travaux publics et Services gouvernementaux Canada, Service des relevés des richesses du patrimoine, 1984.

6.15. Édifice du Dominion, Winnipeg (Manitoba), 1934–1937. Conçu par George W. Northwood. Travaux publics et Services gouvernementaux Canada, Service des relevés des richesses du patrimoine, 1982.

le plan visuel. Les ornements au sommet de l'édifice ressemblaient à des tiges de blé. Ce motif, qui semble particulièrement approprié à Winnipeg, était un élément récurrent du vocabulaire Art déco.

L'édifice du Dominion de Halifax fut le seul édifice fédéral important confié au Bureau de l'Architecte en chef. Il prouve l'habileté des employés du Bureau à assimiler et à maîtriser de nouvelles techniques de design (figure 6.16). À l'origine, le projet avait été donné à contrat à un architecte du secteur privé, dont les plans furent refusés par le Ministère.[45] Le projet du Bureau s'inspirait nettement des nouveaux modèles présentés à l'époque, notamment pour des édifices de Winnipeg et de London.

L'édifice du Dominion de Halifax, une structure massive de sept étages, occupe presque tout un pâté de maison. Le calcaire ocre des murs, qui provient de Wallace, recouvre une charpente expérimentale inhabituelle combinant acier et béton armé.[46] Contrairement aux édifices à bureaux typiques, qui sont simplement rectangulaires, celui-ci possède une masse fractionnée en volumes plus petits qui dirigent le regard vers la haute tour centrale, coiffée d'un dôme, située en retrait de la rue. Comme à Winnipeg, les hauts pilastres minces entre les fenêtres accentuent la sensation de hauteur. L'ensemble se compare bien aux œuvres des architectes du secteur privé, mais encore une fois, les normes de construction sobres du Bureau prévalent. Quelques motifs maritimes (ancres, dauphins, hippocampes, vagues et navires) ont été inclus dans le vocabulaire décoratif, mais ces ornements sont en général confinés à l'entrée principale, à une partie du grillage recouvrant les fenêtres du rez-de-chaussée et au vestibule d'entrée. En général, la finition extérieure et intérieure n'est ni aussi riche, ni aussi variée, que sur les édifices dont il a été question précédemment.

L'influence du classicisme moderne s'est également fait sentir sur les petits projets réalisés par des architectes du secteur privé ou par le Bureau. Les édifices fédéraux de Prince Rupert, en Colombie-Britannique, et de Kitchener, en Ontario, sont de bons exemples de ce type de construction (figures 6.17 et 6.18). Leur masse symétrique, avec l'entrée centrale flanquée de deux ailes, correspond à la formule classique courante, mais leurs murs plats ornés de détails stylisés en bas-relief sont caractéristiques de l'époque. L'édifice de Kitchener est recouvert de pierre calcaire extraite à Queenston, tout près, mais celui de Prince Rupert est un exemple inhabituel de construction monolithique en béton. Le devis original prévoyait de la brique, mais l'architecte recommanda d'utiliser du béton, un matériau plus polyvalent et plus économique que la pierre.[47] Couramment utilisé sur la côte ouest et notamment en Californie, le béton pouvait être peint de n'importe quelle couleur et sa surface lisse, très appréciée, pouvait être rayée pour donner l'apparence de la pierre, ce qui en faisait le matériau idéal compte tenu du goût de l'époque pour les couleurs pastel et les lignes bien nettes. L'édifice sert aujourd'hui d'hôtel de ville à Prince Rupert. Son extérieur a été récemment orné de motifs décoratifs empruntés à l'art autochtone de la côte ouest, qui se marient bien au style d'origine.

À la fin des années 1930, certains architectes s'éloignèrent encore davantage de leurs racines classiques pour adopter un vocabulaire plus moderne. La station postale K et l'édifice de distribution urbaine de Toronto (figures 6.19 et 6.20) comptent parmi les meilleurs exemples de cette tendance.[48] La station postale K conserve une symétrie et un ordre classiques, mais elle ne recèle aucune forme classique identifiable. Deux obélisques, l'un surmonté d'un lion, l'autre d'une licorne, décorent l'entrée principale. Ils se détachent de l'édifice pour avoir l'air de sculptures autonomes et n'altèrent pas la simplicité des volumes de base.

De construction un peu plus récente, l'édifice de distribution urbaine, qui servait de centre de tri et de distribution (comme le terminus postal de Montréal), est très hétéroclite.[49] Sa façade principale est ornée d'une simple rangée de pilastres – un motif courant du classicisme moderne – mais les fenêtres enveloppantes sur les coins extérieurs de l'édifice sont associées au modernisme européen plus radical du style international. Au milieu des années 1930, l'influence du modernisme se faisait de plus en plus sentir dans les œuvres de certains architectes canadiens, notamment dans les secteurs résidentiel et commercial. Sur l'édifice de Toronto, l'architecte a simplement emprunté un motif associé au mouvement pour l'appliquer à un modèle classique moderne. L'édifice de distribution urbaine se démarque aussi par ses panneaux en relief

6.16. Édifice du Dominion, Halifax (Nouvelle-Écosse), 1935–1937. Conçu par le Bureau de l'Architecte en chef. ANC, PA-124522.

190 Les biens de la Couronne

6.17. Édifice fédéral, Prince Rupert (Colombie-Britannique), 1937–1938. Conçu par Max Downing. J. Wright, Parcs Canada, 1993.

noyés dans la maçonnerie de pierre. Typiques de l'époque, ces panneaux représentent des thèmes canadiens illustrant les diverses méthodes de transport du courrier au Canada, mais leur interprétation est très différente de celle des panneaux en relief de l'édifice du Dominion de Hamilton. À hauteur des yeux, ils ressemblent davantage à des paysages peints sur les murs qu'à des ornements architecturaux intégrés dans le design de l'édifice.

Tous les édifices fédéraux construits pendant la Dépression ne sont pas conformes à cette image architecturale. Les architectes canadiens des années 1930 et même des années 1940 conservaient une approche éclectique. Ils se sentaient libres d'exploiter divers vocabulaires, divers styles, et naviguaient souvent avec aisance de l'un à l'autre, passant de l'historisme traditionnel au modernisme. Ainsi, le bel édifice public du Dominion d'Amherst, en Nouvelle-Écosse (1935–1936), a été conçu dans un style qui se veut une interprétation très didactique du dorique grec (figure 6.21).[50] L'architecte, Leslie Fairn de Halifax, était l'un des principaux tenants du classicisme moderne dans les Maritimes, mais pour ce contrat, il a opté pour un vocabulaire plus traditionnel.

Le style Château, alors en déclin, était néanmoins considéré comme approprié dans certains cas sur le plan symbolique. À Ottawa, il constituait encore le style officiel pour les édifices gouvernementaux de la colline du Parlement, mais à la fin des années 1930, il avait été considérablement redéfini à la lumière des valeurs classiques modernes. L'édifice de la Cour suprême, à Ottawa, conçu par Ernest Cormier, représente le classicisme moderne réduit à sa plus simple expression. Conformément à la politique du gouvernement, Cormier lui a ajouté un toit « Château » très pentu, qui constitue un symbole plutôt qu'un élément à part entière du design.

On trouve des exemples plus orthodoxes du style Château à Québec, où les associations culturelles du style avaient conservé leur pertinence symbolique. Le terminus postal de Québec (figure 6.22), commencé en 1939, était une interprétation curieusement pittoresque du style Château. Il possédait un plan asymétrique, une ligne de faîte irrégulière hérissée de tours et de lucarnes gothiques, ainsi que de riches surfaces polychromatiques de brique rouge ornées de pierres d'angle et de

6.18. Édifice public, Kitchener (Ontario), 1937–1938. Conçu par le Bureau de l'Architecte en chef. J. Wright, Parcs Canada, 1985.

6.19. Station postale K, Toronto (Ontario), 1937–1938. Conçue par Murray Brown. J. Wright, Parcs Canada, 1985.

6.20. Édifice de distribution urbaine, Toronto (Ontario), 1939–1940. Conçu par Charles B. Dolphin. Université de Calgary, Archives d'architecture canadienne, Collection Panda, 541132-2.

6.21. Édifice du Dominion, Amherst (Nouvelle-Écosse), 1935–1936. Conçu par Leslie Fairn. Travaux publics et Services gouvernementaux Canada, Service des relevés des richesses du patrimoine, 1982.

La construction pendant la Dépression 195

6.22. Terminus postal, Québec (Québec), 1939–1940. Conçu par Raoul Chênevert. Ce bâtiment abrite aujourd'hui des bureaux de santé Canada. M. Trépanier, Parcs Canada, 1989.

6.23. Bureau de poste, Pointe-au-Pic (Québec), 1938–1939. Conçu par le Bureau de l'Architecte en chef. ANC, PA-124534.

garnitures en pierre de taille. Conçu pour s'harmoniser avec la gare voisine du Canadien Pacifique, construite en 1915, il reflétait la longue tradition des édifices publics importants mettant en valeur l'image romantique française de la ville de Québec. Par ailleurs, le Bureau de l'Architecte en chef dessina également un modèle de style « français » qui fut réalisé dans plusieurs petites communautés. Les premiers édifices de ce type datent de la fin des années 1920, mais la plupart furent construits entre 1934 et 1939.[51] Le bureau de poste de Pointe-au-Pic (1938–1939), avec son toit en pavillon très pentu et son frontispice en pierre de taille, en est un bon exemple (figure 6.23).

Les petits édifices fédéraux : l'élaboration de nouvelles politiques

Le Bureau de l'Architecte en chef avait conservé le contrôle exclusif des plans des petits édifices fédéraux et bureaux de poste, qui portent tous sa marque et qui illustrent sa tendance à suivre deux ou trois formules de base. Les premiers édifices construits dans le cadre du programme d'ouvrages publics de la Dépression sont conformes aux modèles établis dans les années 1920. Dans les petites villes, le bureau de poste en brique rouge abritant à l'étage des bureaux du gouvernement et le logement du concierge, était toujours la norme. Le seul changement visible avait trait à la définition des détails, où l'on sentait, en 1935, l'influence du classicisme moderne. L'édifice fédéral de Kingsville, en Ontario (1935–1936), illustre la nature de ces transformations (figure 6.24). Le plan simple et l'élévation sont identiques à ce qui se faisait au début du XXe siècle, mais les détails sont réduits à leur plus simple expression. La corniche moulée en saillie et l'entrée à fronton ont été remplacées par une bordure plate et stylisée en pierre le long de la ligne de faîte et autour des deux entrées principales.

Vers 1936, le gouvernement fédéral commença à appliquer une nouvelle politique qui allait avoir beaucoup d'impact sur le caractère de ces édifices et sur leur rôle dans la communauté. Dans les années 1930, toutes les collectivités, même les plus petites, s'étaient mises à réclamer un bureau de poste et à exiger de leur député qu'il fasse avancer les choses. Au lieu de refuser et d'assumer les conséquences politiques de son refus, le nouveau gouvernement libéral élabora de nouvelles normes en matière de logement qui permettaient de construire davantage de bureaux de poste à un coût unitaire moindre. En mars 1936, le ministre des Travaux publics, P.-J.-A. Cardin, transmettait de nouvelles directives à T.W. Fuller, alors sur le point de prendre sa retraite. Fuller répondit : « Si je comprends bien les instructions que j'ai reçues hier de l'honorable ministre, nous devons construire de petits édifices de plain-pied bon marché, sans logement pour le concierge. »[52] On précisait également dans les instructions que les édifices devaient être recouverts d'un lambris de briques, de bardeaux de bois ou de stuc, plutôt que de pierre. Ils offraient à peine plus d'espace aux ministères. Le Bureau devait aussi décourager la consultation avec les ministères clients, lesquels avaient tendance à demander des édifices plus grands et plus coûteux que nécessaire.

L'application de cette nouvelle politique eut un effet immédiat sur les plans des bureaux de poste. En 1936, plusieurs bureaux de poste d'un étage et demi, déjà prévus et inclus dans le budget des dépenses, furent contremandés et remplacés par de petites structures de plain-pied. Cette substitution entraîna une diminution de 50 p. 100 des coûts de construction, qui passèrent en moyenne de 16 000 $ à 8 000 $. Après 1936, le bureau de poste typique est un édifice de plain-pied en brique, avec une façade à trois baies et une entrée centrée ou décentrée. Au début, on favorisait les détails classiques conventionnels, comme l'illustre le bureau de poste de Salmon Arm, en Colombie-Britannique (figure 6.25).[53] Le plan et l'élévation changèrent peu au fil des ans, mais les détails et la finition révèlent l'influence du classicisme moderne. Le bureau de poste de Woodville, en Ontario (1939), avec son frontispice en pierre simple et ses colonnes engagées en quarts-de-ronds, constitue une variante du thème le plus courant (figure 6.26). Entre 1935 et 1939, le Bureau de l'Architecte en chef construisit plus de cinquante de ces bureaux de poste de plain-pied.

Certaines collectivités n'appréciaient guère la nouvelle politique. Plus l'édifice était gros, plus les immobilisations étaient importantes et plus le prestige de la communauté était grand. Le Ministère essayait de réduire

6.24. Édifice public fédéral, Kingsville (Ontario), 1935–1936 ; photographie prise dans les années 1930. Conçu par le Bureau de l'Architecte en chef. Démoli. ANC, C-70536.

6.25. Plan du bureau de poste, Salmon Arm (Colombie-Britannique), 1935. Conçu par le Bureau de l'Architecte en chef. ANC, PA-139630.

ses coûts dans ce secteur depuis un certain temps déjà, mais il s'était toujours heurté à des résistances à l'échelle locale. Comme le signalait l'Architecte en chef en 1931 : « Comme vous le savez, nous avons soulevé de vives protestations chaque fois que nous avons voulu construire un édifice de plain-pied. »[54] Le poste de concierge, qui venait avec un appartement, était une sinécure généralement accordée à un partisan méritant par le parti au pouvoir, et les politiciens locaux répugnaient à le voir disparaître. Les collectivités étaient particulièrement froissées lorsque l'agglomération voisine avait eu droit à un gros bureau de poste quelques années auparavant. Pourtant, malgré toutes les protestations, le gouvernement continua d'appliquer sa politique, qui était en fait un compromis entre sa volonté de contrôler les budgets consacrés à la construction et ses efforts en vue de satisfaire l'ambition de chaque petite agglomération d'avoir son propre édifice fédéral

Manèges militaires et bâtiments de la GRC

Dans la deuxième moitié des années 1930, le ministère des Travaux publics assista également au retour de deux clients qui, pendant quelques décennies, avaient boudé ses services de construction. Depuis la fin du XIXe siècle, la Gendarmerie royale du Canada (GRC, anciennement la Police à cheval du Nord-Ouest) gérait son propre inventaire de bâtiments et faisait appel à des architectes du secteur privé pour concevoir et réaliser tous ses nouveaux projets. Les relations de travail entre la GRC et le Bureau de l'Architecte en chef allaient demeurer ambiguës tout au long des années 1930, mais en 1934, le Bureau fut appelé à gérer plusieurs nouveaux projets pour quelques divisions postées en Ontario et dans l'Ouest. Ces projets incluaient l'agrandissement de casernes à Edmonton ; la construction d'un atelier, d'un gymnase et d'une petite salle de conférence au Dépôt de Regina ; et la construction de cinq nouveaux édifices pour le quartier général de la GRC à la division N près du parc Rockcliffe, à Ottawa. La caserne principale, à Ottawa, est une structure en brique rouge dotée d'une ligne de faîte crénelée. Bien que conçue par l'architecte A.J. Hazelgrove, d'Ottawa, elle respecte les traditions architecturales de la GRC, qui favorisait le style crénelé gothique.[55] Les édifices postérieurs, comme les écuries (1939–1940), adoptent le style classique moderne plus simple de l'époque.

Le Ministère se remit également à travailler pour la Défense nationale (anciennement le ministère de la Défense et de la Milice) et construisit quatre nouveaux manèges en vertu de la Loi sur la construction d'ouvrages publics et grâce à d'autres crédits supplémentaires.[56] Le dernier manège bâti par le Bureau de l'Architecte en chef avait été celui de Mewata, à Calgary (1917–1918), mais à en juger par les édifices produits sous sa direction à la fin des années 1930, les vieilles formules de design étaient encore acceptables. Le manège construit à Cornwall, en Ontario, en 1939, avait été dessiné à contrat par W.C. Beattie et comporte un bâtiment d'administration de deux étages qui masque la vaste salle d'exercice derrière (figure 6.27). Fait de pierre et doté d'un toit à poutres d'acier, ce fut le dernier manège fédéral réalisé dans le style médiéval crénelé en vogue depuis la fin du XIXe siècle pour ce type de bâtiment au Canada. Vers 1935, la 14e brigade d'infanterie demanda à la firme torontoise Marani, Lawson & Morris d'établir les plans du manège de Fort York, à Toronto. D'un design innovateur, avec son toit parabolique en béton armé et son extérieur classique sobre, cette construction allait définir de nouvelles normes de design et d'ingénierie pour les manèges militaires construits par la suite au Canada.

Conclusion

La décennie de la Dépression avait été une période créative et productive dans l'histoire de l'architecture fédérale. En 1927, le Bureau de l'Architecte en chef avait cessé d'être un refuge de ronds-de-cuir pour se transformer en un cabinet d'architectes bourdonnant d'activités qui, en 1930, avait plus de cent projets en voie de planification ou de réalisation. Pendant les six premières années du programme de construction, les employés du Bureau de l'Architecte en chef dessinèrent les plans de presque tous les édifices commandés et le Bureau démontra, encore une fois, sa capacité de gérer un programme national de construction avec efficacité et assurance. Les édifices produits étaient solidement construits et bien conçus, mais ils reflétaient les tendances les plus conservatrices de

6.26. Bureau de poste, Woodville (Ontario), 1939. Conçu par le Bureau de l'Architecte en chef. J. Wright, Parcs Canada, 1992.

6.27. Manège, Cornwall (Ontario), 1939. Conçu par W.C. Beattie. Travaux publics et Services gouvernementaux Canada, Service des relevés des richesses du patrimoine, 1990.

l'architecture canadienne. Le classicisme Beaux-Arts et le style Château – les deux styles dominants avant la Première Guerre mondiale – continuèrent de façonner le caractère des édifices fédéraux jusqu'au milieu des années 1930.

En 1934, le ministère des Travaux publics décida de cesser de tout concevoir « à l'interne ». Cette décision politique eut un effet revitalisant sur l'architecture fédérale. Les architectes du secteur privé introduisirent de nouveaux modèles dans le répertoire des édifices fédéraux et, entre 1934 et 1939, certains des plus beaux exemples d'édifices publics Art déco et classiques modernes au Canada furent construits sous l'égide du gouvernement fédéral. La décision d'employer des architectes de l'extérieur a également été un point tournant dans l'histoire du Bureau de l'Architecte en chef, qui ne devait plus jamais jouer un rôle de premier plan dans la conception des nouveaux édifices. L'architecture fédérale, prudente et conservatrice de nature, allait donc perdre le « caractère ministériel » qui caractérisait les édifices fédéraux depuis l'époque de Thomas Fuller, à la fin du XIXe siècle. Le déclenchement de la guerre, en 1939, allait entraîner un ralentissement dans la construction, mais au cours des deux décennies qui suivirent la fin de la Deuxième Guerre mondiale, le Ministère dirigea le programme de construction le plus important et le plus coûteux de son histoire. Au cours de ces années, le Bureau de l'Architecte en chef allait devoir s'ajuster peu à peu à sa nouvelle position subalterne et trouver de nouveaux rôles pour ses employés : conseillers politiques, administrateurs de contrat et gestionnaires d'immeubles.

CHAPITRE SEPT

L'architecture fédérale en transition, 1939–1953

De 1939 à 1953, le gouvernement et l'architecture connurent des changements fondamentaux qui allaient secouer les anciennes structures bureaucratiques et les méthodes établies de design au fédéral. L'expansion rapide du gouvernement – due à l'introduction de nouveaux programmes sociaux, à l'augmentation des responsabilités du fédéral dans les domaines de l'impôt, de la recherche scientifique et de la santé, et due enfin, à l'entrée de Terre-Neuve dans la Confédération en 1949 – créa une demande croissante pour des édifices publics. Parallèlement, l'architecture canadienne entra dans une période de transformation. Dans les années 1930, le modernisme avait été un courant esthétique marginal dans une architecture qui restait liée aux traditions établies. Dans les années 1940, le design fédéral, tout comme l'architecture canadienne en général, allait entrer dans une phase de transition et les architectes se mettraient à explorer le langage du modernisme, d'abord laborieusement, puis avec de plus en plus de facilité.

Les années 1940 et le début des années 1950 marquèrent également la fin d'une époque pour le ministère des Travaux publics et le Bureau de l'Architecte en chef. Les administrateurs et les professionnels qui étaient à la tête du Bureau depuis le début du XXe siècle atteignirent tous l'âge de la retraite cédant la place à la nouvelle génération. En outre, il était de plus en plus évident qu'une réorganisation du Bureau s'imposait, car le fardeau associé au maintien d'un programme de construction en expansion et à la gestion d'un inventaire croissant d'édifices fédéraux menaçait de le submerger et de paralyser ses activités. Au cours des années 1940, le Bureau de l'Architecte en chef avait pu continuer son programme de construction avec succès en déléguant de plus en plus de projets au secteur privé, mais de toute évidence, le système en place ne suffisait pas. Au début des années 1950, il n'arrivait plus à satisfaire l'appétit vorace des bureaucrates en matière de construction et en 1953, tous s'accordaient sur la nécessité d'une réforme majeure au ministère des Travaux publics et au Bureau de l'Architecte en chef.

La construction en temps de guerre : l'expérimentation architecturale au Conseil national de recherches

Après le début de la guerre, en septembre 1939, tous les projets de construction fédéraux qui n'étaient pas directement liés à l'effort de guerre furent annulés. Le ministère des Travaux publics dut à nouveau se concentrer sur la construction d'hôpitaux militaires et trouver des bureaux à Ottawa où loger les effectifs provisoirement gonflés de la fonction publique. L'infrastructure nécessaire pour appuyer l'effort de guerre au Canada était beaucoup plus complexe et évoluée qu'au moment de la Première Guerre mondiale. La présence au pays d'une armée de défense territoriale, le développement de la Marine, chargée d'assurer la protection des convois sur les côtes est et ouest, et de nouvelles initiatives, comme le Programme d'entraînement aérien du Commonwealth, obligeaient à construire de nouvelles bases militaires partout au pays ou à agrandir celles qui existaient déjà. Pour le Conseil national de recherches du Canada, l'effort de guerre impliquait également un vaste programme de recherches scientifiques dans des domaines d'application militaire.

L'un des premiers projets de la guerre fut la construction de nouveaux laboratoires pour le CNR dans la banlieue est d'Ottawa. Le bâtiment d'origine, terminé en 1932, était une belle pièce d'architecture, mais ses laboratoires étaient trop petits et convenaient mal aux grandes recherches que la Division de génie mécanique effectuait dans des domaines comme l'aéronautique, l'hydrodynamique, les structures, les systèmes de transmission électrique haute tension et les radiogoniomètres.[1] Avant la guerre, le major-général A.G.L. McNaughton, nommé directeur du Conseil national de recherches en 1935, avait déjà établi la nécessité d'un nouveau type d'installation. Ses demandes pour de nouveaux édifices avaient d'abord été ignorées, mais la menace de guerre en Europe devait faire de la recherche pour la défense une priorité de dépense pour le gouvernement.[2]

En mai 1939, le gouvernement fit l'acquisition de cent trente acres de terres agricoles le long de la rivière des Outaouais et la construction du premier des neuf édifices prévus pour la Division de génie mécanique débuta en décembre de la même année (figures 7.1, 7.2 et 7.3).[3] La plupart de ces édifices furent conçus par l'architecte H. Gordon Hughes, d'Ottawa, en étroite collaboration avec les employés du CNR. D'après l'architecte montréalais John Bland, qui a participé à la réalisation de quelques-uns d'entre eux à l'été 1941 alors qu'il était étudiant, les chercheurs scientifiques avaient une bonne idée de ce qu'il leur fallait et étaient ouverts à l'innovation.[4] À la demande du personnel, les nouvelles installations devaient ressembler à des bâtiments industriels, rapides et peu coûteux à construire, en plus d'être faciles à adapter, à modifier ou même à démolir et à remplacer au besoin.[5] On avait choisi la banlieue à des fins de sécurité et pour isoler des secteurs habités les travaux de recherche, parfois bruyants et effectués à l'aide de matériaux dangereux. Constitué d'une aire de réception, de vastes pelouses et d'édifices uniformes très éloignés les uns des autres le long d'une avenue centrale, le complexe était une sorte de croisement entre un campus universitaire et un ensemble industriel. De nos jours, on trouve plus de trente édifices sur le chemin de Montréal à Ottawa.

Le premier bâtiment construit sur les lieux, celui de l'aérodynamique, a servi de modèle à tous les autres (figure 7.1). Baptisé plus tard « édifice J.H.-Parkin », il compte deux étages et sa charpente d'acier avec remplissage de blocs de béton de mâchefer est revêtue de stuc enduit de peinture au ciment. Il adopte un plan en V très ouvert et sa façade arrondie accentue la forme cylindrique de la soufflerie verticale derrière lui. Le bloc principal renferme des laboratoires, une bibliothèque, des salles de travail et des bureaux d'un côté, une soufflerie horizontale de l'autre. La fonction particulière de ce bâtiment exigeait des solutions innovatrices. Ainsi, la soufflerie verticale d'une hauteur de quatre-vingts pieds, constituée d'une coquille extérieure de plaques d'acier d'un quart de pouce retenues par des entretoises soudées, était considérée comme un triomphe du génie parce qu'elle permettait au personnel de faire l'essai de modèles beaucoup plus gros qu'avant. Les canalisations électriques étaient dissimulées derrière des plinthes amovibles, ce qui permettait de refaire le câblage sans avoir à modifier trop la structure.[6]

L'édifice Parkin et les autres bâtiments construits pendant la guerre pour le compte du CNR s'inspiraient manifestement des premiers exemples du modernisme apparus en Europe et, dans une moindre mesure, aux États-Unis dans les années 1920. Avec leurs grands murs lisses en stuc, leur profil bas, leurs coins arrondis et leurs rangées de fenêtres horizontales qui enveloppent parfois les coins, ces structures ressemblent beaucoup aux œuvres de certains des tout premiers modernistes hollandais, comme J.J.P. Oud. Les matériaux utilisés – brique de verre, panneaux d'acier émaillé et détails en aluminium – sont également typiques des débuts du design moderniste. L'architecture du Bauhaus allemand, caractérisée par des volumes rectangulaires transparents où la structure légère de montants et de dalles repose derrière une façade rideau, n'entrera dans le vocabulaire courant de l'architecture canadienne que dans les années 1950.

Les édifices du CNR furent plus tard salués comme les premiers

7.1. Édifice J.H.-Parkin (bâtiment de l'aérodynamique), Conseil national de recherches, chemin de Montréal, Ottawa (Ontario), 1939-1940. Conçu par H. Gordon Hughes. Le revêtement des murs extérieurs a récemment été refait pour tenir compte des normes d'isolation actuelles. Les couleurs et les matériaux d'origine ont été respectés, mais les changements apportés aux fenêtres et au motif des meneaux a modifié le caractère de l'ensemble.
J. Wright, Parcs Canada, 1992.

7.2. Atelier d'instrumentation et de modélisation, Conseil national de recherches, chemin de Montréal, Ottawa, 1940–1941. Conçu par H. Gordon Hughes. Royal Architectural Institute of Canada, *Journal*, vol. 23, n° 5, mai 1946, p. 114.

206   Les biens de la Couronne

7.3. Vue à vol d'oiseau du campus du Centre national de recherches sur le chemin de Montréal. CNR, 1993.

exemples du nouveau « mouvement moderne », mais ils appartiennent également à une période où l'architecture moderne était considérée comme un style inédit plutôt que comme un nouvel art de construire, libéré de l'historisme du passé.[7] À la fin des années 1930 et dans les années 1940, l'architecture canadienne était dominée par des créateurs formés, pour la plupart dans les traditions académiques du début du siècle. Au milieu des années 1930, ils connaissaient le vocabulaire du modernisme et l'utilisaient avec une certaine aisance, mais ils ne pouvaient accepter son idéologie anti-traditionnelle et, dans une certaine mesure, anti-esthétique, qui avait été définie par les modernistes gauchistes de l'avant-garde européenne pendant l'entre-deux-guerres. Pour la plupart des architectes canadiens, la modernité s'exprimait de deux façons : par une qualité esthétique reposant sur des principes de simplicité et de modération de la forme et des détails, et par une rationalisation de la structure et de la planification qui avait une influence modificatrice sur les traditions architecturales établies. Au Canada, au milieu des années 1930, le modernisme était également considéré comme un style d'architecture très approprié pour certains projets, comme des centres de recherches scientifiques.[8] Les architectes de l'époque, dont Gordon Hughes, maîtrisaient une variété de styles historiques.

Les hôpitaux pour les militaires et les anciens combattants

À cause d'un conflit de compétence entre le ministère de la Défense nationale et celui des Pensions, la construction d'hôpitaux pour les militaires et les anciens combattants connut des débuts lents et houleux. En 1928, le ministère de la Santé avait absorbé l'ancien ministère du Rétablissement civil des soldats et son réseau d'hôpitaux pour militaires et anciens combattants, et le nouveau ministère des Pensions et de la Santé nationale considérait la construction d'hôpitaux comme étant de son ressort.[9] Bien entendu, le ministère de la Défense nationale, toujours réticent à céder quoi que ce soit à un ministère civil, voulait son propre réseau d'hôpitaux pour les militaires. Le conflit ne fut jamais tout à fait réglé, mais en 1942, le Comité interministériel de l'hospitalisation en temps de guerre trouva un compromis : les militaires construiraient leurs propres hôpitaux dans les bases militaires et les centres de formation, tandis que le ministère des Pensions et de la Santé nationale s'occuperait des hôpitaux situés en milieu urbain.[10] Les militaires dessinèrent et construisirent leurs propres édifices. Le ministère des Pensions et de la Santé nationale mit sur pied un petit bureau de dessin qui élabora un programme préliminaire de construction, mais les dessins d'exécution et la gestion des projets furent confiés au Bureau de l'Architecte en chef.

Les hôpitaux construits pendant et après la Deuxième Guerre mondiale étaient très différents de ceux qui avaient été construits entre 1914 et 1918. Les pavillons semi-permanents à charpente de bois avaient cédé la place à des bâtiments permanents en acier, en béton et en brique. De plus, les vastes complexes hospitaliers de la Première Guerre mondiale, constitués de salles pavillons et de bâtiments de service distincts reliés par des corridors ou des couloirs fermés, avaient été abandonnés au profit de plans plus unifiés et plus compacts. Bien que la plupart des travaux réalisés pendant la guerre aient porté sur l'agrandissement et la modernisation des hôpitaux militaires déjà existants, trois grands hôpitaux neufs furent aussi conçus : l'hôpital Shaughnessy à Vancouver (1940–1941), l'hôpital Colonel Belcher à Calgary (1942–1943) et l'hôpital pour anciens combattants de Victoria (1945–1946), aujourd'hui l'édifice Memorial de l'hôpital Royal Jubilee (figure 7.4).

Ces trois hôpitaux possédaient un plan et une disposition similaires, même si seuls ceux de la côte ouest avaient été dessinés par la firme Mercer & Mercer de Vancouver. En forme de H, ils étaient conçus pour accueillir entre deux cents et deux cent quarante patients. Le rez-de-chaussée abritait l'administration et les services médicaux spécialisés, tandis que les étages supérieurs étaient divisés en salles de vingt-quatre lits et en chambres à un ou deux lits (figure 7.4).[11] L'hôpital Colonel-Belcher possédait une charpente d'acier dont le revêtement de brique était orné de pierre ; les deux hôpitaux de la Colombie-Britannique étaient faits de béton monolithique, un matériau courant sur la côte ouest. Les plans de Mercer & Mercer étaient également de conception plus moderne. Le revêtement de ciment, blanc et lisse, et les lignes horizontales appuyées des fenêtres conféraient à leurs créations le profil bas et

7.4. Édifice Memorial, Hôpital Royal Jubilee, Victoria (Colombie-Britannique), 1945–1946. Architectes : Mercer & Mercer. E. Mills, Parcs Canada, 1993.

fuselé caractéristique de l'architecture moderne. Les fenêtres, qui enveloppaient les coins, possédaient des meneaux en acier formant un quadrillage distinctif constitué de deux rangées verticales de huit carreaux couchés. Ce traitement de fenêtre allait devenir la marque de commerce des premiers bâtiments modernes au Canada et fut l'un des motifs récurrents de l'architecture fédérale de la fin des années 1940 et du début des années 1950.

Pendant la guerre, le Bureau de l'Architecte en chef construisit également cinq centres de santé et de rééducation des blessés. Le premier, le Centre Rideau, à Ottawa (1943-1944), servit de modèle pour les centres construits à Sainte-Anne-de-Bellevue, au Québec, Toronto, London et Vancouver (figure 7.5). Sortes de maisons de convalescence, ces centres étaient constitués d'une série de bungalows comprenant des salles, une pièce commune et une véranda. Les bungalows étaient disposés sur une ligne courbe de chaque côté du bâtiment d'administration où l'on retrouvait des bureaux, une salle à manger et des cuisines. Ils offraient, hors du cadre hospitalier, une atmosphère détendue propice au repos et au recouvrement de la santé. Tout comme les sanatoriums pour tuberculeux de la fin du XIXe siècle et du début du XXe siècle, ils affectaient un style « domestique » : parement à clin, pignons et toits en croupe accentués par des fenêtres de lucarne, des cheminées et, dans le cas du bâtiment d'administration, un lanternon. Enfin, ces centres étaient toujours posés au milieu de vastes terrains paysagers afin de donner au complexe l'allure d'un lieu de villégiature.[12]

En 1944, les hôpitaux pour anciens combattants devinrent la responsabilité du tout nouveau ministère des Affaires des anciens combattants. Avec ce transfert, la construction d'hôpitaux entra dans sa phase la plus active. Bien que le nombre de lits fût appelé à diminuer peu à peu, le nouveau Ministère se lança dans un nouveau programme visant à éliminer tous les vieux édifices ne répondant plus aux normes et à regrouper les services hospitaliers dans de vastes centres de traitement modernes.[13] Ces édifices furent eux aussi produits grâce aux efforts combinés du ministère des Affaires des anciens combattants, qui réalisa la plupart des plans préliminaires, du Bureau de l'Architecte en chef, qui géra les contrats, et des architectes engagés à contrat.[14]

La première et plus importante réalisation de ce nouveau programme fut l'hôpital Sunnybrook à Toronto, commencé en 1944 et inauguré en 1948 (figures 7.6 et 7.7).[15] À l'époque, cet hôpital qui était le plus grand et le plus moderne au Canada fut considéré comme une réussite majeure en termes de design et de planification. Il fut aussi considéré comme un modèle de gestion efficace d'un projet de grande envergure, puisque des dizaines de sous-traitants participèrent à sa construction. Conçu par la firme torontoise Allward & Gouinlock, le complexe hospitalier Sunnybrook comprenait un bâtiment principal de soins actifs, un bâtiment de soins ambulatoires, un service psychiatrique, une résidence pour le personnel infirmier, un bâtiment d'administration, une résidence pour les employés, un gymnase, une chapelle, un pavillon d'entrée et un terminus d'autobus. Toutes ces fonctions correspondaient à des édifices distincts, mais reliés entre eux, uniformément parés de brique sable et quadrillés de fenêtres. Comme le budget ne permettait pas d'utiliser un fini extérieur de grande qualité, c'est l'agencement global des différents édifices qui crée la puissance du design. Le bâtiment de soins actifs, avec sa tour centrale et son puits d'ascenseur, domine le complexe ; les autres bâtiments s'y greffent dans une composition asymétrique qui va rejoindre le paysage. Le terrain avoisinant, au bord d'un des ravins spectaculaires de Toronto, vient adoucir le caractère institutionnel du complexe.

Conçu pour accueillir 1 450 patients, l'hôpital Sunnybrook reflétait les progrès réalisés dans les années 1920 et 1930 dans les domaines de la médecine et de la planification des services hospitaliers.[16] Grâce à l'introduction des sulfamides et des antibiotiques, les risques d'infection étaient moins grands et il n'était plus aussi nécessaire d'isoler les salles. La durée du séjour à l'hôpital était également plus courte, mais les services médicaux de soutien, comme la radiologie et la pathologie, avaient pris de l'expansion et exigeaient de plus en plus d'espace.[17] Les très vastes hôpitaux à pavillons d'autrefois, où des groupes de patients étaient isolés dans des bâtiments distincts, mais où les services médicaux de soutien étaient éloignés des patients et des salles, n'étaient plus ni pratiques, ni nécessaires. Dès les années 1900, les médecins américains avaient commencé à discuter de la possibilité de créer des hôpitaux à plusieurs

7.5. Centre de santé et de rééducation des blessés Rideau, Ottawa (Ontario), 1934–1944. Conçu par le Bureau de l'Architecte en chef en collaboration avec la Direction générale des services médicaux, ministère des Pensions et de la Santé nationale. J. Wright, Parcs Canada, 1992.

7.6. Vue aérienne, Hôpital Sunnybrook, Toronto (Ontario), 1944–1948 ; photo prise dans les années 1940. Architectes : Allward & Gouinlock. Université de Calgary, Archives d'architecture canadienne, Collection Panda, 451132-4.

7.7. Hôpital Sunnybrook (Centre de soins actif), tel qu'il apparassait en 1993. J. Wright, Parcs Canada, 1993.

étages, mais ce n'est que dans les années 1920 et 1930 que ce concept fut accepté de tous.[18]

L'hôpital Sunnybrook, avec son bâtiment de soins actifs de huit étages, fut l'un des premiers hôpitaux modernes en hauteur au Canada. Son plan au sol consistait en une longue structure étroite abritant les services médicaux et administratifs, de même que quelques petites salles. Cinq ailes orientées vers le sud et renfermant des salles et un solarium venaient s'y greffer. Ce type de plan fut préconisé par les concepteurs d'hôpitaux tout au long des années 1920 et 1930, et fut également employé en Europe et aux États-Unis pour un certain nombre d'hôpitaux et d'établissements médicaux. Au Canada, Ernest Cormier dessina le tout premier plan du genre en 1927 pour l'hôpital que l'université de Montréal proposait de faire construire.[19] De nouvelles normes d'aménagement furent également introduites. Les vastes salles ouvertes caractéristiques des anciens hôpitaux furent remplacées par des unités plus petites. La salle standard, qui comptait vingt-quatre lits, fut subdivisée à l'aide de cloisons permanentes en espaces semi-clos de quatre lits. On construisit également des chambres d'un à quatre lits. À l'intérieur, l'ameublement et les matériaux de finition étaient peu coûteux, mais l'uniformité du style et de la couleur assuraient la cohérence visuelle de l'ensemble et l'intégrité de sa conception. Au cours des années 1950, on construisit de grands hôpitaux modernes partout au pays, dont l'hôpital Shaughnessy de Vancouver, qui fut agrandi, le Deer Lodge de Winnipeg et le nouvel hôpital pour anciens combattants de Sainte-Foy, au Québec.[20]

La construction d'édifices pour le ministère de la Défense nationale

Durant la guerre, la construction militaire eut la part du lion du budget de construction fédérale, mais la plupart des projets furent réalisés par la Direction des ouvrages et bâtiments du ministère de la Défense nationale ; le Bureau de l'Architecte en chef fut réduit à un rôle de soutien mineur. Entre 1939 et 1942, ce dernier fut cependant chargé de construire diverses structures aux deux grandes bases navales de Halifax et d'Esquimalt en Colombie-Britannique. Il s'agissait autant de bâtiments temporaires à charpente de bois que de bâtiments d'administration, d'hôpitaux, de casernes, d'entrepôts et d'installations de formation plus permanents.[21]

Le dépôt de matériel du chantier naval d'Esquimalt était typique des bâtiments utilisables, mais conservateurs, conçus par le Bureau de l'Architecte en chef pour ces deux bases pendant la guerre (figure 7.8). Tout comme les édifices du CNR, ce bâtiment à aires ouvertes fait d'acier réfractaire et doté de fenêtres à guillotine en acier répondait aux normes industrielles, mais là s'arrêtait la comparaison. Contrairement aux édifices du CNR, conçus dans l'esprit du modernisme, le dépôt de matériel d'Esquimalt était enchâssé dans une enveloppe architecturale dont le vocabulaire remontait aux années 1910. Le revêtement de brique, avec ses garnitures en pierre, ses pilastres rapportés et ses petites fenêtres, rappelait toute une série d'entrepôts fédéraux semi-industriels : des dépôts militaires construits avant la Première Guerre mondiale, au terminus postal de Montréal (années 1930), en passant par des laboratoires de recherche, comme l'Institut de recherches vétérinaires de Hull (années 1920).

La construction de bâtiments temporaires pour les fonctionnaires à Ottawa

Avec la guerre, la fonction publique connut une expansion rapide à Ottawa, ce qui créa une demande immédiate de locaux à bureaux. Entre 1939 et 1945, le nombre de fonctionnaires augmenta de 300 p. 100.[22] En 1917, le ministère des Travaux publics avait réglé un problème semblable en construisant un « immeuble de bureaux » destiné à être vendu dès que des édifices fédéraux plus appropriés seraient bâtis. En 1939, le gouvernement opta pour une solution moins coûteuse. En trois ans, le Bureau de l'Architecte en chef créa environ 1,2 million de pieds carrés de locaux à bureaux, répartis dans douze bâtiments temporaires à charpente de bois érigés sur des terrains libres de premier ordre le long des rues Elgin, Wellington et Sussex (figure 7.9).[23] Comme les hôpitaux

7.8. Dépôt de matériel (bâtiments D192 et D192B), Esquimalt (Colombie-Britannique), 1940–1941. Conçu par le Bureau de l'Architecte en chef. Annexes construites en 1943–1944. I. Doull, Parcs Canada, 1989.

7.9. Édifice temporaire n° 4, rue Elgin, Ottawa (Ontario), 1941–1942. Conçu par le Bureau de l'Architecte en chef. Le bâtiment à l'avant-plan était utilisé par la Marine royale canadienne. ANC, PA-166791.

militaires de la génération précédente, ces bâtiments temporaires de deux ou trois étages reposaient sur des fondations en béton. La plupart avaient un toit légèrement en pente et étaient revêtus d'un parement à clin ou de bardeaux d'amiante. Quoique, dans certains cas, un petit portique enjolivait l'entrée, ces édifices étaient conçus pour répondre à un besoin à court terme et non pour impressionner le public. Ironiquement, beaucoup étaient encore debout dans les années 1980, et l'un d'eux existe toujours au milieu des années 1990. Construit il y a plus de quarante ans à l'ombre de la colline du Parlement, l'annexe de l'Immeuble de la Justice répond maintenant aux critères de désignation à titre d'édifice du patrimoine aux termes de la politique fédérale.

La reconstruction et les édifices publics après la guerre

Au printemps de 1945, le gouvernement fédéral déposait un livre blanc sur l'emploi et le revenu qui renfermait un ambitieux programme de reconstruction promettant un niveau d'emploi et de revenu élevé et stable pour tout le pays. La Première Guerre mondiale avait été suivie d'une récession et d'une longue période de bouleversements politiques et sociaux, et le gouvernement fédéral était déterminé à éviter une nouvelle crise du genre. Les hauts fonctionnaires du ministère des Finances préconisaient un gouvernement central fort doté des outils financiers et législatifs nécessaires pour réglementer et équilibrer l'économie nationale, tout en assurant une forme élémentaire de sécurité sociale à la population. Certains de ces mécanismes avaient déjà été mis en place pendant la guerre. En 1940, les provinces avaient autorisé le gouvernement fédéral à recueillir à leur place l'impôt sur le revenu, sur les sociétés et sur les successions, en retour de paiements de transfert. Ottawa avait aussi lancé un programme national d'assurance-chômage. Le programme de reconstruction, qui avait reçu l'aval du public lors des élections fédérales de 1945, visait à stimuler l'économie et le commerce grâce à diverses mesures, dont la réduction des tarifs, des stimulants à l'exportation et l'appui à l'industrie. D'autres initiatives, comme la Loi nationale sur l'habitation et la Loi sur les allocations familiales, allaient stimuler les dépenses à la consommation tout en garantissant aux Canadiens une sécurité financière accrue.[24]

Ce programme eut un impact direct sur les activités du Bureau de l'Architecte en chef. Bien que le pourcentage du budget fédéral consacré à la construction eut décliné après la guerre en raison de l'introduction de nouveaux programmes sociaux très coûteux, comme les allocations familiales et l'assurance-chômage, en dollars réels, le budget des travaux publics continua d'augmenter.[25] Au cours des quatre années qui suivirent la fin de la guerre, le gouvernement fédéral fut un intervenant majeur dans l'industrie canadienne de la construction, dépensant 25 p. 100 de l'argent consacré à la construction au pays.[26] La plus grande partie de cet argent alla au ministère des Transport, au ministère de la Défense nationale et à de gros projets comme les nombreux programmes de création de logements pour les anciens combattants, mais le ministère des Travaux publics ne fut pas oublié. Divers programmes nouveaux et élargis, comme l'impôt, l'assurance-chômage et les allocations familiales, exigeaient un imposant réseau de bureaux régionaux et locaux. Cette bureaucratie florissante, à l'appétit vorace, avait besoin de locaux à bureaux additionnels dans presque tous les centres urbains du pays. Les très nombreuses annexes aux édifices fédéraux existants construites partout au pays après la guerre furent les premiers signes de cette croissance.[27] En 1947 et 1948, le rythme de construction des nouveaux édifices s'intensifia. Entre 1949 et 1953, le Bureau de l'Architecte en chef supervisa la construction de près de deux cents nouveaux édifices fédéraux, des petits édifices publics et des quartiers de détachements de la GRC aux immeubles à bureaux de plusieurs étages.

La plupart des gros édifices fédéraux construits après la guerre furent conçus par des architectes du secteur privé travaillant sous la supervision du Bureau de l'Architecte en chef. Ces réalisations reflétaient la dichotomie modernisme-tradition caractéristique de l'architecture canadienne de l'époque. Deux des projets les plus importants entrepris à la fin des années 1940 furent la station postale B à Montréal, dessinée par I.P. Isley de la firme montréalaise Archbald, Isley & Templeton, et la station postale Q à Toronto, de l'architecte torontois Charles B. Dolphin (figures 7.10 et 7.11).²⁸ À l'origine, ces deux édifices avaient été conçus sur une bien plus petite échelle. Dans le cas de la station postale Q, le budget initial de dépenses déposé en 1948–1949 prévoyait un édifice d'un étage dont le locataire principal serait le bureau de poste.²⁹ À Montréal, le budget de dépenses portait sur une petite annexe à un édifice fédéral déjà existant rue Sainte-Catherine.³⁰ À la fin de l'année, cependant, les deux édifices étaient passés de deux à dix étages. L'incidence soudaine et considérable des nouveaux programmes gouvernementaux, qui avaient grand besoin de locaux à bureaux, entraîna manifestement la modification des projets en cours. À la station postale Q, des locaux furent attribués au bureau de poste et au ministère de la Santé nationale et du Bien-être, mais c'est la Commission de l'assurance-chômage qui devint le locataire principal.

Ces deux édifices illustrent bien le modernisme exploratoire de l'époque. Aucun ne remettait en question la formule de l'immeuble à bureaux représentée, par exemple, par l'édifice Hunter à Ottawa. La trame urbaine définissait le volume architectural de base et l'espace requis par le gouvernement fédéral déterminait la hauteur de l'édifice. L'architecte n'avait qu'à habiller la coquille, et employait pour ce faire un nouveau vocabulaire qui n'apparaissait pas sur les édifices fédéraux réalisés avant la guerre. Dans le design de l'édifice de Montréal les rangées de fenêtres horizontales, les arêtes arrondies et la surface lisse rappellent les formes des premiers exemples du modernisme hollandais et européen. Sur l'édifice, on remarque l'utilisation intensive de grandes glaces au rez-de-chaussée, qui confèrent à l'ensemble légèreté et transparence. La station postale Q est plus conventionnelle. Les deux premiers étages sont définis visuellement comme une base de maçonnerie massive contrastant avec la légèreté et le côté aérien des étages supérieurs. L'entrée principale, avec ses deux colonnes de granit, peut aussi être considérée comme une interprétation simplifiée et stylisée du portique classique. Typiques de l'époque, les deux édifices sont revêtus à l'extérieur de matériaux naturels, cependant utilisés de façon innovatrice. La station postale B est revêtue de calcaire, mais les pierres posées les unes au-dessus des autres forment un quadrillage au lieu d'un quin-

7.10. Station postale B, Montréal (Québec), 1949–1951. Conçue par I.P. Isley de la firme Archibald, Isley & Templeton. J. Wright, Parcs Canada, 1991.

7.11. Station postale Q, Toronto (Ontario), 1951–1954. Architecte : Charles B. Dolphin. Conçue en 1950. J. Wright, Parcs Canada, 1991.

conce comme sur un mur porteur. Ces panneaux de pierre sont manifestement fixés au mur ; ils ne le soutiennent pas. Le fini très lustré des détails de granit rouge et noir de la station postale Q est aussi caractéristique de l'époque. Ces surfaces réfléchissantes étaient bien adaptées à une architecture en quête de simplicité dans la ligne comme dans la forme.

D'autres édifices fédéraux de l'époque étaient plus traditionnels. La station postale P à Port Arthur (aujourd'hui Thunder Bay), en Ontario, et l'édifice fédéral de Victoria furent tous deux construits entre 1950 et 1953 (figures 7.12 et 7.13). Directement inspirés de l'architecture classique moderne qui prévalait dans les années 1930, ils recélaient cependant des détails encore moins nombreux et plus simples. Sur le plan soumis par F.W. Watt pour l'édifice fédéral de Port Arthur, toute référence historique a complètement disparu des détails. La base en granit poli et la pierre calcaire unie créent un motif qui repose sur des volumes simples et des surfaces lisses. Les coins arrondis des deux entrées principales viennent adoucir la forme rectangulaire stricte de la structure. Ce type d'entrée, composée d'une large baie ouverte sur deux étages et d'une paroi de verre divisée par des meneaux en aluminium, se retrouvait souvent sur les édifices fédéraux des années 1950. La symétrie de la façade et la définition visuelle de l'édifice en tant que structure de maçonnerie massive, créent un lien ténu avec l'architecture du passé. L'édifice à Victoria, conçu en 1947 par l'architecte local P. Leonard James, est plus ouvertement classique.[31] Même si quelques concessions ont été faites au modernisme (simplification des lignes de la corniche et des chambranles des fenêtres, utilisation d'allèges et de cadres de portes en aluminium), les pilastres cannelés de la façade principale et la façade articulée en trois sections sont autant d'éléments enracinés dans les formes traditionnelles.

Les architectes du secteur privé réalisèrent presque tous les gros et moyens projets, ne laissant aux employés du Bureau de l'Architecte en chef que les petits bureaux de poste et édifices publics. À la fin des années 1940 et au début des années 1950, le Bureau produisit une soixantaine de ces petits édifices à partir de deux ou trois modèles de base. Les édifices publics de Leduc en Alberta et de Geraldton en

7.12. Station postale P, Port Arthur (à présent Thunder Bay), en Ontario, 1950–1953, vue prise vers 1953. Architecte : F.W. Watt. ANC, PA-185817.

220 Les biens de la Couronne

7.13. Édifice fédéral, rue Fort, Victoria (Colombie-Britannique), 1950–1953 (conçu en 1947–1948). Architecte : P.L. James. E. Mills, Parcs Canada, 1992.

Ontario illustrent deux des formules les plus courantes (figures 7.14 et 7.15).³² Tous deux ont été conçus pour accueillir un bureau de poste au rez-de-chaussée ainsi que des bureaux et un logement de concierge à l'étage (en dépit des efforts du gouvernement pour les éliminer, on trouvait toujours des logements d'habitation dans de nombreux édifices publics). La brique bordée de pierre calcaire restait le revêtement extérieur de prédilection, mais le bureau de poste cubique du passé avait été redéfini et apparaissait désormais comme une composition irrégulière plus complexe, constituée de volumes simples. L'édifice public de Leduc possède un plan en T et des porches bas d'un étage de chaque côté de la section avant en saillie. Celui de Geraldton adopte un volume asymétrique fait d'un bloc bas relié fonctionnellement au bureau de poste du rez-de-chaussée ; d'un second étage en retrait où se trouve le logement du concierge ; et d'un volume horizontal de deux étages définissant l'entrée et la cage d'escalier. La disposition des fenêtres suivant un quadrillage rectangulaire défini par une bordure en pierre était un autre motif récurrent des œuvres du Bureau de l'Architecte en chef.

Les stations de passage frontalier : les portes d'accès au pays

Certaines stations de passage frontalier construites pour les douanes et pour l'immigration comptent parmi les oeuvres les plus innovatrices des employés du Bureau de l'Architecte en chef. Après la guerre, le nombre de véhicules privés et commerciaux sur les routes avait beaucoup augmenté. L'essence n'était plus rationnée, les routes étaient en meilleur état et l'épargne forcée du temps de guerre avait permis à bon nombre de familles canadiennes de s'offrir une voiture. Les stations de passage frontalier construites dans les années 1930 ne suffisaient plus ; en outre, les édifices de style rustique des décennies précédentes semblaient désormais mal adaptés à une grande nation industrielle comme le Canada. Comme le soulignait un député, beaucoup des stations existantes transmettaient le message suivant aux visiteurs : « notre avenir [celui du Canada] n'est pas si prometteur que cela ».³³ Vers 1947, le ministère des Travaux publics lança un grand programme national visant à embellir ces stations. En 1953, on trouvait de nouvelles installations plus vastes à treize passages frontaliers.³⁴

L'automobile était devenue un symbole évocateur du nouvel âge de la machine, et les stations de passage frontalier, qui surveillaient et régissaient la circulation automobile entrant au pays et en sortant, convenaient bien – tant sur le plan fonctionnel que sur le plan symbolique – à l'architecture du modernisme. La gare routière et entrepôt d'examen de Saint-Bernard-de-Lacolle au Québec (1950–1951) est un bon exemple des réalisations de cette période (figure 7.16). Cette structure illustre un des plans standards les plus imposants et les mieux réussis du Bureau à la fin de la décennie des années 1940 et, contrairement à certains édifices publics urbains, elle témoigne d'une confiance et d'une assurance considérables dans le maniement des formes du modernisme. La structure présente un volume asymétrique constitué de volumes distincts. Les murs extérieurs sont revêtus d'un parement de pierre calcaire formant un quadrillage régulier, tout comme à la station postale B de Montréal. Le mur avant incurvé, vitré de haut en bas, et le toit-terrasse en saillie, constitué de dalles, impriment à l'ensemble la clarté structurale et la transparence des volumes qui caractérisaient le modernisme international.

Le plan de la capitale nationale, 1950

La fin de la guerre réveilla aussi l'enthousiasme du gouvernement pour la construction dans la capitale nationale. Tout au long des années 1920 et 1930, le rapport de la Commission du plan fédéral avait été considéré comme le plan officiel d'aménagement fédéral à Ottawa. En 1945, cependant, les recommandations contenues dans ce rapport étaient dépassées. La croissance des services et des programmes, de même que le besoin d'édifices à bureaux additionnels, qui étaient ressentis partout au pays, étaient encore plus aigus à Ottawa et les quelque 1,2 million de pieds carrés de locaux à bureaux proposés en 1915 étaient insuffisants. Le Premier ministre Mackenzie King fit de l'élaboration d'un nouveau plan pour la capitale nationale une priorité. En 1945, il redéfinit la Commission du district fédéral comme un organisme national

7.14. Édifice public, Leduc (Alberta), 1950–1951. Conçu par le Bureau de l'Architecte en chef. J. Wright, Parcs Canada, 1994.

7.15. Édifice public, Geraldton (Ontario), 1949–1950. Conçu par le Bureau de l'Architecte en chef. Travaux publics et Services gouvernementaux Canada, Direction des biens mobiliers, 1994.

7.16. Gare routière et entrepôt d'examen (station de passage frontalier), St-Bernard-de-Lacolle (Québec), 1950–1951. Conçu par le Bureau de l'Architecte en chef. L'aile à droite du bureau courbé situé en avant est un ajout tardif. Revenu Canada, 1989.

regroupant des représentants de tout le pays, en plus d'étendre les limites du district fédéral à plus de 900 milles carrés sur chaque rive de la rivière des Outaouais.[35] Quelques mois plus tard, l'urbaniste français Jacques Gréber était de nouveau invité à Ottawa et recevait un nouveau mandat élargi en vue de l'élaboration d'un plan d'ensemble pour la grande région de la capitale nationale.[36] Le projet fut présenté comme une œuvre à la mémoire des victimes de la guerre, mais la rapidité et l'enthousiasme avec lequel il fut mis sur pied devaient beaucoup à l'influence personnelle de Mackenzie King. Arrivant au terme de sa carrière politique, King voulait léguer à la nation une capitale nationale empreinte de beauté et de dignité.[37]

Le rapport de la Commission du district fédéral, déposé en 1950, constituait une suite modifiée du rapport de la Commission du plan fédéral de 1915.[38] Gréber, dont les premiers plans d'urbanisme dataient du début du siècle, appartenait à la génération du mouvement « City Beautiful ». À ses yeux, l'urbanisme était avant tout un problème de design et d'embellissement. Beaucoup des recommandations contenues dans le rapport de 1915 figuraient, à peine modifiées, dans celui de Gréber. Encore une fois, le problème le plus pressant était l'enlèvement des voies ferrées et des gares de chemin de fer au centre-ville. Le rapport préconisait aussi des règlements de zonage plus efficaces pour séparer les zones résidentielles et industrielles, et recommandait d'améliorer l'apparence des rues de la ville en éliminant les fils aériens, les poteaux de ligne et les escaliers de secours.

L'embellissement de la cité parlementaire et la définition d'un thème architectural approprié étaient les préoccupations centrales du rapport. Le pittoresque style Château, qui dominait la construction fédérale dans la capitale depuis les années 1910, était incompatible avec la vision de Gréber. Même s'il estimait devoir conserver le thème du toit Château – à des fins de continuité – pour toutes les nouvelles constructions situées du côté nord de la rue Wellington, il trouvait que les édifices de la Confédération et de la Justice étaient mal alignés par rapport à la rue et qu'ils intégraient des « formes démodées » d'architecture.[39] Au sujet des édifices de l'Est et de l'Ouest, véritables icônes du nationalisme canadien, il écrivait : « À cause d'une adaptation excessive du pittoresque et des formes d'inspiration médiévales, la fonction de la structure est passée au second plan, ce qui donne des conditions de travail difficiles, un éclairage insuffisant et un milieu défavorable à l'efficacité opérationnelle. »[40] L'édifice conçu en 1932 pour le Conseil national de recherches lui paraissait également d'un classicisme trop rigide.

Gréber trouvait cependant « fonctionnels et visuellement satisfaisants » les nouveaux bâtiments du CNR sur le campus du chemin de Montréal, mais à ses yeux, ce type de bâtiment industriel ne pouvait en aucun cas servir de modèle à des édifices gouvernementaux importants. Il envisageait plutôt une capitale conçue dans un style qui conserverait les proportions, les volumes et la symétrie du classicisme, mais qui éviterait toute référence historique précise.[41] Ce classicisme épuré pouvait être décrit comme la modernisation et la simplification du style classique moderne ou Art déco des années 1930. Très identifié à l'architecture officielle de l'Allemagne nazie et de l'Italie fasciste des années 1930 et du début des années 1940, ce style représentait une tendance conservatrice dans l'architecture publique qui devait persister en Europe et en Amérique du Nord jusque dans les années 1950.

Tout comme Edward H. Bennett en 1915, Gréber imaginait une capitale grandiose et digne dans la tradition de Paris et de Washington. Il voyait de larges boulevards bordés de bâtiments conçus suivant un thème stylistique commun. Les principaux édifices publics étaient disposés avec art à l'extrémité de longues échappées ou en bordure de vastes esplanades, ponctuant de façon saisissante les compositions urbaines à grande échelle proposées par Gréber (figure 7.17). Son projet de place municipale, comprenant un hôtel de ville à une extrémité et une nouvelle galerie nationale des arts à l'autre, relié par un large boulevard et par un pont enjambant le canal Rideau, illustre bien sa vision d'Ottawa.

Quelques édifices publics fédéraux seulement furent construits suivant les modèles architecturaux présentés dans le Plan de la capitale nationale. Les édifices commémoratifs de l'Est et de l'Ouest, conçus par la firme torontoise Allward & Gouinlock, furent les plus importants projets de cette période (figure 7.18)[42] (Allward & Gouinlock semblent avoir eu la faveur du gouvernement libéral ; ils travaillaient déjà à la construction de l'hôpital Sunnybrook à Toronto et, en 1956, ils furent chargés de concevoir et de construire l'important complexe du ministère des Mines et des Relevés techniques à Ottawa.) L'édifice commémoratif de l'Est, qui abritait le ministère des Affaires des anciens combattants, fut entrepris en 1949 ; l'édifice commémoratif de l'Ouest fut construit quelques années plus tard pour le ministère du Commerce. Tous deux furent dessinés dans le style classique épuré mis en valeur dans le plan de Gréber. Gréber pensait que les édifices situés du côté sud de la rue Wellington devaient être dotés de toits plats, mais comme Mackenzie King hésitait à renoncer à l'emblème architectural d'Ottawa, il opta pour une version basse du toit Château.

Sur le plan de Gréber, ces deux édifices marquaient l'entrée d'une vaste esplanade menant à un centre des congrès et à un auditorium. Une colonnade commémorative fut construite pour relier les deux structures, mais le boulevard qui devait mener à l'esplanade ne fut jamais terminé. Il prend fin aujourd'hui à un demi-pâté de maisons de la colonnade, où il se perd dans un paysage de rue polyvalent. Les édifices commémoratifs de l'Est et de l'Ouest ont été les derniers bâtiments de la cité parlementaire construits dans la tradition du style Château à Ottawa, du moins jusque dans les années 1980. Ces dernières années, les toits Château, ou plutôt les toits pentus en métal vert, sont réapparus rue Wellington, dans la foulée de l'éclectisme et de l'historicisme de l'architecture postmoderne.

L'édifice de l'Imprimerie nationale fut dessiné en 1949 par l'architecte montréalais Ernest Cormier, dans le cadre d'un vaste projet visant à embellir la ville de Hull par des boulevards, des esplanades, des ronds-points et plusieurs édifices publics importants, dont une gare ferroviaire et un hôpital. À l'origine, l'Imprimerie devait donner sur une place publique qui ne s'est jamais matérialisée, comme bien d'autres projets prévus à Hull. Bien que très éloigné de la Cité parlementaire, l'édifice de l'Imprimerie nationale était celui qui se rapprochait le plus de l'image architecturale que Gréber se faisait de la région de la capitale nationale (figures 7.19 et 7.20).[43] Formé à l'École polytechnique de Montréal et à

7.17. Illustration extraite du Plan de la capitale nationale : « Projet où l'hôtel de ville domine le parc de la Confédération à partir de la voie d'accès est jusqu'au nouveau pont », *Plan for the National Capital : General Report*, Ottawa, 1950, fig. 158. Malak, 1950.

7.18. Édifices commémoratifs de l'Est (1949–1956) et de l'Ouest (1954-1958), Ottawa (Ontario). Conçus par Allward & Gouinlock. B. Dewalt, Parcs Canada, 1987.

l'École des beaux-arts de Paris, Cormier avait développé un style très personnel, idéal pour exprimer la grandeur civique et la modernité que Gréber voulait donner à la capitale nationale.[44] Les premières esquisses de Cormier pour l'édifice de la Cour suprême s'harmonisaient parfaitement avec le plan de Gréber et pourraient bien l'avoir influencé lorsqu'il définit le caractère architectural de la capitale.

L'édifice de l'Imprimerie nationale, dont la construction a débuté en 1949, était à la fois un atelier d'imprimerie industriel et le siège d'une importante institution fédérale. Le dessin de Cormier exprimait clairement ce double rôle. Vu de face, l'édifice a beaucoup de points communs avec l'architecture classique moderne, mais l'interprétation que Cormier a fait de ce style est d'une sévérité implacable. À la structure principale de trois étages, se greffent deux ailes de deux étages en saillie. Le portique de l'entrée centrale est constitué de six piliers massifs, bien découpés, dont la profondeur crée des jeux d'ombre et de lumière. Comme à la station postale B de Montréal, le parement en pierre des murs forme un motif quadrillé, mais ce traitement évoque ici une sensation de lourdeur et de masse. L'extérieur est dominé par le granit gris et froid des murs, et les fenêtres, dont la taille et la disposition sont dictées par le quadrillage de la maçonnerie, semblent avoir été créées par le retrait de quelques blocs de pierre de cet empilement massif. Le bloc central abrite les fonctions publiques et administratives de l'édifice.

L'atelier, qui entoure la section centrale de trois côtés, est de facture radicalement différente. Sa base est en granit, mais ses deux étages supérieurs contrastent avec la lourde monumentalité de l'élévation principale. Le mur rideau de verre et d'acier possède une légèreté et une transparence qui rappellent l'architecture du Bauhaus allemand. L'architecte Cormier échappe à toute catégorisation conventionnelle. L'édifice de l'Imprimerie nationale ne peut pas être décrit comme un bâtiment classique moderne ou épuré. Cormier a plutôt créé deux bâtiments distincts, inspirés de deux approches de design antithétiques, qu'il a fusionnés en une composition unique.

Le projet de Gréber pour le centre-ville d'Ottawa était en fait une version remaniée des idées et des principes exprimés dans le plan de 1915. Les recommandations les plus innovatrices du rapport Gréber s'appliquaient à la prolifération des banlieues et à la congestion urbaine. Gréber recommandait de créer autour de la ville une « ceinture de verdure », sorte de zone tampon rurale ou agricole qui permettrait de contenir l'étalement urbain et le développement linéaire ou périphérique enlaidissant la banlieue. Inspirée de l'œuvre de l'urbaniste britannique du XIXe siècle Ebenezar Howard, la ceinture de verdure était une composante de la cité-jardin autonome. Cependant, dans l'entre-deux-guerres, on y vit un bon moyen de contrôler le développement en périphérie des villes.[45]

Le rapport Gréber proposait aussi un développement décentralisé. Le plan urbain traditionnel, avec son centre-ville entouré de zones résidentielles et industrielles, était en voie de devenir désuet, car les artères urbaines étaient de plus en plus congestionnées et la densité de population dans les centres-villes était en hausse. Dans les années 1920, bien des gens avaient défendu l'idée d'une ville décentralisée, notamment aux États-Unis. Le rapport Gréber redéfinissait Ottawa comme une hiérarchie de communautés et de fonctions. Le centre-ville ne pouvant plus réunir toutes les fonctions gouvernementales, il recommandait l'établissement de satellites en banlieue. De nouveaux centres domiciliaires, dotés de districts commerciaux, d'écoles, d'églises et de centres communautaires distincts, seraient créés autour de ces satellites pour permettre aux employés de vivre à proximité de leur lieu de travail.[46]

Le parc Tunney, à l'extrémité ouest de la ville, fut le premier de ces satellites gouvernementaux.[47] Conçu à la fin des années 1940, il regroupait des édifices d'une grande cohésion visuelle, bordant tout un réseau d'avenues et de boulevards. Le premier d'entre eux fut le Bureau fédéral de la statistique (1950–1953), dessiné à contrat par la firme Ross, Patterson, Townshend & Heughan (figure 7.21). Long et étroit, cet édifice de quatre étages adopte un plan en double H et possède huit ailes en saillie, à l'avant et à l'arrière. L'entrée principale, en retrait entre deux ailes et dotée d'une porte d'accès flanquée de deux poteaux d'éclairage en fer forgé, constitue le cœur de l'ensemble. Comme c'est le cas pour beaucoup d'édifices publics de l'époque, l'entrée principale est

L'architecture fédérale en transition 229

7.19. Imprimerie nationale, Hull (Québec), 1949–1957. Architecte : Ernest Cormier. M. Trépanier, Parcs Canada, 1993.

230 Les biens de la Couronne

7.20. Élévation arrière, Imprimerie nationale. J. Wright, Parcs Canada, 1992.

placée dans une grande ouverture en verre et en aluminium qui fait trois étages. Tous les murs extérieurs en brique chamois s'articulent autour de rangées de fenêtres horizontales dont le pourtour est accentué par un bandeau de pierre. Même si les autres bâtiments construits au parc Tunney sont plus « modernes », le volume, les matériaux et le profil de cet édifice ont défini un thème architectural qui allait subsister jusqu'au début des années 1970, alors que des immeubles à bureaux à plusieurs étages seraient bâtis au milieu de cet ensemble d'édifices bas aux allures de campus.[48]

Le concept du satellite gouvernemental aurait beaucoup d'impact sur la nature des travaux d'aménagement entrepris par le fédéral à Ottawa. Présenté comme une solution à la congestion et au surdéveloppement du centre-ville, il s'avéra, dans les faits, trop efficace. Il introduisit deux poids, deux mesures, dans le domaine de la construction publique, ce qui eut tendance à miner les efforts en vue d'appliquer la vision de Gréber à la cité parlementaire. Le centre-ville était le cœur symbolique de la ville et de la nation, et les bâtiments qui y étaient construits devaient répondre aux plus hautes normes de conception et de construction. Dans les zones satellites, toutefois, il a toujours été entendu qu'on pouvait réduire quelque peu les normes, et que des bâtiments plus pratiques et plus fonctionnels s'imposaient. Le gouvernement se rendit vite compte qu'il était plus facile et moins coûteux de construire des immeubles à bureaux à ces endroits. Les satellites connurent donc un développement rapide dans les années 1940 et 1950, tandis que les travaux au centre-ville piétinaient. De nos jours encore, des terrains qu'on avait prévu développer en 1913, 1915, 1937 et 1950 restent vacants.

De tous les plans d'urbanisme élaborés pour Ottawa au XXe siècle, celui de Gréber fut le mieux réussi, parce qu'il venait au bon moment. En 1915, le rapport Holt arrivait au début d'une longue période de restrictions et quand le gouvernement fut enfin prêt à passer à l'action, la vision d'Ottawa qu'il présentait était devenue désuète. Par contre, le Plan de la capitale nationale fut préparé juste au moment où le pays entrait dans une période de croissance soutenue. Le gouvernement fut donc en mesure d'appliquer rapidement certaines de ses recommandations les plus ambitieuses, comme la création d'une ceinture de verdure,

7.21. Parc Tunney. Vue du Bureau fédéral de la statistique (1950–1953) au bout de la rue. Conçu par Ross, Patterson, Townshend & Heughan. J. Wright, Parcs Canada, 1992.

232 Les biens de la Couronne

l'enlèvement des voies ferrées du centre-ville et l'établissement de satellites. Le développement d'une cité parlementaire cohérente sur le plan architectural reste à réaliser.

La construction d'édifices pour la communauté scientifique

L'après-guerre a été une période faste pour la recherche scientifique au Canada.[49] C.D. Howe, l'un des ministres libéraux les plus influents, croyait qu'un programme de recherches généreusement subventionné était un outil essentiel au maintien d'un secteur industriel et manufacturier progressif et concurrentiel. En 1944, Howe avait accepté à contre-coeur le tout nouveau ministère de la Reconstruction, à la condition de diriger également le Conseil national de recherches. Sous sa gouverne, le CNR vit son budget passer de 5,2 milliards de $ en 1945 à 12,9 milliards de $ en 1951–1952. Une partie de cette somme fut affectée à la création d'un réseau national de laboratoires gouvernementaux.[50] On pensait qu'un programme de recherches décentralisé pourrait mieux répondre aux besoins et aux préoccupations de chaque région. Le gouvernement espérait aussi favoriser la coopération et le partage des ressources au sein de la communauté universitaire et industrielle. En 1948, le Laboratoire régional des Prairies était inauguré sur le campus de l'université de la Saskatchewan, à Saskatoon, et en 1952, le Laboratoire régional de l'Atlantique ouvrait ses portes à l'université Dalhousie, à Halifax.

Le programme de recherches du ministère de l'Agriculture allait également bon train à l'époque. En 1937, le Ministère avait intégré plusieurs de ses services de recherches en un seul, appelé le Service scientifique.[51] À partir du XIXe siècle, un réseau de fermes expérimentales et de stations de démonstration avaient été créées partout au pays, mais après la guerre, on mit plutôt l'accent sur l'aménagement de laboratoires modernes dans les diverses régions. En 1953, le Ministère avait fait construire sept laboratoires du Service scientifique et plusieurs petits laboratoires spécialisés.[52] D'autres ministères, comme Pêches et Océans, Affaires du Nord et Ressources naturelles, et Mines et Relevés techniques, possédaient aussi des services de recherches et des laboratoires.[53]

Les laboratoires de recherches étaient généralement des bâtiments modestes et peu coûteux. Le Laboratoire régional de l'Atlantique du CNR, à l'université Dalhousie, était typique de l'œuvre du Bureau de l'Architecte en chef dans ce domaine (figure 7.22). Formant un bloc rectangulaire doté d'une élévation symétrique, d'une entrée centrale et de fenêtres espacées de façon régulière et reliées horizontalement par un bandeau en pierre, il ressemblait à plusieurs autres bâtiments de recherches fédéraux de l'époque. Étant donné la présence de nombreux édifices classiques en pierre à l'université Dalhousie, on l'avait cependant revêtu de pierre au lieu de brique, moins chère. La nécessité de tenir compte du caractère architectural dominant sur les autres campus universitaires obligea à produire de nouveaux types de constructions. La Station de recherches des Prairies de l'université de la Saskatchewan et le Laboratoire du Service scientifique du ministère de l'Agriculture à l'université Western Ontario furent tous deux conçus dans un style rappelant vaguement les collèges gothiques, similaire à celui des autres bâtiments de ces campus. Quelques années plus tard, à l'université Mount Allison, à Sackville, au Nouveau-Brunswick, le laboratoire du Service scientifique du ministère de l'Agriculture (commencé en 1955), fut construit dans le style georgien britannique ; ce bâtiment de deux étages et demi possédait un toit très pentu et un parement imitant la pierre posé sur une charpente de béton armé.[54]

Plusieurs nouveaux édifices furent construits pour le Conseil national de recherches sur le campus du chemin de Montréal, à Ottawa, afin de tenir compte des nouveaux programmes de recherches. L'Institut de recherche en construction (1951–1953) était l'un des bâtiments les plus innovateurs de l'époque (figure 7.29).[55] Conçu par J.C. Meadowcroft, de Montréal, cet édifice bas aux murs blancs en stuc et en ciment respectait le caractère architectural du complexe, mais adoptait un style plus international. Vu de face, il apparaît comme une longue structure basse dont l'entrée décentrée est soulignée par des dalles de marbre noir poli. Les bandes de fenêtres continues, avec leurs blocs de verre et leurs brise-soleil en aluminium, sont des motifs associés aux débuts du modernisme. Avant que la climatisation centrale ne soit répandue, ce traitement de fenêtre permettait de protéger l'intérieur de la chaleur

7.22. Laboratoire régional de l'Atlantique (CNR), université Dalhousie, Halifax, 1949–1950. Conçu par le Bureau de l'Architecte en chef. I. Doull, Parcs Canada, 1994.

7.23. Institut de recherche en construction (CNR), Ottawa (Ontario), 1951–1953. Architecte : J.C. Meadowcroft. J. Wright, Parcs Canada, 1992.

rayonnante du soleil tout en laissant pénétrer des flots de lumière. L'élévation latérale est une composition irrégulière constituée de masses ou de volumes distincts qui reflètent les exigences fonctionnelles de l'intérieur. L'entrée principale s'ouvre sur un hall assez imposant, doté d'un plancher de marbre vert et d'un escalier gracieusement incurvé dont la rampe délicate est en aluminium. Cet espace public formel surplombe l'atelier principal, qui s'élève sur trois étages (figure 7.24). Les deux espaces sont séparés par un simple mur de verre ; la double fonction du bâtiment, à la fois établissement public et laboratoire de recherches, est ainsi exprimée et intégrée sur le plan visuel.

La GRC et les services de santé aux Autochtones

Dans les années 1940, le Bureau de l'Architecte en chef avait surtout construit des édifices publics urbains, des stations de passage frontalier et des bâtiments de recherches, mais vers la fin de la décennie, d'autres ministères et organismes furent encouragés à faire appel à ses services. Ainsi, la Gendarmerie royale du Canada, qui avait répondu elle-même à ses besoins en matière de construction depuis le début du siècle, rétablit alors des relations de travail plus actives avec le Bureau de l'Architecte en chef. Une bonne partie des travaux commandés par la GRC étaient assez courants et la plupart furent exécutés par les employés du Bureau. En plus de quelques garages et de quelques résidences, bâtis au quartier-général divisionnaire d'Ottawa (Rockcliffe) et au dépôt de Regina, on érigea aussi à ce dernier endroit une écurie, un manège et de nouvelles casernes (les casernes C).

Les bâtiments les plus en demande étaient de petits quartiers de détachements. Avant 1945, beaucoup de détachements de la GRC étaient stationnés dans des édifices loués ou achetés, mais après la guerre, le nouveau commissaire en chef décida que les agents de la GRC devaient avoir des logements de meilleure qualité.[56] Entre 1945 et 1953, une trentaine de quartiers de détachements furent construits, dont dix entre 1951 et 1953 dans la nouvelle province de Terre-Neuve.[57] Ces structures étaient pour la plupart bâties suivant des modèles courants. Semblables à des unités d'habitation, elles possédaient deux étages, un toit

7.24. Institut de recherche en construction. Vue du hall d'entrée surplombant l'atelier principal. J. Hucker, Parcs Canada, 1991.

en croupe et un garage double, et elles étaient recouvertes de bardeau d'amiante. Elles servaient à la fois de logements et de bureaux.

La Direction générale des services médicaux du ministère de la Santé et du Bien-être social devint également un client du Bureau de l'Architecte en chef. La Division des affaires indiennes du ministère des Mines et des Ressources comptait une Division des services de santé aux Autochtones depuis 1928. Dans les années 1920 et 1930, le gouvernement fédéral et certaines congrégations religieuses avaient établi plusieurs hôpitaux pour les Autochtones, mais le programme s'était avéré un échec dans l'ensemble. Au milieu des années 1930, la tuberculose tuait plus de 600 Autochtones chaque année – un taux de mortalité trente fois plus élevé que dans le reste de la population. En 1935, lors de sa réunion annuelle, l'Association pulmonaire du Canada avait discuté du problème, mais ses efforts avaient été sapés par le ministère des Mines et des Ressources qui était en train de pratiquer des coupures dans les services de santé aux Autochtones.[58]

La situation s'améliora en 1945 lorsque la Division des services de santé aux Autochtones fut transférée au ministère de la Santé nationale et du Bien-être social. Cette réorganisation eut pour effet de soustraire les soins de santé aux Autochtones d'un ministère dont le mandat central était le développement des ressources et non les affaires indiennes pour les confier à un ministère où ils pourraient être intégrés à une politique nationale de soins de santé. Les normes de santé des communautés autochtones continuèrent d'être inférieures à celles de l'ensemble de la population, mais la réorganisation parvint à réduire l'écart. En 1955, dix-huit hôpitaux et quarante postes de soins infirmiers avaient été construits, et le nombre des décès attribuables à la tuberculose était passé de six cents à environ soixante par année.[59]

La Direction générale des services médicaux fit construire une série de petits postes de soins infirmiers habituellement conçus pour accommoder le personnel infirmier et quatre patients environ.[60] Situés dans la réserve ou à proximité, ces postes étaient généralement de petites structures d'un étage et demi, avec un toit en croupe ou à pignons. Comme les quartiers de détachement de la GRC, leurs murs étaient recouverts de bardeau d'amiante.

La Direction générale fit aussi construire de grands hôpitaux dans le Nord. L'un des tout premiers fut l'hôpital-sanatorium de Moose Factory, en Ontario, qui date de 1948–1949 (figure 7.25).[61] Cet édifice de deux étages qui pouvait accueillir cent cinquante patients comptait une section centrale à laquelle quatre ailes venaient se greffer à angle droit. Ces ailes abritaient des salles et possédaient chacune un solarium à leur extrémité. L'extérieur était aussi simple et fonctionnel que possible. L'édifice à charpente de bois était posé sur des fondations de béton et paré d'amiante. Les fenêtres étaient groupées en bandes horizontales et séparées les unes des autres par des panneaux teints de contreplaqué. Le ministère des Travaux publics avait été chargé de la construction, mais une bonne partie de la planification et de la conception a probablement été réalisée par la Division de la conception des hôpitaux du ministère de la Santé nationale et du Bien-être, dirigée par H. Gordon Hughes. Hughes, qui avait été l'architecte des édifices réalisés pendant la guerre pour le Conseil national de recherches à Ottawa, devint l'un des grands spécialistes de la construction d'hôpitaux au Canada.[62]

Une crise de nature organisationnelle : le Bureau de l'Architecte en chef

Entre 1945 et 1953, le Bureau de l'Architecte en chef supervisa la conception et la construction de quelque deux cents édifices, ce qui représente un niveau de production comparable à celui des années records de la décennie 1930. Malgré cela, à l'intérieur du gouvernement, le ministère des Travaux publics et le Bureau de l'Architecte en chef étaient de plus en plus perçus comme des organismes désuets et inefficaces, perclus de favoritisme et de corruption.[63] Cette perception découlait en partie de problèmes de personnel et de dotation. En 1941, la mort de James B. Hunter, sous-ministre depuis 1907, avait créé un immense vide. Emmett Patrick Murphy l'avait remplacé en 1942. Mais comme on s'attendait à ce qu'il continue à remplir ses anciennes fonctions de Directeur de la construction pour le ministère des Munitions et des Approvisionnements, son rendement avait été affecté.[64]

Au Bureau de l'Architecte en chef, Charles Sutherland, qui avait

L'architecture fédérale en transition 237

7.25. Hôpital indien de Moose Factory (Ontario), 1948–1949. Conçu par le Bureau de l'Architecte en chef en collaboration avec la Division de conception des hôpitaux, ministère de la Santé nationale et du Bien-être. ANC, C-37472.

occupé le poste d'Architecte en chef pendant la guerre, avait pris sa retraite en 1946. Son départ avait ravivé le débat concernant le type d'architecte qu'il convenait de nommer au poste d'Architecte en chef. Le successeur logique de Sutherland était J.-C.-G. Brault, qui travaillait au Bureau depuis 1915 et qui était l'adjoint de l'Architecte en chef depuis 1937.[65] Brault avait été nommé Architecte en chef intérimaire lors du départ de Sutherland, mais la Commission de la fonction publique hésitait à approuver sa nomination. En 1947, une note de service interne recommandait que « le poste d'Architecte en chef [...] soit occupé par un architecte de compétence reconnue possédant [...] une réputation internationale à titre de concepteur et de dirigeant ».[66] Le Ministère hésitait pour sa part à engager une personne de l'extérieur et faisait à nouveau valoir qu'il serait difficile d'obtenir les services d'un architecte de ce calibre au salaire offert ; en outre, il demandait : « Pourquoi refuser une promotion à cet employé de longue date [Brault] approchant du terme de sa carrière officielle ? »[67] Ce choix, conservateur et prudent, l'emporta et Brault fut nommé.

Brault avait soixante et un ans et trente années d'expérience au sein du Bureau. Il connaissait les rouages du Ministère, mais on ne pouvait pas s'attendre à ce qu'il insuffle de l'énergie et des idées nouvelles à son service. En outre, beaucoup d'architectes et d'ingénieurs en poste appartenaient à la même génération que lui, ce qui n'arrangeait guère les choses ; certains avaient même été recrutés au début des années 1900.[68] À la fin des années 1940, le Bureau désirait vivement engager de nouveaux employés pour faire face à l'accroissement de sa charge de travail, mais la plupart des jeunes architectes n'étaient pas intéressés à travailler pour le gouvernement. Non seulement les salaires des architectes dans la fonction publique continuaient-ils de baisser (comparativement à ceux du secteur privé,[69] mais comme le soulignait une note de service de 1947 :

> À l'heure actuelle, peu d'architectes ont acquis une expérience professionnelle à l'extérieur du ministère des Travaux publics. La réputation du Ministère en a été ternie et bien des jeunes architectes ont refusé de travailler dans un service qui n'a pas de réputation en design.[70]

Le ministre des Travaux publics Alphonse Fournier (1942-1953) ne fit pas grand-chose pour défendre la réputation de son ministère et améliorer les choses. Fournier semblait accepter la piètre performance du Ministère et affirmait qu'il ne pouvait changer la mentalité de ses employés, bien souvent sur place depuis leur jeune âge et maintenant ancrés dans leurs habitudes.[71]

La crise à laquelle le ministère des Travaux publics et le Bureau de l'Architecte en chef étaient confrontés était en fait de nature organisationnelle. Le Ministère avait conservé à peu près la même structure administrative depuis sa création dans les années 1860 et 1870. En 1871, on avait confié au Bureau de l'Architecte en chef la tâche de concevoir, construire, entretenir et réparer tous les édifices fédéraux relevant du ministère des Travaux publics. Quand le volume de la construction et la taille de l'inventaire des édifices fédéraux avaient augmenté, le Bureau avait embauché de nouveaux employés à Ottawa, engagé des architectes résidants dans divers centres régionaux et donné de plus en plus de travail à des architectes du secteur privé. Les autres ministères avaient allégé le fardeau du Bureau en créant leurs propres services d'architecture et de génie. L'érosion des attributions du Ministère en tant qu'organisme fédéral central responsable de la construction, qui avait commencé dans les années 1880 lorsque la Direction des pénitenciers et le ministère de la Milice et de la Défense avaient établi des services indépendants de construction, s'était encore accentuée pendant la Deuxième Guerre mondiale. En 1952 le comité du Sénat sur les finances rapporta que la moitié des fonds fédéraux consacrés à la construction étaient dépensés à l'extérieur du ministère des Travaux publics.[72]

En 1953, les besoins du gouvernement fédéral en terme de construction dépassaient de beaucoup la capacité de produire du Bureau de l'Architecte en chef. Bien des projets importants mis sur pied après la guerre, et pour lesquels des architectes avaient été engagés et des budgets soumis au Parlement, étaient restés pris dans les rouages de la bureaucratie surchargée des Travaux publics.[73] Le personnel était dépassé par la tâche administrative énorme de gérer les projets de construction d'édifices publics du Ministère tout en supervisant son programme de gestion et d'entretien des biens.[74] (Par exemple, dans les années 1940, on comptait plus de 2 000 employés d'entretien ménager, seulement à Ottawa.) En 1953, tous s'entendaient au gouvernement pour dire que le ministère des Travaux publics et le Bureau de l'Architecte en chef avaient besoin d'une réforme radicale et d'un apport de personnes et d'idées nouvelles.

Conclusion

La guerre et la reconstruction furent synonymes de transition et de crise pour le ministère des Travaux publics et le Bureau de l'Architecte en chef. Pendant la guerre, le Ministère avait dépéri, se consacrant aux travaux banals générés par l'effort de guerre. Lorsque le rythme de la construction s'accéléra après la guerre, le Bureau de l'Architecte en chef put regagner du terrain en tant que centre des activités de construction du fédéral, mais comme le gouvernement prenait de l'expansion et que la nation entrait dans une période de croissance rapide, il devint bientôt apparent que le ministère des Travaux publics ne pouvait plus répondre à la demande.

En dépit de ces problèmes, l'après-guerre ne peut être décrit comme une période de stagnation. Divers projets, comme le Plan de la capitale nationale proposé par Jacques Gréber et l'édifice de l'Imprimerie nationale à Hull, furent des réalisations importantes. En général, les édifices publics conçus pendant ces années-là montrent que l'architecture canadienne était arrivée à un carrefour. Contrairement à l'architecture fédérale d'autres périodes pour laquelle on peut identifier des thèmes ou des styles dominants, celle des années 1940 et du début des années 1950 est très variée et comporte autant des édifices liés aux traditions historiques que des œuvres complètement détachées du passé, explorant les matériaux et le langage structurel du modernisme. Au cours de la décennie suivante, le passé et l'avenir cesseraient d'être des enjeux, alors que les architectes et le peuple canadiens embrasseraient avec enthousiasme l'esthétique et l'éthique modernes à l'exclusion de toutes les autres.

CHAPITRE HUIT

L'ère moderne, 1953–1967

L'année 1953 a marqué les débuts d'une nouvelle ère dans les activités de construction du gouvernement au Canada. Dirigé par une nouvelle équipe dynamique, le ministère des Travaux publics fut entièrement réorganisé ; des employés furent recrutés et des systèmes administratifs furent élaborés, ce qui permit au Ministère de satisfaire à la demande accumulée d'édifices publics plus nombreux et plus vastes. Tout au long des années 1950, le Bureau de l'Architecte en chef (devenu la Direction de la construction) put soutenir un volume de travail sans précédent dans l'histoire du Ministère. Entre 1927 et 1939, le Bureau de l'Architecte en chef avait construit plus de trois cents nouveaux édifices ; à la fin des années 1950, la Direction de la construction en avait presque autant chaque année à contrat. La croissance de la fonction publique, amorcée à la fin des années 1940 et au début des années 1950, s'était poursuivie, et la construction d'immeubles à bureaux plus vastes et plus modernes dans l'ensemble du réseau fédéral était demeurée la préoccupation centrale du ministère des Travaux publics. Le développement dans le Nord, l'expansion des installations de la Gendarmerie royale du Canada, la construction de nouveaux laboratoires pour les divers programmes de recherches du gouvernement, ainsi que la réforme et l'expansion du système pénitentiaire canadien dans les années 1960 générèrent encore plus de travail pour le Ministère. Les édifices construits entre 1953 et 1967 constituent la dernière manifestation importante du mouvement d'expansion du réseau des édifices publics fédéraux, qui avait débuté en 1867.

La réorganisation du Ministère coïncida avec la montée du modernisme au Canada. Même si l'architecture canadienne de l'après-guerre ne peut être décrite comme un mouvement cohérent, en 1953 une nouvelle génération d'architectes défendant l'idéologie moderniste de l'avant-garde européenne et américaine dominait la scène architecturale nationale. Les édifices fédéraux des années 1950 et 1960 témoignent de la nature complexe de l'architecture moderne au Canada, mais c'est le style international du Bauhaus, caractérisé par des volumes cubiques simples et des murs rideaux transparents, qui illustre le mieux cette période. Au rejet des traditions historiques et à la conviction que les nouvelles techniques et les matériaux usinés permettraient de concevoir de meilleurs édifices et des communautés plus humaines, s'associaient un optimisme généralisé et la certitude que la nouvelle technologie produirait un pays amélioré et plus prospère.

La Direction de la construction allait continuer de soutenir un rythme de construction accéléré tout au long des années 1960 et 1970 mais au début des années 1960, de nouvelles influences architecturales et des pressions politiques commencèrent petit à petit à modifier et à redéfinir le programme de construction fédéral. Les principes fonctionnalistes du style international avaient été exploités et surexploités dans les années 1950 par des spéculateurs utilisant des matériaux usinés peu coûteux et des normes de design industriel, ce qui avait produit un paysage urbain de plus en plus gris et banal. Les architectes canadiens se remirent donc à explorer dans les années 1960 les valeurs purement esthétiques de la forme, de la texture et de la composition pour créer une architecture plus variée, dynamique et expressive. Le climat politique et économique était aussi en pleine évolution. Devant une croissance économique au ralenti, des taux de chômage à la hausse, des disparités régionales de plus en plus manifestes et l'incertitude liée à l'élection de quatre gouvernements minoritaires entre 1962 et 1968, l'optimisme des années 1950 cédait la place à une perspective politique plus prudente. Même si la demande d'édifices publics demeurait forte, on exerçait de plus en plus de pressions en vue d'une réduction des coûts des travaux et d'une simplification du processus de construction.

La refonte du ministère des Travaux publics, 1953

En août 1953, un cinquième gouvernement libéral consécutif était élu. Le Premier ministre Louis Saint-Laurent avait convaincu les Canadiens que son parti était le seul à posséder l'expérience et le savoir-faire nécessaires pour guider la nation vers une richesse et une prospérité accrues. Des perspectives économiques saines, faisant suite à plusieurs années de croissance soutenue et de prospérité dans l'ensemble du pays, semblaient confirmer cette allégation. L'explosion démographique et l'immigration à la hausse se combinaient pour produire le premier accroissement substantiel de la population depuis le début du siècle. Les taux de chômage étaient inférieurs à 3 p. 100 ; les investissements, le produit national brut et les revenus des particuliers avaient doublé depuis 1939.[1] La prospérité économique signifiait une hausse de revenu pour le gouvernement fédéral qui réinvestissait cet argent dans des programmes sociaux étendus, dans le réarmement et l'expansion des forces armées canadiennes (à cause de la Guerre froide), ainsi que dans des ouvrages publics coûteux, comme la route transcanadienne, la voie maritime du Saint-Laurent et, plus tard, le pipeline transcanadien.

Beaucoup de nouveaux édifices gouvernementaux avaient également été promis durant la campagne électorale de 1953, mais on savait que le ministère des Travaux publics était incapable dans l'état où il était de livrer la marchandise. On décida donc de procéder à des réformes majeures dans tout le Ministère.[2] Alphonse Fournier, qui avait été ministre des Travaux publics de 1942 à 1953, fut muté au ministère de la Justice et la reconstruction du ministère des Travaux publics fut confiée à Robert Winters, un jeune politicien énergique originaire de la Nouvelle-Écosse. Le major-général H.A. Young fut nommé sous-ministre. Winters et Young étaient tous deux de bons choix. Winters, qui avait été l'un des protégés du puissant C.D. Howe, jouissait de nombreux appuis au sein du gouvernement. Il avait en outre déjà fait la preuve de son énergie et de son génie politique, d'abord comme ministre de la Reconstruction et des Approvisionnements, puis comme ministre des Ressources naturelles et du Développement. Cet ingénieur de formation était diplômé du prestigieux Massachusetts Institute of Technology. Sa seule présence fit beaucoup pour restaurer la crédibilité du Ministère. Dans un article sur Winters paru en 1953 dans le magazine *Maclean's*, on disait : « Normalement, le ministre des Travaux publics en connaît long sur la politique. Aujourd'hui, pour la première fois de mémoire d'homme, il connaît quelque chose aux travaux publics. »[3] H.A. Young, qui avait été quartier-maître général de l'Armée canadienne, vice-président de la Société centrale d'hypothèques et de logement et sous-ministre des Ressources et du Développement sous Winters, était un administrateur d'expérience qui avait la réputation d'être très efficace.[4] Young hésitait un peu à accepter la charge d'un ministère dont la réputation était si mauvaise, mais le Premier ministre lui avait assuré qu'il aurait les coudées franches pour effectuer le premier grand remaniement du Ministère depuis 1879.[5]

Quelques mois à peine après leur arrivée, Winters et Young avaient déjà élaboré une nouvelle structure organisationnelle. Pour commencer, ils avaient divisé le Bureau de l'Architecte en chef en deux directions. La Direction de l'administration immobilière était chargée de gérer et d'entretenir les édifices ; la Direction des immeubles et de la construction, dirigée par un Architecte en chef, s'occupait uniquement des travaux de conception et de construction. Au sein de la Direction des immeubles et de la construction, quatre divisions ou unités de travail permettaient de décentraliser l'autorité et de libérer l'Architecte en chef de certaines tâches liées au développement de projets.[6] La Division des besoins devait définir les besoins des clients et faire des études préliminaires. Quand la réalisation du projet était confiée au Ministère, la Section des plans préliminaires (une composante de la Division des besoins) préparait des avant-plans en élévation. Le projet était ensuite soumis à la Division des plans et devis, où des dessins d'exécution et des devis étaient établis. La Division des contrats préparait les prévisions budgétaires et administrait les contrats liés aux projets réalisés à l'interne. Quand le projet était confié à un architecte du secteur privé, celui-ci en principe préparait les plans préliminaires, mais dans les faits, beaucoup se plaignaient que le Ministère leur présentait l'un de ses propres plans pour orienter le travail de l'architecte.

Le rôle des bureaux de district fut aussi rationalisé et renforcé. Onze districts furent créés et tous les employés régionaux furent regroupés au sein de bureaux régionaux chargés de gérer les projets conçus au Ministère et de surveiller ceux qui étaient donnés à contrat à des architectes du secteur privé. Même s'ils continuaient de relever de l'Architecte en chef, ces bureaux avaient désormais beaucoup plus d'autonomie au chapitre de l'autorisation de dépenser. Ils dessinaient aussi des plans dans le cadre de petits projets. Ce système définissait le processus de conception et de construction comme une série d'étapes clairement différenciées, confiées à des services spécialisés ayant chacun leur propre hiérarchie interne. Il permit à la Direction des immeubles et de la construction de plus que doubler ses activités en quelques années à peine.[7]

La dotation en personnel était l'élément clé du succès de la refonte. Dans tout le Ministère, Winters et Young procédèrent à d'importantes coupures de personnel administratif, mettant à la retraite ou transférant beaucoup d'employés et en recrutant d'autres. Au sein de la Direction des immeubles et de la construction, E.A. Gardner avait été nommé Architecte en chef intérimaire au moment où J.-C.-B. Brault avait pris sa retraite en 1952. Gardner était devenu l'adjoint de Brault en 1947, mais contrairement à beaucoup de ses prédécesseurs, il possédait une expérience professionnelle assez diversifiée. Diplômé de l'École d'architecture de l'université McGill, il avait travaillé dans le secteur privé à Ottawa tout au long des années 1930 avant d'accepter un poste à la Direction générale des travaux de défense, en 1940, où il avait été chargé de concevoir des édifices pour la Marine et pour l'Armée. Il avait acquis là des connaissances spécialisées dans le domaine de la conception des hôpitaux et, en 1946, il avait été transféré au Bureau de l'Architecte en chef pour superviser la construction d'hôpitaux pour le ministère des Affaires des anciens combattants et pour les Services de santé aux Autochtones.[8] Gardner, qui ne faisait pas partie de l'ancien « establishment » du ministère, répondait de toute évidence aux critères de Winters et de Young qui confirmèrent sa nomination au poste d'Architecte en chef en 1953.

Recruter du personnel pour la Direction des immeubles et de la construction n'était pas facile. Les architectes canadiens n'étaient pas intéressés à faire carrière dans la fonction publique alors qu'il y avait tant de possibilités d'emploi plus intéressantes dans le secteur privé. Afin de combler les nombreux postes vacants de la Direction, Gardner lança une campagne de recrutement en Europe, où les taux de chômage dans la profession étaient encore élevés. La Section des plans préliminaires de la Division des besoins était manifestement un produit de cette campagne. En 1956, deux des onze architectes de la Section seulement étaient Canadiens. Les autres étaient originaires de Hongrie, de Lithuanie, de Pologne, d'Ukraine, d'Angleterre et, dans un cas, des États-Unis.[9] Cependant, malgré tous ces efforts, ce n'est qu'à la fin des années 1950 que tous les postes de la Direction furent comblés.

Le modernisme en tant que politique officielle

La réforme du ministère des Travaux publics coïncida avec la montée du modernisme dans l'architecture canadienne.[10] L'idée de modernité n'était pas nouvelle dans ce domaine, mais c'est dans les années 1950 qu'elle fut définie. Dans les années 1930 et 1940, modernisme et tradition n'étaient pas incompatibles. À l'époque, la plupart des architectes canadiens voyaient le modernisme comme une esthétique purificatrice qui débarrasserait l'architecture de son historicisme archaïque pour la ramener à une approche plus simple, plus pure et plus rationnelle ; ils préconisaient néanmoins une certaine continuité culturelle avec le passé. À la fin des années 1940, la nouvelle génération d'architectes et d'éducateurs canadiens avait embrassé l'idéologie architecturale révolutionnaire des modernistes radicaux d'Europe et des États-Unis. Comme le disait l'architecte torontois John C. Parkin en 1955, l'un des principaux tenants du modernisme au Canada :

> Je pense que nous pouvons affirmer sans crainte que dans la bataille opposant modernisme et tradition [...] le vent a incontestablement tourné en faveur du modernisme. Les Canadiens, conservateurs par habitude et par goût, ont succombé à la tendance actuelle. Évidemment, il y a encore çà et là des escarmouches, mais on constate dans tous les secteurs de l'industrie de la construction que le peuple canadien aime le dépouillement, les murs de verre, l'allure fonctionnelle (et efficace) des bâtiments modernes.[11]

En un sens, Parkin réécrivait le passé. Dans la rhétorique des années 1950, l'histoire de l'architecture canadienne de l'entre-deux-guerres était réinterprétée comme un long conflit aboutissant au triomphe du modernisme sur les forces réactionnaires de la tradition.

Le mouvement moderne des années 1950 au Canada était fortement influencé par l'idéologie fonctionnaliste et le minimalisme architectural du Bauhaus allemand, importé aux États-Unis pendant la guerre et qu'on appelle couramment « style international ». Au milieu des années 1950, des architectes et des firmes d'architectes comme John B. Parkin Associates de Toronto, Green, Blankstein & Russell de Winnipeg et Sharp, Thompson, Berwick & Pratt de Vancouver étaient les leaders de l'architecture moderne au Canada. Chacun possédait son propre style et s'inspirait de sources architecturales différentes, mais leurs bâtiments avaient tous « le dépouillement, les murs de verre, l'allure fonctionnelle (et efficace) des bâtiments modernes » associés au style international. Le mouvement moderne s'appuyait également sur les réformes apportées par plusieurs écoles d'architecture. John Bland de l'université McGill et J.H.G. Russell de l'université du Manitoba, deux des figures de proue du modernisme au Canada, avaient introduit des programmes d'études fortement influencés par le modèle du Bauhaus.[12] Comme nous le verrons, même si certains architectes canadiens étaient moins enthousiastes à l'égard du style international, le grand public, lui, jugeait l'architecture moderne tout à fait acceptable sur les plans architectural et idéologique. Tous les architectes étaient donc tenus dans une certaine mesure d'en adopter le vocabulaire.

La nouvelle architecture s'accordait parfaitement au climat général d'optimisme qui prévalait dans les années 1950. Le gouvernement et le monde des affaires croyaient que l'application des principes modernes d'administration publique, de gestion économique et de progrès technologique produirait des communautés toujours plus agréables et plus prospères. Les architectes de l'après-guerre étaient nourris par le sentiment de leur mission et par la conviction de disposer des outils et des connaissances nécessaires pour construire des villes mieux aménagées, plus efficaces et plus humaines. Ainsi, Raymond Affleck, qui avait étudié à McGill dans les années 1940, était entré sur le marché du travail en 1949 avec l'assurance de pouvoir changer le monde grâce au verre et au métal.[13] Le sentiment de puissance de l'architecte était renforcé par des occasions apparemment illimitées d'appliquer ses connaissances à la construction de tours à bureaux, d'édifices publics, d'écoles, d'hôpitaux, d'habitations et de bâtiments commerciaux.

Dans les années 1950, l'idée de modernité était synonyme de progrès et l'architecture moderne trouvait des défenseurs un peu partout, même dans le secteur de la politique officielle. Par rapport aux édifices fédéraux, la question de l'architecture moderne a été soulevée pour la première fois dans le rapport de la Commission royale d'enquête sur l'avancement des arts, lettres et sciences au Canada (mieux connue sous le nom de Commission Massey), déposé en 1951.[14] La Commission Massey avait pour mandat de trouver des moyens de promouvoir la culture et les sciences au Canada dans tous les domaines, y compris l'architecture et l'urbanisme. Dans son rapport, elle critiquait la qualité de l'architecture fédérale, qu'elle jugeait dominée par le « culte de ce n'est plus » et portée à l'imitation et aux styles dérivés.[15] Les vieux arguments étaient repris : la conception des édifices fédéraux ne devrait pas être

8.1. Bureau de douane de Vancouver, rue Granville Colombie-Britannique, 1953–1955. Photographie prise en 1955. Conçu par C.B.K. Van Norman. Démoli en 1992. ANC, PA-185826.

confiée à des fonctionnaires, mais plutôt à architectes du secteur privé, et on devrait organiser des concours nationaux au moment de construire des édifices publics importants de façon à « éviter la médiocrité qui affecte si aisément l'architecture officielle ».[16] Même si la Commission Massey critiquait le passé et n'était pas très claire quant à l'avenir, elle proposait aux architectes d'étudier les possibilités de la « nouvelle architecture technique ».[17] Ce même point de vue fut exprimé aux Communes. En 1955, un député déclarait au ministre des Travaux publics : « rien ne nous oblige à continuer [de produire] [...] des constructions en pierre massive comme les édifices publics existants » ; il jugeait plus important que « les bâtiments que nous construisons [...] soient conformes à la nouvelle tendance en architecture canadienne ».[18]

L'architecture fédérale de style international

Entre l'automne 1953 et 1955, la nouvelle administration du ministère des Travaux publics déposa un programme de construction qui allait occuper la Direction des immeubles et de la construction pendant les dix années suivantes. Des édifices de style traditionnel, comme les Édifices commémoratifs de l'Est et de l'Ouest ainsi que l'Imprimerie nationale à Hull, étaient encore en construction à l'époque, mais tous les nouveaux plans reflétaient l'influence de l'architecture moderne. Deux des tout premiers et des plus importants projets de l'époque illustrent parfaitement la nouvelle image fédérale : le bureau de douane de Vancouver et le bureau de poste principal de Winnipeg, commencés à l'automne 1953 (figures 8.1 et 8.2).[19]

Ces deux édifices sont des essais savants dans le style international. Leur design est défini par une masse asymétrique constituée de volumes distincts correspondant à des unités fonctionnelles. Le bureau de poste de Winnipeg compte deux éléments distincts : un immeuble à bureaux de dix étages, abritant le bureau de poste et des locaux à bureaux, et un édifice de trois étages derrière, où prend place le terminus postal. Cette dernière section avait été construite selon des normes industrielles (plafonds hauts, acier et dalles de béton armé) de façon à supporter le lourd matériel de tri du courrier. On trouvait également une aire d'atterrissage d'hélicoptère sur le toit. Le bureau de douane de Vancouver, plus compact, présentait deux volumes croisés dans lesquels la salle des comptoirs de deux étages recoupait la masse verticale d'un immeuble à bureaux de neuf étages.[20] Les deux édifices étaient enfermés derrière un mur rideau qui donnait à l'ensemble beaucoup de luminosité et de transparence. L'extérieur du bureau de poste principal de Winnipeg était dominé par un quadrillage structural simple, à deux dimensions, dépouillé de toute ornementation. Ce quadrillage se retrouvait également à l'extérieur du bureau de douane de Vancouver, où il servait toutefois de cadre à un jeu complexe et dynamique de vides et de pleins, dans lequel de vastes étendues vitrées contrastaient avec des plans horizontaux et verticaux de pierre polie. La cage d'escalier vitrée révélant l'escalier intérieur était un motif étroitement associé à l'architecture du Bauhaus.

Le bureau de poste principal de Winnipeg illustre très clairement la définition fluide et non structurée de l'espace qui caractérisait le style international. L'entrée principale étant située derrière deux rangées extérieures de piliers ; on pénétrait à l'intérieur du cadre structurel avant d'arriver à la mince paroi de verre transparente qui séparait l'intérieur de l'extérieur. L'intérieur était tout à fait différent de ce qu'on retrouvait dans les édifices fédéraux antérieurs (figure 8.3). La séquence hiérarchique habituelle de l'espace (vestibule, hall d'entrée ou d'ascenseur, puis salle principale) avait été éliminée au profit d'un plan entièrement ouvert subdivisé en zones d'activités. Les cages d'ascenseur et les services mécaniques formaient un îlot au milieu de l'espace et une porte coulissante sans cadre, en acier inoxydable, séparait le hall d'entrée et la zone réservée au bureau de poste. On pouvait ainsi fermer le bureau de poste au public sans briser l'unité spatiale de l'ensemble. Le bureau de poste principal de Winnipeg est toujours occupé par le gouvernement fédéral, mais le bureau de douane de Vancouver a été démoli en 1992.

L'édifice William-Lyon-Mackenzie, à Toronto, fut le plus ambitieux projet de construction de la Direction des immeubles et de la construction (figure 8.4).[21] La planification des travaux débuta au milieu des années 1950, le contrat fut signé en 1957 et l'édifice fut terminé en 1961. Il est situé rue Adelaide, au bout de la rue Toronto, à l'emplacement qu'occupait l'ancien bureau de poste de Toronto, construit en

8.2. Bureau de poste principal, Winnipeg (Manitoba), 1953–1957. Conçu par Green, Blankstein & Russell. J. Wright, Parcs Canada, 1992.

8.3. Hall principal, Bureau de poste principal de Winnipeg. La porte en métal est visible à l'extrême gauche. H. Kalen Photographs, 1959.

1871–1874 (figure 1.3), qui fut démoli pour lui céder la place. Un député déplora la perte de ce « beau vieux bureau de poste », mais les exigences du progrès avaient manifestement la priorité sur tout désir sentimental de conserver des vestiges du passé.[22] Le nouvel édifice entretenait une relation bien différente avec son milieu. L'ancien bureau de poste avait été l'élément central d'un groupe urbain cohérent constitué de bâtiments d'époques et de styles différents, mais néanmoins compatibles quant à la taille et aux matériaux. L'édifice William-Lyon-Mackenzie ne cherchait pas à exploiter le potentiel de composition du site. Vu de l'autre bout de la rue Toronto, il apparaît comme une muraille imprenable de verre et d'acier. L'architecture de style international, pour qui le passé était à la fois inadapté et corrompu sur les plans esthétique et philosophique, n'était pas réputé pour sa sensibilité à l'égard du tissu urbain existant (figure 8.5).

Conçu par la firme torontoise Shore & Moffat, cet édifice ressemble beaucoup au bureau de poste principal de Winnipeg. Le plan au sol forme une base rectangulaire sur laquelle repose un volume asymétrique complexe constitué de trois éléments distincts de quatre, douze et seize étages. Le mur rideau caractéristique et son quadrillage régulier se retrouvent aussi sur cet édifice, mais contrairement à ce qu'on observe sur les édifices de Vancouver et de Winnipeg, la couleur joue ici un rôle important. Les panneaux de métal sous les fenêtres sont d'un turquoise vif qui contraste avec le gris ardoise du revêtement d'aluminium. La cour ou jardin en plein air au centre du complexe était une innovation dans la construction fédérale ; elle allait mener aux édifices à atrium fermé qui domineront l'architecture fédérale des années 1970 et 1980.

L'influence du style international s'est également fait sentir dans des édifices publics plus petits. Deux des meilleurs exemples de cette tendance sont le bureau de poste de Ville Mont-Royal au Québec (1954–1955), conçu par Jean Michaud et R.T. Affleck, et l'édifice fédéral de Truro en Nouvelle-Écosse (1956–1957), de Vincent Rother en collaboration avec Robert E. Cassidy de Truro (figures 8.6 et 8.7).[23] De forme et de plan rectangulaires, les élévations extérieures sont dominées par des baies structurales bien définies que remplissent d'immenses panneaux de verre. Le plan de base, qui consiste en un bureau de poste flanqué d'un hall d'entrée d'un côté et d'un hall de nuit doté de boîtes aux lettres privées de l'autre, avait été dicté par la Direction des immeubles et de la construction, mais dans les deux cas les architectes l'ont interprété de façon moderne. Les espaces sont définis par des surfaces de brique simples qui recoupent de grands panneaux de verre, aussi la distinction traditionnelle entre mur porteur et verre transparent est-elle floue. En général, l'ameublement était fourni par le ministère des Travaux publics, mais dans le cas du bureau de poste de Ville Mont-Royal, la maçonnerie de brique à dessin du hall d'entrée principal et beaucoup de meubles, dont les tables-bureaux légères en acier soudé, ont été conçus par l'un des jeunes associés de la firme.[24] Le bureau de poste de Ville Mont-Royal a reçu la médaille Massey d'architecture en 1961.

Dans les années 1950 et au début des années 1960, beaucoup de très bons exemples du style international furent construits pour le ministère des Travaux publics. Cependant, l'expérimentation de nouveaux matériaux et de nouvelles technologies, essentielle à la nouvelle architecture, était parfois incompatible avec les pratiques de gestion intrinsèquement prudentes et conservatrices du gouvernement fédéral. Dans le cas de l'édifice William-Lyon-Mackenzie, le succès du design reposait sur la production de fenêtres fiables, durables et résistantes à l'eau. Les architectes collaborèrent donc étroitement avec un fabricant de fenêtres et avec des spécialistes des États-Unis afin de concevoir un produit adapté à l'édifice. Ce type de collaboration entrait cependant en conflit avec les règlements du Ministère qui interdisaient aux architectes de nommer des manufacturiers dans leurs devis. L'architecte du district de Toronto, qui représentait le Ministère dans le cadre de ce projet, suggéra d'utiliser des fenêtres standards. Expliquant sa position à l'Architecte en chef, il écrivait : « Je suis d'accord pour que nos plans et nos idées suivent les tendances modernes, mais je pense que nous devrions aussi suivre des méthodes éprouvées de construction. »[25] Shore & Moffat remportèrent la partie, mais d'autres firmes eurent moins de succès.

En 1956, on demanda à la John B. Parkin Associates de concevoir à contrat un bureau de poste d'un étage dans la communauté résidentielle modèle de Don Mills, à l'extrémité nord de Toronto. Les plans originaux exigeaient des fenêtres vitrées pleine hauteur dans un cadre d'acier, mais

8.4. Édifice William-Lyon-Mackenzie, Toronto (Ontario), 1957–1961. Conçu par Shore & Moffat. ANC, PA-800448.

8.5. Édifice William-Lyon-Mackenzie, vu du bout de la rue Toronto. J. Wright, Parcs Canada, 1992.

l'architecte du bureau de district insista pour que la quantité de verre et la taille de chaque fenêtre soient réduites et pour que les appuis de fenêtre soient rehaussés à la hauteur d'un bureau. Ces modifications étaient exigées pour des motifs de sécurité, de facilité d'entretien et de réduction de la perte thermique.[26] Le plan original était en fait très semblable à ceux de l'édifice fédéral de Truro et du bureau de poste de Ville Mont-Royal, qui purent être réalisés sans que leur intégrité architecturale soit compromise. En donnant plus d'indépendance aux bureaux de district, la réorganisation avait entraîné quelques incohérences dans l'application de la politique.

La Bibliothèque nationale du Canada et les Archives nationales du Canada : des variantes architecturales

Les édifices dont il a été question jusqu'ici étaient des représentations des plus orthodoxes du style international. Cependant, les édifices fédéraux de l'époque, tout comme l'architecture canadienne en général, n'étaient pas toujours conformes aux principes de design du Bauhaus. L'architecture moderne n'était pas un mouvement cohérent ; en Europe, durant l'entre-deux-guerres, elle avait pris des formes multiples, de l'architecture organique et sculpturale des expressionnistes allemands et hollandais à celle des pays scandinaves, caractérisée par un plan plus libre et par le goût pour des couleurs et des textures des matériaux de construction traditionnels et naturels. Aux États-Unis l'œuvre originale de Frank Lloyd Wright et de l'école des Prairies représente un bon exemple de ce style. Ces diverses manifestations du modernisme mettaient à la disposition de l'architecte canadien moyen un vocabulaire formel varié qu'il pouvait utiliser avec plus ou moins de succès suivant ses compétences. De plus, beaucoup d'architectes canadiens – et notamment les diplômés des années 1920 et 1930 – ne pouvaient endosser les polémiques architecturales d'hommes tels que John C. Parkin. Ces architectes utilisaient l'idiome moderne, mais leur design conservait des qualités enracinées dans leurs propres traditions architecturales et dans leur expérience personnelle.

L'édifice de la Bibliothèque nationale du Canada et des Archives

8.6. Bureau de poste de Mont-Royal, Ville Mont-Royal, Montréal (Québec), 1954–1955. Architectes : Jean Michaud et R.T. Affleck. J. Wright, Parcs Canada, 1991.

8.7. Édifice fédéral, Truro (Nouvelle-Écosse), 1956–1957. Conçu par Vincent Rother, en association avec Robert E. Cassidy en 1956. ANC, PA-185805.

publiques du Canada (maintenant les Archives nationales du Canada) représente le meilleur exemple de ce modernisme évolutif dans l'architecture fédérale (figure 8.8). Cette institution fut créée en 1953 sur la recommandation de la Commission Massey, et quelques années plus tard, la firme torontoise Mathers & Haldenby fut chargée de concevoir une structure pouvant l'accueillir. La construction fut retardée jusqu'en 1962 et le bâtiment ne fut ouvert au public qu'en 1967.[27] L'édifice de la Bibliothèque nationale du Canada et des Archives nationales du Canada, se compose de trois volumes superposés, mais distincts. Un bloc de quatre étages en U, où sont logés les bureaux et les grandes aires de travail, entoure le bloc central, plus haut, qui renferme les principales aires publiques réparties sur les trois étages inférieurs ; les zones affectées à l'entreposage des livres et des documents sont situées au-dessus. L'auditorium forme une unité séparée du côté ouest de l'édifice. L'extérieur est revêtu de granite canadien et s'harmonise ainsi avec l'édifice voisin de la Cour suprême. La simplicité géométrique du volume et l'utilisation intensive du verre dans un quadrillage régulier reflètent l'influence du style international, mais le plan symétrique et les deux pavillons en saillie de chaque côté de l'entrée principale confèrent à l'ensemble un ordre et une rigueur qui renvoient à la tradition classique. Comparativement aux surfaces transparentes à deux dimensions qui caractérisent le modernisme du Bauhaus, les murs percés de fenêtres enfoncées dans leur cadre de pierre semblent posséder plus de substance et de relief. Le bloc central, doté de petites fenêtres rectangulaires ponctuant la pierre, a presque l'air d'un bunker.

L'organisation de l'espace intérieur trahit également la survivance d'une tradition architecturale formelle. Contrairement à ce qu'on observe au bureau de poste principal de Winnipeg (où l'espace n'est pas structuré), le plan est ici défini par une hiérarchisation de l'espace. L'entrée principale et le foyer public forment un axe central menant à deux axes secondaires qui donnent sur une salle de lecture à une extrémité et sur un auditorium à l'autre. Au deuxième étage, la disposition est similaire et on retrouve une salle de référence et de catalogues au-dessus de l'entrée principale de même qu'une salle de lecture à l'arrière. Parallèlement, le plan intérieur vise à créer des espaces nets et dégagés, inondés de lumière naturelle. Les espaces publics conservent un élément de grandeur formelle. Leur finition est soignée : matériaux et travail de grande qualité, bois blond mou, planchers de marbre poli et détails de bronze dans la cage d'escalier et sur les cadres de porte (figure 8.9). De vastes murales peintes par des artistes canadiens réputés décorent les salles de lecture principales. Beaucoup d'architectes de l'époque auraient jugé cet édifice bâtard sur les plans de l'architecture et de l'idéologie, mais la valeur et la légitimité des traditions historiques sont maintenant de nouveau reconnues en architecture. L'édifice de la Bibliothèque nationale et des Archives nationales réunit quelques-uns des meilleurs éléments du modernisme tout en s'inscrivant dans la tradition de l'architecture publique monumentale.

Le dilemme posé par Ottawa

L'édifice de la Bibliothèque nationale et des Archives nationales fut le dernier grand édifice construit au centre-ville jusqu'au milieu des années 1960. Plusieurs autres étaient prévus, mais aucun ne dépassa l'étape de la planification. Dès sa présentation ou presque, le parti architectural retenu par Gréber dans son plan du centre-ville avait été considéré par beaucoup comme démodé et désuet. La Commission Massey avait émis d'importantes réserves à l'égard de ce plan, qui ne faisait à ses yeux que substituer au romantisme du Château Laurier l'architecture de Rome et de la Grèce antique.[28] Les édifices commémoratifs de l'Est et de l'Ouest, de même que l'Imprimerie nationale à Hull, sont les seuls projets importants qui aient été réalisés suivant le plan de Gréber, et les édifices commémoratifs, en particulier, furent tournés en ridicule dans les milieux modernistes à cause de leur historicisme manifeste.[29] Par ailleurs, le grand public, les hommes politiques et de nombreux architectes continuaient de penser que l'architecture moderne, issue du design industriel, ne répondait pas à la perception populaire d'un édifice public important.

Cette absence de consensus explique l'annulation du concours national de 1953 organisé dans le but de choisir le plan de la nouvelle Galerie nationale du Canada. Le plan retenu, dessiné par Green, Blankstein & Russell de Winnipeg, était une expression rigoureuse et sans

252 Les biens de la Couronne

8.8. Bibliothèque nationale et Archives publiques, Ottawa (Ontario), 1967. Conçue par Mathers & Haldenby en 1955. M. Trépanier, Parcs Canada, 1993.

compromis du style international. Certains segments de la communauté architecturale le trouvaient admirable, mais d'autres avaient du mal à accepter qu'un édifice aussi austère puisse abriter une institution nationale.[30] Il faudrait un autre concours et bien des études de planification avant que Moshe Safdie ne reçoive le mandat de concevoir la Galerie nationale du Canada. L'édifice a été terminé en 1989.

L'idée qu'un édifice public important devait refléter la dignité de l'État était profondément ancrée. En 1967 encore, les architectes du nouvel édifice des Affaires extérieures, à Ottawa (aujourd'hui l'édifice Lester-B.-Pearson), se heurtèrent à la résistance du ministre des Affaires extérieures, Paul Martin, qui n'aimait pas le plan bas en terrasses qu'on lui avait soumis. Il voulait à la place quelque chose qui ressemble davantage à l'édifice du Conseil national de recherches, situé en face, qui avait été conçu dans le style Beaux-Arts au début des années 1930.[31] En 1967, cependant, on ne voyait plus l'intérêt de définir une image architecturale cohérente pour la capitale nationale. Les grands projets menés dans la capitale étaient plutôt considérés comme des occasions de présenter les œuvres de quelques architectes parmi les meilleurs et les plus respectés au pays.

Durant les années 1950 et au début des années 1960, le ministère des Travaux publics chercha à éviter le dilemme de la construction dans le centre-ville plutôt qu'à le régler. La plus grande partie des activités de construction de l'époque furent menées dans les zones satellites, où l'on pouvait utiliser des méthodes à la fois plus pratiques et plus économiques. Le parc Tunney et le complexe du Conseil national de recherches, sur le chemin de Montréal, furent agrandis et de nouveaux secteurs furent aménagés. Les Buttes de la Confédération, au sud-ouest de la ville, furent choisies comme emplacement pour les bureaux administratifs de la Poste, des Travaux publics et des Recherches en communications (figure 8.10).[32] Un laboratoire d'essais fut aussi érigé sur les lieux pour Travaux publics, de même qu'une installation de chauffage central. L'édifice des Postes (édifice Sir-Alexander-Campbell) fut conçu par la firme Shore & Moffat de Toronto. Tout comme le bureau de poste principal de Winnipeg, il comprend une haute tour de bureaux à l'avant et un atelier plus bas à l'arrière. L'édifice Sir-Charles-Tupper, de l'autre côté

8.9. Salle de référence principale, Bibliothèque nationale du Canada. Murale d'Alfred Pellan. ANC, C-50887.

8.10. Vue aérienne des Buttes de la Confédération, Ottawa (Ontario). L'édifice Sir-Alexander-Campbell, construit pour le ministère des Postes (architectes : Shore & Moffat) est à gauche ; l'édifice Sir-Charles-Tupper, construit pour le ministère des Travaux publics est à droite. *Public Works in Canada*, vol. 5, n° 3, mars 1957, p. 33.

de la rue, abrite la nouvelle administration centrale du ministère des Travaux publics (figure 8.11). Comparativement au plan compact et aux volumes géométriques simples du bureau de poste, cet édifice présente une structure horizontale basse où l'on relève une composition complexe de blocs entrecroisés, posés dans le paysage et échelonnés à flanc de colline. L'utilisation de panneaux d'émail teint sous les fenêtres et de brise-soleil au-dessus des fenêtres orientées vers le sud étaient des éléments récurrents à l'époque. Ces deux édifices construits avec des budgets très réduits sont parés de brique et contiennent des bureaux gouvernementaux utilisables, mais bon marché.

Ces édifices tiraient leur caractère distinctif de leur environnement. La plupart des édifices fédéraux dont il a été question jusqu'ici étaient bâtis sur de petits lots urbains au milieu de bâtiments de conceptions et de styles variés. Aux Buttes de la Confédération, les édifices sont des objets isolés posés dans un vert paysage de pelouses et d'arbres traversé par des voies de circulation majeures. Par rapport aux normes contemporaines, les Buttes de la Confédération semblent exprimer un équilibre stérile entre l'architecture et le paysage, équilibre tout à fait incompatible avec le concept actuel de la ville en tant qu'unité organique en mutation constante, constituée de fonctions et d'espaces interdépendants organisés à l'échelle humaine. Elles illustrent néanmoins une étape importante de l'histoire de l'urbanisme. Fondées sur trois éléments fondamentaux – construction en hauteur, lotissement à faible densité et circulation automobile rapide – elles représentent, à une échelle très réduite, une formule d'urbanisme conceptualisée dans les écrits de Le Corbusier, dans les années 1910, puis réalisée sur une grande échelle à Brasília, la capitale moderne du Brésil, dans les années 1950.

Les immeubles du gouvernement du Canada dans les années 1950 et 1960

Par rapport à bien des projets dont il a été question jusqu'ici, la plupart des édifices fédéraux des années 1950 et 1960 présentent un design moins étudié et des dimensions plus réduites. Comme toujours, le gros des travaux de la Direction des immeubles et de la construction consis-

8.11. Édifice Sir-Charles-Tupper, Ottawa (Ontario), 1957–1961. Conçu par Hazelgrove, Lithwick & Lambert. J. Wright, Parcs Canada, 1992.

tait en édifices à bureaux gouvernementaux de petite ou de moyenne taille, qu'on appelle aujourd'hui « immeubles du gouvernement du Canada » (IGC). Dans les années 1950, beaucoup d'édifices fédéraux plus anciens, abritant un bureau de poste au rez-de-chaussée et parfois un bureau de douane à l'étage, ne pouvaient plus accueillir l'ensemble des services gouvernementaux. Devant l'enthousiasme que suscitait l'architecture moderne, les vieux édifices gouvernementaux étaient perçus comme démodés et incompatibles avec l'image moderne et progressiste que le gouvernement avait de lui-même. La Commission Massey alla jusqu'à dire que « le terme sordide est le seul qui convient pour décrire nos vieux bureaux de poste ».[33] Beaucoup de vieux édifices fédéraux furent alors, dans le jargon de la bureaucratie fédérale, transférés à la Corporation de disposition des biens de la Couronne. Bien des édifices fédéraux des XIXe et XXe siècles furent en outre démolis, mais d'autres furent heureusement sauvés par des communautés qui continuaient d'y voir des biens de valeur. Certains sont devenus des hôtels de ville, des palais de justice, des bibliothèques et des édifices à bureaux.

Les IGC des années 1950 et 1960 présentaient des designs variés. L'édifice fédéral de Sudbury, en Ontario, représentait une bonne adaptation régionale du style international (figure 8.12). Le bureau de poste de St John's, à Terre-Neuve, était d'un style plus conservateur et ressemblait aux édifices construits à la fin des années 1940 et au début des années 1950 (figure 8.13).[34] L'édifice fédéral de Brockville, en Ontario, ne pouvait pas vraiment être assimilé au style international, mais constituait un bon exemple de design régional combinant efficacement des éléments modernes et des matériaux locaux, comme en témoigne l'utilisation de murs de moellons de calcaire texturés (figure 8.14).

Le modèle le plus courant et le plus répandu à l'époque était celui de l'édifice fédéral d'Arvida, au Québec (figure 8.15). Bien qu'on n'ait pas compilé de chiffres précis, plus de la moitié des édifices publics urbains construits au Canada entre 1953 et 1963 seraient des variantes de ce modèle. Renfermant un bureau de poste, des bureaux du ministère des Travaux publics et de la Commission de l'assurance-chômage ainsi qu'un logement de concierge, ces édifices de deux étages possédaient des fondations en béton armé et une superstructure à charpente d'acier. Les murs extérieurs, parés de brique, présentaient des panneaux de métal émaillé de même que des châssis et des traverses de fenêtres en aluminium. Le plan rectangulaire simple était masqué par la composition asymétrique de la façade, définie par un « mur-déco » en brique juxtaposé à un immense mur rideau en verre. Les murs et le toit apparaissaient comme de minces dalles en saillie par rapport à la façade et formaient un surplomb réduisant sensiblement l'ensoleillement direct. L'utilisation d'une cage d'escalier vitrée, comme dans le bureau de douane de Vancouver, imprimait au design une diagonale dynamique. En général, ces édifices étaient placés légèrement en retrait par rapport à la rue, ce qui permettait de les distinguer des structures commerciales, souvent similaires, des alentours.

Des variantes de ce modèles furent construites dans des centaines de villes et de villages au Canada. L'édifice d'Arvida avait été dessiné par la Direction des immeubles et de la construction, mais beaucoup d'autres furent réalisés à contrat par des consultants du secteur privé. L'immeuble du gouvernement du Canada, à Sarnia, en Ontario, qui adopte une formule très semblable, mais sur une plus grande échelle, avait été dessiné par la Riddle, Connor & Associates (figure 8.16). Le recours à un plus grand nombre de consultants du secteur privé entraîna une certaine diversification du caractère et de la qualité du design, mais ces différences étaient beaucoup moins apparentes qu'on aurait pu s'y attendre. Travailler pour le gouvernement fédéral limitait considérablement la liberté individuelle de l'architecte. En vertu du processus de planification préalable mis en place en 1953, les employés de la Division des besoins collaboraient avec le ministère client à l'élaboration d'un plan et d'un programme de base. L'architecte engagé à contrat recevait donc souvent une « suggestion » de plan sur lequel il devait se guider.[35] L'architecte pouvait essayer de résister et développer un concept original, mais comme la firme torontoise John B. Parkin Associates l'avait constaté pour son projet de bureau de poste à Don Mills, le jeu n'en valait pas toujours la chandelle. Il était plus facile de donner au client, dans ce cas le ministère des Travaux publics, ce qu'il voulait : des plans standards faisant appel à des matériaux éprouvés et à des techniques de construction familières.[36]

8.12. Édifice fédéral, Sudbury (Ontario), 1955–1958. Architectes : Fabro & Townend. ANC, PA-185820.

8.13. Bureau de poste, St John's (Terre-Neuve), 1959. Architecte : D.A. Weber et C.A. Fowler. Travaux publics et services gouvernementaux. Canada, Service des relevés des richesses du patrimoine, 1993.

La production en série de bureaux de poste

La construction de petits bureaux de poste avait toujours été un volet important des activités de la Direction des immeubles et de la construction, mais au milieu des années 1950 et dans les années 1960, de nouvelles politiques gouvernementales suscitèrent un boom sans précédent dans ce secteur. À la fin des années 1940 et au début des années 1950, le Ministère avait construit assez peu de bureaux de poste, car son personnel réduit avait dû mettre l'accent sur des grands projets plus pressants. L'augmentation du nombre d'employés au milieu des années 1950 coïncida avec une augmentation graduelle du nombre d'édifices construits et en 1957, le gouvernement libéral lança un nouveau programme de « travaux d'hiver » destiné à créer de l'emploi durant les longs mois d'hiver généralement peu occupés. Encore une fois, la construction de petits bureaux de poste s'avéra une façon relativement peu coûteuse de distribuer des avantages économiques : de 1957 à la fin du programme, en 1967, environ 750 petits bureaux de poste furent bâtis au pays.[37]

Ce programme de travaux d'hiver marqua la dernière étape du mouvement d'expansion du réseau des édifices fédéraux amorcé en 1867. Au même moment, le Ministère commença également à manifester son intention de se défaire de cet empire immobilier de plus en plus complexe. La plupart des bureaux de poste construits dans le cadre de ce programme étaient situés dans des communautés qui, avant les nouvelles directives de 1957, étaient considérées trop petites pour justifier la présence d'un édifice distinct ; beaucoup d'autres remplaçaient des bâtiments plus anciens, trop gros et dont les coûts de fonctionnement étaient trop élevés.[38] Ces petites structures banales prirent souvent la place d'imposants édifices publics dotés de tours d'angles caractéristiques, qui avaient été bâtis à la fin du XIXe siècle et au début du XXe siècle.[39]

Les petits bureaux de poste typiques de l'époque avaient une superficie de 800 à 2 500 pieds carrés et coûtaient généralement 2 500 $ environ ou moins. La plupart n'avaient qu'une seule pièce, mais quelques-uns étaient un peu plus grands et abritaient d'autres services gouvernementaux. Généralement construits de plain-pied, ils possédaient un toit plat et

8.14. Édifice fédéral, Brockville (Ontario), 1962–1964. Architectes : Drever & Smith. ANC, PA-185810.

260 Les biens de la Couronne

8.15 Dessin de l'édifice fédéral d'Arvida (Québec), 1955–1956. Conçu par la Direction des immeubles et de la construction. *Public Works in Canada*, vol. 3, n° 10, octobre 1955, p. 41.

8.16. Édifice du gouvernement du Canada, Sarnia (Ontario), 1956–1960. Architectes : Riddle, Connor & Associates. Université de Calgary, Archives d'architecture canadienne, Collection Panda.

8.17. Bureau de poste standard, Ponteix (Saskatchewan), vers 1957–1958. Conçu par la Direction des immeubles et de la construction. J. Wright, Parcs Canada, 1992.

une structure à charpente de bois ou de maçonnerie (le plus souvent de parpaing). La plupart étaient recouverts de brique et un très petit nombre étaient entièrement faits de bois. L'entrée principale légèrement décentrée était flanquée d'une boîte aux lettres et d'un hall de nuit avec cases privés d'un côté, et d'un vestibule de l'autre. Des châssis en bois et des panneaux de contreplaqué encadraient une rangée de grandes fenêtres coiffées d'impostes. La façade principale était souvent soit légèrement en retrait et protégée par le toit en surplomb, soit protégée par un simple porche soutenu par des poteaux d'acier tubulaires. Presque tous les édifices étaient en retrait par rapport au trottoir et possédaient un petite pelouse où l'on pouvait installer un mât de pavillon et peut-être un panneau (figure 8.17).

En 1964, le modèle standard fut modifié et amélioré sous la direction de James A. Langford, devenu Architecte en chef en 1963. Dans le cadre d'un concours interne, tous les employés du Ministère furent invités à soumettre un projet de bureau de poste standard d'une superficie de 800 pieds carrés. Le plan retenu (SP-800) constituait une nette amélioration par rapport à l'ancien (figure 8.18). Il s'agissait d'une construction à poteaux et à poutres, très courante dans les banlieues du pays, constituée de montants très espacés sur lesquels étaient appuyées des poutres en bois laminé traversant l'édifice sur toute la profondeur. Ce plan simple, compact, mais agréable était en outre peu coûteux à réaliser. L'utilisation de composantes modulaires standards accélérait la construction en plus de faciliter les modifications tout en permettant des économies. Le « mur décor », qui débordait souvent de l'enveloppe du bâtiment, permettait de faire appel à des matériaux locaux ou à des motifs propres à la communauté ou à la région. L'Architecte en chef avait prévu d'utiliser ce plan pour réaliser un nombre limité d'édifices, puis de le remplacer au bout de quelques années.[40] Malheureusement, il remporta trop de succès et fut reproduit tel quel ou presque jusqu'à la fin du programme en 1967.

Les autres clients : la GRC et les chercheurs scientifiques

Plusieurs plans standards furent aussi établis pour le compte de la Gendarmerie royale du Canada.⁴¹ L'édifice de la GRC à Moncton, qui est un simple bloc en brique de deux étages ponctué de rangées continues de fenêtres à guillotine de chaque côté d'une entrée centrale, est l'exemple même du QG divisionnaire ou régional (figure 8.19). La Direction élabora également plusieurs plans standards pour les petits quartiers de détachements qui renfermaient à la fois un logement, un bureau et un lieu de détention. L'un de ces plans était basé sur des plans empruntés à la Société canadienne d'hypothèque et de logement, un autre avait été conçu par la Direction des immeubles et de la construction. Tous deux s'inspiraient de modèles résidentiels. Les édifices conçus pour la GRC étaient plutôt ennuyeux et prosaïques, mais le client était satisfait. La GRC, tout comme le ministère de la Milice et de la Défense au début des années 1900, accordait peu de valeur à l'innovation architecturale. Elle voulait des édifices nets, confortables, efficaces et, surtout, peu coûteux.

L'expansion du réseau national de centres de recherches, amorcée dans les années 1940, se poursuivit tout au long des années 1950 et 1960. Le Conseil national de recherches et le ministère de l'Agriculture continuèrent d'être les principaux clients de la Direction, mais d'autres ministères et organismes, comme le ministère des Pêches et des Océans et l'Institut canadien de recherches sur les pâtes et papiers, construisirent aussi de nouveaux laboratoires. La plupart des travaux commandés étaient conventionnels et s'écartaient peu des plans types établis dans les années 1940 et au début des années 1950. La station du Conseil de recherches sur les pêcheries du campus de l'université de la Colombie-Britannique, conçue par Thompson, Berwick & Pratt de Vancouver, faisait cependant figure d'exception (figures 8.20 et 8.21). Cette station, un des trois bâtiments de recherches du campus conçus par cette firme, se distinguait des installations de recherches gouvernementales courantes par une séparation nette des laboratoires et des fonctions administratives.⁴² Le bloc principal abritait une conserverie de poisson, une installation de conservation frigorifique, un atelier et divers laboratoires. L'autre bloc, plus petit, renfermait les bureaux d'administration de la Commission internationale de pêche du Pacifique Nord, un salon et une salle de lecture. Les deux blocs étaient reliés par une passerelle. La clarté et la simplicité de l'édifice étaient caractéristiques de l'œuvre de Thomp-

8.18. Exemple de SP-800, Brechin (Ontario). Conçu par la Direction des immeubles et de la construction. J. Wright, Parcs Canada, 1993.

8.19. Quartiers-généraux divisionnaires standards de la GRC. L'édifice de la GRC à Moncton apparaît en haut, à gauche. Conçu par la Direction des immeubles et de la construction. *RCMP Quarterly*, vol. 5, n° 4, avril 1957, p. 26.

son, Berwick & Pratt, qui étaient les chefs de file du mouvement moderne sur la côte ouest.

La construction d'édifices dans le Nord : la nouvelle zone pionnière

La construction d'édifices dans le Nord fournit à la Direction des immeubles et de la construction l'occasion de relever quelques-uns de ses plus grands défis. La Direction tira en outre beaucoup de fierté du travail accompli dans cette région, notamment dans les dures conditions de l'Arctique.[43] Le gouvernement fédéral construisait des édifices au Yukon et dans les Territoires du Nord-Ouest depuis le tournant du siècle, mais sauf pendant une courte période de développement intense à Dawson, pendant la ruée vers l'or, les besoins du Nord avaient eu peu d'impact sur les activités du ministère des Travaux publics. Avant la Deuxième Guerre mondiale, le gouvernement fédéral était presque exclusivement représenté dans le Nord par la GRC, qui avait pour fonction principale de faire valoir la souveraineté du Canada sur ces régions. Dans les années 1920, le Bureau de l'Architecte en chef avait parfois été appelé à concevoir des casernes et à organiser l'envoi de bâtiments préfabriqués dans de nouveaux postes, mais ni la GRC, ni le Bureau de l'Architecte en chef n'avaient envisagé sérieusement les problèmes particuliers associés à la construction dans l'Arctique. Une bonne partie des édifices érigés à l'époque étaient mal adaptés aux rigueurs du climat.[44]

Après la guerre, le développement du Nord devint une priorité pour le gouvernement. Au lieu d'être considéré comme une vaste terre sauvage d'une valeur indéterminée, le Nord était désormais la nouvelle zone pionnière ; ses richesses naturelles devaient accroître la prospérité du pays et lui permettre de repousser les limites de la société industrielle moderne jusque dans l'Arctique.[45] Ses minéraux et son potentiel hydro-électrique promettaient de nouvelles sources de richesse aux industries canadiennes et étrangères fondées sur l'exploitation des ressources. Le boom de l'après-guerre fut en grande partie déclenché par le début de la Guerre froide et par la reconnaissance de l'importance stratégique du Nord comme première ligne de défense contre une invasion soviétique par la calotte polaire. L'établissement de trois réseaux de stations radars habitées et non habitées – les lignes Pinetree, Mid-Canada et DEW (alerte avancée) – amena une nouvelle prospérité et entraîna l'établissement de lignes d'approvisionnement et de communication financées par les gouvernements du Canada et des États-Unis.

Tout au long des années 1950 et 1960, le gouvernement fédéral et le ministère des Travaux publics continuèrent de construire des écoles, des hôpitaux et d'autres édifices gouvernementaux dans des centres tels que Whitehorse, Yellowknife et Fort Smith, en plus de commencer à aménager de nouvelles communautés modèles possédant bon nombre des commodités offertes dans les villes canadiennes modernes du sud. La création d'Inuvik, commencée en 1955, et l'agrandissement de Frobisher Bay (maintenant Iqaluit), planifié en 1963 mais non terminé, illustrent bien la vision du gouvernement fédéral pour le Nord et son évolution du milieu des années 1950 au début des années 1960. Inuvik devait remplacer la communauté avoisinante d'Aklavik comme centre d'administration et de recherche du district du Mackenzie.[46] L'emplacement de la nouvelle agglomération fut choisi en 1953 et la construction débuta deux ans plus tard. L'agglomération comprenait des bureaux gouvernementaux, dont un bureau de poste et un magasin d'alcools territorial, une caserne de la GRC, une école de vingt classes, un hôpital de quatre-vingt lits, des habitations pour une population de 1 700 personnes, une installation de chauffage central, vingt milles de route et un aéroport (figure 8.22).[47] Certains plans d'édifices furent dessinés par la firme Rule, Wynn et Rule de Calgary, d'autres par les employés de la Direction des immeubles et de la construction.[48]

Le froid, le pergélisol, la courte durée de la saison de construction, l'absence de matériaux de construction locaux et les problèmes de transport dans la région exigeaient des méthodes innovatrices, une planification méticuleuse et un échéancier précis. Tout comme les édifices construits plus tôt à Dawson, ceux d'Inuvik furent posés sur des pilotis. À Inuvik ceux-ci furent enduits de créosote et enfouis à la vapeur dans la couche de pergélisol, où on les laissa geler pendant un an.[49] Le

8.20. Station du Conseil de recherches sur les pêcheries, Vancouver (Colombie-Britannique), 1957–1960. Architectes : Thompson, Berwick & Pratt. J. Wright, Parcs Canada, 1993.

8.21. Vue aérienne de la station du Conseil de recherches sur les pêcheries (coin inférieur gauche). Le laboratoire des produits forestiers, également conçu vers 1955 par Thompson, Berwick & Pratt selon un plan similaire, est visible au centre de la photographie. Université de la Colombie-Britannique, Bibliothèque, Collections spéciales.

printemps suivant, des matériaux pré-coupés furent transportés jusqu'à la fin des routes au Grand lac des Esclaves et expédiés par péniche jusqu'à l'agglomération. Dans ces conditions, il fallait se contenter d'édifices en bois légers des plus simples, et les bâtiments de deux étages à toit plat ou peu pentu et à charpente de bois et de contre-plaqué qui furent construits à Inuvik étaient typiques des édifices fédéraux bâtis dans le Nord dans les années 1950. Le rez-de-chaussée était habituellement situé de trois à cinq pieds du sol, ce qui laissait un vide d'air isolé entre l'édifice et le sol froid. On relevait également une innovation importante à Inuvik : un réseau de distribution aérien sous coffrage renfermant tous les services publics (chaleur humide provenant de l'installation de chauffage central, électricité, eau et égouts). L'agglomération fut entièrement occupée en 1961.

Cette vision du Nord en tant que nouvelle zone pionnière à conquérir et à dompter grâce à la technologie et à l'industrie modernes atteignit des sommets de popularité en 1958, alors que le Parti conservateur dirigé par John Diefenbaker venait tout juste de remporter des élections fédérales. Sa campagne, axée sur l'aménagement de routes d'accès aux ressources naturelles, promettait une nouvelle ère de prospérité favorisée par le développement du Nord. Le projet vedette associé à sa politique du Nord concernait l'aménagement, au coût de 75 millions de $, d'une ville moderne de Frobisher Bay, sur l'île de Baffin, dont l'économie était favorisée par la présence d'une base du Strategic Air Command (SAC) des États-Unis.[50] En 1958, un comité interministériel était créé pour établir les besoins liés à ce projet et l'année suivante, une équipe de consultants en architecture et en génie était réunie pour préparer un plan détaillé.[51] L'année d'après, l'équipe présentait une vision futuriste : douze immeubles d'habitation en forme de silos entourant un dôme en plastique dans lequel se retrouvaient un centre commercial, des écoles, des églises, une station de pompiers, des bureaux d'administration, une salle communautaire, une banque, un restaurant, un salon funéraire, un magasin d'alcools, des parcs et des jardins avec une fontaine (figures 8.23 et 8.24). D'autres bâtiments de services seraient logés à l'extérieur de ce noyau central. Une centrale nucléaire fournirait chauffage et électricité. Les édifices d'Inuvik, à caractère purement fonctionnel, seraient

8.22. Unités de logement fédérales, Inuvik (T.N.-O.), 1995. Photographie prise en 1958. Archives des Territories du Nord-Ouest, Collection Watt, N90-0005:308.

8.23. Projet de ville de 5 000 habitants à Frobisher Bay (Iqaluit), île de Baffin. Équipe responsable du projet : Dickinson and Associates, Toronto ; Rounthwaite & Fairfield. Plans établis en 1959. *Public Works in Canada*, vol. 7, n° 10, octobre 1959, p. 29.

remplacés par ces immeubles d'habitation de douze étages, très modernes, dotés d'ascenseurs et d'appartements disposant chacun de vastes fenêtres et même de petits balcons. L'intérieur du dôme central, où la température serait maintenue à 70°F et où les femmes pourraient se promener en chaussures à talons hauts tout en transportant leurs sacs d'épicerie, reproduisait directement la banlieue de Toronto ou de Vancouver dans l'Arctique.

Dans les années 1960, l'avènement de missiles à longue portée et de bombardiers capables de faire le plein dans les airs modifia la stratégie de défense américaine. Les bases aériennes américaines dans l'Arctique devinrent désuètes et, en 1963-1964, les bases du SAC à Frobisher Bay et à Churchill, au Manitoba, furent fermées. Avec le départ des militaires américains et le déclin de l'importance stratégique du Nord, la réalisation d'un projet aussi complexe et coûteux cessa d'être considérée comme nécessaire ou viable. Frobisher Bay allait demeurer le grand centre administratif de l'est de l'Arctique, mais les activités de construction du gouvernement allaient prendre un tour plus réaliste. La vision futuriste des années 1960 céda la place à des entreprises plus banales, mais nécessaires et on se contenta de construire des écoles, des hôpitaux et des quartiers de détachements de la GRC dans le Nord.

Les établissements correctionnels

À la fin des années 1890, la Direction des pénitenciers du ministère de la Justice était arrivée à soustraire les activités de construction et d'entretien des prisons fédérales au Bureau de l'Architecte en chef. Cet arrangement demeura en vigueur jusqu'en 1961, lorsque la construction des pénitenciers fut de nouveau confiée au ministère des Travaux publics aux termes d'une politique générale visant à centraliser tous les services de construction fédéraux au sein d'un seul ministère. Ce transfert coïncida également avec une réforme radicale du système correctionnel canadien et avec le début d'un programme de construction de dix ans qui allait faire passer le nombre des prisons fédérales de neuf à trente-quatre.[52] Quand ce programme atteignit son sommet, au milieu des années 1960, la construction de pénitenciers représentait plus de 40 p. 100 des

8.24. Intérieur du mail, Frobisher Bay. *Public Works in Canada*, vol. 7, n° 10, octobre 1959, p. 30.

activités menées sous la conduite de la Direction des immeubles et de la construction.

Les nouveaux établissements correctionnels reflétaient la nouvelle façon d'envisager la réforme pénale. Les lacunes du système pénitentiaire canadien avaient fait l'objet de bien des discussions depuis les années 1930, mais peu de progrès avaient été réalisés avant les années 1950. En 1958, on organisa une conférence fédérale-provinciale sur l'état des prisons canadiennes. À la suite de cette conférence, le ministère de la Justice créa un Comité d'organisation correctionnelle, dirigé par A.J. MacLeod, qui fut chargé d'élaborer un plan en vue de réformer le service correctionnel fédéral suivant les principes correctionnels modernes. Par le passé, les pénitenciers avaient été conçus dans le but de punir les contrevenants et de modifier leur comportement par la détention, l'isolement et le travail forcé. Les établissements correctionnels modernes furent conçus en tenant compte de deux grands facteurs : la réhabilitation par le recyclage et le counseling, et l'importance de la mise sur pied d'établissements et de programmes variés répondant aux besoins de différents types de contrevenants. Dans son rapport, déposé en 1959, le Comité recommandait la création au Canada de cinq grandes régions possédant chacune toute la gamme des organismes correctionnels : un centre de réception et de classification où les besoins et les risques associés à chaque contrevenant seraient évalués ; des établissements à sécurité minimale, moyenne et maximale ; et des centres de détention pour les jeunes délinquants et les auteurs d'infractions liées aux drogues.

La priorité fut accordée aux établissements à sécurité moyenne, dont trois étaient destinés aux jeunes délinquants et aux auteurs d'infractions liées aux drogues. Sur la recommandation de représentants du Service correctionnel du Canada, la célèbre firme américaine Hellmuth, Obata & Kassabaum fut chargée d'élaborer un concept de design et de construction de base. À la fin des années 1950, cette firme avait construit un pénitencier à Marion, en Illinois, qui semblait être un modèle approprié.[53] Même si le plan et la disposition de ce pénitencier à Marion étaient très différents de ceux qui seraient construits au Canada, tous étaient de type modulaire, c'est-à-dire qu'on avait utilisé des panneaux de béton préfabriqués et une structure de poteaux et de poutres de béton préfabriqués. Un nouveau service de design fut créé au sein de la Direction des immeubles et de la construction pour superviser le travail, et les projets furent donnés à contrat à des architectes canadiens qui adaptèrent le concept de base selon les besoins.[54] En 1963, on entreprit la construction du Centre de traitement des narcomanes de Matsqui, en Colombie-Britannique, et de l'établissement pénal pour jeunes délinquants de Cowansville, au Québec. En 1964, les plans de trois autres établissements à sécurité moyenne pour jeunes délinquants avaient également été dessinés (Springhill, en Nouvelle-Écosse ; Warkworth, en Ontario ; et Drumheller, en Alberta).[55] De 1964 à 1967, on établit en outre les plans standards d'établissements à sécurité maximale et de centres de réception, mais les travaux de construction prévus en vertu de cette partie du programme ne démarrèrent vraiment qu'à la fin de la décennie.

L'établissement pour jeunes délinquants de Cowansville fut le premier construit (figures 8.25 et 8.26).[56] Contrairement aux édifices du passé, qui avaient l'air de véritables forteresses, le complexe de Cowansville ressemblait à un campus et adoptait un plan moins rigide, moins disciplinaire. Les bâtiments étaient organisés en quatre îlots : un centre administratif et un bâtiment de réception ; un centre de services comprenant une salle à manger, une école, une chapelle, un gymnase et une buanderie ; un centre de traitement spécial comprenant un hôpital et un centre de réception ; et quatre dortoirs séparés. Chaque dortoir pouvait recevoir 108 détenus répartis dans seize chambres. Les mouvements entre les îlots étaient contrôlés au moyen de corridors couverts fermés des deux côtés par des grilles de béton. Les fenêtres étaient aussi recouvertes de grilles de béton et la propriété était entourée d'une haute clôture de treillis métallique.

Les bâtiments étaient faits de poteaux et de poutres de béton armé préfabriqués standards et de panneaux de béton préfabriqués. La disposition et le plan des autres établissements à sécurité moyenne variaient, mais s'inspiraient néanmoins de ceux-ci. L'utilisation de composantes modulaires était censée simplifier le design et la construction, mais la nouveauté du système créa parfois des problèmes. Ainsi, à Springhill, les entrepreneurs n'avaient pas l'habitude du béton préfabriqué et perdirent beaucoup de temps à essayer de comprendre comment procéder.[57]

L'ère moderne 271

8.25. Établissement pénal pour jeunes délinquants, Cowansville (Québec), 1962–1966. Architecte : P.O. Trépanier. D'après un programme standard élaboré par Hellmuth, Obata & Kassabaum. Kenneth McReynolds, *Physical Components of Correctional Goals*, Ottawa, Information Canada, 1972.

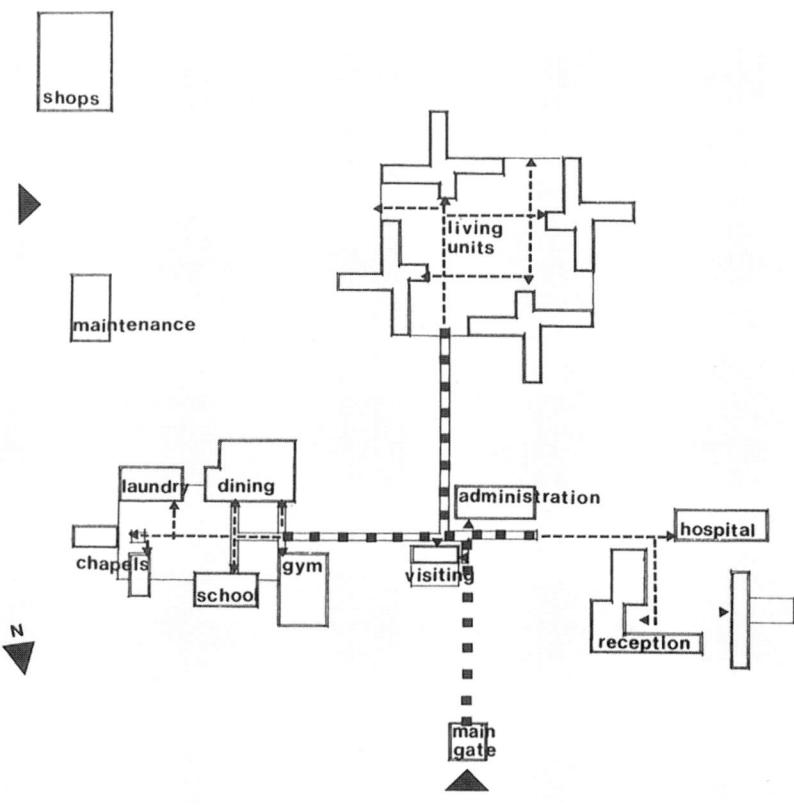

8.26. Plan d'ensemble de l'établissement pénal pour jeunes délinquants, Cowansville. Kenneth McReynolds, *Physical Components of Correctional Goals*. Ottawa, Information Canada, 1972.

La construction d'édifices gouvernementaux dans des conditions nouvelles, 1964-1967

De 1964 à 1967, le ministère des Travaux publics et la Direction des immeubles et de la construction furent soumis à des forces conflictuelles et contradictoires. Sous certains rapports, le design fédéral n'avait jamais été de meilleure qualité. La célébration prochaine du centenaire de la Confédération en 1967 avait entraîné la construction de nombreux grands édifices publics et établissements culturels illustrant l'œuvre de certains des meilleurs architectes au Canada. De nouvelles politiques, destinées à favoriser des normes de design améliorées et plus novatrices, furent aussi mises en œuvre au milieu des années 1960. Cependant, au même moment, devant les dépenses accrues associées aux nouveaux programmes sociaux dispendieux mis en place par le gouvernement libéral majoritaire, des pressions croissantes étaient exercées en vue d'un contrôle des coûts de construction. Certains projets importants bénéficiaient d'un budget généreux, mais ailleurs, le Conseil du Trésor, qui surveillait désormais toutes les dépenses gouvernementales forçait le ministère des Travaux publics à trouver des moyens plus économiques et plus efficaces d'offrir des locaux à bureaux de base.

Les années 1960 furent aussi une période de réorganisation organisationnelle. En 1960, le gouvernement Diefenbaker avait établi la Commission royale d'enquête sur l'organisation du gouvernement, chargée d'étudier tous les ministères fédéraux.[58] La Commission Glassco signala l'existence d'une foule de services de construction à l'extérieur du Ministère, services qui contrôlaient alors plus de 60 p. 100 de l'ensemble du budget fédéral de construction. Encore une fois, on recommanda de confier tous les services d'architecture et de génie de l'administration fédérale au ministère des Travaux publics.[59] On suggéra également de faire du Ministère un simple prestateur de services répondant aux besoins des autres ministères gouvernementaux au lieu d'entreprendre des projets. À la suite du rapport de la Commission Glassco, la construction des pénitenciers et des ambassades à l'étranger fut transférée au Ministère en 1961, mais il fut impossible de centraliser davantage parce que les autres gros ministères – en particulier les Transports et la Défense nationale – refusèrent de renoncer à leurs propres programmes de construction.[60]

En 1963, le Ministère connut une autre restructuration interne destinée à créer ce qu'on décrivait comme un organisme décentralisé sous contrôle central. Les édifices fédéraux furent regroupés en cinq catégories – immeubles à bureaux, laboratoires, pénitenciers, bâtiments construits dans le Nord et projets spéciaux – et cinq équipes furent mises sur pied à Ottawa dans le but d'offrir un encadrement technique. Ces équipes étaient responsables de la recherche opérationnelle, des normes générales, des programmes de construction et des critères d'examen du design. Une Division des ministères clients, une Division des services de consultation et un Service d'administration furent aussi créés dans le but d'offrir des services de liaison, un soutien technique spécialisé et des services administratifs aux régions. Les bureaux régionaux, qui étaient semi-autonomes, s'occupaient des appels d'offre, de la surveillance des consultants du secteur privé et de l'administration des contrats. Sous le nouveau régime, les employés du Ministère effectuaient bien peu du travail de design. Comme nous l'avons déjà vu, des plans standards étaient établis à l'interne, mais la plupart des édifices étaient réalisés à contrat par des architectes du secteur privé.[61]

La réorganisation de la Direction des immeubles et de la construction coïncida avec la nomination de James A. Langford au poste d'Architecte en chef.[62] Âgé de trente-cinq ans, Langford était de loin le plus jeune Architecte en chef jamais nommé ; il était aussi le premier à venir de l'extérieur depuis E.L. Horwood (1914–1918). Cependant, sous bien des rapports, Langford correspondait au profil professionnel type de l'Architecte en chef. Ancien sous-ministre des Travaux publics de la Saskatchewan, il connaissait fort bien les rouages de l'administration d'un organisme de design et de construction au sein d'une bureaucratie gouvernementale. Langford était un jeune de l'extérieur déterminé à améliorer la qualité des édifices fédéraux au pays. Selon lui, l'édifice fédéral type offrait des locaux utilisables, mais les plans avaient tendance à être répétitifs et les architectes engagés à contrat n'avaient pas suffisamment de latitude pour trouver de nouvelles idées, de nouvelles solutions. Il croyait que le Ministère devait jouer le rôle d'un client bien informé et collaborer avec l'architecte au nom des futurs locataires afin d'obtenir le meilleur plan possible.[63] Pour montrer que l'accent était désormais mis sur la qualité, il lança des prix de design pour les édifices construits pour le ministère des Travaux publics.[64]

Langford mit aussi sur pied un programme en vertu duquel un pourcentage du coût de construction de chaque édifice était consacré à l'achat d'œuvres d'art. La murale du lobby de l'administration centrale du ministère de l'Agriculture, à Ottawa, est un bon exemple des œuvre ainsi produites (figure 8.27). Créée par l'artiste Takao Tanabe, de Vancouver, cette composition abstraite exécutée dans de douces couleurs de terre parfaitement harmonisées avec le foyer clair et aéré de l'édifice, fut terminée dans les années 1960. Le projet eut un grand succès sur le plan artistique, mais il mit en lumière les difficultés inhérentes à un tel programme. Le ministre de l'Agriculture avait accepté l'idée d'une murale, mais il voyait quelque chose comme une version contemporaine des « Glaneurs » ; la composition moderne de Tanabe ne lui plut pas du tout. La murale fut terminée comme prévu, mais le ministère de l'Agriculture refusa de participer désormais au programme.[65] Utiliser des édifices fédéraux pour montrer et appuyer l'œuvre d'artistes canadiens était une idée novatrice, mais semée d'embûches. Les ministères étaient réticents à augmenter leurs coûts de construction pour de pareilles fantaisies, surtout s'il était possible qu'ils n'aiment pas le résultat. Le gouvernement fut aussi critiqué par le public qui comprenait mal les critères utilisés pour juger des œuvres d'art et qui se demandait s'il y avait vraiment lieu de dépenser ainsi des deniers publics.

À l'intérieur du ministère des Travaux publics, les habitudes de dépenses du gouvernement fédéral en matière de construction reflétaient des besoins changeants et des priorités nouvelles. Au milieu des années 1960, la demande d'édifices fédéraux types renfermant un bureau de poste et d'autres services gouvernementaux était en diminution. D'autres établissements spécialisés, comme les pénitenciers et les établissements de recherche, représentaient un pourcentage beaucoup plus important

274   Les biens de la Couronne

8.27. Murale de Takao Tanabe dans le lobby de l'édifice Sir-John-Carling, Ottawa (Ontario). M. Trépanier, Parcs Canada, 1994.

du budget de construction du gouvernement.[66] L'architecture fédérale de l'époque reflétait également de nouvelles tendances en design. Bien des entrepreneurs s'étaient servi des principes fonctionnalistes du style international pour produire des boîtes de verre stériles à partir de matériaux bon marché. Dans les années 1960, les architectes canadiens voulurent redéfinir et repenser l'architecture moderne en termes de valeurs humanistes plutôt que mécanistes. Les volumes cubiques épurés et les surfaces lisses transparentes du style international furent supplantés par des surfaces texturées et des compositions complexes constituées de masses irrégulières variées.

Le Centre national des Arts, Ottawa

Tous les édifices portaient la marque de cette nouvelle tendance, mais le projet fédéral qui symbolise le mieux l'esthétique architecturale des années 1960 est le Centre national des Arts, à Ottawa (figure 8.28).[67] Le gouvernement fédéral envisageait la construction d'un vaste auditorium et d'un centre de congrès sur la Place de la Confédération depuis 1961. En 1963, l'Alliance artistique de la capitale nationale, réunissant cinquante-cinq groupes artistiques de la région d'Ottawa, recommanda de construire un centre d'art qui serait un lieu privilégié où présenter les arts d'interprétation à la capitale nationale et au reste du pays. À trois ans à peine du centenaire de la Confédération, la proposition fut acceptée et confiée au Secrétariat d'État. G. Hamilton Southam fut nommé coordonnateur et divers sous-comités constitués de représentants de la communauté artistique furent créés pour donner des conseils quant aux exigences particulières liées à la construction de ce bâtiment. La préparation des plans fut confiée à la firme montréalaise Affleck, Desbarats, Dimakopoulos, Lebensold & Sise qui possédait une vaste expérience dans ce domaine, ayant déjà produit la Place des Arts à Montréal, le théâtre Queen Elizabeth de Vancouver et le Centennial Centre à Charlottetown.

Le Centre national des Arts d'Ottawa fut l'une des grandes réalisations architecturales et culturelles du gouvernement fédéral. Terminé en 1969, il comprenait une salle d'opéra de 2 300 places, un théâtre de 800 places, un petit studio pour les productions expérimentales et un salon pour les récitals de musique de chambre. À l'extérieur, il consiste en une série de terrasses basses posées sur le talus menant au canal Rideau. Trois grandes masses, correspondant aux trois salles principales, s'élèvent au-dessus de ces terrasses. Contrairement aux édifices à géométrie régulière du style international, le Centre a pour module de base un triangle qui est répété, multiplié et développé dans tout l'ensemble. La composition globale, qui intègre une variété de volumes irréguliers, possède une qualité organique et se recompose constamment à mesure que l'on se déplace autour du bâtiment. Même si l'extérieur est entièrement recouvert de béton d'agrégats, les architectes ont prévu des textures contrastantes qui confèrent à l'édifice l'allure de forteresse et les volumes accidentés caractéristiques de l'esthétique « brute » des années 1960 au Canada.

Le Centre national des Arts eut aussi un effet libérateur sur l'architecture de la capitale nationale. Même s'il faisait partie d'un vaste plan de réaménagement du centre-ville d'Ottawa, les architectes eurent toute liberté d'élaborer un design unique.[68] Au lieu d'essayer de définir un thème stylistique pouvant donner à tous les édifices fédéraux une image uniforme, ils introduisirent l'idée que les édifices fédéraux importants pouvaient servir de vitrine à ce que l'architecture canadienne avait de meilleur. Les projets subséquents, comme la Galerie nationale du Canada et le Musée canadien des civilisations, témoignent de cette attitude.

Cependant, le Centre national des Arts devait aussi laisser le gouvernement fédéral aux prises avec un grave problème financier. Le comité directeur voulait manifestement créer un centre d'intérêt architectural et culturel et aucun des participants au projet ne put ou ne voulut tempérer l'enthousiasme général. En 1965, le coût du projet avait été estimé à quelque 20 millions de dollars;[69] quand l'édifice fut enfin ouvert au public en 1969, la facture s'élevait à 46,5 millions de dollars. Aux yeux de bien des politiciens et des bureaucrates, le Centre national des Arts semblait confirmer le coût élevé d'une architecture de qualité, et cette expérience allait entraîner de plus en plus de restrictions au chapitre des activités de construction du gouvernement.

276 Les biens de la Couronne

8.28. Centre national des Arts, Ottawa (Ontario), 1965–1968. Architectes : Affleck, Desbarats, Dimakopoulos, Lebensold & Sise. Travaux publics et Services gouvernementaux Canada, Service des relevés des richesses du patrimoine, 1993.

« Des Chevrolet, pas des Cadillac » : l'immeuble à bureaux polyvalent

Tandis que le fédéral consacrait des millions de dollars au Centre national des Arts et injectait des sommes encore plus considérables dans l'aménagement du site d'Expo 67 à Montréal, la Direction des immeubles et de la construction élaborait de nouvelles directives, fondées sur les normes commerciales, en vue de la construction des locaux à bureaux du gouvernement. L'idée était née pendant la Deuxième Guerre mondiale, au moment de la construction de l'édifice Hunter à Ottawa, mais elle était alors apparue comme une mesure temporaire de dépannage. Dans les années 1960, ces nouvelles normes allaient être appliquées à la plupart des édifices construits à Ottawa.

La rigueur des mesures de réduction des coûts de construction imposées par le gouvernement, et en particulier par le Conseil du Trésor, reflétait de nouvelles priorités en matière de dépenses.[70] Confronté à une croissance économique ralentie, à des taux de chômage en hausse et à des disparités régionales de plus en plus évidentes, le gouvernement libéral minoritaire dirigé par Lester B. Pearson conclut diverses ententes de partage de coûts avec les provinces dans le but de mettre en place un programme national de soins de santé, des programmes de formation professionnelle, un généreux programme de financement des études postsecondaires et une version améliorée du Régime de pensions du Canada. Les sommes consacrées aux travaux publics demeurèrent à peu près les mêmes, mais la demande accrue d'espaces de bureaux, notamment à Ottawa, força le Ministère à trouver des moyens plus économiques de répondre aux besoins. Trois édifices à bureaux importants construits à Ottawa dans les années 1960 témoignent de ces pressions financières et de leur incidence sur le design.

L'édifice Brooke-Claxton, au parc Tunney, fut le précurseur des immeubles à bureaux polyvalents (figure 8.29).[71] Terminé en 1964, il prenait la forme d'une tour monolithique à noyau central ; cette configuration offrait le plus d'espace au meilleur coût. Le module structurel de base était défini à l'extérieur par le bloc-fenêtre. Tous les détails de la structure et de la finition étaient basés sur ce module. Ce procédé rédui-

8.29. Édifice Brooke-Claxton, Parc Tunney, Ottawa (Ontario), 1961–1964. Architectes : Balharrie, Helmer, Greenspoon, Freedlander & Dunne. J. Wright, Parcs Canada, 1993.

sait les coûts et simplifiait la production. L'édifice Brooke-Claxton avait cependant été construit pour un locataire particulier et l'extérieur présentait des matériaux d'assez bonne qualité : piliers structuraux parés de granite gris pâle et base en granite noir poli. Il comprenait en outre des espaces spécialisés, tels qu'une salle de conférence lambrissée de chêne au rez-de-chaussée et une terrasse en retrait au seizième étage où se trouvaient les bureaux du Ministre. Même s'il différait radicalement quant à la taille et aux matériaux des autres édifices de deux et trois étages qui avaient jusque là contribué à faire du parc Tunney une sorte de campus, sa situation, au bout du boulevard central, en fit le point de mire du complexe.

Au milieu des années 1960, des pressions croissantes furent exercées en vue d'une réduction des coûts. Le plus important complexe de bureaux réalisé pendant cette période fut le quartier-général du ministère de la Défense nationale, à Ottawa, conçu par la firme torontoise John B. Parkin Associates (figure 8.30). Il s'agissait de deux tours reliées par un bloc horizontal bas. L'ensemble était paré de panneaux de béton pré-moulés de couleur sable. Les fenêtres profondément enfoncées conféraient à la façade le relief sculptural caractéristique de l'époque. Parce qu'il se trouvait à proximité des édifices du Parlement, le Quartier-général de la Défense nationale n'eut pas à souffrir autant des restrictions financières que d'autres projets, mais le dialogue entre l'architecte et le Ministère révèle à quel point le gouvernement se préoccupait des questions budgétaires.

Tout au long du processus de planification, il y eut des tensions entre les architectes et le Ministère (appuyé par le Conseil du Trésor qui veillait dans l'ombre) concernant la définition des normes acceptables de design et de construction. Le coût de la proposition originale, qui comprenait diverses innovations telles qu'un système de structure fixe à arche permettant d'espacer davantage les piliers, avait été estimé à 30 $ environ le pied carré. Le ministère des Travaux publics, suivant les directives du Conseil du Trésor, insista pour que le coût soit réduit à pas plus de 20 $ ou 25 $ le pied carré, et suggéra aux architectes d'adopter une structure en dalle pleine moins chère, d'abaisser la hauteur des plafonds, de réduire la quantité de verre à l'extérieur, d'économiser sur le système d'air climatisé et d'utiliser des matériaux de finition moins coûteux dans les espaces publics. Pour que les architectes sachent ce que le Ministère voulait, on leur fit visiter certains bâtiments commerciaux récemment construits à Ottawa. Des représentants de la firme Parkin décrivirent plus tard ces bâtiments comme des structures bon marché dotés de matériaux et de systèmes mécaniques de piètre qualité et d'espaces publics restreints.[72] Les responsables du Ministère répliquèrent que le gouvernement voulait « une Chevrolet, pas une Cadillac ».[73]

Ce débat financier et architectural se poursuivit jusqu'à l'automne de 1967, alors qu'on fut tout près de résilier le contrat conclu avec les architectes. Le Comité consultatif du Conseil du Trésor sur les locaux avait reçu une proposition de Robert Campeau, l'un des principaux promoteurs de projets de construction résidentielle et commerciale à Ottawa, qui proposait un bâtiment construit suivant ses propres plans et loué au gouvernement pour un certain nombre d'années. À la fin de ce bail, le bâtiment deviendrait la propriété du gouvernement fédéral – un plan de location avec option d'achat sur grande échelle. Selon John C. Parkin, qui eut l'occasion d'étudier le projet pour le Ministre, Campeau avait réduit les coûts de construction en dessinant une seule tour, beaucoup moins fenêtrée et revêtue d'un mur rideau en aluminium noir moins cher. En outre, le bâtiment n'aurait eu qu'une seule batterie d'ascenseurs et rien n'aurait différencié les espaces publics des espaces à bureaux polyvalents.[74] Parkin défendit son concept – plus coûteux – en soulignant qu'il constituait un élément important du plan de réaménagement de la Place de la Confédération et de la Cité parlementaire. Les matériaux et le volume fragmenté étaient destinés à s'harmoniser avec la taille, la couleur et la silhouette romantique des édifices entourant la colline du Parlement. Parkin gagna la partie et conserva son contrat après qu'il fit encore quelques compromis. Le projet de crédit-bail de Campeau refit cependant surface dans les années 1970.

Pendant que le Quartier-général de la Défense nationale était en construction, le ministère des Travaux publics se mit à chercher une solution au coût croissant des édifices publics. Cette solution fut l'immeuble

8.30. Quartier-général du ministère de la Défense nationale, Ottawa (Ontario), 1969–1974. Conçu par John B. Parkin Associates. M. Trépanier, Parcs Canada, 1994.

8.31. Dessin d'un prototype d'immeuble à bureaux polyvalent, 1967–1969. Architecte : Ronald Ogilvie. Conçu vers 1967. Aujourd'hui appelé édifice R.H.-Coats. J.E. Wilkins, « Production of a Prototype », *Dispatch*, n° 1, 1968, p. 3.

polyvalent à bureaux (figure 8.31).[75] Le prototype, situé au parc Tunney, fut conçu par Ronald Ogilvie, un architecte possédant beaucoup d'expérience dans la conception d'espaces commerciaux. Tout comme l'édifice Brooke-Claxton, l'immeuble polyvalent à bureaux était un bloc monolithique recouvert de panneaux de béton prémoulés et doté d'un noyau central. Construit en dalle pleine, il faisait appel à des modules de cinq pieds et à une grille structurelle standard de vingt pieds carrés. Ses plans avaient en outre été établis sans qu'on ait un locataire particulier en vue. Le processus de planification avait donc été simplifié puisqu'on n'avait pas eu à négocier avec un ministère client brandissant des besoins spéciaux et des exigences architecturales. Les soumissions tournaient toutes autour du prix attendu de 20 $ le pied carré, et comme le gouvernement n'était pas encore remis des dépassements de coûts astronomiques du Centre national des Arts, le projet fut considéré comme une réussite majeure. Le premier immeuble polyvalent à bureaux du gouvernement s'appelle aujourd'hui l'édifice R.H.-Coats et il a servi de modèle à une foule d'autres bâtiments dans la région de la capitale nationale.

Conclusion

Dans les années 1950 et 1960, le ministère des Travaux publics a produit quelques œuvres architecturales exceptionnelles témoignant de l'évolution de l'architecture canadienne en général. Des édifices tels que le bureau de douane de Vancouver, le bureau de poste principal de Winnipeg et l'édifice William-Lyon-Mackenzie à Toronto ont redéfini l'image fédérale en termes de modernisme international et créé un vocabulaire de design qui allait devenir la norme au cours de la décennie suivante. À la fin des années 1960, les édifices fédéraux ont commencé à porter l'empreinte de nouvelles façons d'envisager le modernisme, caractérisées par une plus grande liberté quant à la forme, à la composition et aux matériaux. Le Centre national des Arts, à Ottawa, illustre fort bien ce passage. Parallèlement, une proportion de plus en plus importante du budget fédéral de construction a progressivement été allouée aux activités du gouvernement fédéral dans d'autres domaines –

recherche scientifique, culture, développement du Nord et services correctionnels.

Le programme de construction fédéral des années 1950 et 1960 a coïncidé avec la dernière et la plus importante vague d'expansion de l'empire immobilier créé et géré par le ministère des Travaux publics. Le nombre d'édifices construits pendant cette période a atteint des sommets inégalés dans l'histoire du Ministère. De plus, ces édifices reflétaient la place que le gouvernement occupait désormais dans la société canadienne. La présence du gouvernement dans toutes les sphères de la vie au Canada a créé une demande de millions de pieds carrés d'espaces à bureaux additionnels partout au pays. Les générations antérieures d'édifices publics urbains conçus pour abriter un bureau de poste et un ou deux services additionnels sont vite devenues désuètes ; à leur place, le gouvernement a érigé des centaines de cubes vitrés dépouillés, d'allure fonctionnelle, pouvant accueillir les dizaines d'organismes et de ministères gouvernementaux créés dans la vague de la sociale-démocratie d'après-guerre. Ces édifices reflétaient également un changement d'attitude à l'égard des édifices publics au Canada. Les structures de verre et d'acier du gouvernement fédéral étaient désormais impossibles à différencier des immeubles à bureaux d'une entreprise commerciale ou institutionnelle quelconque. L'architecture fédérale adoptait une nouvelle image de marque qui semblait moins souligner la dignité et la rigueur de l'État que donner une nouvelle image du gouvernement, fondée sur des principes d'administration publique rationalisée et efficace. Puisque le gouvernement intervenait déjà dans tant d'aspects de la vie au Canada, on ne voyait plus la nécessité de manifester la présence du fédéral par des symboles architecturaux artificiels.

Épilogue

En 1967, le vaste empire immobilier bâti au cours des cent années précédentes entra dans sa dernière grande phase d'expansion. La croissance continue de la fonction publique permit de maintenir le rythme de la construction à un niveau élevé à Ottawa jusque dans les années 1980. Certains projets, tels que l'annexe en miroir de la Banque du Canada, conçue par Arthur Erickson, la Galerie nationale de Moshe Safdie et le Musée des civilisations de Douglas Cardinal, suivaient la tendance établie avec le Centre national des Arts qui consistait à utiliser les grosses commandes gouvernementales pour présenter les œuvres de quelques-uns des meilleurs architectes canadiens. Par ailleurs, le ministère des Travaux publics supervisa la construction de centaines d'acres d'espaces à bureaux ouverts contenus dans une série de complexes massifs (situés pour la plupart sur la rive québécoise de la rivière des Outaouais), rappelant l'image rationalisée et efficace de la fonction publique moderne.

À l'extérieur d'Ottawa, la décentralisation et la création de vastes bureaucraties régionales semi-autonomes après 1967 suscitèrent une demande de nouveaux édifices à bureaux gouvernementaux. Ce fut l'époque de l'immeuble à atrium, souvent caractérisé par un ensemble irrégulier de volumes définis horizontalement par une série de gradins décalés. Dans des édifices comme le complexe Guy-Favreau à Montréal, l'édifice Joseph-Shepard à North York en Ontario et l'édifice Harry-Hays à Calgary, les organismes gouvernementaux faisant directement affaire avec le public – la Commission de l'assurance-chômage, Revenu Canada, les Centres de recrutement des Forces canadiennes, Santé et Bien-être social Canada – étaient souvent répartis autour d'un atrium central, dans des bureaux à façade vitrée. Cette configuration spatiale créait une sorte de place publique réunissant, à la façon d'un mail commercial, divers services gouvernementaux.

Le programme de construction mis sur pied au début des années 1960 pour le Service correctionnel du Canada fut poursuivi jusque dans les années 1970. Cependant, dans d'autres secteurs plus traditionnels de construction gouvernementale, la demande baissa. Le boom des années 1950 et 1960 avait répondu aux besoins du gouvernement en termes d'édifices publics types, ceux-là mêmes qui avaient constitué jusque-là le gros du travail du ministère des Travaux publics. Les nouveaux projets dans ce domaine étaient limités à de rares gros établissements de traitement du courrier et à quelques petits édifices publics et bureaux de poste situés dans les banlieues et les villes-dortoirs en expansion autour des grands centres urbains.

Le gouvernement fédéral continue aujourd'hui de construire des édifices répondant à de nouveaux besoins et à de nouvelles priorités, mais ses activités ne sont plus en expansion. Bien que les changements survenus dans le domaine de la technologie, les coupures de dépenses, les transferts de programmes aux provinces et aux régions, et la fusion de certains ministères et services aient créé une demande d'installations dans certaines régions, ils ont aussi rendu plusieurs structures gouvernementales désuètes ou superflues. La création, en 1984, de la Société canadienne des postes, a peut-être marqué le virage le plus important pour le programme fédéral de construction. Cette Société de la Couronne administre ses propres édifices et, en vertu de nouvelles politiques d'économie, elle a modifié radicalement l'image publique des bureaux de poste. On trouve désormais des services postaux, souvent donnés à contrat à des entreprises locales, au fond des pharmacies ou dans de petits kiosques installés dans les centres commerciaux. Le bureau de poste a cessé d'être un édifice imposant témoignant de la dignité et du pouvoir de l'État pour prendre la forme d'un établissement à prix de revient peu élevé où des services rationalisés, efficaces et conviviaux sont offerts au public. Dans le sillage de cette politique, le petit bureau de poste urbain devient un anachronisme.

Par le passé, la gestion et l'entretien des édifices fédéraux étaient surtout dictés par des exigences fonctionnelles. Les édifices devenus inutiles étaient aliénés, c'est-à-dire démolis ou vendus. Dans les années 1950 et 1960, le ministère des Travaux publics aliéna ainsi beaucoup d'édifices construits avant la Première Guerre mondiale, qui furent souvent remplacés par des bureaux de poste d'un étage beaucoup plus petits ou par des édifices publics moins chers à construire et moins dispendieux à entretenir. Les autres furent souvent modifiés et remeublés pour répondre aux normes contemporaines de construction, d'hébergement ou d'accès, sans qu'on essaie ou presque de conserver ou de respecter leur caractère original.

Depuis une vingtaine d'années, cependant, le gouvernement fédéral a commencé à reconnaître la valeur de son parc immobilier, non seulement en tant que bien réel, mais aussi en tant que ressource historique et culturelle. Dans les années 1970, le ministère des Travaux publics a entrepris plusieurs projets de conservation architecturale. L'un des premiers et des plus importants fut la restauration laborieuse de l'édifice de l'Est, dans la cité parlementaire, restauration qui fut suivie par d'autres. Le projet le plus innovateur des années 1980 fut peut-être celui du Centre Sinclair, à Vancouver, conçu par la firme Richard Henriquez.

L'extérieur de ce groupe compact d'anciens édifices fédéraux, qui comprend le bureau de poste principal de 1905–1910, un entrepôt d'examen des douanes de 1911, un bâtiment commercial de 1909 et un édifice à bureaux du gouvernement bâti dans les années 1930, a été préservé. Toutefois, on a complètement refait l'intérieur pour le transformer en une galerie marchande à paliers multiples coiffée de bureaux gouvernementaux.

Ces projets ont été de grandes réussites, mais ils constituent des cas isolés. Au début des années 1980, le gouvernement fédéral s'est rendu compte qu'il lui fallait élaborer des politiques et des mécanismes administratifs plus globaux pour veiller à ce que les vieux édifices fédéraux soient gérés de façon responsable et adaptée. En 1982, le Cabinet a approuvé la Politique sur les édifices fédéraux du patrimoine eu égard aux édifices fédéraux de quarante ans ou plus. Le but de cette politique était d'élaborer des critères en vue d'évaluer et d'identifier les édifices à valeur patrimoniale et de conseiller et d'aider les ministères responsables à les gérer de façon appropriée.

L'efficacité de cette politique sera bientôt mise à l'épreuve, car les pressions s'accentuent en vue de réduire les dépenses et la taille de l'inventaire des bâtiments fédéraux. Elle sera en outre appliquée à un nombre sans précédent d'édifices. On estime en effet que le gouvernement fédéral possède environ 65 000 édifices au pays, la plupart construits après 1950. Beaucoup d'entre eux, qui ont quarante ans ou presque, ont besoin de réparations, d'autres sont devenus inutiles. Déjà, certains édifices construits pendant le boom des années 1950 ont été démolis, dont le bureau de douane de Vancouver (1953–1955). D'autres, comme l'imposant édifice William-Lyon-Mackenzie de Toronto, font actuellement l'objet d'études et pourraient être vendus ou détruits.

Cent cinquante années d'architecture fédérale ont laissé une marque indélébile sur le paysage canadien. Des structures comme les édifices du Parlement à Ottawa, les premiers bureaux de poste de Fuller, l'édifice du Dominion à Hamilton (1935), l'édifice William-Lyon-Mackenzie à Toronto (1957), le Centre national des Arts à Ottawa et bien d'autres, représentent des exemples exceptionnels de l'architecture de leur époque.

D'autres, peut-être moins réputés pour leur design, n'en constituent pas moins d'importantes ressources historiques illustrant le rôle changeant du gouvernement fédéral dans la société canadienne. Les bâtiments qui subsistent à la Grosse Île, au Québec, et qui rappellent les cent années d'histoire de cette station de quarantaine, font maintenant partie d'un parc historique national voué à la commémoration et à l'interprétation de l'expérience des immigrants au Canada. Les modestes bâtiments à charpente de bois construits dans le dernier quart du XIXe siècle à Fort Battleford, en Saskatchewan, ont été conservés pour marquer le début du processus d'annexion des terres et des peuples des Prairies à la structure politique et sociale de ce qui constitue aujourd'hui le Canada.

Toutefois, la majorité des édifices ne revêtent pas une grande importance historique ou architecturale. Des milliers d'édifices gouvernementaux – bureaux de poste, bureaux de douane, édifices fédéraux, manèges – tirent leur valeur du fait qu'ils sont situés dans le contexte d'une communauté particulière. Leur taille, leur situation centrale et la qualité de leur construction et de leur conception en font des repères visuels importants dans le paysage urbain. La présence d'un édifice fédéral confère également une importance considérable à la communauté en tant que symbole de stabilité et de viabilité. Le fait qu'un si grand nombre ait trouvé de nouvelles vocations comme hôtels de ville, musées, bibliothèques, centres communautaires ou bâtiments à commerces ou à bureaux, témoigne de leur importance pour la communauté.

Les édifices qui appartiennent toujours au fédéral devront être gérés suivant de nouvelles méthodes. Le but de la politique fédérale en matière de patrimoine n'est pas simplement de choisir un ou deux exemples exceptionnels et de les préserver à titre d'éléments architecturaux d'époque. Ce n'est pas non plus de tout préserver à tout prix. Les ministères responsables doivent pouvoir adapter leurs édifices aux nouveaux besoins et aux nouvelles utilisations. Les bâtiments qui n'ont plus d'utilité viable ne peuvent être conservés indéfiniment. Cependant, compte tenu de ces limites, il faut accepter la valeur patrimoniale – ainsi que le coût et l'efficacité – comme un élément clé permettant de déterminer comment gérer, entretenir ou même aliéner ces édifices. Il faut établir des lignes directrices qui encouragent les ministères à faire des modifications respectueuses du caractère original de l'édifice ou à appliquer des politiques donnant la priorité aux projets de rénovation ou de conservation intégrée, à l'intérieur comme à l'extérieur du gouvernement, plutôt qu'aux projets de démolition.

En un siècle, le gouvernement du Canada et le ministère des Travaux publics ont bâti un empire immobilier façonné par des besoins et des impératifs d'ordre opérationnel, politique et économique. Ce faisant, il a également créé une ressource culturelle importante qui raconte – dans la pierre, la brique, le bois, l'acier et le verre – l'histoire de la présence fédérale dans nos communautés. Ces édifices familiers font partie de l'expérience quotidienne de tous les Canadiens ; ils constituent des éléments essentiels à la définition d'un espace proprement canadien.

Notes

INTRODUCTION

1. Douglas Owram, *Building for Canadians : A History of the Department of Public Works, 1840–1960*, Ottawa, Ministère des Travaux publics, 1979, et Margaret Archibald, *By Federal Design : The Chief Architect's Branch of the Department of Public Works, 1881–1914*, Ottawa, Environnement Canada, 1983.
2. Queen's University Archives, Papiers Adam Shortt, lettre de la Commission de la fonction publique à J.B. Hunter, sous-ministre du ministère des Travaux publics, 12 octobre 1914.
3. James A. Langford, entrevue avec l'auteur, 15 juin 1992.
4. « A Competent Chief Architect and Representative Government Buildings the Most Pressing Need in Canada's Advancement », *Construction* 5, n° 1, p. 43–44.
5. Sandra Gwyn, « Why Ottawa is Afraid of Art », *Canadian Art*, 19 (mai–juin 1962), p. 210.

CHAPITRE UN

1. Canada, *Statuts du Canada*, « Loi concernant les travaux publics du Canada », sanctionnée le 21 décembre 1867.
2. Pour une histoire de la Commission des travaux publics (redésignée le département des Travaux publics en 1859), voir D. Owram, *Building for Canadians*, et J.E. Hodgetts, *Pioneer Public Service : An Administrative History of the United Canadas, 1841–1867*, Toronto, University of Toronto Press, 1955.
3. Owram, Building for Canadians, p. 110.
4. K.M. Cameron, *Public Works in Canada under the Direction of the Department of Public Works*, Ottawa, J.O. Patenaude, 1939, p. 63. Un inventaire complet des bâtiments reçus du Canada-Uni a été imprimé par le département des Travaux publics, dans *General Report of the Commissioner of Public Works, 1867*, Ottawa, 1868, app. 23. Une liste des bâtiments transférés aux provinces est parue dans Ministère des Travaux publics (ci-après, MTP), *Report of the Minister of Public Works, 1867–1868*, Ottawa, 1869, p. 44–48.
5. Direction de l'histoire de l'architecture, « Parliament Buildings, Ottawa, Ontario » ; Rapport 86-52, Bureau d'examen des édifices fédéraux du patrimoine (ci-après, BEEFP), Ottawa, Environnement Canada, 1986. Ce rapport comprend cinq études distinctes de la Bibliothèque du Parlement, des édifices de l'Est et de l'Ouest, du nouvel édifice du Centre et des terrains de la colline du Parlement. Voir également Office national du film du Canada (ci-après ONF), *Stones of History : Canada's Houses of Parliament*, Ottawa, Imprimeur de la Reine, 1967 ; Carolyn A. Young, *The Glory of Ottawa: Canada's First Parliament Buildings*, Montréal, Kingston, McGill-Queen's University Press, 1995.
6. Direction de l'histoire de l'architecture, « Parliament Buildings » ; ONF, *Stones of History*. On trouvera une description détaillée du scandale et des accusations de mauvaise gestion dans C. Cameron, *Charles Baillairgé : Architect and Engineer*, Montréal, Kingston, McGill-Queen's University Press, 1989, p. 94–106.
7. A. Désilets, *Hector-Louis Langevin : un père de la Confédération canadienne (1826–1906)*, Les cahiers d'histoire, n° 14, Québec, Les presses de l'université Laval, 1969. Voir également B. Fraser, « The Political Career of Sir Hector Louis Langevin », *Canadian Historical Review*, vol. 42, juin 1961, p. 93–132. Pour une étude de l'apport de Langevin au ministère des Travaux publics au cours de cette période, voir Owram, *Building for Canadians*, chap. 6.

8 Archives nationales du Canada (ci-après, ANC), MG26A, Papiers Macdonald, LB, 18, vol. 18 : 687, lettre de Macdonald à Lord Monck, 11 octobre 1872.

9 Owram, *Building for Canadians*, p. 141.

10 Canada, Chambre des communes, *Debates*, 7 mai 1886, 1163.

11 Rubidge a pris sa retraite le 1er juillet 1871. ANC, RG2, série 1, vol. 48, Décision du Conseil privé, 29 juin 1871. Scott avait déjà été engagé comme architecte le 24 mai 1871. ANC, RG2, Décret n° 1020, 24 mai 1871. Le 17 février 1872, Scott fut nommé Architecte en chef. ANC, RG2, Décret n° 131, 17 février 1872.

12 Pour une étude détaillée de l'organisation et de l'administration du Bureau de l'Architecte en chef à ses débuts, voir Archibald, *By Federal Design*.

13 ANC, RG2, Décret n° 1020, 24 mai 1871.

14 ANC, RG11, vol. 445, suj. 1103, note de service de Langevin au Conseil privé, 28 juin 1871.

15 J. Wright, « Thomas Seaton Scott : The Architect versus the Administrator », *Annales d'histoire de l'art canadien*, vol. 6, n° 2 (1982), p. 202–219. Voir également le *Dictionnaire biographique du Canada*, Les presses de l'université Laval, 1990, vol. 12, à la rubrique « Thomas Seaton Scott ».

16 Au cours des années 1850 et 1860, Scott a dessiné quelques maisons pour des clients aisés à Montréal, et environ cinq églises paroissiales anglicanes au Québec et dans l'est de l'Ontario. Dans les années 1850, il a également été identifié en tant qu'architecte surveillant pour un certain nombre de petites gares ferroviaires le long du chemin de fer Grand Tronc Railway au Québec. Wright, « Thomas Seaton Scott », p. 202–205.

17 On ne peut négliger le rôle de la politique et du favoritisme dans les nominations gouvernementales à cette époque. D'après la notice nécrologique de Scott, c'était George-Étienne Cartier qui l'avait convaincu de venir à Ottawa. « Mr. T.S. Scott's Death », *Journal* (Ottawa), 17 juin 1895. Tant Cartier que Langevin étaient étroitement associés au chemin de fer Grand Tronc Railway, et il est possible que Scott les ait connus par ces relations. Sûrement le favoritisme et les relations avec les bonnes personnes ont joué un rôle dans sa nomination, mais comme pour toutes les nominations professionnelles, il était également dans l'intérêt du gouvernement d'engager quelqu'un en mesure de faire le travail.

18 L. Wodehouse, « Alfred B. Mullett and his French Style Government Buildings », *Journal of the Society of Architectural Historians*, vol. 31, n° 1 (mars 1972), p. 22–37. Voir également L. Craig et al., *The Federal Presence : Architecture, Politics and Symbols in United States Government Buildings*, Cambridge (Mass.), MIT Press, 1978, p. 155–162.

19 ANC, RG11, vol. 309, p. 941–945, lettre de Drewe au ministère des Travaux publics, Toronto, 4 mars 1870.

20 ANC, RG11, vol. 313, p. 62–63, lettre de Rubidge à Langley, 7 novembre 1870. Comme les plans de Mullett ont disparu il est impossible de déterminer qui était responsable des plans définitifs, mais les ressemblances entre les dessins de Langley et un édifice comme le bureau de poste et palais de justice de New York (1869–1875) font penser que Mullett a eu une forte influence sur le dessin du bâtiment. On ne peut négliger cependant l'influence de Langley, car il avait déjà démontré qu'il connaissait cette nouvelle mode architecturale. En 1868, Langley avait dessiné la nouvelle résidence du lieutenant-gouverneur de l'Ontario : c'est l'un des premiers et des plus élégants exemples du style Second Empire dans la conception résidentielle.

21 Pour une étude générale de l'influence du style Second Empire au Canada, voir C. Cameron et J. Wright, « Second Empire Style in Canadian Architecture », dans *Lieux historiques canadiens : cahiers d'archéologie et d'histoire*, n° 24, Ottawa, Parcs Canada, 1980.

22 Une description de l'intérieur a paru dans MTP, *Report of the Minister of Public Works, 1872–1873*, Ottawa, 1874, app. 18, p. 124–125.

23 *Ibid*.

24 ANC, RG11, vol. 653, lettre de Scott, 15 septembre 1871.

25 C.P. Mulvany, *Toronto : Past and Present*, Toronto, W.E. Caiger, 1884, p. 51.

26 Pour une histoire générale du ministère des Douanes et de l'Accise, voir D. MacIntosh, *The Collectors: A History of the Department of Customs and Excise*, Toronto, NC Press, 1984.

27 L'entrepôt de vérification des douanes de Montréal (1874–1877) a été dessiné par Bourgeau et Leprohon de Montréal. L'entrepôt de vérification de Toronto (1873–1875) a été dessiné par William Irving.

28 Le gouvernement conservateur a été défait dans le prolongement du scandale du Pacifique, causé par le fait que le parti conservateur avait accepté des contributions substantielles pour l'élection de 1872 de la part de gens qui devaient ensuite obtenir la charte pour construire un chemin de fer transcontinental. P.B. Waite, *Canada, 1874–1896 : Arduous Destiny*, Toronto, McClelland and Stewart, 1971, chap. 2.

29 Owram, *Building for Canadians*, p. 128.

30 ANC, MG26A, Papiers Macdonald, vol. 226 : 96802, lettre de Langevin à Macdonald, 15 avril 1872.

31 Waite a analysé avec concision la relation ambiguë et ambivalente du gouvernement avec le favoritisme : « Les gouvernements n'ont pas toujours été des dispensateurs enthousiastes de favoritisme, mais leurs partisans s'y attendaient et insistaient pour en recevoir [...] Le pire aspect du favoritisme est celui qui est évident. Mais il assurait la cohésion du parti ; il créait et soutenait la loyauté à l'égard du parti ; c'était la récompense pour des services rendus aux partis qui ne pouvaient être récompensés autrement. Les entreprises du gouvernement étaient en conséquence notoirement

inefficaces. Inévitablement, le favoritisme signifiait le recours à des gens de l'endroit plutôt qu'à des gens de l'extérieur. » *Canada, 1874–1896*, p. 55 (trad.). Pour une discussion du rôle du favoritisme dans la bureaucratie fédérale, voir J.E. Hodgetts et al., *The Biography of an Institution : The Civil Service Commission of Canada, 1908–1967*, Montréal, Kingston, McGill-Queen's University Press, 1972, p. 9–23.

32 Les édifices fédéraux à Guelph, en Ontario (1876–1878), et à Saint-Jean, au Québec (1877–1880), sont typiques de cette période. Au Manitoba, qui avait reçu un statut provincial limité en 1870, le gouvernement fédéral construisit à Winnipeg trois édifices très modestes à la Mansart (un bureau de poste et caisse d'épargne, un bureau de douane, et un bureau d'enregistrement des titres fonciers) entre 1873 et 1875.

33 MTP, *Report of the Minister of Public Works, 1876–1877*, Ottawa, 1878, p. 129. Voir également R.A. Preston, *Canada's RMC : A History of the Royal Military College*, Toronto, University of Toronto Press, 1969, p. 60.

34 Le dôme de la bibliothèque était soutenu par trente-deux nervures de fer préfabriquées en Angleterre, avec un remplissage de plâtre spécialement mis au point. MTP, *Report of the Minister of Public Works, 1867*, Ottawa, 1868, p. 97–98.

35 Dans Direction de l'histoire de l'architecture, « Parliament Buildings, » voir la partie qui traite des terrains de la colline du Parlement, de S. Coutts. Voir également J. Adell, « The Retaining Walls, Parliament Hill », BEEFP, Ottawa, Environnement Canada, 1990.

36 G.K. Hughes, *Music of the Eye : Architectural Drawings of Canada's First City* : 1822–1914, Saint John, New Brunswick Museum and Royal Architectural Institute of Canada, 1991, p. 74–77.

37 Des ingénieurs de district relevant de la Direction du génie du Ministère furent nommés en Colombie-Britannique et à l'Île-du-Prince-Édouard dans les années 1870. En Colombie-Britannique, le Bureau de l'Architecte en chef fit également appel à B.W. Pearse pour établir les plans des édifices publics ou en surveiller la construction. Il ne semble pas avoir fait partie des employés réguliers, mais il semble avoir agi comme agent de la Direction à Victoria. Archibald, *By Federal Design*, p. 29.

38 J.P.M. Lecourt est mentionné comme architecte en poste à Winnipeg pour la première fois en 1874. MTP, *Report of the Minister of Public Works, 1873–1874*, Ottawa, 1875, app. 19, p. 29.

39 Le ministère de la Justice était également propriétaire du pénitencier de Kingston, transféré de la Commission des travaux publics, et du pénitencier de Saint-Vincent-de-Paul à Montréal, acheté en 1872. Pour une discussion de la conception des pénitenciers au XIXe siècle au Canada, voir D. Johnson, « Penitentiary Design in Canada before 1950 : A Synopsis », Rapport, Ottawa, Environnement Canada, Commission des lieux et monuments historiques du Canada, février 1990 ; et C.J. Taylor, « The Kingston Penitentiary and Moral Architecture », dans *Lawful Authority : Readings in the History of Criminal Justice in Canada*, R.C. Macleod, éd., Toronto, Copp Clark Pitman, 1988.

40 Des documents inédits du ministère de la Justice indiquent que les plans des pénitenciers tant de Stony Mountain que de New Westminster étaient associés à Thomas Painter, maître ouvrier principal et architecte occasionnel du pénitencier de Kingston au cours des années 1860, ou à James Adams, qui allait devenir plus tard ingénieur en chef du pénitencier de Kingston et architecte de la Direction des pénitenciers dans les années 1880. Johnson, « Penitentiary Design », p. 40 (n.26).

41 Archibald, *By Federal Design*, p. 24.

42 La section sur les salles d'exercice au Canada est tirée en grande partie de J. Adell, « Architecture of the Drill Hall in Canada, 1863–1939 », Rapport, Ottawa, Environnement Canada, Commission des lieux et monuments historiques du Canada, juin 1989, p. 14–17.

43 Adell, « Architecture of the Drill Hall », p. 8–9.

44 Les deux autres ont été construits à Toronto et à London. La salle d'exercice de Toronto a été construite en 1876–1877 par l'unité locale de la milice, avec une subvention de la ville. La salle d'exercice de London a été construite en 1876 par le ministère de la Milice et de la Défense. Adell, « Architecture of the Drill Hall », p. 15.

45 MTP, *Report of the Minister of Public Works, 1879*, Ottawa, 1880, app. 3, p. 11.

46 MTP, *Report of the Minister of Public Works, 1867–1868*, Ottawa, 1869, p. 47.

47 N. Anick, « Thematic Study : Immigration to Canada, 1814–1914 », Rapport 1984-30, Ottawa, Environnement Canada, Commission des lieux et monuments historiques du Canada, 1984. Voir également N. Anick, « Grosse Île and Partridge Island Quarantine Stations », Rapport 1983-9, Ottawa, Environnement Canada, Commission des lieux et monuments historiques du Canada, 1983, p. 275–302. Pour une histoire détaillée de la Grosse Île et des bâtiments qui y subsistent, voir le rapport rédigé par Histoire et archéologie, Bureau régional de Québec, « Grosse Île : Rapport Environnement 90–031 », Environnement Canada, Bureau d'évaluation des édifices fédéraux du patrimoine, 1990.

48 MTP, *Report of the Minister of Public Works, 1867*, Ottawa, 1868.

49 MTP, *Report of the Minister of Public Works, 1872–1873*, Ottawa, 1874, p. 133.

50 Histoire et archéologie, « Grosse Île », p. 20–25.

51 MTP, *Report of the Minister of Public Works, 1880–1881*, Ottawa, 1882, p. 24. Voir également Histoire et archéologie, « Grosse Île », p. 5–7.

52 D'après les rapports annuels du ministre des Travaux publics (1870–1881), des hangars d'immigration furent construits à Toronto (1870), à Kingston (1872), à Québec (1872), à Montréal (1872), à Sherbrooke (1872) et à London (1873), et un hôpital d'immigration fut construit à Winnipeg en 1880.

53 Canada, Ministère de la Marine et des Pêcheries, *Report of the Minister of Marine and Fisheries*, 1872–1873, Ottawa, 1874, p. xi–xiv. Pour un rapport sur les hôpitaux de la marine d'avant la Confédération, voir M. Coleman, « Marine Hospital, Douglastown, New Brunswick », Rapport 1989-36, Ottawa, Environnement Canada, Commission des lieux et monuments historiques du Canada, 1989.

54 MTP, *Reports of the Minister of Public Works*, 1872–1881. L'hôpital de la marine de Lunenburg est décrit dans MTP, *Report of the Minister of Public Works*, 1878–1879, Ottawa, 1880, app. 3, p. 17.

55 Pour un aperçu général de la première époque de l'histoire des Territoires du Nord-Ouest, voir G. Friesen, *The Canadian Prairies: A History*, Toronto, University of Toronto Press, 1984, ainsi que R.D. Francis et H. Palmer, éd., *The Prairie West : Historical Readings*, Edmonton, Pica Pica Press, 1985, et en particulier, D. Swainson, « Canada Annexes the West : Colonial Status Confirmed », repris de *Federalism in Canada and Australia : The Early Years*, Waterloo, University of Waterloo Press, 1978. Voir également R.C. Macleod, « Canadianizing the West : The North-West Mounted Police as Agents of the National Policy, 1873–1905 » ; et P. Voisey, « The Urbanization of the Canadian Prairies, 1871–1916 ».

56 D. Swainson, « Canada Annexes the West », dans *The Prairie West : Historical Readings*, R.D. Francis et H. Palmer éd., Edmonton, Pica Pica Press, 1985, p. 132.

57 MTP, *Report of the Minister of Public Works*, 1876–1877, Ottawa, 1878, p. 77–78.

58 J. de Jonge, « Five Buildings, Fort Battleford National Historic Park, Battleford, Saskatchewan », Rapport 89-10, BEEFP, Ottawa, Environnement Canada, 1989. Voir également W. Hildebrant, *Fort Battleford : A Cultural History*, 2 volumes. Rapports sur microfiches, nº 376, Ottawa, Environnement Canada, 1988.

59 Archibald, *By Federal Design*, p. 5.

CHAPITRE DEUX

1 David Ewart, Architecte en chef de 1897 à 1914, et T.W. Fuller (le fils de Fuller), Architecte en chef de 1927 à 1936, avaient tous les deux travaillé pour Thomas Fuller.

2 Une liste complète des édifices construits alors que Thomas Fuller était Architecte en chef a été dressée par C.A. Thomas, « Dominion Architecture : Fuller's Canadian Post Offices, 1881–1896 », thèse de maîtrise, Université de Toronto, 1978, p. 5 et annexe B. Cette thèse nous a été très précieuse comme source pour la carrière de Fuller et son travail au ministère des Travaux publics. Parmi d'autres sources utiles au sujet du travail de Fuller, on peut citer R. Rostecki et L. Maitland, « Post Offices by Thomas Fuller, 1881–1896 », Rapport, Ottawa, Environnement Canada, Commission des lieux et monuments historiques du Canada, 1982. D'après Rostecki et Maitland, les coûts de construction de ces bâtiments se chiffraient d'habitude entre 7 000 $ et 50 000 $ dans les petites et moyennes communautés avec une population de moins de 10 000 habitants.

3 En 1878–1879, une somme de 367 425 $ a été dépensée pour la construction de nouveaux bâtiments publics. Au cours des dix années suivantes, cette somme a augmenté régulièrement jusqu'à atteindre 1 072 312 $ en 1888–1889. MTP, *Report of the Minister of Public Works, 1888–1889*, Ottawa, 1890, app. 1, p. 9. Après 1889, les dépenses ont été ramenées à environ 500 000 $ pour les nouvelles constructions. La somme la plus basse, soit 294 471 $, a été enregistrée en 1896–1897 (l'année après l'élection fédérale et la défaite du gouvernement conservateur). MTP, *Report of the Minister of Public Works, 1896–1897*, Ottawa, 1898, app. 1, p. 7.

4 Pour un compte rendu plus détaillé de la réorganisation du Ministère, voir Owram, *Building for Canadians*, p. 139–141.

5 Owram, *Building for Canadians*, p. 140.

6 Les statistiques sont basées sur les comptes rendus publiés annuellement dans MTP, *Report of the Minister of Public Works*, 1880–1896. Avec la diminution des dépenses dans les années 1890, le pourcentage est tombé à environ 35 p. 100.

7 À la suite de l'élection de 1878, le ministère des Travaux publics fut confié à Charles Tupper, et Langevin fut nommé ministre des Postes. En 1879, Tupper prit le contrôle du nouveau ministère des Chemins de fer et des Canaux, et Langevin retourna aux Travaux publics. Ce portefeuille n'avait plus le même poids politique, mais Langevin y tenait. Suite à la mort de George-Étienne Cartier en 1873, Langevin, en tant que principal ministre du Québec et lieutenant de Macdonald, détenait un pouvoir et une influence considérables. Le ministère des Travaux publics était considéré comme un portefeuille idéal pour l'exercice du favoritisme politique, particulièrement dans les vieilles provinces bien établies de l'Ontario et du Québec, qui recevaient la plus grande partie du budget des Travaux publics. Owram, *Building for Canadians*, p. 140.

8 Waite, *Canada, 1874–1896*, p. 103. Suite à l'imposition de ce nouveau tarif, les recettes des douanes passèrent de 12,9 millions de $ en 1878 à 18,4 millions de $ en 1880.

9 ANC, RG2, série 2, Rapport au Conseil privé, nº 1273, 7 septembre 1881, note de service de Langevin au Conseil privé demandant qu'il accepte la démission de Scott après un congé de maladie de trois mois. Un mois plus tard, Langevin demandait plutôt que la démission de Scott soit retirée pour qu'il puisse prendre sa retraite avec pension, même s'il n'était âgé que de cinquante-cinq ans. ANC, RG2, Rapport au Conseil privé, AE9616, 28 octobre 1881.

10 *Free Press*, Ottawa, 7 août 1891, p. 2.

11 ANC, RG11, vol. 591, p. 3–9, « Memos to Increases to Salaries of Employees at

Headquarters », 20 janvier 1875. Ce document identifiait Ewart comme le dessinateur d'architecture au salaire le plus élevé. Il avait d'abord été nommé le 16 mai 1871.

12 Samuel Keefer (1811-1890) était un ingénieur bien connu qui avait servi comme sous-commissaire des Travaux publics de 1857 à 1864. À ce titre, il était le fonctionnaire supérieur chargé de la construction des édifices du Parlement, et il travaillait en étroite collaboration avec Fuller. Keefer démissionna en 1864, après avoir pris une bonne partie du blâme pour la mauvaise gestion du projet. Professionnellement, il ne devait jamais se remettre complètement de ce scandale, mais il conserva toute sa vie ses bons contacts avec le Parti conservateur et particulièrement avec John A. Macdonald. En 1880, Macdonald choisit Keefer comme l'un des trois commissaires chargés de faire enquête sur l'administration du Canadien Pacifique par le gouvernement libéral. *Dictionnaire biographique du Canada, 1881-1890*, Les presses de l'université Laval, 1982, vol. II, à la rubrique « Samuel Keefer ».

13 ANC, MG26A, Papiers Macdonald, vol. 226, 97108, lettre de Fuller à Keefer, Glen Falls, New York, 5 octobre 1881.

14 ANC, MG26A, Papiers Macdonald, vol. 226, 97106, lettre de Keefer à Macdonald, 13 octobre 1881.

15 Ce résumé des premières années de la carrière de Fuller est basé sur les recherches de Thomas, « Dominion Architecture », chap. 3.

16 Le projet du Capitole d'État d'Albany est décrit par Thomas dans « Dominion Architecture, » p. 73-80.

17 En 1883, le Bureau employait quatorze architectes. En 1897, on les appelait des dessinateurs d'architecture, et malgré une augmentation marquée dans le volume de travail, leur nombre n'avait augmenté que de trois. Archibald, *By Federal Design*, p. 6.

18 Les sources générales sur l'architecture victorienne en Grande-Bretagne comprennent M. Brooks, *John Ruskin and Victorian Architecture*, Londres, Thames and Hudson, 1987 ; R. Dixon et S. Muthesius, *Victorian Architecture*, Londres, Thames and Hudson, 1978 ; J. Gloag, *Victorian Taste : Some Social Aspects of Architecture and Industrial Design from 1820-1900*, Londres, A. and C. Black, 1962 ; M. Girouard, *Sweetness and Light : The Queen Anne Movement, 1860-1900*, Oxford, Clarendon Press, 1977 ; H.R. Hitchcock, *Architecture : Nineteenth and Twentieth Centuries*, Harmondsworth, Middlesex, Penguin Books, 1958 ; et H.R. Hitchcock, *Early Victorian Architecture in Britain*, New York, Da Capo Press, 1972.

19 Les sources pour l'édifice Langevin comprennent I. Doull, « Langevin Block, Ottawa, Ontario », Rapport 87-40, BEEFP, Ottawa, Environnement Canada, 1987 ; voir également Waite, *Canada, 1874-1896*, p. 233-234 ; et Owram, *Building for Canadians*, p. 156-165.

20 Doull, « Langevin Block », p. 184-189.

21 MTP, *Report of the Minister of Public Works, 1883-1884*, Ottawa, 1884, p. 48-49.

22 Doull, « Langevin Block », p. 189-190.

23 Canada, Chambre des Communes, *Debates*, 1883, p. 908 ; et W. Eggleston, *The Queen's Choice : A Story of Canada's Capital*, Ottawa, Imprimeur de la Reine, 1961, p. 144 et 160.

24 Le scandale McGreevy et le scandale entourant l'édifice Langevin sont traités dans Waite, *Canada, 1874-1896*, p. 218-220 et p. 231-234, et dans Owram, *Building for Canadians*, p. 160-165.

25 Canada, Chambre des Communes, *Sessional Papers*, « Report of the Royal Commission Appointed to Inquire into Certain Matters Relating to the Civil Service of Canada, 1892 », n° 16c, Ottawa, 1892.

26 Après le départ de Fuller du Canada en 1867, son travail allait être dominé par les styles classiques. Le Capitole d'État d'Albany était conçu dans le style Second Empire, et ses plans pour l'hôtel de ville et le palais de justice de San Francisco (1871) avaient recours à un style classique italien grandiose. Voir Thomas, « Dominion Architecture », p. 73-80.

27 MTP, *Report of the Minister of Public Works, 1882-1883*, Ottawa, 1884, app. 2, p. 27.

28 D'autres bâtiments de ce type comprennent l'édifice public de New Glasgow, en Nouvelle-Écosse (1882-1887), l'édifice public de Newcastle, au Nouveau-Brunswick (1884-1886), et l'édifice public de Charlottetown, à l'Île-du-Prince-Édouard (1885-1887).

29 Il est difficile de comparer les coûts de construction à cause de variables telles que le coût du terrain, le transport des matériaux et la main-d'œuvre, mais le coût de l'édifice public de Newcastle a été établi à 42 000 $, alors que le coût du bureau de poste de St Stephen, au Nouveau-Brunswick, qui avait presque les mêmes dimensions, a été établi à 22 500 $. Une liste des coûts de construction se trouve dans Thomas, « Dominion Architecture », annexe B.

30 Pour un survol d'ensemble du mouvement Arts and Crafts en Grande-Bretagne, voir P. Davey, *Architecture of the Arts and Crafts Movement*, New York, Rizzoli, 1980.

31 Le bureau de poste de Baddeck appartient maintenant au Victoria County Museum and Archives. Il a été utilisé jusqu'à récemment comme bibliothèque, mais à cause de problèmes de structure, il a fallu fermer l'édifice, et des travaux de stabilisation sont en cours en attendant que l'on puisse recueillir suffisamment de fonds pour exécuter les réparations. D. MacAulay, conversation téléphonique avec l'auteur, Baddeck, Nouvelle-Écosse, 16 décembre 1991. Un édifice public à Montague, à l'Île-du-Prince-Édouard, était construit en brique, dans un style semblable à celui de l'édifice de Baddeck, avec de larges fenêtres en plein cintre, la même disposition irrégulière des fenêtres et un toit aigu à pignon avec de simples lucarnes à pignon. MTP, *Report of the Department of Public Works, 1885-1886*, Ottawa, 1887, app. 2, p. 25.

32 Thomas, « Dominion Architecture », p. 108–110 ; Rostecki et Maitland, « Post Offices by Thomas Fuller, 1881–1896 », p. 72–73 ; et MTP, *Report of the Minister of Public Works, 1886–1887*, Ottawa, 1888, p. 31.

33 Thomas, « Dominion Architecture », p. 108–110.

34 L'édifice public de Summerside était l'un des trois édifices gouvernementaux construits à l'Île-du-Prince-Édouard au cours de cette période. La construction des trois (les autres etaient un bureau de poste à Montague et un édifice public à Charlottetown) était supervisée par David Stirling de la firme Stirling and W.C. Harris. Quoique ces architectes ne faisaient pas partie des employés rémunérés du Bureau de l'Architecte, ils semblent avoir été les représentants sur place. Des ententes du même genre semblent avoir été conclues dans d'autres provinces. Ainsi, D.E. Dunham et G.E. Fairweather, tous les deux des architectes qui avaient obtenu des contrats du gouvernement fédéral à la fin des années 1870, avaient supervisé la construction de plusieurs bâtiments au Nouveau-Brunswick. Même si ces architectes ont pu avoir une certaine influence sur la conception, dans tous les cas, la responsabilité des dessins était attribuée au Bureau d'Ottawa.

35 En 1881, le ministère des Travaux publics prit la responsabilité du recrutement et de la supervision du personnel d'entretien. Owram, *Building for Canadians*, p. 150.

36 Le bureau de poste de Winnipeg (1884–1886), construit au début des fonctions de Fuller, était une expression étrange du classicisme de l'apogée victorien exécutée en briques polychromes. L'édifice public de Victoria (1894–1897) était basé sur un remaniement du plan de l'édifice Langevin.

37 Le bureau de poste de Vancouver fut construit en 1890–1894 et les édifices publics de Calgary et de Lethbridge furent construits en 1893–1895.

38 Cette partie sur les manèges militaires et les salles d'exercice est basée sur un rapport manuscrit de J. Adell, « Architecture of the Drill Hall in Canada, 1863–1939 », Rapport, Ottawa, Environnement Canada, Commission des lieux et monuments historiques du Canada, juin 1989, p. 14–27.

39 Le ministère de la Milice et de la Défense construisit des salles d'exercice à Hamilton, à Victoria et à Québec. La réalisation de la salle d'exercice à Québec fut confiée à l'architecte Eugène Taché.

40 Henry James avait été formé en Angleterre comme ingénieur civil, et il avait travaillé pour le Great Western Railway avant d'émigrer dans les années 1870. En 1878, il fut engagé comme ingénieur par le Bureau de l'Architecte en chef à Ottawa. Il mourut en 1893. Adell, « Architecture of the Drill Hall », p. 20–21.

41 Les manèges militaires de Toronto et de Halifax étaient parmi les rares édifices qui avaient de grands espaces intérieurs sans obstruction au moment de leur construction. Le manège de Toronto avait une portée de 125 pieds, et celui de Halifax de 110 pieds. Les deux furent construits en utilisant des poutres triangulées en acier Fink. C'était la première fois que l'on utilisait ces poutres métalliques dans la construction au Canada ; une fois introduit, le gouvernement fédéral utilisa les poutres Fink pour presque toutes ses grandes salles d'exercice jusqu'en 1914. Adell, « Architecture of the Drill Hall », p. 22.

42 Une source générale pour les premières années de l'histoire des Territoires du Nord-Ouest est l'ouvrage de R.D. Francis et H. Palmer, éd., *The Prairie West : Historical Readings*, Edmonton, Pica Pica Press, 1985. Dans cet ouvrage, voir D. Swainson, « Canada Annexes the West : Colonial Status Confirmed », repris de *Federalism in Canada and Australia : The Early Years*, Waterloo, University of Waterloo Press, 1978 ; et K. Norrie, « The National Policy and the Rate of Prairie Settlement », p. 237–253, repris du *Journal of Canadian Studies*, vol. 14, automne 1979, p. 63–76. Voir également G. Friesen, *The Canadian Prairies : A History*, Toronto, University of Toronto Press, 1984, chap. 8.

43 J.W. Brennan, *Regina : An Illustrated History*, Toronto, James Lorimer et le Musée canadien des civilisations, 1989, p. 12–14. On construisit également un bureau de poste, un bureau d'enregistrement des terres et un palais de justice dans les années 1880, mais tous ces bâtiments ont disparu.

44 Remarque faite par N. Flood Davin, député pour Assiniboia West, dans D.H. Bocking, éd., *Saskatchewan : A Pictorial History*, Saskatoon, Western Producer Prairie Books, 1979, p. 87.

45 Brennan, *Regina : An Illustrated History*, p. 12. On trouve également un compte rendu narratif détaillé dans P. Berton, *The Last Spike : The Great Railway, 1881–1885*, Toronto, McClelland and Stewart, 1971, p. 112–122.

46 E.C. Morgan, *North-West Mounted Police, 1873–1883*, Travaux inédits, n° 113, Ottawa, Parcs Canada, 1970, p. 87–89. Une étude de quelques-uns des premiers bâtiments des casernes de la Gendarmerie à cheval du Nord-Ouest, connues comme le RCMP Depot, a été préparée par I.J. Saunders, « Eleven Early Buildings at the RCMP Depot, Regina, Saskatchewan », Rapport 86-22 BEEFP, Ottawa, Environnement Canada, 1986.

47 Canada, Police à cheval du Nord-Ouest, *Report of the Commissioner of the North-West Mounted Police, 1888*, Ottawa, 1889, p. 16.

48 *Ibid.*, p. 12.

49 G.E. Mills et al., « Early Court Houses of the Old Territorial North-West and the Prairie Provinces », dans *Early Canadian Courthouses*, M. Carter, éd., Ottawa, Environnement Canada, 1983, p. 130–136.

50 Regina, 1886 ; Prince Albert, 1886 ; Calgary, 1888 ; Moosomin, 1890 ; Moose Jaw, 1893 ; Lethbridge, 1892–1894 ; Wolseley, 1894 ; Regina, 1894–1895 ; Medicine Hat, 1899 ; et Fort Macleod, 1902. Le palais de justice de Regina, un édifice en brique de deux étages, remplaçait un premier bâtiment à charpente de bois.

D'autres palais de justice de cette période étaient également construits en brique ou en pierre, mais ils étaient généralement de dimensions plus modestes. Le tribunal de Lethbridge était logé, avec le bureau de poste et les bureaux de douane, dans un bâtiment en brique de trois étages construit en 1892-1893.

51 Les sources secondaires sur la politique d'éducation des Autochtones et les écoles industrielles sont Friesen, *The Canadian Prairies*, p. 157-161 ; J. Gresko, « White Rites and Native Rites : Indian Education Policy and Native Response », dans *Western Canada : Past and Present*, Calgary, University of Calgary et McClelland and Stewart West, 1975, p. 163-182 ; D. Johnson, « Indian Schools in Canada including Red Bank Day School, Red Bank Reserve, New Brunswick », Rapport, Ottawa, Environnement Canada, Commission des lieux et monuments historiques du Canada, 1988 ; J.J. Kennedy, « Qu'Appelle Industrial School ; White "Rites" for the Indians of the old North-West », thèse de maîtrise, Université Carleton, 1970 ; et J.L. Tobias, « Protection, Civilization, Assimilation : An Outline History of Canada's Indian Policy », *Western Canadian Journal of Anthropology*, vol. 6 (1976), p. 13-30.

52 Canada, Ministère de l'Intérieur, *Report on Industrial Schools for Indians and Half-Breeds, to the Right Honourable, the Minister of the Interior*, préparé par N.F. Davin, Ottawa, 1879 (copie imprimée aux ANC).

53 MTP, *Report of the Minister of Public Works, 1888-1889*, Ottawa, 1890, app. 2, p. 38. Voir aussi ANC, RG11, vol. 3911, Plans et devis de l'école Saint Paul, et *The Changing Scene : A History of West St. Paul*, Winnipeg, West St Paul Centennial Committee, 1989, p. 65-68.

54 Pour une étude des écoles canadiennes, voir « Historic Schools of Canada », 4 volumes, Rapport, Ottawa, Environnement Canada, Commission des lieux et monuments historiques du Canada, 1987. Pour les dimensions des salles de classe, voir 1, p. 52-89.

55 N. Anick, « Thematic Study : Immigration to Canada, 1814-1914 », Rapport 1984-30, Ottawa, Environnement Canada, Commission des lieux et monuments historiques du Canada, 1984.

56 D'abord située à Albert Head, sur l'île de Vancouver, puis relocalisée en 1893 à William Head.

57 Histoire et archéologie, Bureau régional de Québec, « Grosse Île : Rapport 90-3 », BEEFP, Ottawa, Environnement Canada, 1990, partie 3 (1881-1900), p. 18-22. Les plans du bâtiment de détention de première classe à Grosse Île se trouvent aux ANC, Collection nationale de Cartes et Plans (ci-après NMC) RG11M, acc. 77803/39, item 229.

58 Les plans des bâtiments de détention de troisième classe à William Head se trouvent aux ANC, NMC, RG11M, acc. 77805/30, items 231 et 232.

59 L. Noppen et al., *Québec : Trois siècles d'architecture*, Québec, Éditions Libre Expression, 1979, p. 311. Les plans et devis se trouvent aux ANC, RG11, vol. 3917, Plans et devis, novembre 1886.

60 *Leader* (Regina), 9 février 1886, dans *Regina Before Yesterday : A Visual History, 1882-1945*, Regina, 75th Anniversary Board, Historical Committee, 1978, p. 46.

61 M. Archibald, « The Establishment of the Experimental Farms Branch, 1886 », Rapport 1981-57, Ottawa, Environnement Canada, Commission des lieux et monuments historiques du Canada, 1981.

62 J. Adell, « Main Dairy Barn, Central Experimental Farm Ottawa », Rapport 86-69, BEEFP, Ottawa, Environnement Canada, 1986.

63 Le Bureau de l'Architecte en chef dessina également trois résidences plus modestes en style « Shingle » pour le personnel supérieur de la ferme. Des résidences semblables furent construites pour les surintendants de la ferme succursale à Brandon, au Manitoba, en 1889 (les plans se trouvent aux ANC, NMC, RG11, NMC 0045754) ; et pour le surintendant de la ferme à Agassiz, en Colombie-Britannique, en 1891 (les plans se trouvent aux ANC, RG11, vol. 3913, Plans et devis).

64 J. Adell, « McNeely Residence, Central Experimental Farm, Ottawa, Ontario », Rapport 86-67, BEEFP, Ottawa, Environnement Canada, 1986.

65 Histoire et archéologie, Bureau régional de Québec, « Grosse Île », Rapport 90-3, p. 23-28. Deux bâtiments du même genre, l'un pour le surintendant, et l'autre pour le gérant de la ferme, furent construits à la ferme expérimentale d'Indian Head, en Saskatchewan (1888-1889).

66 *Canadian Architect and Builder*, vol. 2, n° 12 (décembre 1889), p. 142.

67 G.F. Stalker, « The Buildings of the Dominion », *Canadian Architect and Builder*, vol. 7, n° 1 (janvier 1894), p. 14 ; et 7, n° 9 (septembre 1894), p. 113.

68 Stalker, « The Buildings of the Dominion », 7, n° 1, p. 14.

CHAPITRE TROIS

1 En 1897-1898, le budget des nouvelles constructions restait relativement peu élevé (environ 400 000 $), mais il allait commencer à augmenter au tournant du siècle. Dès 1904, le budget des nouvelles constructions avait atteint 2,5 millions de $. Une récession à la fin de la décennie allait causer un léger ralentissement dans les dépenses, mais les activités allaient reprendre avec l'arrivée au pouvoir du nouveau gouvernement conservateur de Robert Borden en 1911. En 1913-1914, on allait enregistrer le plus gros budget annuel pour de nouvelles constructions, soit 10 018 188 $. MTP, *Report of the Minister of Public Works, 1897-1914*.

2 Pour un survol historique général de cette période, voir R.C. Brown et R. Cook, *Canada 1896-1921 : A Nation Transformed*, Toronto, McClelland and Stewart, 1974.

3 Thomas Fuller prit sa retraite de la fonction publique le 1ᵉʳ octobre 1896. MTP, *Report of the Minister of Public Works, 1897–1898*, Ottawa, 1899, p. 2. À 73 ans, il avait depuis longtemps dépassé l'âge de la retraite, mais le fait qu'il quitte ses fonctions à moins de peu de mois de la victoire libérale laisse penser que son départ était motivé, du moins en partie, par des facteurs politiques. Fuller avait été amené à Ottawa par un gouvernement conservateur, et il avait administré un programme de construction qui avait été fortement critiqué par les Libéraux pour ce qu'ils considéraient comme de la corruption, de l'inefficacité et de l'extravagance.

4 En 1907, le gouvernement libéral mit en place la *Commission to Enquire into and Report upon the Operation of the Civil Service Act and Kindred Legislation* (Commission d'enquête sur le fonctionnement de la *Loi sur le service civil* et des lois afférentes). En 1911, on créa la *Commission to Enquire into All Matters Connected with or Affecting the Administration of the Various Departments of the Government and the Conduct of Public Business Therein* (Commission d'enquête sur toutes les questions touchant l'administration des divers ministères du gouvernement et la conduite des affaires publiques dans leur sein). Cette dernière recourait aux services de George Murray, un fonctionnaire supérieur britannique, pour la rédaction du rapport. J.E. Hogdetts et al., *The Biography of an Institution : The Civil Service Commission of Canada, 1908–1967*, Montréal, Kingston, McGill-Queen's University Press, 1972, chap. 1 et 2. Voir aussi Brown et Cook, *Canada 1896–1921*, p. 192–194 ; et R.C. Brown, *Robert Laird Borden : A Biography*, Toronto, Macmillan of Canada, 1975, vol. 1, p. 211–214.

5 En tant que principal lieutenant politique de Laurier au Québec, Tarte avait beaucoup de pouvoir, et il prit un rôle actif dans l'administration du Ministère. Il avait cependant accepté cette affectation avec l'idée que le Ministère était devenu trop gros et inefficace. Il coupa immédiatement dans les postes et les dépenses. Owram, *Building for Canadians*, p. 168–169. Sous l'autorité de Rogers, le Ministère prit de l'expansion : Rogers était l'un des ministres les plus puissants et les plus compétents de Borden. Les budgets atteignirent des sommets, malgré une croissance économique ralentie, et plusieurs grands projets furent mis en chantier, comme le grand projet de réaménagement du centre d'Ottawa. Les autres ministres furent James Sutherland, 1902–1905 ; Charles S. Hyman, 1905–1907 ; William Pugsley, 1907–1911 ; et F.D. Monk, 1911–1912.

6 D'après le *Civil Service List of 1905*, Ottawa, 1905, p. 174, Gobeil fut nommé sous-ministre le 1ᵉʳ janvier 1891.

7 ANC, MG26G, Papiers Laurier, lettre de Cartwright à Laurier, 27 juillet 1907, dans Owram, *Building for Canadians*, p. 187.

8 Canada, Chambre des communes, *Débats*, 20 avril 1920, dans Owram, *Building for Canadians*, p. 214.

9 ANC, RG11, vol. 3102, Budget des dépenses du Canada pour l'année financière se terminant le 30 juin 1904, à la rubrique « Civil Government ».

10 À cette époque, Hunter était l'un des deux plus jeunes sous-ministres à Ottawa. L'autre était William Lyon Mackenzie King, qui avait également joint les rangs de la fonction publique en 1900.

11 C.G.D. Roberts, *A Standard Dictionary of Canadian Biography : The Canadian Who Was Who*, Toronto, Trans-Canada Press, 1934, p. 180 ; « Former Chief Architect Dies », *Journal*, Ottawa, 8 juin 1921 ; et R. Hunter, « The Ottawa Buildings of David Ewart », mémoire de recherche, Université Carleton, mai 1979.

12 ANC, RG11, vol. 3132, Budget des dépenses du Canada pour l'année financière se terminant le 31 mars 1912. La plupart des membres du personnel étaient identifiés comme des dessinateurs architecturaux, mais ceci semble avoir été le titre général donné à tous ceux qui travaillaient à la conception et à la construction des bâtiments. Le Bureau de l'Architecte en chef comprenait également un certain nombre de personnes appartenant au personnel de soutien.

13 Suite à la *Loi sur le service civil* de 1908, plusieurs membres du personnel architectural temporaire furent reclassifiés comme fonctionnaires permanents. Le personnel permanent du ministère des Travaux publics passa de 27 en 1905 à 234 en 1908. Owram, *Building for Canadians*, p. 187.

14 D'après le témoignage du sous-ministre Antoine Gobeil devant la Commission de 1907 sur la fonction publique, certains des architectes et des ingénieurs recrutés par le Ministère avaient un diplôme de l'université McGill, de l'université de Toronto, du Collège militaire royal ou de l'École polytechnique de Montréal. Canada, Chambre des communes, *Sessional Papers*, 1907–1908, « Report of the Civil Service Commissioners », n° 29a, Ottawa, Imprimeur du Roi, 1908, p. 1104. Pour une étude détaillée du Bureau de l'Architecte en chef et de son personnel au début des années 1900, voir Archibald, *By Federal Design*, p. 5–21.

15 Richard C. Wright occupa le poste d'Architecte en chef de 1914 à 1927, T.W. Fuller de 1927 à 1936, et C.S. Sutherland de 1936 à 1946. J.-C.-G. Brault fut engagé en 1914 ou 1915 ; il occupa le poste d'Architecte en chef de 1946 à 1952.

16 Renseignement fourni par D. Johnson. Canada, Ministère de la Justice, *Report of the Minister of Justice*, 1897–1906.

17 Pour une histoire de l'architecture du Service canadien des parcs, voir E. Mills, « Rustic Building Programs in Canada's National Parks, 1887–1950 », rapport, Ottawa, Environnement Canada, Commission des lieux et monuments historiques du Canada, 1992.

18 Le premier exemple du style baroque édouardien dans la construction fédérale était un bureau de douane à Halifax, en Nouvelle-Écosse, entrepris en 1902. ANC, RG11, vol. 3090, Budget des dépenses du Canada pour l'année financière se termi-

nant le 30 juin 1902, p 15. Le bureau de douane de Halifax se trouvait au coin de Water Street, George Street et Market Lane. Il fut démoli dans les années 1930 pour laisser la place au nouvel édifice Dominion, construit en vertu de la *Loi sur la construction d'ouvrages publics* de 1934.

19 E. Mills, « Block 15, Granville Street, Vancouver, British Columbia », Rapports 83-24, 25, 26, 27, BEEFP, Ottawa, Environnement Canada, 1983.

20 Pour une étude du mouvement Arts and Crafts en Grande-Bretagne, voir P. Davey, *Architecture of the Arts and Crafts Movement*, New York, Rizzoli, 1980.

21 Les sources pour l'architecture édouardienne comprennent A.S. Gray, *Edwardian Architecture : A Biographical Dictionary*, Iowa City, University of Iowa Press, 1986 ; R. MacLeod, *Style and Society : Architectural Ideology in Britain, 1835–1914*, Londres, RIBA Publications, 1971, p. 84–105 ; A. Service, dir., *Edwardian Architecture and Its Origins*, London, Architectural Press, 1975 ; et « London 1900 », *Architectural Design*, vol. 48, n°^{s} 5-6, 1978.

22 Pour cette période de l'architecture canadienne, voir K. Crossman, *Architecture in Transition : From Art to Practice, 1885–1906*, Montréal, Kingston, McGill-Queen's University Press, 1987, chap. 6 ; G. Hunt, *John M. Lyle : Toward a Canadian Architecture*, exhibition catalogue, Kingston, Agnes Etherington Arts Centre, 1982 ; G. Simmins, *Ontario Association of Architects : A Centennial History, 1889–1989*, Toronto, Ontario Association of Architects, 1989, chap. 3 ; et *The Architecture of Edward and W.S. Maxwell*, Montréal, Musée des beaux-arts de Montréal, 1991.

23 Ewart accompagna W.S. Fielding pour examiner la Monnaie royale (Royal Mint) et des musées en Angleterre, à Édimbourg et à Paris. *Canadian Architect and Builder*, vol. 14, n° 6, juin 1901, p. 124. Le voyage est également mentionné dans MTP, *Report of the Minister of Public Works, 1900–1901*, Ottawa, 1902, p. 9.

24 L'un des exemples les plus remarquables d'un édifice public dans le style baroque édouardien au cours de cette période est donné par le plan de William Young pour le ministère de la Guerre (War Office) à Whitehall (1898–1907). La construction de cet édifice était probablement bien avancée lorsque Ewart visita Londres en 1901, et les parallèles avec le bureau de poste de Vancouver sont manifestes. La base rustiquée, la rangée de colonnes ioniques et les tours d'angle à dôme sont des éléments qui peuvent avoir été inspirés par le War Office. Une illustration de l'édifice se trouve dans Service, *Edwardian Architecture*, p. 306.

25 L'édifice R.V.-Winch et la Banque de commerce furent mis en chantier en 1906. Suivirent ensuite l'édifice Bauer (aujourd'hui l'édifice Pemberton) de 1910 et l'édifice Rogers de 1911–1912. Vinrent ensuite la Banque royale, la Banque de Nouvelle-Écosse et la Merchant's Bank. Voir Mills, « Block 15, Granville Street », p. 106–107. Aujourd'hui, le bureau de poste de Vancouver fait partie d'un complexe d'édifices fédéraux connu sous le nom de Sinclair Centre. En 1981–1986, ce complexe a été converti en centre commercial à plusieurs niveaux, avec des bureaux aux niveaux supérieurs. L'extérieur de l'édifice d'origine a été bien préservé ; il domine toujours ce secteur du centre-ville par sa présence imposante.

26 Crossman, *Architecture in Transition*, chap. 5. Des articles sur l'utilisation et les techniques de la construction en acier ont paru fréquemment dans la presse architecturale canadienne de l'époque. Un article intitulé « Some Observations on Fireproof Buildings in New York », *Canadian Architect and Builder*, vol. 6, n° 3 (1893), p. 36–38, montrait une familiarité avec diverses formes de construction en acier, y compris la charpente d'acier indépendante. Le premier édifice à charpente d'acier indépendante au Canada fut probablement le magasin Robert Simpson à Toronto (1895). Crossman, *Architecture in Transition*, p. 68.

27 D'après le *Province* (Vancouver), du 13 juin 1909, le bureau de poste de Vancouver inaugurait une nouvelle ère dans la construction par l'utilisation de nervures d'acier.

28 Voir, par exemple, les édifices publics à Regina (1906–1908), à Edmonton (1907, aujourd'hui démoli), à Brantford (1913–1915) et à Lethbridge (1912). Des versions plus modestes de ce type furent également construites à Carman, au Manitoba (1914), et à Dartmouth, en Nouvelle-Écosse (1914).

29 C.A. Hale, « Postal Station "A", 126–40 Prince William Street, Saint John, New Brunswick », Rapport 83-59, BEEFP, Ottawa, Environnement Canada, 1983.

30 C.A. Hale, « Postal Station "A", Fredericton, New Brunswick », Rapport 83-28, BEEFP, Ottawa, Environnement Canada, 1983. Une tour d'horloge à dôme était prévue, mais ne fut jamais construite. Conformément aux principes de symétrie Beaux-Arts, cette tour devait se trouver au-dessus de l'entrée principale.

31 Voir par exemple les édifices publics à Fort William (aujourd'hui Thunder Bay), en Ontario, et à Moncton, au Nouveau-Brunswick, construits dans les années 1930. Voir aussi le chapitre 6.

32 L'édifice public de Humboldt a été désigné un lieu historique national en 1977. G. Utas et J. Wright, « Post Office, Humboldt, Saskatchewan », rapport, Ottawa, Environnement Canada, Commission des lieux et monuments historiques du Canada, 1976. Le Bureau d'examen des édifices fédéraux du patrimoine a complété plusieurs évaluations architecturales et historiques d'autres édifices de ce type. Voir E. Mills, « Federal Building, Battleford, Saskatchewan », rapport 83-03 ; J. Adell, « Old Post Offices in Seaforth, Harriston, Milverton, Palmerston and Tilbury, Ontario », rapports 87-01, 02, 03, 04, 30 ; et B. Dewalt, « Federal Building, Melfort, Saskatchewan », rapport 87-121 ; BEEFP, Ottawa, Environnement Canada, 1983 et 1987.

33 Des bureaux de poste du même genre furent construits à Tignish à l'Île-du-Prince-Édouard, à Saint John (Fairville), à Hartland, à Grand Falls et à Hampton au Nouveau-Brunswick, à Louiseville, à Matane et à Lac Mégantic au Québec, à

Grimsby, à Tilbury, à Mount Forest, à Dresden, à Kemptville et à Athens en Ontario, et à Morden au Manitoba.

34 L'édifice public de Campbellton était presque identique à l'édifice public de 1900 à Picton, en Ontario.

35 D. Johnson, « Federal Building, Newmarket, Ontario », rapport 83-71, BEEFP, Ottawa, Environnement Canada, 1983.

36 Le ministère des Postes était toujours très intéressé par l'idée de construire les bureaux de poste d'après des plans standards. En 1916, le secrétaire adjoint du ministère cherchait à convaincre l'Architecte en chef de poursuivre l'idée. Il écrivait : « Bien sûr, un jour, quand des édifices uniformisés seront adoptés, toutes ces questions [au sujet des installations existantes] deviendront inutiles, car nous saurons immédiatement, non seulement de quoi aura l'air chacun des édifices, mais également ce qu'il contiendra. Puisse ce beau jour arriver bientôt. » ANC, RG 11, vol. 2711, dossier n° 2556-20-A, lettre de Graham Moon à E.L. Horwood, 12 août 1916.

37 De 1901 à 1916, le nombre de cités constituées en corporation dans les provinces des Prairies passa de 3 à 17 ; le nombre de villes, de 25 à 150, et de villages, de 57 à 423. Ces nouvelles communautés commençaient normalement par une station de chemin de fer et un silo à céréales, puis venaient les services de base comme un magasin général, une quincaillerie et peut-être une banque. P. Voisey, « Urbanization of the Canadian Prairies, 1871–1916 », *Histoire sociale / Social History*, vol. 8, mai 1975, p. 77–101 ; voir également A.F.J. Artibise, « The Urban West : The Evolution of Prairie Towns and Cities to 1930 », *Prairie Forum*, vol. 4, 1979, p. 237–262.

38 MTP, *Report of the Minister of Public Works, 1898–1899*, Ottawa, 1900, p. 2.

39 Voir par exemple « Government Architecture », *Canadian Architect and Builder*, vol. 15, n° 12, décembre 1902, p. 142 ; et « A Competent Chief Architect and Representative Government Buildings the Most Pressing Need in Canada's Advancement », *Construction*, vol. 5, n° 1, décembre 1911, p. 43–44.

40 D. Hevenor Smith, *The Office of the Supervising Architect of the Treasury : Its History, Activities and Organization*, Baltimore, Johns Hopkins Press, 1923, p. 16–29 ; et L. Craig et al., *The Federal Presence : Architecture, Politics and Symbols in United States Government Buildings*, Cambridge, Mass., MIT Press, 1978, p. 202–203.

41 La question de savoir qui allait dessiner les édifices fédéraux était tout aussi controversée aux États-Unis. La Tarnsey Act fut abrogée en 1912, et remplacée par la Public Buildings Act de 1913, qui permettait d'employer des architectes privés pour les grands projets. Comme au Canada cependant, la bureaucratie, dans ce cas-ci le Département du Trésor, s'opposait à ces mesures législatives, parce qu'elle préférait garder le contrôle sur la conception et la construction. Les arguments employés étaient les mêmes qu'au Canada : l'efficacité, l'économie et l'uniformité dans la qualité, versus l'excellence de la conception. Smith, *The Office of the Supervising Architect*, p. 15–18 et p. 28–38.

42 G. Simmins, *Ontario Association of Architects : A Centennial History, 1889–1989*, Toronto, Ontario Association of Architects, 1989, chap. 5, et Crossman, *Architecture in Transition*, chap. 1.

43 Frank Darling et John A. Pearson avaient été parmi les premiers à utiliser avec bonheur le grand style classique dans les plans qu'ils avaient dessinés pour les succursales de la Canadian Bank of Commerce. D'habitude, un contrat du genre de celui de Winnipeg serait allé à une firme locale, mais en 1903, Darling et Pearson avaient ouvert une filiale à Winnipeg afin de profiter des nombreuses mises en chantier de l'époque. C'est pour cette raison qu'ils purent prétendre au contrat de Winnipeg. R. Rostecki et C. Cameron, « Canadian Imperial Bank of Commerce, Winnipeg, Manitoba », rapport 1976-1906, Ottawa, Environnement Canada, Commission des lieux et monuments historiques du Canada, 1976.

44 On trouve les coûts de construction de ces édifices dans le « Rapport du comptable », dans MTP, *Report of the Minister of Public Works, 1904–1910*. Le bureau de poste de Vancouver, couvrant 76 320 pieds carrés, coûta 448 128 $. Le bureau de poste de Winnipeg, couvrant 83 616 pieds carrés, coûta 746 934 $. Une partie de la différence de coûts s'explique, dans le cas de l'édifice de Winnipeg, par les honoraires de 5 p. 100 versés à l'architecte, alors que dans le cas de l'édifice de Vancouver, les coûts des services professionnels étaient inclus dans les salaires de la fonction publique. Mais cette seule variable ne peut expliquer une différence de coûts qui atteint 60 p. 100.

45 N. Clerk, « Édifice fédéral, Collingwood, Ontario », Rapport 83-48, BEEFP, Ottawa, Environnement Canada, 1983.

46 « Il y a un homme très intelligent, un architecte, dans notre ville, qui a fait de très bon travaux. J'aimerais qu'il montre ce qu'il sait faire. » ANC, RG11, vol. 3942, lettre de Currie à Monk, ministre des Travaux publics, (s. d.), dans le Budget des dépenses du Canada pour l'année financière 1913-1914, p. 723–725.

47 Généralement, un édifice public de ces dimensions pour une communauté du genre de Collingwood était construit avec un budget de 50 000 $ à 100 000 $. L'édifice public de Collingwood coûta environ 144 000 $.

48 M. Birkhans, « Francis C. Sullivan, Architect », *RAIC Journal*, vol. 39, n° 3, mars 1962, p. 32–36.

49 J.W.L. Wright, *Customs and Excise in Canada : A History*, Ottawa, Imprimeur de la Reine, 1964, p. 23.

50 Des entrepôts de vérification des douanes furent construits à Vancouver (1911–1913) ; à Calgary (1914) ; à Edmonton et à Winnipeg (1911) ; à Port Arthur (1914–1916) ; à Ottawa (1913–1916) et à Montréal (1912–1914). Tous ces

entrepôts étaient des blocs en brique de quatre ou cinq étages, avec une base en pierre rustiquée et quelques détails classiques modestes. Un entrepôt de vérification plus petit, de deux étages, fut construit à Fort William en 1913. Voir N. Clerk, « Revenue Canada Building, Thunder Bay, Ontario », Rapport 89-149, BEEFP, Ottawa, Environnement Canada, 1989 ; Mills, « Bloc 15, Granville Street » ; et R. Hunter, « Connaught Building, Ottawa », Rapport 87-39, BEEFP, Ottawa, Environnement Canada, 1987.

51 ANC, RG11, vol. 3148, Budget des dépenses pour l'année financière se terminant le 31 mars 1914. Le ministère des Travaux publics conserve les plans architecturaux (plan H-59A) dans sa collection de plans du patrimoine.

52 D. Morton, *A Military History of Canada*, Edmonton, Hurtig Publishers, 1985, p. 111 ; C. Miller, « Sir Frederick William Borden and Military Reform, 1896–1911 », *Canadian Historical Review*, vol. 50, n° 3, septembre 1969, p. 265–284 ; et J. Adell, « Architecture of the Drill Hall in Canada, 1863–1939 », Rapport, Ottawa, Environnement Canada, Commission des lieux et monuments historiques du Canada, juin 1989, p. 28–33.

53 ANC, RG9, 11A2, vol. 28, item 4, Report of the Militia Council, 1909.

54 Ce type d'édifice de la milice est étudié par D. Johnson, « Military Stores Building, Ottawa, Ontario », Rapport 83-56, BEEFP, Ottawa, Environnement Canada, 1983.

55 Dans une lettre de juin 1909, le Conseil de la milice énonçait des lignes directrices destinées à réduire les coûts de construction en éliminant l'ornementation superflue et en élaborant des plans uniformisés. ANC, RG9, 11A2, Report of the Militia Council, 1909, item 791.

56 ANC, RG9, 11A2, Report of the Militia Council, 1910, vol. 29.

57 Adell, « Architecture of the Drill Hall », p. 35–38.

58 La salle d'exercice de Trois-Rivières est également un exemple d'une installation de classe B. Destiné à de petits centres urbains, ce type était plus petit que les installations de classe A, qui devaient accueillir dans les grandes villes les quartiers généraux d'un bataillon. Adell, « Architecture of the Drill Hall », p. 30–31.

59 Archibald, *By Federal Design*, p. 25.

60 I.J. Saunders, « Mewata Armoury, Calgary, Alberta », Rapport 83-82, BEEFP, Ottawa, Environnement Canada, 1983. Voir également M. Cullen, « Prince of Wales Armoury, Edmonton, Alberta », Rapport 1987-12, Ottawa, Environnement Canada, Commission des lieux et monuments historiques du Canada, juin 1987.

61 R. Whitaker, *Canadian Immigration Policy since Confederation*, Canada's Ethnic Groups Booklets, n° 15, Toronto, Société historique du Canada, 1991, p. 6–8. Selon Whitaker, Sifton entreprit une réforme administrative du système d'immigration, de façon à ce que le service fonctionne de façon plus efficace.

62 Le ministère de l'Intérieur déclara : « Il n'y a pas d'hébergement pour les colons immigrants à l'est des provinces des Prairies. À Halifax, Saint John, Québec et Montréal, nous avons des centres d'immigration où les personnes retenues pour quelque raison que ce soit pouvaient être hébergées [...] Dans l'Ouest, nous avons [...] un bon nombre de centres d'immigration qui [...] ont été construits pour répondre aux besoins du flot de colons dans un nouveau district où il n'y a ni hôtel ni autre hébergement. » Canada, Department of the Interior, *Annual Report of the Department of the Interior, 1906–1907*, Ottawa, 1908, partie 2, p. 88.

63 Le centre d'immigration de Vancouver (1914–1915) a été démoli. Les plans de l'édifice se trouvent aux ANC, NMC, RG11M, acc. 79003/44, item 552–591.

64 Avec le XXe siècle, bon nombre de ces édifices seraient conçus et construits avec très peu d'apport de la part du Bureau de l'Architecte en chef à Ottawa. Un agent des Travaux publics fut nommé à la Grosse Île comme gestionnaire des travaux. Il aurait probablement fait construire certains bâtiments à contrat, par un constructeur de l'endroit. Pour une étude complète des bâtiments existants à la Grosse Île, voir Histoire et archéologie, Bureau régional de Québec, « Grosse Île, Québec », Rapport 90-031, BEEEFP, Ottawa, Environnement Canada, 1990.

65 Le ministère de la Marine et des Pêcheries avait recours depuis 1906 à une construction en béton armé pour certains de ses phares. M. Cullen, « Long Point Lightstation, Lake Erie, Ontario », Rapport 86-77, BEEFP, Ottawa, Environnement Canada, 1986. Un exemple contemporain de la construction en béton armé par le ministère des Travaux publics était l'observatoire Gonzales de 1913–1914, à Victoria. Ce bâtiment fut conçu en collaboration étroite avec le Service météorologique du Canada (partie du ministère de la Marine et des Pêcheries). E. Mills, « Gonzales Observatory, Victoria, British Columbia », Rapport 83-60, BEEFP, Ottawa, Environnement Canada, 1983.

66 Comme beaucoup de postes de la Police à cheval du Nord-Ouest, il fut construit par la police, avec la main-d'œuvre locale. B. Dewalt, « NWMP Buildings, Dawson, Yukon Territory », Rapports 87-68, 69, 72, BEEFP, Ottawa, Environnement Canada, 1987.

67 ANC, RG11, vol. 1268, dossier 199967, lettre de Sifton à Tarte, 2 février 1899.

68 La préoccupation principale de Charleson était la construction du télégraphe du Yukon. M. Archibald, « A Structural History of the Administration Building, Dawson, Yukon Territory », Travaux inédits, n° 217, Ottawa, Parcs Canada, 1977, p. 10.

69 Pour un historique complet de cet édifice, voir Archibald, « A Structural History ».

70 D'après un inventaire des édifices publics construits par le ministère des Travaux publics du temps de David Ewart, des 206 édifices construits, 141 existent encore aujourd'hui. Cinquante-sept appartiennent toujours au gouvernement fédéral ; les autres appartiennent aux administrations municipales ou à des propriétaires privés.

M. Trépanier, « Public Buildings by David Ewart, 1897–1914 », manuscrit, Ottawa, Direction de l'histoire de l'architecture, Environnement Canada, 1990.

CHAPITRE QUATRE

1 H. Fisher, *The Dominion Government and the Municipality of Ottawa*, Ottawa, 1918, cité dans J.H. Taylor, *Ottawa : An Illustrated History*, James Lorimer et le Musée canadien des civilisations, Toronto, 1986.
2 On rapporte les paroles suivantes de Laurier, prononcées lors du congrès libéral de 1893 : « [...] et lorsque le jour viendra, ce qui ne saurait tellement tarder, ce sera un plaisir pour moi et pour mes collègues, j'en suis sûr, de faire de la ville d'Ottawa le centre du développement intellectuel de ce pays et la Washington du Nord ». Cité dans W. Eggleston, *The Queen's Choice : A Story of Canada's Capital*, Ottawa, Queen's Printer, 1961, p. 154.
3 Entre les années 1900 et 1911, la fonction publique a triplé en nombre, et, en 1920, elle avait de nouveau plus que doublé. Taylor, *Ottawa : An Illustrated History*, p. 120.
4 Brown et Cook, *Canada 1896–1921*, p. 28 et 29.
5 Cet esprit nationaliste tel qu'articulé par des architectes ne se cantonnait pas à Ottawa, ni au gouvernement fédéral. Dès la fin du XIXe siècle, plusieurs architectes estimaient nécessaire de créer un style qui soit inspiré de la culture et des traditions canadiennes. À cette fin, on citait alors comme points de référence divers thèmes comme : l'adaptation au climat ; le recours aux matériaux locaux ; les bâtiments québécois et coloniaux comme sources d'inspiration. Cela ne pouvait toutefois pas servir à Ottawa, où il fallait trouver un « langage architectural » qui convienne à l'importance des édifices publics et qui soit l'expression de la diversité ou de la dualité culturelle inhérente du Canada. K. Crossman, *Architecture in Transition : From Art to Practice, 1885–1906*, Montréal, Kingston, McGill-Queen's University Press, 1987, chap. 7–9. Ces sentiments nationalistes n'étaient d'ailleurs pas cantonnés au Canada. Par exemple, le mouvement Arts and Crafts, en Grande-Bretagne, était une manifestation architecturale de la perspective nationaliste. Il ne prônait pas le retour au passé, mais une nouvelle approche qui soit enracinée dans les traditions populaires du bâtiment de la Grande-Bretagne préindustrielle et préclassique. P. Davey, *Architecture of the Arts and Crafts Movement*, New York, Rizzoli, 1980.
6 *Canada : Painted by T. Mower Martin, Described by Wilfred Campbell, LL.D*, Londres, A. and C. Black, 1906, p. 104 et 105, dans W.E. deVilliers-Westfall, « The Dominion of the Lord : An Introduction to the Cultural History of Protestant Ontario in the Victorian Period », *Queen's Quarterly*, n° 83, 1976, p. 47–70.
7 On a beaucoup écrit sur l'évolution de l'urbanisme au XIXe et au XXe siècles. On trouvera des études générales sur l'histoire de l'urbanisme en Europe et en Amérique du Nord dans *Thomas Adams and the Modern Planning Movement, Britain, Canada and the United States, 1900–1940*, Londres, Mansell, 1985 ; A. Sutcliffe, *Toward the Planned City : Germany, Britain, the United States and France, 1790–1914*, Oxford, Basil Blackwell, 1981 ; et W.H. Wilson, *The City Beautiful Movement*, Baltimore, Johns Hopkins University Press, 1980. On trouvera des études sur la naissance de l'urbanisme au Canada dans T.I. Gunton, « The Ideas and Policies of the Canadian Planning Profession », et dans O. Saarinen, « The Influence of Thomas Adams and the British New Towns Movement in the Planning of Canadian Resources Communities », dans A.F.J. Artibise et G.A. Stelter, dir., *The Usable Urban Past : Planning and Politics in the Modern Canadian City*, Toronto, McClelland and Stewart, 1979 ; W. Van Nus, « The City Beautiful Thought in Canada, 1893–1930 », dans A.F.J. Artibise et G.A. Stelter, dir., *The Canadian City : Essays in Urban History*, Toronto, McClelland and Stewart, 1977 ; et M. Simpson, « Thomas Adams in Canada, 1914–1930 », *Urban History Review*, vol. 11, n° 2 (octobre 1982), p. 1–16.
8 Sutcliffe, *Toward the Planned City*, p. 97–98 ; et Wilson, *The City Beautiful Movement*, chap. 3.
9 Eggleston, *The Queen's Choice*, p. 155–61.
10 F.G. Todd, « Preliminary Report to the Ottawa Improvement Commission », Canada, *Chambre des communes, Sessional Papers*, 1911–1912, n° 51a, Ottawa, 1912, p. 20–37.
11 Todd, « Preliminary Report », p. 21.
12 MTP, *Report of the Minister of Public Works, 1900–1901*, Ottawa, 1902, p. 9.
13 Pour l'Observatoire fédéral, on avait employé un grès de Nepean rustique, semblable à celui qui avait servi pour les édifices du Parlement, mais l'architecture, de type néo-roman, était caractérisée par des ouvertures en plein cintre et des colonnes massives.
14 Ce dessin préliminaire ressemblait à l'immeuble tel qu'il fut construit, mais il présentait des fenêtres à arc brisé et une grande rose au-dessus de l'entrée principale. A.A. Linnell, du ministère des Mines, avait également établi une version en style Second Empire. Tous ces plans sont maintenant conservés par les Archives nationales du Canada. Pour connaître l'histoire du Musée commémoratif Victoria, voir G. Simmins, « The Victoria Museum in Ottawa : David Ewart and the Architecture of Gothic Nationalism », document de travail, Université de Toronto, 1980.
15 ANC, RG11, vol. 2922, dossier 5805, lettre de Hunter, sous-ministre des Travaux publics, 1934.
16 Le contrat de l'édifice des Archives a été donné au cabinet local de Band, Burritt, Meredith et Ewart. Néanmoins, le bâtiment suivait aussi la tendance gothique Tudor.

On trouvera une étude à ce sujet dans K. MacFarlane, « Former Dominion Archives, Ottawa, Ontario », Rapport 86-87, BEEFP, Ottawa, Environnement Canada, 1986. On trouvera un historique de la Monnaie royale dans M. de Caraffe et J. Wright, « Royal Canadian Mint, Ottawa, Ontario : Rapport 86-04 », BEEFP, Ottawa, Environnement Canada, 1986. Un historique complet des immeubles d'Ewart à Ottawa se trouve dans R. Hunter, « The Ottawa Buildings of David Ewart », document de travail, Université Carleton, mai 1979.

17 Parmi les documents concernant l'architecture du Musée commémoratif Victoria, citons : S. Coutts, « Victoria Memorial Museum, Ottawa », Rapport 85-86, BEEFP, Ottawa, Environnement Canada, 1985 ; G. Simmins, « The Victoria Museum », et C.J. Taylor, « Some Early Ottawa Buildings », Travail inédit n° 268, Ottawa, Parcs Canada, 1975.

18 ANC, RG11, vol. 2950, 5370-1-A, « General Conditions for the Guidance in Preparing the Competitive Designs for the Proposed New Departmental and Justice Buildings », Ottawa, 1906. On trouvera la correspondance concernant le concours dans RG11, vol. 4239, dossier 1298-1. Pour un compte rendu détaillé du concours, voir Crossman, *Architecture in Transition*, p. 137–142. Il est possible que la décision de tenir un concours public ait été prise parce que le Bureau de l'Architecte en chef était débordé, mais il est également vrai que l'Institut royal d'architecture du Canada, qui avait son siège à Ottawa, a exercé beaucoup de pression dans ce sens.

19 *Canadian Architect and Builder*, vol. 20, n° 9 (septembre 1907), supp. 20, n° 10 (octobre 1907), supp., vol. 20, n° 11 (novembre 1907), p. 15–20. Le 1er juillet 1907, vingt-neuf projets avaient été soumis. Les finalistes furent Darling & Pearson, de Toronto, Saxe & Macdonald, de Montréal, et Vallance & Brown, de Montréal. Deux autres projets, ceux de Sproatt & Rolph, de Toronto, et de James Foulis, d'Ottawa, ont été publiés dans *Canadian Architect and Builder*, vol. 20, n° 11 (novembre 1907), p. 15–20, et vol. 20, n° 12 (décembre 1907), p. 15–19.

20 Crossman, *Architecture in Transition*, p. 140–141.

21 Un bref historique du cabinet Maxwell figure dans R.M. Pepall, *La construction d'un musée des beaux-arts : Building a Beaux-Arts Museum*, Montréal, Musée des beaux-arts de Montréal, 1986, p. 87–88. Voir également *The Architecture of Edward and W.S. Maxwell*, Montréal, Musée des beaux-arts de Montréal, 1991, p. 167–169.

22 Canada, Chambre des communes, *Sessional Papers*, « Report of the Correspondence of the Ottawa Improvement Commission Relating to the Improvement and Beautifying of Ottawa », n° 57a, Ottawa, 1912.

23 R. Hunter, « Connaught Building, Ottawa, Ontario : Building Report 87-39 », BEEFP, Ottawa, Environnement Canada, 1987.

24 Voir par exemple « Proposed Departmental Building – A Gross Breach of Faith with Architectural Profession » et « A Competent Chief Architect and Representative Government Buildings the Most Pressing Need in Canada's Advancement », dans *Construction*, vol. 3, n° 6 (mai 1910), p. 72 et vol. 5, n° 1 (décembre 1911), p. 44.

25 Beaucoup de ces lettres et de ces pétitions ont été publiées dans Canada, House of Commons, *Sessional Papers*, n° 57a, Ottawa, 1912.

26 ANC, RG11, vol. 3144, lettre de Hunter, sous-ministre des Travaux publics, décembre 1991, p. 7.

27 On trouvera une partie de la correspondance sur le concours de la rue Wellington dans ANC, RG11, vol. 2950-2951.

28 En mai 1912, Frederick Todd reçut une commande pour d'établir le plan d'un complexe fédéral du côté nord de la rue Wellington. Son projet, soumis en juillet 1912, prévoyait deux rangées de bâtiments, de chaque côté d'une large allée est-ouest centrée sur la Tour Mackenzie de l'édifice de l'Ouest. L'élément le plus important de ce groupe devait être l'édifice de la Justice, qui serait situé au fond, au bord de la falaise, et précédé d'une pelouse s'étendant jusqu'à la rue Wellington. Une grande tour devait fermer la percée est-ouest du côté occidental de l'ensemble, tandis qu'une tour secondaire aurait surmonté l'immeuble situé à l'angle des rues Wellington et Bank. La proposition de Todd ne comportait pas d'élévations architecturales. Toutefois, il y répétait la recommandation faite auparavant, à savoir que « le style général ne devrait pas être trop éloigné de celui des édifices du Parlement. On pourrait probablement adopter un style néo-gothique plus strict, mieux adapté aux fonctions administratives. » ANC, RG11, vol. 2950, dossier 5084-1, lettre de Todd à Hunter, sous-ministre des Travaux publics, 8 juillet 1912.

29 ANC, RG11, vol. 2951, dossier 5084-1, lettre du ministre des Travaux publics à Lord Strathcona, haut-commissaire du Canada, 9 mai 1912.

30 Dans son autobiographie, Mawson supposait qu'on lui avait préféré l'architecte de Chicago Edward Bennett pour le poste. Toutefois, d'après la correspondance ministérielle, il avait d'abord été question de son nom pour le concours de 1913 concernant la rue Wellington. Il affirmait également que le Royal Institute of British Architects avait recommandé un autre architecte paysagiste (White, peut-être), mais les manœuvres en coulisses de Lord Strathcona et du Canadien Pacifique expliquent de façon plus plausible le rejet de Mawson et le choix, plutôt curieux et inapproprié, de White. T.H. Mawson, *The Life and Times of an English Landscape Architect*, Londres, Richards Press, 1927, p. 187.

31 Edward White (1873–1952) fut président de l'Institute of Landscape Architects de 1931 à 1933. D. Ottewill, *The Edwardian Garden*, New Haven, Yale University Press, 1989, p. 55 et 216 (n. 68 et 69).

32 Aston Webb (1849–1930) dirigeait un des plus grands cabinets d'architectes d'Angleterre à cette époque. Il fut fait chevalier en 1904. A.S. Gray, *Edwardian*

Architecture : A Biographical Dictionary, Iowa City, University of Iowa Press, 1986, p. 374-378.

33 ANC, RG11, vol. 2950, dossier 5084-1, « New Government Buildings, City of Ottawa », 6 novembre 1912.

34 ANC, RG11, vol. 2951, « General Plan for Competitive Designs New Departmental Buildings and Courts Building, Canada », 1913.

35 ANC, RG11, vol. 2951, dossier 5370-1-B, « Submissions for Competition », s.d.

36 ANC, RG11, vol. 2951, dossier 5370-1-A, note à Hunter de Russell et Collcutt, 9 juillet 1913. Le comité des évaluateurs était composé de Thomas Edward Colcutt, du Royal Institute of British Architects, de J.H.G. Russell, de l'Institut royal d'architecture du Canada et de J.-O. Marchand, qui représentait le gouvernement du Canada.

37 Étant donné son ampleur, il n'est pas étonnant que l'auteur d'un article paru dans un périodique britannique ait mal saisi la nature du projet et qu'il ait déclaré que les plans publiés concernaient les « nouveaux édifices du Parlement, à Ottawa », *Builder*, mai 1913.

38 « Ottawa Has Great Possibilities from Viewpoint of Mr. Mawson, Town Planner », *Citizen*, Ottawa, 30 avril 1913.

39 Le comité des évaluateurs se réunit pour la première fois le 30 juin 1913. Le 13 septembre 1913 fut rendu le décret du conseil créant la Commission du plan fédéral. Celle-ci était présidée par Herbert S. Holt, homme d'affaires de Montréal. Les autres membres en étaient Frank Darling, architecte de Toronto, Alexandre Lacoste et R. Home-Smith, ainsi que les maires de Hull et d'Ottawa. Le choix des six finalistes du concours concernant la rue Wellington s'était fait le 9 avril 1914. À ce moment-là, toutefois, le rapport de la Commission du plan fédéral était largement amorcé.

40 Frank Darling était le seul architecte professionnel à faire partie de cette commission.

41 D'origine anglaise, Edward H. Bennett (1874-1954) avait été formé à l'École des beaux-arts de Paris. Il s'était ensuite établi aux États-Unis, où il faisait carrière en tant qu'urbaniste. Il adhérait au mouvement « City Beautiful ». En 1904-1905, il travailla avec Daniel Burnham à l'aménagement urbain de San Francisco, de même qu'à celui de Chicago (1906-1909). Il continua à travailler comme expert-conseil pour la Chicago Plan Commission, de 1910 à 1930. Au cours de sa carrière, il participa à la conception de plus de quarante plans d'urbanisme. *Macmillan Encyclopedia of Architects*, Londres, The Free Press, 1982, à la rubrique « Bennett, E.H. »

42 *Report of the Federal Plan Commission on the General Plan for the Cities of Ottawa and Hull*, Ottawa, 1916. La moitié des dépenses devait être absorbée par le gouvernement fédéral et l'autre moitié par les municipalités. Les sources de renseignements secondaires sur la Commission du plan fédéral sont notamment Eggleston, *The Queen's Choice*, p. 167-169 ; T. Regehr, « A Capitalist Plans the Capital », communication présentée lors de la conférence annuelle de la Société historique du Canada, 1982 ; et C.A. Thomas, « Washington of the North : Canada, The City Beautiful and the Planning of Ottawa, 1899-1915 », communication présentée lors de la conférence annuelle de la Society of Architectural Historians, Washington, 1986.

43 *Report of the Federal Plan Commission*, p. 110.

44 *Ibid.*, p. 110-111.

45 Rhodri Windsor-Liscombe, « Nationalism or Cultural Imperialism : The Chateau Style in Canada », *Architectural History*, vol. 36 (1993), p. 127-144. On trouve dans cet article une excellente analyse des influences britanniques, et particulièrement écossaises, sur le style Château au Canada, dans le cadre d'une relation étroite qui doit beaucoup aux forts liens culturels entre l'Écosse et le Canada à la fin du XIXe siècle et au début du XXe siècle.

46 Harold D. Kalman, *The Railway Hotels and the Development of the Chateau Style in Canada*, Victoria, Université de Victoria, Maltwood Museum, 1968.

47 En 1919, le Bureau de l'Architecte en chef disposait de neuf projets pour le centre gouvernemental : deux projets préliminaires qui remontaient à 1912 (l'un par Frederick Todd et l'autre par White et Webb) ; les six projets issus du concours de 1913 ; et le projet de la Commission du plan fédéral. Au départ, le comité avait envisagé trois manières différentes d'établir les plans détaillés des divers immeubles : régler leur dû aux six cabinets d'architectes et tenir un autre concours public ; inviter les architectes qui s'étaient montrés aptes à travailler dans le style Château à établir des plans schématiques, tandis que le Bureau de l'Architecte en chef établirait les dessins du cahier des charges ; enfin, charger le ministère du projet dans son entier. ANC, RG11, vol. 2950, dossier 5084-1, note de Hunter, sous-ministre des Travaux publics, 23 août 1919.

48 Pour un examen du rôle de Thomas Adams (1871-1940) dans l'évolution de l'urbanisme au Canada, voir Saarinen, « The Influence of Thomas Adams », p. 268-272 ; Simpson, « Thomas Adams in Canada », p. 1-16 ; et Simpson, *Thomas Adams*, chap. 3-5.

49 Adams n'était ni architecte ni urbaniste, mais il avait conçu quelques villes et quelques zones résidentielles au Canada. À Ottawa, c'est lui qui avait planifié Lindenlea, qu'il proposait comme modèle d'une banlieue résidentielle. Tous ses projets étaient influencés esthétiquement par le caractère spontané de la tendance pittoresque et de la tradition paysagiste britannique.

50 « Former Chief Architect Dies », *Journal*, Ottawa, édition du soir, 8 juin 1921.

51 Le plan était accompagné d'une description détaillée, établie par Wright et Adams et soumise à David Ewart. ANC, RG11, vol. 2950, dossier 5084-1, lettre de Wright et Adams à Ewart, 10 décembre 1920.

52 Le montant de 500 000 $ prévu pour la construction des nouveaux édifices administratifs fut autorisé en 1923, mais il ne fut jamais dépensé. ANC, RG11, vol.

52 ... 2911, dossier 5509-2-A, note de Hunter, sous-ministre des Travaux publics, à O'Brien, 10 janvier 1923.
53 Pour une liste des membres de l'équipe de projet, voir ANC, RG11, vol. 2911, dossier 5509-2-A, note de Fuller, architecte en chef, 1er mai 1928.
54 ANC, RG11, vol. 2950, dossier 5084-1, note de Hunter, sous-ministre des Travaux publics, à Wright, architecte en chef, 30 mars 1920.
55 « Building Adds Beauty and Dignity to the Capital », *Citizen*, Ottawa, édition du matin, 28 février 1927. Parmi les sources de renseignements sur l'édifice de la Confédération, voir I. Doull, « Confederation Building, Justice Building, Justice Annex, Supreme Court of Canada, Ottawa », Rapports 87-34 à 87-37, BEEFP, Ottawa, Environnement Canada, 1987, et J. Wright, « Building in the Bureaucracy: The Architecture of the Department of Public Works, 1927–1939 », thèse de maîtrise, Université Queen's, 1988.
56 ANC, RG11, vol. 2911, dossier 5509-2-A, note concernant une pétition présentée au gouvernement fédéral par l'Institut royal d'architecture du Canada, 16 février 1928.
57 ANC, RG11, vol. 2911, dossier 5509-2-A, lettre de Craig, architecte, au ministre des Travaux publics, 6 juin 1928.
58 Plans de deux édifices administratifs prévus à Ottawa, portant la date de novembre 1937. MTP, Salle des plans, dossiers 148 et 149.
59 Eggleston, *The Queen's Choice*, p. 173.
60 Le 24 avril 1927, le Premier ministre du Canada prononça, à la Chambre des communes, un discours sur la nécessité de renforcer la Commission du district fédéral. Voir Canada, Chambre des communes, *Debates*, 24 avril 1928, p. 2311-2321.
61 Eggleston, *The Queen's Choice*, p. 183-84.
62 ANC, RG11, vol. 2716, dossier 5370-4-A, rapport de Gréber, urbaniste et architecte, 7 février 1938.
63 ANC, RG11, vol. 4156, dossier 12503-3-A, lettre de Noffke à Sutherland, 9 mai 1938. D'après cette lettre, Noffke et Gréber souhaitaient tous deux utiliser une pierre de couleur claire.
64 Un exposé détaillé sur les édifices du gouvernement construits au cours de cette période se trouve au chapitre 6.
65 Gréber a joué un rôle majeur dans l'élaboration des deux bâtiments. Pour ce qui est du bureau de poste B, Noffke avait annexé à ses plans définitifs la note suivante : « les dessins des façades correspondent exactement aux grandes lignes proposées et avancées par M. Jacques Gréber, architecte et urbaniste conseil », ANC, RG11, vol. 4156, dossier 12503-2-A. Lettre de Noffke à Sutherland, architecte en chef, 11 avril 1938. L'immeuble envisagé par Noffke dans son premier projet avait un toit plat et était orné de sculptures au-dessous de la ligne de corniche.
66 Dans son journal, King évoquait sa réaction à la première proposition de Cormier. Il la trouvait trop moderne et la comparait à une usine et au style alors en vogue à Moscou. Il souhaitait une œuvre plus traditionnelle, dans le genre de l'édifice de la Confédération. À la fin, toutefois, un compromis fut trouvé. Le toit de style Château fut incorporé dans le plan. King était quand même déçu, car il estimait que l'édifice accusait « une note trop moderniste ». Journal de Mackenzie King, 14 juillet 1938, cité dans M. O'Malley, « Mackenzie King Dreamed of the Most Beautiful Capital in the World », *Canadian Heritage*, vol. 12, n° 1 (février–mars 1986), p. 35-37.
67 Noulan Cauchon, urbaniste à l'emploi de la ville d'Ottawa, avait des idées bien arrêtées sur la façon dont la ville devrait évoluer. En 1910, il établit son propre plan directeur, qui fut entériné par le conseil de ville. En 1921, il fut nommé président du conseil d'aménagement urbain de la ville. Voir Taylor, *Ottawa: An Illustrated History*, p. 146-148.

CHAPITRE CINQ

1 Direction de l'histoire de l'architecture, « Centre Block, Parliament Buildings », dans « Parliament Buildings, Ottawa, Ontario », Rapport 86-52, BEEFP, Ottawa, Environnement Canada, 1986 ; Owram, *Building for Canadians*, p. 199-204 ; ONF, *Stones of History* ; Eggleston, *The Queen's Choice* ; et W.D. Cromarty, « Ottawa and the Parliament Buildings », *Construction*, vol. 17, n° 5, mai 1924, p. 141-171. D'autres résultats de recherches sur ce bâtiment ont été réunis par S. Coutts, en 1988, dans un rapport inédit du Service canadien des parcs.
2 Owram, *Building for Canadians*, p. 202.
3 Dès 1916, les bâtiments initiaux étaient devenus trop petits pour la Chambre des communes et le Sénat. On réclamait des locaux supplémentaires, et les occupants se plaignaient de l'insuffisance du chauffage et de la ventilation. ONF, *Stones of History*.
4 Le comité mixte du Parlement recommanda qu'un étage supplémentaire soit ajouté, mais « sans modifier le caractère général et le style architectural du bâtiment ». ONF, *Stones of History*.
5 On eut recours au grès de Wallace pour les cours, les tours d'aération, les puits d'éclairage, les cheminées et les édicules. Ce matériau n'avait pas été utilisé pour le premier bâtiment. ONF, *Stones of History*.
6 Pearson fit valoir que la pierre rouge ne s'harmonisait pas avec le style de l'édifice. « L'architecture gothique symbolise la force. Elle doit donner une impression de solidité. Tout élément ajouté qui est étranger à l'unité de la masse nuit à cet objectif. L'arche en pierre rouge n'est pas en harmonie avec le cadre. Au lieu de considérer l'ensemble de la surface murale, l'œil est retenu par une couleur qui rompt l'unité de ton. Il n'y a là rien de reposant. En revanche, le nouvel édifice dégage une impression

de quiétude. » ANC, RG11, vol. 2666, dossier 1575, coupure de presse, « Robbed of red, we get yellow », sans date.

7 M. Brosseau, « Gothic Revival in Canadian Architecture », dans *Lieux historiques canadiens : cahiers d'archéologie et d'histoire*, n° 25, Ottawa, Parcs Canada, 1980.

8 À propos des hôpitaux militaires on pourra consulter notamment J.H.W. Bower, « Canada's War Hospital Development », *Construction*, vol. 13, n° 3, mars 1920, p. 87–98, 101–102 ; W.L. Symons, « Canada's Military Hospitals », *Construction*, vol. 13, n° 3, mars 1920 p. 71–83 ; D. Morton and G. Wright, *Winning the Second Battle : 1915–1930*, Toronto, University of Toronto Press, 1987 ; Military Hospitals Commission, *Report of the Military Hospitals Commission*, Ottawa, 1917 ; Ministère du rétablissement civil des soldats, *Canada's Work for Disabled Soldiers*, Ottawa, [1919].

9 Avant la Première Guerre mondiale, W.L. Symons exerçait à Toronto au sein de la firme Symons & Rae. L. Maitland, « The Design of Tuberculosis Sanatoria in the Late Nineteenth Century in Canada », Société pour l'étude de l'architecture au Canada, *Bulletin*, vol. 14, n° 1, mars 1989, p. 13.

10 Morton et Wright, *Winning the Second Battle*, p. 88–92.

11 Une grande partie du travail de conception avait déjà été réalisée lorsque la responsabilité fut confiée au ministère des Travaux publics. Par exemple, les plans d'un hôpital pour soldats convalescents, à Winnipeg, portant la date de 1917 (avant que le transfert ne se fasse), furent signés par Symons, à titre d'Architecte en chef de la Commission des hôpitaux militaires. Ces bâtiments montrent que la formule de conception type du plan, du genre de construction et de la finition extérieure avait déjà été adoptée avant que le Bureau de l'Architecte en chef ne se charge de ces fonctions. ANC, NMC, RG11M, Manitoba Military Convalescent Home, Winnipeg, 21 mars 1917, NMC 0047627. Lorsque Symons était aux Travaux publics, son nom figurait toujours sur les plans à côté de celui de l'Architecte en chef, preuve de sa position d'égalité.

12 J.D. Thompson et G. Goldin, *The Hospital : A Social and Architectural History*, New Haven, Yale University Press, 1975, p. 126–139.

13 Les avantages pratiques et médicaux des hôpitaux de campagne temporaires furent observés pour la première fois au cours de la guerre de Crimée. En 1858, Isambard Brunel élabora pour l'armée britannique les plans de pavillons préfabriqués peu coûteux et transportables, faits de bois et de tôle. Le progrès était survenu trop tard pour avoir des effets notables sur le lourd taux de mortalité enregistré dans les hôpitaux de campagne britanniques. Les avantages de ce type de bâtiment allaient toutefois devenir manifestes au cours de la guerre de Sécession. *Ibid.*, p. 153–165.

14 Bower, « Canada's War Hospital Development », p. 87.

15 *Ibid.*, p. 88–89.

16 On trouvera une description du processus dans Symons, « Canada's Military Hospitals », p. 71–73.

17 Les plans de l'hôpital de la Grosse Île sont conservés aux ANC, NMC 90768. La construction des fondations commença en 1913, mais les travaux furent interrompus par la guerre.

18 Symons, « Canada's Military Hospitals » p. 79.

19 Les autres grands hôpitaux militaires de l'époque sont notamment celui de Westminster, situé près de London, en Ontario, celui de Tuxedo Park, près de Winnipeg, et l'hôpital Shaughnessy, à Vancouver.

20 En 1918, un emplacement permanent fut trouvé pour l'Orthopaedic Hospital, lorsque fut acheté un terrain de sept acres appartenant à la National Cash Register Company, rue Christie, à Toronto. Morton et Wright, *Winning the Second Battle*, p. 88. On trouvera une description du London Psychopathic Hospital dans Symons, « Canada's Military Hospitals », p. 77–78. Voir également MTP, *Report of the Minister of Public Works, 1920–1921*, Ottawa, 1922, p. 20.

21 Maitland, « The Design of Tuberculosis Sanatoria », p. 5–13.

22 Cette idée est avancée dans Ministère du rétablissement civil des soldats, *Canada's Work for Disabled Soldiers*, p. 20.

23 Selon MTP, *Report of the Minister of Public Works, 1915–1916*, Ottawa, 1917, p. 71, le gouvernement louait dix-neuf immeubles dans la ville, ce qui lui coûtait annuellement 411 847 $. La construction de l'édifice Hunter devait coûter 1,5 million de dollars. Le gouvernement allait donc récupérer sa mise en trois ans.

24 ANC, RG11, vol. 319, lettre de Hunter à Carvell, 29 janvier 1918, dans Owram, *Building for Canadians*, p. 196.

25 ANC, RG11, vol. 319, lettre de Wright à Hunter, 16 mai 1916, dans Owram, *Building for Canadians*, p. 196.

26 Au sujet de l'édifice Hunter, consulter « New Government Offices, Ottawa, Ontario », *Construction*, vol. 13, n° 1, janvier 1920, p. 5–6 ; « Government Office Building, Ottawa », *Construction*, vol. 11 n° 10, octobre 1918, p. 331 ; « Chief Architect's Report », dans MTP, *Report of the Minister of Public Works, 1918–1919*, Ottawa, 1920, p. 18 ; et Owram, *Building for Canadians*, p. 195–196.

27 Canada, Chambre des communes, *Débats*, 5 May 1919, p. 2507.

28 On trouvera une étude sur les forces financières, technologiques, économiques et esthétiques qui ont influé sur la demande en édifices à bureaux modernes aux États-Unis dans E. Shultz et W. Simmons, *Offices in the Sky*, Indianapolis, Bobbs-Merrill, 1956 ; et R.A.M. Stern, G. Gilmartin, et T. Mellins, *New York 1930 : Architecture and Urbanism Between the Two World Wars*, New York, Rizzoli, 1987, p. 513–516. En 1924, la revue *Architectural Forum* a consacré un numéro spécial à la question de la planification des bureaux ; les articles, écrits par de grands experts américains de ce

domaine très spécialisé, donnent un bon aperçu des derniers progrès enregistrés immédiatement après la construction de l'édifice Hunter. H. Wiley Corbett, « The Planning of Office Buildings » ; C.T. Coley, « Office Buildings, Past, Present and Future » ; et L.J. Sheridan, « Economic Factors of the Office Building Project », *Architectural Forum*, vol. 41, n° 3, septembre 1924.

29 La relation entre l'apparition des grandes sociétés et celle des grands espaces à bureaux est examinée dans Shultz et Simmons, *Offices in the Sky*. Parmi les autres études sur ce phénomène, mentionnons G. Gad et D. Holdsworth, « Building for City, Region and Nation », dans *Forging a Consensus : Historical Essays on Toronto*, sous la direction de V.L. Russell, Toronto, University of Toronto Press, 1984 ; and L. Dick, *The Confederation Life Building : Early Skyscraper Architecture and White Collar Work in Winnipeg*, Rapports sur microfiches, série n° 304, Ottawa, Environnement Canada, 1987.

30 L'évolution des structures administratives au début du XXe siècle est étudiée dans J.E. Hodgetts, *The Canadian Public Service : A Physiology of Government, 1867–1970*, Toronto, University of Toronto Press, 1973.

31 J.H. Thompson et A. Seager, *Canada, 1922–1939 : Decades of Discord*, Toronto, McClelland and Stewart, 1985, p. 23–26 et 77.

32 J.H. King avait été détaché par le gouvernement de la Colombie-Britannique, province dont il avait été ministre des travaux publics. Les données concernant les dépenses proviennent de MTP, *Report of the Minister of Public Works*, 1921–1923. Les gens de l'industrie insistaient pour que les travaux reprennent. Voir « Delayed Public Buildings », *Construction*, vol. 14, n° 3, mars 1921, p. 91.

33 Thompson et Seager, *Canada, 1922–1939*, p. 97–99. Lors du recensement de 1921, 369 municipalités firent état d'une population se situant entre une et 5 000 âmes. Environ cent d'entre elles enregistrèrent une baisse démographique au cours des années 1920, tandis que quarante-quatre ne connurent qu'une croissance de 5 p. 100. Selon Thompson et Seager, le déclin démographique des petites collectivités est lié à l'apparition des sociétés de vente par correspondance et à l'usage plus répandu du transport automobile, deux facteurs qui ont beaucoup nui au rôle de centres de commerce et d'échanges que jouaient les petites agglomérations.

34 Le manque de locaux à bureaux centralisés à Ottawa est mentionné dans un article de 1921 paru dans *Construction*, où il est souligné que le service des douanes à Toronto était alors forcé de se loger dans « plusieurs immeubles situés dans différents endroits, sans qu'il n'existe le moindre plan de travail cohérent ni coordination suffisante en ce qui concerne les services et l'administration ». « Delayed Public Buildings », *Construction*, vol. 14, n° 3, mars 1921, p. 91.

35 Vers 1919, Ewart fut nommé au sous-comité qui avait été formé pour diriger la mise en place de la Commission du plan fédéral et, en 1915, il fut également représentant du Ministère au sein du comité parlementaire chargé de superviser la conception et la construction de l'édifice du Centre.

36 Queen's University Archives, Papiers Adam Shortt, lettre à Hunter de Shortt, président de la Commission de la fonction publique, 12 octobre 1914. Shortt y soutient qu'il faut nommer un architecte en chef d'une compétence exceptionnelle, qui puisse concevoir des édifices publics susceptibles de hausser les normes artistiques du pays. Il qualifie Horwood d'« architecte [...] se situant dans la bonne moyenne », dont les travaux s'avèrent « plutôt ordinaires ». Horwood fut nommé au poste en question malgré ces fortes protestations.

37 Richard C. Wright (1862–1927) était le fils de John Wright, de la firme d'architectes Wright & Durand, de London, en Ontario. Il avait fait son apprentissage sous la direction de George Durand, puis avait travaillé dans le bureau de Clarence Luce, à New York. Il quitta le secteur privé en 1906 pour occuper le poste d'Architecte en chef adjoint. *Canadian Architect and Builder*, vol. 19, n° 12, décembre 1906, p. xi.

38 Comme l'a alors fait remarquer un éventuel candidat à un poste d'architecte à Ottawa, la rémunération offerte était inférieure à celle d'un non-membre d'une profession libérale employé des gares ferroviaires de marchandises au Cap-Breton. Pour plus de détails sur la situation peu enviable des membres des professions libérales dans la fonction publique fédérale, voir J. Swettenham et D. Kealy, *Serving the State : A History of the Professional Institute of the Public Service of Canada, 1920–1970*, Ottawa, Le Droit, 1970, p. 8.

39 Voir par exemple W.L. Sommerville, « Government Architectural Departments », *Construction*, vol. 14, n° 4, avril 1921, p. 104–105. Sommerville soutenait une opinion alors très répandue, selon laquelle les ministères fédéraux menant des activités architecturales employaient des architectes soit jeunes et sans expérience, soit dépourvus du talent nécessaire pour soutenir la concurrence dans le secteur privé.

40 Le bureau de poste de Stellarton, en Nouvelle-Écosse, fut construit sur le même modèle.

41 Le bureau de poste de Markham (1908) fut l'un des premiers bâtiments de plain-pied en brique construits pour servir à cette fin. Il fut démoli en 1970.

42 J. Adell, « Architecture of the Drill Hall in Canada, 1863–1939 », Document, Ottawa, Environnement Canada, Commission des lieux et monuments historiques du Canada, 1989.

43 En 1920–1921, le Bureau de l'Architecte en chef dessina quatre écuries pour la caserne de Fairmont, à Vancouver. Il s'agissait de bâtiments à charpente en béton, recouverts d'un parement rustique, qui abritaient 140 chevaux. « Chief Architect's Report », dans MTP, *Report of the Minister of Public Works, 1920–1921*, Ottawa, 1922, p. 19. Le projet le plus intéressant fut l'établissement du poste de la GRC sur l'île d'Ellesmere, dans le Grand Nord (voir au chapitre 8). On trouvera la description

de ces bâtiments dans « Chief Architect's Report », dans MTP, *Report of the Minister of Public Works, 1921–1922*, Ottawa, 1923, p. 18.

44 Le ministère de l'Immigration et de la Colonisation a été créé en 1917. Ministère de l'Immigration et de la Colonisation, *Report of the Minister of Immigration and Colonization, 1917–1918*, Ottawa, 1919, p. 5.

45 De 1900 à 1920, 3,4 millions de personnes immigrèrent au Canada, tandis que, de 1920 à 1940, il n'y en eut que 1,4 million.

46 On a aussi esquissé des plans pour une plus grande maison de convalescence à William Head mais ce projet a été contremandé. Il s'est agi là aussi du style gothique Tudor.

47 McGinnis, « From Health to Welfare : Federal Government Policies Regarding Standards of Public Health for Canadians, 1919–1945 », thèse de doctorat, Université de l'Alberta, 1980.

48 Histoire et archéologie, Bureau régional de Québec, « Grosse Île : Rapport 90-031 », BEEFP, pt. 5 (1920 à nos jours), Ottawa, Environnement Canada, 1990.

49 Le ministère de l'Agriculture prit possession de Grosse Île pour s'en servir comme station de quarantaine pour animaux. Les installations de l'île Partridge furent réduites en 1938 et furent fermées en 1942. H.E. Wright, « Partridge Island : Rediscovering the Irish Connection », dans *The Irish in Atlantic Canada*, Fredericton, New Ireland Press, 1991, p. 127–149 ; et « An Assessment of Partridge Island and its Relation to the Immigration Theme » (1983), manuscrit en dossier, Halifax : Bureau de la région de l'Atlantique, Parcs Canada.

50 « Cereal Building No. 76, Central Experimental Farm, Ottawa », évaluation préparée par la Direction de l'histoire de l'architecture et Génie et Agriculture, Parcs Canada, 1983. Pour une version plus concise de ce rapport, voir J. Wright, « Cereal Building, Central Experimental Farm, Ottawa, Ontario : Building Report 84-04 », BEEFP, Ottawa, Environnement Canada, 1984.

51 K. MacFarlane, « Building No. 74 (Botanical Laboratory), Central Experimental Farm, Ottawa : Building Report 87-57 », BEEFP, Ottawa, Environnement Canada, 1987.

52 Pour l'histoire et l'architecture de l'Institut de recherches vétérinaires de Hull, voir J. Harris, « Former Animal Diseases Research Institute, Hull, Quebec : Building Report 85-50 », BEEFP, Ottawa, Environnement Canada, 1985.

CHAPITRE SIX

1 « Government Resuming Building Programme », *Construction*, vol. 20, n° 5, mai 1927, p. 138.

2 Thompson et Seager, *Canada, 1922–1939*, p. 77–85.

3 Ce chapitre s'appuie sur « Building in the Bureaucracy : The Architecture of the Department of Public Works, 1927–1939 », thèse de maîtrise de l'auteur, Université Queen's, 1988.

4 Owram, *Building for Canadians*, p. 81. En 1924, le Ministère avait réduit ses effectifs, de six architectes et un dessinateur. Presque tous ceux qui restaient avaient été engagés avant 1918. Ces statistiques sur les effectifs du Bureau sont tirées de *Civil Service List, 1918*, Ottawa, 1919, s.v. « Department of Public Works », et ANC, RG11, vol. 3221, Budget des dépenses du Canada pour l'exercice financier prenant fin le 31 mars 1929.

5 La principale source de documentation sur la carrière de Fuller est le dossier individuel compilé par la Commission de la fonction publique, AN, RG32, vol. 542, s.v. « Thomas W. Fuller ». La plupart des documents ont été publiés dans Archibald, *By Federal Design*, p. 14–15. Voir aussi M. Archibald, *Thomas W. Fuller (1865–1951) : rapport préliminaire*, Bulletin de recherche, n° 105, Ottawa, Parcs Canada, 1978, et Wright, « Building in the Bureaucracy », p. 17–22.

6 Fuller a connu une carrière exceptionnellement diversifiée et intéressante au sein du Bureau. Comme nous l'avons vu dans les chapitres précédents, il avait été envoyé à Dawson City en 1899 à titre d'architecte en poste durant la ruée vers l'or. Peu après son retour en 1901, il devint le spécialiste des salles d'exercice et des manèges, juste au moment où le ministère de la Milice et de la Défense entreprenait un vaste programme de construction.

7 Pour en savoir davantage sur leur formation et leur milieu de travail, voir Wright, « Building in the Bureaucracy », chap. 1. ANC, RG33/5. Les Documents de la Commission royale sur les services techniques et professionnels constituent une bonne source primaire sur le rôle et les responsabilités des architectes du Bureau, 1930.

8 La collection de photographies des Archives nationales (MTP 1979-140, boîte 4339) contient un dessin de l'édifice public de Calgary, daté de 1919 et signé par B.A. Dore. Cet édifice a été construit en 1930–1932. Entièrement rénové, il a été cédé par le fédéral et abrite maintenant une partie du Calgary Centre for the Performing Arts.

9 D. Johnson, « Dominion Building, Toronto, Ontario », Rapport 83-31, BEEFP, Ottawa, Environnement Canada, 1983.

10 G. Hunt, *John M. Lyle : Toward a Canadian Architecture* catalogue d'exposition, Kingston, Agnes Etherington Art Centre, 1982, p. 83. D'après le plan de Lyle, la gare Union devait être le terminus d'une « avenue fédérale » nouveau style allant jusqu'à la rue Queen.

11 P.E. Nobbs, « Recent Architecture in Canada », Royal Architectural Institute of Canada, Journal, vol. 13, n° 9, septembre 1936, p. 171.

12 L'édifice a subi des rénovations importantes dans les années 1970 et au début des

années 1980. Fort heureusement, sa valeur patrimoniale et son importance pour le paysage urbain ont été reconnues. L'extérieur a été rénové et on a installé de nouvelles fenêtres à vitrage isolant semblables aux originales. La salle des comptoirs a également été restaurée, mais le reste de l'édifice, décrit comme un dédale de bureaux sombres et miteux, a été vidé et transformé en locaux pour bureaux décloisonnés. Paul Harasti, Travaux publics Canada, conversation avec l'auteur, Toronto, 23 février 1993.

13 C.A. Hale, « Federal Building, Moncton, New Brunswick », Rapport 84-35, BEEFP, Ottawa, Environnement Canada, 1984, et J. Doherty, « Federal Building, Thunder Bay, Ontario », Rapport 88-50, BEEFP, Ottawa, Environnement Canada, 1988.

14 L'édifice public de Parry Sound devait à l'origine comporter deux étages. Un troisième fut ajouté à la dernière minute lorsque la milice demanda plus d'espace dans l'édifice. ANC, RG11, vol. 3233, Budget des dépenses du Canada, 1930–1931, p. 318-322. Voir également J. Wright, « Parry Sound Federal Building, Parry Sound, Ontario », Rapport 85-32, BEEFP, Ottawa, Environnement Canada, 1985.

15 Les coûts de construction variaient de 14 000 $ à 26 000 $. Information extraite de ANC, RG11, Budget des dépenses du Ministère des Travaux publics pour 1927–1939.

16 *Ibid*. Les montants indiqués s'appliquent uniquement aux coûts de construction.

17 ANC, RG11, vol. 2712, dossier 2556-20D, note de service de Hunter à l'Architecte en chef, 27 octobre 1938.

18 M. de Caraffe et J. Wright, « Federal Building, Montreal, Quebec », Rapport 83-29, BEEFP, Ottawa, Environnement Canada, 1984. On avait déjà introduit des méthodes de tri à la chaîne à la station postale A de Toronto, mais ce bureau de poste était situé dans une aile de la gare Union et sa conception était en grande partie déterminée par le plan Beaux-Arts de Lyle.

19 Auparavant, les biens et les personnes entraient au pays par train ou par bateau ; les principaux ports douaniers étaient situés dans les centres urbains, près des gares ferroviaires ou des terminus portuaires. Le contrôle aux passages frontaliers routiers était très lâche. En général, les douaniers chargés de surveiller la frontière avaient un bureau dans l'agglomération la plus proche, ce qui facilitait les allées et venues illégales entre les deux pays.

20 En 1926, le gouvernement créa une commission d'enquête spéciale sur les douanes, qui mena au renvoi de certains employés et au resserrement des contrôles aux passages frontaliers. D. MacIntosh, *The Collectors : A History of the Department of Customs and Excise*, Toronto, NC Press, 1934, p. 57.

21 Pour plus d'information sur l'évolution des stations de douane et d'immigration aux passages frontaliers dans les années 1930, voir E. Mills, « Pacific Highway Custom and Immigration Building, Surrey, B.C. », Rapport 84-36, BEEFP, Ottawa, Environnement Canada, 1984.

22 On en trouvait des exemples à St Croix, Clair et Forest City au Nouveau-Brunswick ; Emerson au Manitoba ; et Coutts et Carway en Alberta. Toutes ces structures ont disparu.

23 Cet argument a été utilisé pour justifier la construction du nouveau bureau de douane de Huntington (Colombie-Britannique). ANC, RG11, vol. 3256, Budget des dépenses du Canada, 1934–1935, p. 210-211.

24 Le ministère des Mines avait créé un service de recherches en 1909, mais les installations en question demeurèrent réduites jusque dans les années 1930, alors que débuta une période d'expansion rapide qui allait culminer avec la construction des imposants édifices de la rue Booth, à la fin des années 1950. Parmi les bâtiments construits durant les années 1930, mentionnons le laboratoire de préparation des minerais (1932) ; le laboratoire d'essais sur les combustibles (1927–1929 ; annexes en 1937) ; et le laboratoire des minéraux industriels (1939). S. Ricketts, « Four Structures of the Energy, Mines and Resources Complex, Ottawa, Ontario », Rapport 86-61, BEEFP, Ottawa, Environnement Canada, 1986.

25 Parmi les sources qui traitent des édifices du Conseil national de recherches, mentionnons Sinaiticus, « The National Research Council Building, Ottawa », *Construction*, vol. 25, n° 8, août 1932, p. 172-178 ; et « Research and Progress : Hand in Hand », *Contract Record and Engineering Review*, vol. 46, 23 août 1932, p. 857-878. Voir également M. Coleman, « National Research Council Building, Ottawa, Ontario », Rapport 87-42, BEEFP, Ottawa, Environnement Canada, 1987.

26 E.A. Arthur, « A Review of the RAIC Exhibition », Royal Architectural Institute of Canada, *Journal*, vol. 9, n° 10, décembre 1932, p. 261.

27 A.E. Safarian, *The Canadian Economy in the Great Depression*, Toronto, McClelland and Stewart, 1970, p. 135. Un titre disait : « Construction Holds Up Well » (La construction se porte bien), *Contract Record and Engineering Review*, vol. 44, 31 décembre 1930, p. 1590–1597. D'après le *Toronto Globe* du 12 février 1935, en 1933, le taux de chômage dans l'industrie de la construction s'était élevé à 67 p. 100.

28 Les principales sources consultées pour décrire l'économie et les politiques de la Dépression sont Safarian, *The Canadian Economy*, chap. 3–5 ; J. Struthers, *No Fault of Their Own : Unemployment and the Canadian Welfare State, 1914–1941*, Toronto, University of Toronto Press, 1983, chap. 3–4 ; et Thompson et Seager, *Canada, 1922–1939*, chap. 9–11.

29 Pour plus d'information sur la Public Works Administration, en particulier sur son programme de construction, voir L. Craig et al., *The Federal Presence : Architecture, Politics and Symbols in United States Government Buildings*, Cambridge (Mass.), MIT

Press, 1978, p. 281–327. Voir également C.W. Short et R. Stanley-Brown, *Public Buildings : A Survey of Architectural Projects Constructed by Federal and Other Governmental Bodies Between the Years 1933 and 1939*, Washington, 1939.

30 De nombreux articles ont paru durant cette période dans des revues spécialisés. « Public Works Construction Programme Needed to Overcome Depression », Royal Architectural Institute of Canada, Journal, vol. 10, n° 7, juillet 1933, p. 125 ; « Public Works in the New Deal », Royal Architectural Institute of Canada, Journal vol. 10, n° 11, novembre 1933, p. 187 ; W.D. Black, « Construction : The Joint in the Armour of Depressions », *Construction*, vol. 27, n° 1, janvier–février 1934, p. 9–14. Le gouvernement était aussi inondé de lettres d'organismes professionnels et de lobbyistes de la construction. Les lettres envoyées au ministère des Travaux publics sont aux ANC, RG11, vol. 2761, dossier 3194-13, partie D.

31 Struthers, *No Fault of Their Own*, p. 105-119.

32 Canada, *Statuts du Canada*, « Loi pourvoyant à la construction et à l'amélioration de certains ouvrages et entreprises publiques dans tout le Canada », 24–25, George V, chap. 59, p. 1349–1354, sanctionnée le 3 juillet 1934.

33 Le sous-ministre des Travaux publics avait d'abord demandé à l'Architecte en chef de dresser la liste des sites recommandés en août 1933. ANC, MG26K, Papiers Bennett, dossier P-350–1933, p. 35438, note de service du sous-ministre à Fuller, août 1933.

34 Comme le soulignait un député, sur les 19,5 millions de dollars prévus au budget pour la construction d'édifices publics, 14,6 millions de dollars sont allés dans des circonscriptions conservatrices. Canada, Chambre des Communes, *Debates*, 1934, p. 4301. Voir également ANC, RG11, vol. 3256, Budget des dépenses pour la Loi sur la construction d'ouvrages publics, 1934. Dans Calgary Ouest, les projets comprenaient la construction d'un nouvel aérodrome et de casernes pour l'Aviation, ainsi que celle d'un mur de soutènement le long de la rivière Bow.

35 Comme le soulignait un député, ces 40 millions de dollars étaient assez modestes comparativement au programme américain et compensaient à peine pour tout l'argent qui n'avait pas été dépensé au cours des trois années précédentes. Canada, Chambre des communes, *Debates*, 1934, p. 4418. Commentaire de J. Vallance, député de South Battleford.

36 ANC, RG11, vol. 2712, « Temporary Employees at Ottawa Under Public Works Construction Act, 1934 », 29 novembre 1934. Listes de recrutement.

37 ANC, RG11, vol. 2911, dossier 5509–2a, « Petition to the Dominion Government from the Royal Architectural Institute of Canada », 16 février 1928.

38 Ces critiques sont tirées des nombreuses lettres adressées au Ministère pour demander qu'on accorde plus de contrats aux architectes du secteur privé. On en trouve beaucoup dans ANC, RG11, vol. 2711, dossier 2556-208 et vol. 2911, dossier 5509-2A, 2B ; voir également « Editorial », Architectural Institute of Canada, Journal, vol. 6, n° 10, octobre 1929, p. 351 ; et « Should Architects in Private Practice Be Employed on Public Buildings? », Royal Architectural Institute of Canada, Journal, vol. 6, n° 10, octobre 1929, p. 51.

39 ANC, RG11, vol. 2712, « Public Works Construction Act, 1934 : List of Outside Architects », 29 novembre 1934. De nombreux autres architectes seraient engagés au cours des années suivantes.

40 ANC, MG26K, Papiers Bennett, dossier U-125M, p. 499919 et 499920, lettre de Sullivan à Stewart, 25 juillet 1934.

41 P.E. Nobbs, « Present Tendencies Affecting Architecture in Canada, Part II », Royal Architectural Institute of Canada, *Journal*, vol. 7, n° 9, septembre 1930, p. 314.

42 Sources sur l'Art déco : E. Weber, *Art Deco in North America*, London, Bison, 1985 ; N. Messler, *The Art Deco Skyscraper*, Frankfurt am Main, Berne, Peter Lang, 1983 ; et R.A.M. Stern, G. Gilmartin et T. Mellins, *New York 1930 : Architecture and Urbanism Between the Two World Wars*, New York, Rizzoli, 1987. Pour une étude sur l'Art déco en Grande-Bretagne, voir « Britain in the 1930s », *Architectural Design*, vol. 49, nos 11 et 12, 1979.

43 Parmi les sources sur l'architecture canadienne dans les années 1930, mentionnons : Hunt, *John Lyle* ; S. Wagg, *Ernest Isobel Barott, Architect : an Introduction*, catalogue d'exposition, Montréal, Centre canadien d'architecture, 1985 ; et I. Gournay, éd., *Ernest Cormier et l'université de Montréal*, Montréal, Centre canadien d'architecture, 1990.

44 « Dominion Public Building, Winnipeg », Royal Architectural Institute of Canada, *Journal*, vol. 15, n° 6, juin 1938, p. 148.

45 « Dominion Building Halifax », *Engineering and Contract Record*, vol. 51, 2 juillet 1937, p. 26–29. W.C. Jarvis, un architecte travaillant au Bureau de l'Architecte en chef dans les années 1930, a relaté la construction de ce bâtiment à l'auteur lors d'une entrevue, le 14 juin 1980. À l'origine, la conception du bâtiment avait été confiée à J.L. Kingston, dont le projet – un curieux édifice en brique à plusieurs étages conçu dans un style vaguement classique – fut refusé par le Ministère. Un croquis montrant une élévation de l'édifice de Kingston fut publié dans *Engineering and Contract Record in 1935*, vol. 49, n° 3, mars 1935, p. 219 avant son annulation. On trouve une copie du plan dans ANC PA 124521.

46 Connue sous le nom de « système Kane » cette structure avait été mise au point par K.C. Kane, de la Dominion Bridge Company of Canada. Il s'agissait d'une structure légère constituée de poutres et de fermes d'acier grillagées, soudées pour former une ossature autoportante indépendante capable de supporter la charge de l'édifice. Cette charpente légère était ensuite recouverte de béton, ce qui lui donnait la résistance nécessaire pour soutenir la surcharge. D'après les tenants du système Kane, celui-ci

coûtait moins cher qu'une charpente en acier standard ; l'utilisation d'éléments en acier soudé rendait les chantiers de construction moins bruyants ; et comme on pouvait suspendre les coffrages à la charpente d'acier, il fallait moins de temps et moins de bois pour couler le béton. On prétendait n'utiliser que de l'acier canadien, ce qui explique peut-être que le gouvernement ait accepté d'essayer ce nouveau système. Le système Kane a été utilisé sur quelques édifices commerciaux et publics à Montréal, dont le terminus postal, mais ses avantages avaient sans doute été exagérés, car l'édifice de Halifax fut le dernier construit selon cette technique. Parmi les sources sur le système Kane, mentionnons : « A Building with an Unusual Structural Problem : Montreal Neurological Institute », *Engineering and Contract Record*, vol. 48, novembre 1934, p. 992–996 ; « Completely Welded Steelwork and Concrete Frame : Canadian General Electric Company », *Contract Record and Engineering Review*, vol. 46, 17 février 1932, p. 1436–1441 ; et G. Wallace, « Current Trends in Structural Design », *Contract Record and Engineering Review*, vol. 46, 28 décembre 1932, p. 1431–1433. Il est question de la décision d'utiliser le système Kane pour construire l'édifice de Halifax dans ANC, RG11, vol. 4130, note de service de Fuller au sous-ministre, 25 avril 1934.

47 Le 30 mars 1937, Max Downing écrivait à l'Architecte en chef pour faire l'éloge du béton monolithique, peu coûteux et facile d'entretien (ANC, RG11, vol. 4105, dossier 684-1-C). Les journaux canadiens commencèrent à publier des articles sur cette technique de construction au milieu des années 1930. Voir, par exemple, A.J. Boase, « Trends in Application of Concrete to Building Construction », *Engineering and Contract Record*, vol. 48, 26 décembre 1934, p. 1084–1085, et « Construction Feature of New Administration Building for Ontario Hydro Electric Power Commission », *Engineering and Contract Record*, vol. 49, 10 juillet 1935, p. 1092–1093.

48 « Postal Station K, Toronto, Ontario », Royal Architectural Institute of Canada, *Journal*, vol. 14, n° 9, septembre 1937, p. 182–183. La station postale K reçut une mention honorable dans la catégorie « édifices publics » lors de la remise annuelle des prix de l'Institut royal d'architecture du Canada. « Awards at the Eighth Annual Exhibition RAIC », Royal Architectural Institute of Canada, *Journal*, vol. 16, n° 3, mars 1939, p. 55.

49 N. Clerk, « City Delivery Building, Toronto, Ontario », Rapport 83-08, BEEFP, Ottawa, Environnement Canada, 1983

50 C.A. Hale, « Dominion Public Building, Amherst, Nova Scotia », Rapport 83-40, BEEFP, Ottawa, Environnement Canada, 1983.

51 Le tout premier exemple a été le bureau de poste de Saint-Romuald, au Québec (1929–1930). D'autres édifices du genre ont été construits au Québec à Pointe-Claire, Thurso et Cabano. On trouve en outre des musées et des édifices à bureaux de style français dans deux parcs historiques nationaux associés au régime français (Louisbourg en Nouvelle-Écosse et Fort-Beauséjour au Nouveau-Brunswick). Bien que réalisés sous la direction du ministère des Travaux publics, ces derniers édifices ont été dessinés par la Direction de l'architecture et du génie du Service canadien des parcs.

52 ANC, RG11, vol. 3712, note de service de Fuller à Cardin, 21 mars 1936.

53 Situé sur un promontoire, au croisement de deux rues commerciales, ce bâtiment était l'un des centres d'attraction de la communauté malgré sa petite taille. Bien qu'il n'appartient plus au gouvernement fédéral, il demeure un centre d'intérêt puisqu'il abrite la bibliothèque régionale d'Okanagan. J. Harris, « Public Building, Salmon Arm, British Columbia », Rapport 84-45, BEEFP, Ottawa, Environnement Canada, Ottawa 1984.

54 ANC, RG11, vol. 3264, Budget des dépenses des Travaux publics, 1936–1937, extraits de la note de service de l'Architecte en chef, 2 décembre 1931.

55 La division N avait été créée en 1920 lors du déménagement du quartier-général de la GRC de Regina à Ottawa. D'après les rapports annuels, le ministère des Travaux publics a construit un entrepôt/bâtiment d'instruction (1939), des écuries (1939), un laboratoire (1938) et un hangar (1938) à la division N. Voir également I.J. Saunders, « Royal Canadian Mounted Police Barracks (N Division), Ottawa, Ontario », Rapport 84-53, BEEFP, Ottawa, Environnement Canada, 1984 ; et S. Coutts, « RCMP Stable, "N" Division, Ottawa, Ontario », Rapport 84-52, BEEFP, Ottawa, Environnement Canada, 1984.

56 J. Adell, « Architecture of the Drill Hall in Canada, 1863–1939 », Rapport, Ottawa, Environnement Canada, Commission des lieux et monuments historiques du Canada, 1989, p. 42–48.

CHAPITRE SEPT

1 Parmi les sources sur les activités du CNR en temps de guerre, mentionnons W. Eggleston, *National Research Council : The NRC, 1916–1966*. Toronto, Clarke, Irwin and Co., 1978, chap. 6–10. Voir également Conseil national de recherches (ci-après, CNR), *Annual Report of the National Research Council, 1942–1943*, Ottawa, 1944, p. 7.

2 On a souligné que si le laboratoire de recherches aéronautiques de Grande-Bretagne était détruit, il ne resterait plus que celui d'Ottawa dans tout le Commonwealth. Eggleston, *The NRC*, p. 139.

3 On trouve une liste des bâtiments sur place en 1948 dans CNR, *National Research in Review, 1949*, Ottawa, 1949. Le bâtiment de l'aérodynamique, le laboratoire d'hydraulique et le bassin d'épreuve des carènes, l'atelier de modélisation, le laboratoire d'étude des structures, le laboratoire d'étude de la gazoline et du pétrole, le

laboratoire d'étude des moteurs et une installation de chauffage central figurent sur cette liste. On trouve en outre une description des édifices construits durant cette période dans MTP, *Report of the Minister of Public Works*, 1939–1945. Voir également H.G. Hughes, « Division of Mechanical Engineering of the National Research Council », Royal Architectural Institute of Canada, *Journal*, vol. 23, n° 5, mai 1946, p. 105–115. Né en 1902, Hughes avait étudié à l'école d'architecture de McGill et travaillé pour divers architectes montréalais avant de se lancer en affaires à Ottawa en 1932. À partir de 1941, il a servi dans le corps du Génie royal canadien et après la guerre, il s'est joint à la Division de conception des hôpitaux du ministère de la Santé nationale et du Bien-être.

4 John Bland, architecte, conversation téléphonique avec l'auteur, Sainte-Anne-de-Bellevue (Québec), 16 novembre 1992.

5 Eggleston, *The NRC*, p. 111.

6 Hughes, « Division of Mechanical Engineering », p. 105–106.

7 P. Mayrand et J. Bland, *Three Centuries of Architecture in Canada*, Montréal, Federal Publications Service, 1971, p. 109.

8 Le style moderne était plus courant dans la construction d'unités et d'immeubles d'habitation, ainsi que de certains édifices commerciaux, en particulier les édifices associés à la technologie nouvelle, comme les postes d'essence, les gares routières de voyageurs, les cinémas et les stations de radiodiffusion.

9 Dans le cadre de cette réorganisation, presque tous les programmes de santé fédéraux, y compris les stations de quarantaine (et les deux lazarets), les services d'hôpitaux de la marine et les laboratoires d'étude des aliments et des drogues du ministère du Commerce, furent intégrés dans un seul ministère : celui des Pensions et de la Santé nationale. Seuls les Services de santé aux autochtones continuèrent de relever du ministère des Mines et des Ressources jusqu'en 1945, lorsqu'ils furent eux aussi transférés au ministère qui s'appellerait désormais le ministère de la Santé nationale et du Bien-être.

10 Voir W.R. Feasy, *Official History of the Canadian Army Medical Services, 1939–1945 : Organization and Campaigns*, Ottawa, Imprimeur de la Reine, 1956, p. 42 et 62–70. Voir également G.H. Agnew, *Canadian Hospitals, 1920–1970 : A Dramatic Half Century*, Toronto, University of Toronto Press, 1974, p. 55–56.

11 On trouve une description de l'hôpital pour anciens combattants de Victoria dans « Victoria Veterans' Hospital », *The Canadian Hospital*, vol. 24, n° 11, novembre 1947, p. 40–41.

12 T.B. McBain, « Pension Hospitals Being Expanded to Meet Anticipated War Needs », et « New Veterans' Health and Occupational Center », *Canadian Hospital*, vol. 21, n° 3, mars 1944, p. 40–41, et vol. 25, n° 4, avril 1948, p. 31–32.

13 Ministère des Affaires des anciens combattants, *Report of the Work of the Department of Veterans Affairs for the Year Ending 31 March 1950*, Ottawa, 1951, p. 35. Voir également Feasy, *Official History of the Canadian Army Medical Services*, p. 67.

14 L'un des premiers architectes qui aient travaillé pour le ministère des Affaires des anciens combattants fut E.A. Gardner, qui allait devenir l'Architecte en chef du ministère des Travaux publics en 1952. Gardner disait réaliser une bonne partie des travaux de conception et de planification préliminaires, puis transmettre le projet au Bureau de l'Architecte en chef qui supervisait la construction. On ignore si les architectes à contrat avaient plus d'indépendance au chapitre de la conception. ANC, Archives sonores, C 42467, acc. 1984–459. E.A. Gardner, ancien Architecte en chef, entrevue avec l'auteur.

15 Tout un numéro du Royal Architectural Institute of Canada, *Journal* (vol. 26, n° 10 [octobre 1949]) était consacré à l'hôpital Sunnybrook. Au nombre des articles figuraient ceux de H.L. Allward, « The Planning of Sunnybrook Hospital », p. 313–322, et de C.D. Carruthers, « Structural Features », p. 340–351.

16 Pour une étude sur l'évolution de la conception des hôpitaux durant la première moitié du XXe siècle, voir Agnew, *Canadian Hospitals*, p. 179–195 ; et J.D. Thompson et G. Goldin, *The Hospital : A Social and Architectural History*, New Haven, Yale University Press, 1975, p. 187–201.

17 L'hôpital moderne devait prévoir de l'espace pour les services de radiologie, de pathologie et de pharmacie. Les services externes étaient aussi beaucoup plus importants. À la fin de la guerre, étant donné l'expansion de ces services, la moitié environ de la surface utile d'un hôpital était consacrée aux services de soutien. P. Vivian, « Panel Discussion on Hospital Building », Royal Architectural Institute of Canada, *Journal*, vol. 25, n° 9, septembre 1948, p. 289–292.

18 Un article récent au sujet de l'évolution de l'hôpital universitaire aux États-Unis dans les années 1920 et 1930 et de son influence sur les plans de Cormier pour l'université de Montréal décrit le contexte historique dans lequel a été conçu l'hôpital Sunnybrook. Voir I. Gournay, « L'architecture hospitalo-universitaire », *Annales d'histoire de l'art canadien*, vol. 13, n° 2, et vol. 14, n° 1, 1990–1991, p. 26–43.

19 Agnew, *Canadian Hospitals*, p. 183. Au Canada, on trouve un type de configuration très semblable beaucoup plus tôt dans les plans de Cormier pour l'université de Montréal, établis vers 1927, mais réalisé dans les années 1940 seulement. Cormier prévoyait intégrer un hôpital d'enseignement ; il avait été fortement influencé par le Medical School and Hospital de l'université de Rochester (vers 1923), qui compte une série d'ailes en saillie venant se greffer à angle droit sur l'arête perpendiculaire de l'édifice. Voir Gournay, « L'architecture hospitalo-universitaire ».

20 L'hôpital Shaughnessy de Vancouver fut agrandi en 1947, au moment de la construction d'un nouveau service pulmonaire, puis à la fin des années 1950, lorsqu'on érigea une vaste aile conçue par Mercer & Mercer. Au nombre des autres installations

figurent l'hôpital des anciens combattants de Sainte-Foy, qui date de 1953-1954 (architectes : Robert Blatter, Fernand Caron, Roland Dupéré et Charles A. Jean), et le nouvel hôpital du ministère des Affaires des anciens combattants à Sainte-Anne-de-Bellevue, construit dans les années 1970.

21 Owram, *Building for Canadians*, p. 251. La plupart des bâtiments construits pour le ministère de la Défense nationale étaient situés aux bases navales canadiennes d'Halifax, en Nouvelle-Écosse, et d'Esquimalt et de Comox, en Colombie-Britannique. Parmi les sources sur les programmes de construction de l'époque, mentionnons I. Doull, « CFB Esquimalt-Dockyard, Esquimalt, British Columbia », Rapport 89-202, BEEFP, Ottawa, Environnement Canada, 1989, 2 vol. et I. Doull, « CFB Esquimalt-Naden, Esquimalt British Columbia », Rapport 89-204, BEEFP, Ottawa, Environnement Canada, 1989.

22 Entre 1939 et 1945, la fonction publique connut un taux de croissance supérieur à celui des soixante-quinze années précédentes. En 1938, on comptait 44 000 fonctionnaires ; en 1945, ce chiffre était passé à 140 000. Owram, *Building for Canadians*, p. 256.

23 I. Doull, « Confederation Building, Justice Building, Justice Annex, Supreme Court of Canada, Ottawa, Ontario », Rapports 87-34 à 87-37, BEEFP, Ottawa, Environnement Canada, 1987 ; comprend une évaluation de l'annexe de l'Immeuble de la Justice, construite en 1942, qui est le dernier exemple encore debout des édifices temporaires du temps de la guerre à Ottawa. Voir également I. Doull, « Beaver Barracks, Metcalfe Street, Ottawa », Rapport 90-325, BEEFP, Ottawa, Environnement Canada, 1990. Cet édifice temporaire avait été construit par le ministère de la Défense nationale. (Au moment d'écrire ces lignes, les casernes Beaver sont encore debout, mais leur démolition est imminente.)

24 Parmi les sources générales sur le programme de reconstruction du gouvernement fédéral, mentionnons R. Bothwell, I. Drummond et J. English, *Canada Since 1945*, Toronto, University of Toronto Press, 1981, p. 45-83 ; R. Bothwell et W. Kilbourn, *C.D. Howe : A Biography*, Toronto, McClelland and Stewart, 1979, chap. 12 ; D. Creighton, *The Forked Road : Canada 1939-1957*, Toronto, McClelland and Stewart, 1976 ; et J.L. Granatstein, *The Ottawa Men : The Civil Service Manadarins, 1935-1957*, Toronto, Oxford University Press, 1982, p. 161-168.

25 En 1926, les dépenses du ministère des Travaux publics comptaient pour 4,91 p. 100 de l'ensemble des dépenses gouvernementales ; en 1945, ce pourcentage avait baissé à 0,35. Owram, *Building for Canadians*, p. 264-265.

26 Owram, *Building for Canadians*, p. 258-261.

27 Les rapports annuels du Bureau de l'Architecte en chef mentionnent soixante-sept ajouts à des édifices fédéraux entre 1945 et 1951. MTP, *Report of the Minister of Public Works*, 1945-1952.

28 E. Tumak, « Arthur Meighen Building, Toronto », Rapport 92-18, BEEFP, Ottawa, Environnement Canada, 1992, et « Postal Station "B," Montreal », *Canadian Builder*, vol. 1, n° 5, novembre-décembre 1951, p. 20-21.

29 ANC, RG11, vol. 4139, Public Works Estimates 1948-49, dossier 11753-6.

30 ANC, RG11, vol. 3298, Public Works Estimates 1948-49, p. 79-82.

31 E. Mills, « Federal Building, Victoria, British Columbia », Rapport 91-208, BEEFP, Ottawa, Environnement Canada, 1992.

32 D'autres exemples de ce type de bureau de poste standard ont été évalués dans F. Graham, « Post Office, Chapleau, Ontario ; Government of Canada Building, Geraldton, Ontario ; Federal Building, Little Current, Ontario », Rapports 89-152, 90-147, 90-148, BEEFP, Ottawa, Environnement Canada, Ottawa, 1991.

33 Canada, Chambre des communes, *Debates*, 28 juin 1951, 4827. E.G. Hansell, député de MacLeod, à Alphonse Fournier, ministre des Travaux publics.

34 Parmi les rapports de recherche et d'évaluation sur ces édifices, mentionnons R. Hunter, « Customs and Immigration Stations at St-Théophile, Quebec and St-Bernard-de-Lacolle, Quebec », Rapports 89-131 et 89-133, BEEFP, Ottawa, Environnement Canada, 1989 ; S. Ricketts, « Customs and Immigration Border Station, St-Bernard-de-Lacolle, Quebec », Rapport 89-131, BEEFP, Ottawa, Environnement Canada, 1989 ; et G. Fulton, « Border Crossing Facilities at Andover, N.B ; Stanhope, Quebec ; Emerson East, Manitoba ; Boissevain, Manitoba ; Carway, Alberta ; Douglas, British Columbia ; Kingsgate, British Columbia ; Osoyoos, British Columbia », Rapports 91-94 à 9-101, BEEFP, Ottawa, Environnement Canada, 1991.

35 La Commission du district fédéral réunissait le ministre des Travaux publics, deux représentants de la ville d'Ottawa, un représentant de la ville de Hull et douze autres personnes d'un peu partout au Canada, dont deux de l'Institut canadien des ingénieurs, deux de l'Institut royal d'architecture du Canada et un de l'Institut canadien des urbanistes.

36 Comme nous l'avons vu au chapitre 4, Gréber était venu au Canada à la fin des années 1930 pour donner des conseils sur des questions précises concernant l'aménagement de la Place de la Confédération et de quelques nouveaux édifices de la rue Wellington. Son travail avait été interrompu par la guerre. La nomination de Gréber porta un dur coup aux architectes et aux urbanistes canadiens ; Ottawa reçut de nombreuses lettres de protestation. Au bout du compte, on arriva à un compromis et quelques professionnels canadiens, recommandés par l'Institut royal d'architecture du Canada, purent participer au projet.

37 J.W. Pickersgill et D.F. Forster, *The Mackenzie King Record, 1947-1948*, vol. 4, Toronto, University of Toronto Press, 1970, p. 322.

38 Comité d'aménagement de la capitale nationale, *Plan for the National Capital : General Report* (ci-après, le *Rapport Gréber*), Ottawa, 1950. Parmi les sources sur le

développement de la Commission de la capitale nationale après la guerre, mentionnons Eggleston, *The Queen's Choice*, p. 183–201 ; « Plan for the National Capital », Royal Architectural Institute of Canada, *Journal*, vol. 26, n° 12, décembre 1949, p. 397–421 ; et H. Kennedy et al., « The Federal District Commission », Royal Architectural Institute of Canada, *Journal*, vol. 32, n° 11, novembre 1955, p. 429–441. Voir également les rapports annuels de la Commission du district fédéral.

39 *Rapport Gréber*, p. 91.

40 *Ibid.*, p. 92.

41 *Ibid.*, p. 253–256.

42 J. Mattie, « West Memorial Building, Ottawa », Rapport 92-01, BEEFP, Ottawa, Environnement Canada, 1992.

43 *Commission du district fédéral, Annual Report*, 1948, p. 8–10. Pour une analyse générale de l'œuvre de Cormier, voir I. Gournay, éd., *Ernest Cormier et l'université de Montréal*, Montréal, Centre canadien d'architecture, 1990. Voir également *Annales d'histoire de l'art canadien*, vol. 13–14, n°ˢ 1 et 2, 1990–1991 ; tout le numéro est consacré à l'œuvre de Cormier.

44 Sur les dessins de Cormier, on voit aussi une vaste esplanade (qui aurait accentué le sentiment de grandeur civique) devant l'édifice. Cette esplanade n'a jamais été réalisée.

45 G. Cherry, éd., *Shaping the Urban World*, Londres, Mansell, 1980, p. 123. Le grand plan de Londres de 1944 introduisait également l'idée d'une ceinture de verdure comme moyen de contenir la croissance de la banlieue. A.M. Edwards, *The Design of Surburbia : A Critical Study in Environmental History*, Londres, Pembridge Press, 1981, p. 151 et 152.

46 Cherry, *Shaping the Urban World*, p. 70–72 et p. 109.

47 La ferme expérimentale fédérale et le campus du chemin de Montréal étaient deux exemples antérieurs de développement gouvernemental à l'extérieur du centre-ville, mais dans ces deux cas, on avait choisi la banlieue parce que les fonctions en cause étaient incompatibles avec le milieu urbain.

48 Le Bureau fédéral de la statistique fut suivi par une centrale électrique (1950–1951), architectes : Ross, Patterson, Townshend & Fish ; un entrepôt (1950–1951) ; un laboratoire de virologie (1953–1955), un laboratoire d'hygiène (1953–1957) et un laboratoire d'études des aliments et des drogues (1953–1954), architectes : Marani & Morris ; et un entrepôt d'archives (1953–1954). Plusieurs autres édifices, construits dans les années 1960, 1970 et 1980, ne suivaient pas la formule établie dans les années 1950.

49 F.R. Hayes, *The Chaining of Prometheus : Evolution of a Power Structure for Canadian Science*, Toronto, University of Toronto Press, 1973, p. 3.

50 Bothwell et Kilbourn, *C.D. Howe*, p. 182.

51 Canada, Ministère de l'Agriculture, *Canada Agriculture : The First 100 Years*, Ottawa, 1967, p. 35–36, 45.

52 En 1953, le ministère de l'Agriculture avait fait construire des laboratoires pour sa Division des sciences à Kentville, en Nouvelle-Écosse (1950–1951) ; Charlottetown (1951–1952) ; Sainte-Anne-de-la-Pocatière (1951–1952) ; Saint-Jean, au Québec (1951–1952) ; Fredericton (1952–1953) ; Belleville (1952–1953) ; et à l'université Western Ontario, à London (1952–1953). De petits laboratoires avaient aussi été construits à Sault Ste Marie et Chatham, en Ontario, Indian Head et Swift Current, en Saskatchewan, et Lennoxville, au Québec.

53 Le ministère des Pêches et des Océans avait des stations de recherches à Nanaimo, en Colombie-Britannique et à Halifax.

54 MTP, *Report of the Minister of Public Works for the Fiscal Year Ended 31 March 1955*, Ottawa, 1956, p. 32.

55 Direction de l'histoire de l'architecture, « Institute for Environmental Chemistry Laboratories (Building M-12) and Institute of Research in Construction (Building M-20), National Research Council, Ottawa, Ontario » Rapport 90-245, BEEFP, Ottawa, Environnement Canada, 1991.

56 B. Beaghan, historien, Gendarmerie royale du Canada, conversation avec l'auteur, Ottawa, 30 novembre 1992.

57 L'architecte en titre, A.B. Wright, fut envoyé à Terre-Neuve en 1949 pour coordonner le travail du Bureau de l'Architecte en chef dans cette province. Owram, *Building for Canadians*, p. 272.

58 Agnew, *Canadian Hospitals*, p. 53–55. G.J. Wherrett, *The Miracle of the Empty Beds : A History of Tuberculosis in Canada*, Toronto, University of Toronto Press, 1977, chap. 7.

59 Wherrett, *The Miracle of the Empty Beds*, p. 52.

60 Canada, Ministère de la Santé nationale et du Bien-être social, *Report of the Minister of Health and Welfare*, 1949, Ottawa, 1950, p. 105.

61 M.E. Armstrong-Reynolds, « Former Moose Factory Indian Hospital, Moose Factory, Ontario », Rapport 88-120, BEEFP, Ottawa, Environnement Canada, 1988. Voir également M. Armstrong-Reynolds, « Former Indian Hospital, Sioux Lookout, Ontario », Rapport 88-121, BEEFP, Ottawa, Environnement Canada, 1988.

62 Après la guerre, le ministère de la Santé nationale et du Bien-être social géra un programme de subventions pour la construction de nouveaux hôpitaux au Canada. Une bonne partie du travail de la Division de conception des hôpitaux consistait à examiner les demandes de subventions, à élaborer des plans modèles, à définir les normes élémentaires de conception des hôpitaux et à établir les plans préliminaires des hôpitaux construits par le Ministère.

63 Le major-général H.A. Young, qui avait été nommé sous-ministre en 1953 avec pour

mandat de réorganiser le Ministère en profondeur, a plus tard produit une évaluation de première main du Ministère au début des années 1950. ANC, MG31, E8, Papiers H.A. Young, « Review of the Department of Public Works, Aug. 1962 ». Le vieillissement du Bureau de l'Architecte en chef et son incapacité à faire face à un volume de travail accru fut confirmé par E.A. Gardner, qui avait remplacé l'adjoint de l'Architecte en chef en 1952 et qui était devenu Architecte en chef peu après. ANC, archives sonores, C 42467, acc. 1984-459. Entrevue avec E.A. Gardner, ancien Architecte en chef. Voir également Owram, *Building for Canadians*, p. 280-281.

64 Owram, *Building for Canadians*, p. 260.

65 D'après le dossier personnel de Brault, celui-ci avait étudié l'architecture à l'université Cornell pendant deux ans et, en 1913, il avait réussi ses examens par correspondance et était devenu un associé de l'Institut royal des architectes britanniques. Il était venu à Ottawa avec des lettres de recommandation de trois des plus grandes firmes montréalaises – Edward & William Maxwell, Ross & Macfarlane, et Ernest I. Barott – mais la nature de son travail pour ces firmes n'était pas précisée. En 1915, il était entré au Bureau de l'Architecte en chef où il s'était élevé peu à peu dans la hiérarchie. ANC, RG32, Commission de la fonction publique, Série historique, s.v. « J.C.G. Brault ».

66 ANC, RG32, vol. 27, note de service de G.T. Jackson à D.R. Turnball, Commission de la fonction publique, 22 août 1947.

67 ANC, RG32, vol. 27, note de service de la Commission de la fonction publique, Directeur du personnel, 11 août 1947.

68 ANC, RG32, vol. 27, note de service à M. Nelson, 26 août 1947, sur les architectes travaillant pour le Bureau de l'Architecte en chef. Cette note de service identifie 13 architectes à l'emploi du Bureau, dont 6 avaient été engagés avant 1918.

69 Owram, *Building for Canadians*, p. 277. En 1950, un diplômé en génie pouvait espérer gagner 3 650 $ par année dans la fonction publique, 4 250 $ dans l'enseignement et 9 300 $ dans la pratique privée.

70 ANC, RG32, vol. 27, note de service de G.T. Jackson à D.R. Turnball, Commission de la fonction publique, 22 août 1947.

71 Owram, *Building for Canadians*, p. 283.

72 La fragmentation des services fédéraux de construction était jugée très peu efficace. Owram, *Building for Canadians*, p. 285.

73 Par exemple, en 1949, des architectes furent nommés pour d'importants édifices publics à Vancouver et à Winnipeg, mais les travaux de construction ne débutèrent qu'au milieu des années 1950.

74 ANC, MG31, E8, Papiers H.A. Young, « Review of the Department of Public Works, August 1962 ».

CHAPITRE HUIT

1 Bothwell, Drummond et English, *Canada Since 1945*, p. 139-144 ; Bothwell et Kilbourn, *C.D. Howe : A Biography*, p. 261 ; et Creighton, *The Forked Road*, p. 243.

2 Pour un examen général de la réorganisation du Ministère, voir Owram, *Building for Canadians*, p. 275-302. Pour un compte rendu personnel, voir ANC, MG31, E8, Papiers H.A. Young, « Review of the Department of Public Works, Aug. 1962 ».

3 Cet article, publié en novembre 1953, fut cité par un député dans Canada, Chambre des communes, *Debates*, 9 avril 1954, p. 3946.

4 H.A. Young était né à Winnipeg in 1898. Avant d'être nommé sous-ministre des Ressources et du Développement économique, il avait été vice-président de la Société canadienne d'hypothèque et de logement. Il est demeuré sous-ministre des Travaux publics jusqu'en 1963.

5 ANC, MG31, E8, Papiers H.A. Young, « Review of the Department of Public Works, Aug. 1962 ».

6 C. Hicks, « Preliminary Design Division », *Dispatch*, hiver 1956-1957, p. 2-3. Les nouvelles divisions furent créées en mars 1955. C. Hicks, « PWD Building Designers Average $1 Million of Work Each Week », *Public Works in Canada* 5, n° 6, juin 1957, p. 10.

7 Pour l'exercice financier 1950-1951, le budget accordé aux édifices publics était de 51,9 millions de dollars. En 1958-1959, il était passé à 116,2 millions (chiffres tirés de MTP, *Report of the Minister of Public Works*, 1950-1951 et 1958-1959). Parmi les autres sources sur le volume de construction du ministère des Travaux publics pendant cette période, mentionnons H.C. Green, « MTP Construction Planning », *Engineering and Contract Record*, vol. 71, n° 1, janvier 1958, p. 102-104 ; et H.A. Young, « New Look in Federal Public Works », *Public Works in Canada* 10, n° 6, juin 1962, p. 10-13.

8 Une bonne partie des données biographiques sur E.A. Gardner provient d'une entrevue menée en 1980. On trouve un enregistrement de cette entrevue aux ANC, Archives sonores, C 42467, acc. 1984-459. E.A. Gardner, ancien Architecte en chef, entrevue avec l'auteur. Voir également « Appointment », Royal Architectural Institute of Canada, *Journal*, vol. 29, n° 5, mai 1952, p. 157. Né en 1902, Gardner avait étudié à McGill et avait obtenu son diplôme en 1927. Pendant ses études, il avait travaillé l'été dans les bureaux de J.A. Ewart et pour la firme Richards & Abra. Une fois diplômé, il avait travaillé avec Cecil Burgess, dont il était devenu l'associé en 1930. Pendant la guerre, les commandes privées cessèrent et en 1940, Gardner entra au service du gouvernement fédéral.

9 Hicks, « Preliminary Design Division », p. 3.

10 Beaucoup d'ouvrages ont été écrits au cours de la dernière décennie sur l'architecture

canadienne d'après-guerre. Parmi les études générales récentes de cette période, mentionnons G. Baird et G. Kapelos, « Northern Polarities : Architecture in Canada Since 1950 », dans *O Kanada* (catalogue d'exposition pour la Akademie der Kunste, Berlin), Ottawa, Conseil des arts du Canada, 1982 ; C. Bergeron, *Architecture du XXième siècle au Québec*, Québec, Méridien et Musée de la Civilisation, 1989 ; Bureau of Architecture and Urbanism, *Toronto Modern : Architecture 1945–1965*, Toronto, Coach House Press, 1987 ; E.S. Sanderson, « Canada » et C. Bergeron, « Develop-ments in Canadian Architecture », dans *International Handbook of Contemporary Developments in Architecture*, W. Sanderson dir., Westport (Conn.), Greenwood Press, 1981 ; G. Simmins, *Ontario Association of Architects : A Centennial History, 1889–1989*, Toronto, Ontario Association of Architects, 1989, chap. 6 ; et L. Whiteson, *Modern Canadian Architecture,* Edmonton, Hurtig, 1983.

11 J.C. Parkin, « Anarchy in Architecture », *Saturday Night*, 25 juin 1955, p. 7.

12 John Bland fut nommé directeur de l'École d'architecture de McGill en 1941. Pour une description de la réforme du programme scolaire à McGill, voir Bergeron, *Architecture du XXième siècle*, p. 146–147.

13 Extrait de Bergeron, *Architecture du XXième siècle*, p. 146.

14 « Architecture and Town Planning », dans *Report of the Royal Commission on National Development in the Arts, Letters and Sciences, 1949–1951* (ci-après *Rapport Massey*, Ottawa, 1951, p. 216–220. Afin d'aider la Commission, des représentants de chacun des trois domaines à l'étude furent nommés et priés de rédiger un rapport supplémentaire. Eric Arthur de Toronto rédigea un essai sur l'« Architecture » et Gérard Morisset de Québec écrivit sur "Les arts dans la Province de Québec ». Ces deux essais furent publiés dans *A Selection of Essays Prepared for the Royal Commission on National Development in the Arts, Letters and Sciences*, Ottawa, 1951.

15 *Rapport Massey*, p. 218.

16 *Ibid.*, p. 320.

17 *Ibid.*, p. 218.

18 J.B. Hamilton, Député de York West, dans Canada, House of Commons, *Debates*, 1er juillet 1955, p. 5581. Hamilton suggéra également que des « hommes nouveaux » aient la chance de travailler pour le Ministère.

19 Fait intéressant, les architectes des deux projets furent d'abord nommés en 1949, mais rien n'indique que les plans datent de cette période. Le bureau de douane de Vancouver était décrit à l'origine, en 1945 et 1948, comme un édifice de quatre étages, mais à l'instar de bien d'autres projets de l'époque, il dut être agrandi pour tenir compte de l'accroissement de la fonction publique. Les contrats de construction ne furent signés qu'à la fin de 1954, ce qui donne à penser que les plans avaient été établis cette année-là. Parmi les sources sur le bureau de douane de Vancouver, mentionnons « Largest Concrete Structure Completed », *Public Works in Canada*, vol. 3, n° 3, mars 1955, p. 22. Au sujet de l'édifice de Winnipeg, voir « General Post Office and Terminal Building, Winnipeg, Manitoba », Royal Architectural Institute of Canada, *Journal*, vol. 36, n° 2, février 1959, p. 33–37.

20 Il était fait de béton armé, sans doute parce qu'on manquait d'acier à l'époque. Au moment de sa construction, il passait pour la plus grosse structure de béton jamais construite au Canada.

21 « Federal Building, Adelaide Street, Toronto », Royal Architectural Institute of Canada, *Journal*, vol. 33, n° 5, mai 1956, p. 178. Les dossiers de projet de cet édifice sont aux ANC, RG11, vol. 4943–1945, dossier 746-652.

22 R.H. Small, dans Canada, Chambre des communes, *Debates*, 19 juillet 1955, p. 6393.

23 « Post Office, Mount Royal », *The Canadian Architect*, vol. 1, n° 3, mars 1956, p. 29–32. « Truro Building to Follow Ultra Modern Design », *Public Works in Canada*, vol. 4, n° 7, juillet 1956, p. 25.

24 Le jeune associé en question était Guy Desbarats. Ce projet a marqué les débuts de la longue association de Desbarats avec le ministère des Travaux publics. Sous Trudeau, Desbarats fut nommé sous-ministre délégué à la conception.

25 ANC, RG11, vol. 4943, dossier 746-652, lettre de l'architecte de district D.G. Creba à E.A. Gardner, 12 décembre 1956.

26 Université de Calgary, Archives d'Architecture canadienne, Collection Parkin/NORR, 1A/75.01, lettre de D.G. Creba à l'architecte de projet George Eber (Parkin Associates), 9 janvier 1957. Ce projet ne fut manifestement pas une expérience positive, ni pour Parkin, ni pour le bureau de district. À un moment, l'architecte de district écrivit à Parkin au sujet de la plus récente version présentée par sa firme : « Les plans et devis, dans l'ensemble, sont plus que décevants et le Ministère s'inquiète beaucoup du fait que vous avez complètement ignoré certains des commentaires et amendements. » Lettre de l'architecte de district Creba à John B. Parkin Associates, 18 février 1957.

27 Parmi les sources sur le design de la Bibliothèque nationale, mentionnons « The National Library and Archives Building, Ottawa, Ontario », Royal Architectural Institute of Canada, *Journal*, vol. 32, n° 8, août 1955, p. 303–305 ; et « Handsome Modern Structure to House National Library », *Dispatch*, printemps 1962, p. 8, 28.

28 *Rapport Massey*, p. 220.

29 Desbarats critiqua le design des édifices commémoratifs de l'Est et de l'Ouest en ces termes : « L'édifice qui abrite le ministère des Affaires des anciens combattants doit servir d'immeuble de bureaux [...] Pourquoi, alors, trouve-t-on à Ottawa deux châteaux-forts reliés par une colonnade ? Pourquoi un immeuble de bureaux [...] devrait-il prendre la forme d'un quadrilatère et condamner des milliers de secrétaires à passer la moitié de leur vie à s'observer de part et d'autre d'un gouffre de

maçonnerie ? », G. Desbarats, « Letter to the Editor », Royal Architectural Institute of Canada, *Journal*, vol. 28, n° 1, janvier 1951, p. 20–21.

30 « National Gallery Competition », Royal Architectural Institute of Canada, *Journal*, vol. 31, n° 4, avril 1953, p. 104–117. Voir également R. Cawker et W. Bernstein, *Contemporary Canadian Architecture : The Mainstream and Beyond*, Toronto, Fitzhenry and Whiteside, 1988, p. 21. La firme Thompson, Berwick & Pratt de Vancouver établit aussi les plans d'un Musée national d'histoire qui ne fut cependant jamais réalisé. Des croquis de l'édifice ont été publiés dans *Canadian Architect*, vol. 10, n° 9, septembre 1965, p. 52.

31 Langford affirme qu'il connaissait les goûts conservateurs de Martin et qu'il avait invité le premier ministre Lester B. Pearson à la présentation. Pearson, qu'on savait plus réceptif à l'architecture moderne, convainquit Martin d'accepter la proposition, disant « nous les vieux, devons suivre le courant ». James A. Langford, entrevue avec l'auteur, 15 juin 1992.

32 « $15 Million Ottawa Project », *Public Works in Canada*, vol. 5, n° 3, mars 1957, p. 33. À la fin des années 1960, on poursuivit les activités de développement en construisant un nouveau Centre de données fiscales pour Revenu Canada ainsi que les bureaux d'administration de Radio-Canada, un projet sous la responsabilité directe de Radio-Canada.

33 *Rapport Massey*, p. 217.

34 Un autre édifice très similaire mais plus petit, fut bâti à St John's (Terre-Neuve). Connu sous le nom d'édifice Sir-Humphrey-Gilbert, il fut construit pour la sous-direction des douanes et de l'accise de St John's en 1957–1959. Les deux édifices de St John's avaient été conçus par la firme montréalaise Lawson & Betts, en association avec A.J.C. Paine.

35 J. Kettle, « Five Years of MTP », *Canadian Architect*, vol. 5, n° 12, décembre 1960, p. 66. D'après l'article, les deux-tiers du budget de construction du gouvernement fédéral furent affectés à des projets confiés à des consultants du secteur privé.

36 En 1957, J. Kettle critiquait les limites imposées à la liberté d'action des architectes dans « Federal Architecture », *Canadian Architect*, vol. 2, n° 4, avril 1957, p. 18–24. L'Architecte en chef suivant, James A. Langford, décrivit également ce processus dans une entrevue menée le 15 juin 1962.

37 MTP, *Report of the Minister of Public Works*, 1957–1967. Les dernières années, les rapports ne donnaient plus d'information précise sur chaque projet, mais présentaient plutôt un grand total. Au début des années 1960, les chiffres variaient de cinquante-huit à quatre-vingt-quatorze annuellement.

38 Canada, Chambre des communes, *Debates*, 9 avril 1954, p. 3971. Auparavant, les directives du gouvernement précisaient qu'un bureau de poste devait générer des recettes annuelles d'au moins 10 000 $ pour justifier une construction sur mesure, mais en 1957, ce chiffre fut abaissé à 3 000 $ afin que plus de communautés deviennent admissibles au programme. Voir « Design and the Small Post Office », *Dispatch*, automne 1964, p. 1–4.

39 Almonte, en Ontario, illustre parfaitement la perte de visibilité des édifices publics dans les petites communautés. Le bureau de poste original, construit en 1888 sous la direction de Thomas Fuller, est une structure imposante sur le plan matériel et dynamique sur le plan visuel, érigée sur une butte et dominant le paysage de la principale artère commerciale. Dans les années 1970, Travaux publics Canada vendit cet édifice et le remplaça par un petit bureau de poste standard d'un étage, en brique. Situé au bas de la colline, il constitue un élément relativement mineur et peu visible de la rue. Heureusement, l'ancien édifice public d'Almonte a été sauvé de la démolition et racheté par des particuliers. Il abrite aujourd'hui des locaux à bureaux.

40 James A. Langford, entrevue avec l'auteur, 15 juin 1992.

41 La *RCMP Quarterly*, une revue trimestrielle publiée par la GRC dans les années 1950, contenait souvent de l'information et des illustrations des bâtiments en construction. Voir notamment les articles suivants : « Some Aspects of the Building Construction Program of the Force », vol. 22, n° 3, janvier 1957, p. 207–213 ; « Standard Detachment Quarters », vol. 22, n° 3, janvier 1957, p. 200–201 ; et « RCMP Building Program », vol. 5, n° 4, avril 1957, p. 25–27.

42 *Canadian Architect*, vol. 10, n° 8, août 1965, p. 10. Les deux autres édifices conçus par Thompson, Berwick & Pratt pour le compte du gouvernement fédéral sur le campus de l'université de la Colombie-Britannique sont le bâtiment de service (1959) et le laboratoire des services forestiers (v. 1955).

43 En entrevue, les deux Architectes en chef en poste dans les années 1950 et 1960 ont affirmé que les projets réalisés dans le Nord comptaient parmi leurs plus grandes réussites.

44 J. de Jonge, « Building on the Frontier : The Mounted Police in the Canadian North », conférence présentée à la Société pour l'étude de l'architecture au Canada, Edmonton, juin 1990.

45 Pour une histoire générale du Nord, voir M. Zaslow, *The Northward Expansion of Canada, 1914–1967*, Toronto, McClelland and Stewart, 1988, p. 306–328.

46 Voir *Ibid.*, p. 319–320 ; et P.F. Cooper, « Application of Modern Technology in an Arctic Environment », *Polar Record*, vol. 14, n° 89, 1968, p. 144.

47 G.B. Pritchard, « New Inuvik Townsite Thrives 150 Miles Inside the Arctic Circle », *Dispatch*, hiver 1961, p. 1–3. Pritchard fut le premier chef de la Division de la construction dans le Nord de la Direction des immeubles et de la construction. E.A. Gardner, Architecte en chef de 1952 à 1963, a aussi décrit le projet d'Inuvik lors d'une entrevue avec l'auteur (ANC, Archives sonores, C 42467, acc. 1984-459. E.A. Gardner, ancien Architecte en chef, entrevue avec l'auteur, ca. 1985.) Voir

également « Northern Construction », *Public Works in Canada*, vol. 6, n° 11, novembre 1958, p. 31-32.

48 Les plans de certains édifices d'Inuvik (entre autres, ceux d'une résidence pour célibataires, d'une station de pompiers et d'un bâtiment de la GRC) sont conservés à l'université de Calgary, Archives d'architecture canadienne, 254A/91.01, projets 5701, 5703 et 5704.

49 « Northern Construction », *Public Works in Canada*, vol. 6, n° 11, novembre 1958, p. 31-32.

50. Zaslow, *The Northward Expansion*, p. 332-333.

51 L'équipe réunissait Peter Dickinson & Associates, architectes, Toronto ; Rounthwaite & Fairfield, architectes, Toronto ; W. Sefton & Associates, Ltd., ingénieurs de structure, Toronto ; Brais, Frignon & Hanley, ingénieurs en mécanique et en électricité, Montréal ; et C.E. Gravel, ingénieur civil, Montréal. Parmi les sources portant sur les plans de Frobisher Bay, mentionnons « Plan Northern Community Enclosed in Plastic Bubble », *Public Works in Canada*, vol. 7, n° 10, octobre 1959, p. 29-30 ; et Zaslow, *The Northward Expansion*, p. 343.

52 Parmi les sources sur la réforme du système pénitentiaire canadien dans les années 1960, mentionnons D. Fulton, « Recent and Proposed Developments in Federal Corrections Canada », *Canadian Journal of Corrections*, vol. 2, n° 1, janvier 1960, p. 2-13 ; D. Fulton, « Recent Developments in Canada's Correctional Services », *Canadian Journal of Corrections*, vol. 3, n° 3, juillet 1961, p. 269 et 270 ; « Canadian Penitentiary Services », *Canadian Journal of Corrections*, vol. 7, 1965, p. 254-267 ; J.E. Gardner, « The Canadian Penitentiary Ten-Year Plan », *Canadian Journal of Corrections*, 1969, 271-281 ; et O. Carrigan, *Crime and Punishment in Canada : A History*, Toronto, McClelland and Stewart, 1991, p. 371-374. Voir également Canada, Solliciteur général, *Annual Report of the Commissioners of Penitentiaries*, 1962-1967.

53 Voir W.D. Hunt, *Encyclopedia of American Architects*, New York, McGraw-Hill, 1980, p. 424 ; et « Maximum Security Institution, Federal Penitentiary, Marion, Illinois », *Architectural Record*, vol. 126, septembre 1959, p. 226-230. Pour une description détaillée de l'établissement de Cowansville, voir G. de Gennaro, *Prison Architecture : An International Survey of Representative Closed Institutions and Analysis of Current Trends in Prison Design*, London, Architectural Press, 1975.

54 James A. Langford, entrevue avec l'auteur, 15 juin 1992.

55 MTP, *Report of the Minister of Public Works, 1962-1963*, Ottawa, 1963, p. 28-30 ; et MTP, *Report of the Minister of Public Works, 1963-1964*, Ottawa, 1964, p. 43 et 44.

56 K. McReynolds, *Physical Components of Correctional Goals*, Ottawa, Information Canada, 1972, p. 15-20.

57 James A. Langford, entrevue avec l'auteur, 15 juin 1992.

58 Parmi les sources sur la Commission Glassco, mentionnons « *Supporting Services for Government* », dans *Report of the Royal Commission on Government Organization*, Ottawa, Imprimeur de la Reine, 1962, vol. 2, p. 25-27, 41-48, 65-66 ; J.E. Hodgetts, *The Canadian Public Service A Physiology of Government, 1867-1970*, Toronto, University of Toronto Press, 1973, p. 25, 121-122, 172 ; et Owram, *Building for Canadians*, p. 300-302.

59 Commission royale d'enquête sur l'organisation du gouvernement, *Supporting Services for Government*, vol. 2, p. 41. La part du budget fédéral de construction administrée par le Ministère était demeurée stable à 40 p. 100.

60 En fait, ce n'est qu'en 1989 que les services d'architecture et de génie de Transports Canada et du Service canadien des parcs ont été transférés au ministère des Travaux publics. Le ministère de la Défense nationale a conservé son propre service de construction. Après 1961, la Direction des immeubles et de la construction a été chargée de construire les ambassades à l'étranger ; plusieurs ont été conçues et construites à contrat en Australie, au Brésil, en Allemagne de l'Ouest, en Inde, au Pakistan, en Pologne et en Turquie. Ces bâtiments n'ont pas été inclus dans l'étude parce qu'ils n'ont pu être visités.

61 La réorganisation est décrite dans MTP, *Report of the Minister of Public Works, 1963-1964*, Ottawa, 1964.

62 Son prédécesseur, E.A. Gardner, avait fait une crise cardiaque en 1962 et avait été muté au poste moins exigeant de conseiller spécial auprès du sous-ministre des Travaux publics. Langford passa en entrevue pour le poste en 1962, mais on eut du mal à faire approuver sa nomination et il n'entra en fonction qu'en avril 1963.

63 Une bonne partie de l'information concernant la carrière de James A. Langford au Ministère provient d'une entrevue de l'auteur avec M. Langford menée le 15 juin 1992. Voir également « Appointment of Chief Architect of Federal Department of Public Works », *RAIC Journal*, vol. 40, n° 1, janvier 1963, p. 11.

64 « Department of Public Works Design Awards for Architecture », *RAIC Journal*, vol. 42, n° 9, septembre 1965, p. 69. Les premiers prix furent attribués à Shore & Moffat, pour l'édifice Sir-Alexander-Campbell à Ottawa ; à Gardner, Thornton & Gathe, pour le pensionnat indien St Mary's à Mission City (C.-B.) ; et à Thompson, Berwick & Pratt, pour la station du Conseil de recherches sur les pêcheries et pour le laboratoire agricole à Vancouver.

65 James A. Langford, entrevue avec l'auteur, 15 juin 1992.

66 En 1964, 55 p. 100 du budget de la Direction des immeubles et de la construction étaient consacré aux laboratoires et aux pénitenciers. À peine 17 p. 100 allaient aux édifices publics fédéraux, et ce montant était réparti entre plus de 200 contrats différents. Le reste était consacré à des projets spéciaux (comme la Bibliothèque

nationale/Archives nationales) et à la construction dans le Nord. MTP, *Report of the Minister of Public Works*, 1963-1964, Ottawa, 1964, p. 41.

67 « National Arts Centre, Ottawa », *The Canadian Architect* 14, n° 7, juillet 1969, p. 30-79.

68 Le Centre national des Arts faisait partie d'un plan global de réaménagement de la Place de la Confédération et du secteur du canal, qui découlait du déplacement longtemps attendu de la gare de chemin de fer et des cours de triage, en 1966, vers la banlieue. En 1961, la firme John B. Parkin Associates avait été chargée d'élaborer un plan d'aménagement global pour ces secteurs, incluant un centre de congrès ou un auditorium, un nouveau musée, un nouveau complexe hôtelier et des parcs. Une bonne partie du projet ne fut jamais réalisée, mais le succès du Centre national des Arts donna au gouvernement fédéral une nouvelle perspective par rapport au problème de la construction au coeur de la capitale nationale. On trouve de la documentation sur le projet à l'université de Calgary, Archives d'architecture canadienne, collection Parkin/NORR 110A/81.14, projet 6214. Ce dossier renferme la correspondance et les plans liés au réaménagement du centre-ville d'Ottawa entre 1961 et 1964.

69 « $20 Million Dollar Centre », *Financial Post*, vol. 39, p. 61, 29 mai 1965.

70 Pour un examen général des programmes économiques et sociaux mis sur pied sous l'administration Pearson, voir J.L. Granatstein et al., *Nation : Canada Since Confederation*, Toronto, McGraw-Hill, 1990, 455-516.

71 « Brooke Claxton Building », *Dispatch*, hiver 1964, p. 4-7.

72 Le débat sur les coûts dura plusieurs mois ; on peut en suivre le déroulement dans les volumineux dossiers de projet conservés aux Archives d'architecture canadienne de l'université de Calgary. Le meilleur résumé se trouve dans un rapport d'entrevue entre Parkin et MTP, daté du 27 octobre 1966. Collection Parkin/NORR, 110A/8.14, projet 6549, boîte 125, dossier MTP 2. Pour aider les architectes, le ministère des Travaux publics leur fournissait également un rapport intitulé « Multi-purpose Office Buildings Cost Study », daté de février 1966. Cette étude inclut en outre un relevé des édifices à bureaux gouvernementaux, avec le coût au pied carré. L'édifice William-Lyon-Mackenzie, à Toronto, était estimé à 20,60 $ le pied carré, comparativement à 14,60 $ le pied carré pour l'édifice Sir-Alexander-Campbell sur les Buttes de la Confédération. Ce dernier chiffre devint la norme.

73 Université de Calgary, Archives d'architecture canadienne, Collection Parkin/NORR, 110A/81.14, projet 6549, boîte 123, lettre du ministère des Travaux publics à Parkin Associates, 2 novembre 1966.

74 *Ibid.*, boîte 125, dossier MTP 4, Boîte 125, lettre de John C. Parkin à Lucien Lalonde, ministre des Travaux publics, 20 septembre 1967.

75 J.E. Wilkins, « Production of a Prototype », *Dispatch*, n° 1, 1968, p. 2-5.

Bibliographie

SOURCES MANUSCRITES

Archives nationales du Canada (Ottawa)

Commission de la fonction publique. – Dossiers historiques.
Commission royale sur les services techniques et professionnels, 1930.
Entrevue avec M. E.A. Gardner, ancien Architecte en chef. – 1980. – Archives sonores.
Ministère des Travaux publics.
Ministère des Travaux publics. – Collection nationale de cartes et plans.
Papiers H.A. Young.
Papiers R.B. Bennett.
Papiers Sir John A. Macdonald.
Papiers William Lyon Mackenzie King.

Ministère des Travaux publics

Collection de dessins d'architecture.

Université de Calgary, Archives d'architecture canadienne

Parkin/NORR Collection.
Wynn, Rule and Wynn Collection.

DOCUMENTS OFFICIELS (CANADA)

« Acte concernant les Travaux publics du Canada ». Statuts du Canada 1867. Ottawa : Imprimeur de la Reine, 1867. Chap. XXI, p. 267–287. Sanctionné le 21 décembre 1867.

Chambre des communes. *Débats*. Ottawa : Imprimeur de la Reine, 1867–1967.
Chambre des communes. « Preliminary Report to the Ottawa Improvement Commission ». Préparé par F.G. Todd. Ottawa : Imprimeur de la Reine, 1903. Documents parlementaires.
Chambre des communes. « Rapport du Commissaire du service civil ». Ottawa : Imprimeur de la Reine, 1908. Documents parlementaires, n° 29a.
Chambre des communes. « Rapport et correspondance de la Commission d'amélioration d'Ottawa relatifs à l'embellissement d'Ottawa ». Ottawa : Imprimeur de la Reine, 1912. Documents parlementaires, n° 57a.
Chambre des communes. « Report of the Royal Commission Appointed to Inquire into Certain Matters Relating to the Civil Service of Canada ». Ottawa : Imprimeur de la Reine, 1892. Documents parlementaires, n° 16C.
Commission de la Capitale nationale. *Rapports annuels de la Commission de la Capitale nationale* (titres variés). Ottawa : la Commission, 1901–1967.
Commission des hôpitaux militaires. *Rapport de la Commission des hôpitaux militaires*. Ottawa : la Commission, 1917.
Commission du plan fédéral. *Report of the Federal Plan Commission on the General Plan for the Cities of Ottawa and Hull*. Ottawa : la Commission, 1916.
Conseil national de recherches. *National Research in Review, 1949*. Ottawa : le Conseil, 1949.
Conseil national de recherches. *Rapports annuels du Conseil national de recherches*. Ottawa : le Conseil, 1940–1943.
Gendarmerie royale du Canada. *Revue trimestrielle de la GRC*. Ottawa : la Gendarmerie, 1951–1957.
« Loi pourvoyant à la construction et à l'amélioration de certains ouvrages et entreprises

publiques dans tout le Canada (Loi sur la construction d'ouvrages publics) ». *Statuts du Canada 1934*. Ottawa : Imprimeur du Roi, 1934. 24–35 Geo V, ch. 59, p. 1435–1440. Sanctionné le 3 juillet 1934.

Ministère de l'Agriculture. *Canada Agriculture : The First 100 Years*. Ottawa : le Ministère, 1967.

Ministère de la Justice. *Rapports au ministre de la Justice, 1897–1906*. Ottawa : le Ministère, 1898–1907.

Ministère de la Marine et des Pêcheries. *Rapport au ministre de la Marine et des Pêcheries, 1872–1873*. Ottawa : le Ministère, 1874.

Ministère de la Santé nationale et du Bien-être social. *Rapport au ministre de la Santé nationale et du Bien-être social, 1949*. Ottawa : le Ministère, 1950.

Ministère de l'Immigration et de la Colonisation. *Rapport au ministre de l'Immigration et de la Colonisation, 1917–1918*. Ottawa : le Ministère, 1919.

Ministère de l'Intérieur. *Rapport annuel au ministre de l'Intérieur, 1906–1907*. Ottawa : le Ministère, 1908.

Ministère de l'Intérieur. *Report on Industrial Schools for Indians and Half-Breeds, to the Right Honourable, the Minister of the Interior*. Préparé par N.F. Davin. Ottawa : le Ministère, 1879.

Ministère des affaires des anciens combattants. *Rapport du ministère des affaires des anciens combattants, 1950*. Ottawa : le Ministère, 1951.

Ministère des Travaux publics. *La Dépêche*. Ottawa : le Ministère, 1954–1968.

Ministère des Travaux publics, Service d'aménagement de la capitale nationale. *Plan for the National Capital : General Report*. Ottawa : le Ministère, 1950.

Ministère des Travaux publics. *Rapports du ministre des Travaux publics* (titres variés). Ottawa : le Ministère, 1867–1967.

Ministère du Rétablissement des soldats à la vie civile. *Canada's Work for Disabled Soldiers*. Ottawa : le Ministère, [1919].

Police à cheval du Nord-Ouest. *Report of the Commissioner of the North-West Mounted Police, 1888*. Ottawa : la Gendarmerie, 1889.

Rapport de la Commission royale d'enquête sur l'avancement des arts, lettres et sciences au Canada, 1949–1951. Ottawa : la Commission, 1951.

Rapport de la Commission royale d'enquête sur l'organisation du gouvernement. Ottawa : la Commission, 1962.

Solliciteur général. *Rapports annuels des commissaires des pénitenciers, 1962–1967*. Ottawa : Solliciteur général, 1962–1967.

PÉRIODIQUES

Architecture Canada. 1966–1967.
The Canadian Architect. 1955–1969.
Canadian Architect and Builder. 1888–1908.
Canadian Hospital. 1939–1950.
Construction. 1907–1934.
Contract Record. 1908–1912.
Contract Record and Engineering Review. 1912–1933.
Engineering and Contract Record. 1933–1939.
Institut royal d'architecture du Canada, Journal. 1924–1959.
Journal RAIC. 1963–1966.
Public Works in Canada. 1953–1964.
RAIC Journal. 1959–1963.
Revue canadienne de criminologie. 1960–1969.

LIVRES ET ARTICLES

Agnew, G.H. *Canadian Hospitals, 1920–1970 : A Dramatic Half Century*. Toronto : University of Toronto Press, 1974.

Annales d'histoire de l'art canadien. Vol. 13-14, n°s 1 et 2 (1990–1991). Tout le numéro est consacré à l'œuvre d'Ernest Cormier.

Archibald, M. *By Federal Design : The Chief Architect's Branch of the Department of Public Works, 1881–1914*. Ottawa : Environnement Canada, 1983.

The Architecture of Edward and W.S. Maxwell. Montréal : Le Musée des beaux-arts, 1991.

Artibise, A.F.J. « The Urban West : The Evolution of Prairie Towns and Cities to 1930 ». *Prairie Forum*. Vol. 4 (1979), p. 237–262.

Artibise, A.F.J.; Stelter, G.A., ed. *The Canadian City : Essay in Urban History*. Toronto : McClelland and Stewart, 1977.

Artibise, A.F.J.; Stelter, G.A., ed. *The Usable Urban Past : Planning and Politics in the Modern Canadian City*. Toronto : McClelland and Stewart, 1979.

Baird, G. ; Kapelos, G. « Northern Polarities : Architecture in Canada Since 1950 ». *O Kanada*. Ottawa : Conseil des arts du Canada, 1982. Exhibition catalogue for Akademie der Kunste, Berlin.

Bergeron, C. *Architecture du xxième siècle au Québec*. Québec : Méridien ; [Hull] : Musée des civilisations, 1989.

Berton, P. *The Last Spike : The Great Railway, 1881–1885*. Toronto : McClelland and Stewart, 1971.

Birkhans, M. « Francis C. Sullivan, Architect ». *Royal Architectural Institute of Canada, Journal*. Vol. 39, n°. 3 (Mars 1962), p. 32–36.

Bocking, D.H. *Saskatchewan : A Pictorial History*. Saskatoon : Western Producer Prairie Books, 1979.

Bothwell, R. ; Drummond, I. ; English, J. *Canada Since 1945*. Toronto : University of Toronto Press, 1981.

Bothwell, R. ; Kilbourn, W. *C.D. Howe : A Biography*. Toronto : McClelland and Stewart, 1979.

Brennan, J.W. *Regina : An Illustrated History*. Toronto : James Lorimer ; [Hull] : Musée canadien des civilisations, 1989.

« Britain in the 1930s ». *Architectural Design*. Vol. 49, n°s 11–12 (1979).

Brooks, M.W. *John Ruskin and Victorian Architecture*. London : Thames and Hudson, 1987.

Brosseau, M. « Gothic Revival in Canadian Architecture ». *Canadian Historic Sites: Occasional Papers in Archaeology and History*. N° 25. Ottawa, Parcs Canada, 1980.

Brown, R. Craig. *Robert Laird Borden : A Biography*. Toronto : Macmillan of Canada, 1975.

Brown, R. Craig ; Cook, R. *Canada 1896–1921 : A Nation Transformed*. Toronto : McClelland and Stewart, 1974.

Bureau of Architecture and Urbanism. *Toronto Modern : Architecture 1945–1965*. Toronto : Coach House Press, 1987.

Cameron, C. *Charles Baillairgé : Architect and Engineer*. Montréal : McGill-Queen's University Press, 1989.

Cameron, C. ; Wright, J. « Second Empire Style in Canadian Architecture ». *Canadian Historic Sites: Occasional Papers in Archaeology and History*. N° 24. Ottawa, Parks Canada, 1980.

Cameron, K.M. *Public Works in Canada under the Direction of the Department of Public Works*. Ottawa : J.O. Patenaude, 1939.

Carrigan, O. *Crime and Punishment in Canada : A History*. Toronto : McClelland and Stewart, 1991.

Carter, M. et al. *Early Canadian Courthouses*. Ottawa : Environnement Canada, 1983.

Cawker, R. ; Bernstein, W. *Contemporary Canadian Architecture : The Mainstream and Beyond*. Toronto : Fitzhenry and Whiteside, 1988.

Cherry, G. *Shaping the Urban World*. London : Mansell, 1980.

Cooper, P. F. « Application of Modern Technology in an Arctic Environment ». *Polar Record*. Vol. 14, n° 89 (1968), p. 144.

Craig, L. et al. *The Federal Presence : Architecture, Politics and Symbols in United States Government Buildings*. Cambridge, Mass. : MIT Press, 1978.

Creighton, D. *The Forked Road : Canada 1939–1957*. Toronto : McClelland and Stewart, 1976.

Crossman, K. *Architecture in Transition : From Art to Practice, 1885–1906*. Montréal : McGill-Queen's University Press, 1987.

Davey, P. *Architecture of the Arts and Crafts Movement*. New York: Rizzoli, 1980.

de Gennaro, G. *Prison Architecture : An International Survey of Representative Closed Institutions and Analysis of Current Trends in Prison Design*. London : Architectural Press, 1975.

de Jonge, J. « Building on the Frontier : The Mounted Police in the Canadian North ». Document présenté à la Société pour l'étude de l'architecture au Canada, Edmonton, juin 1990.

Désilets, A. *Hector-Louis Langevin : Un père de la Confédération canadienne (1826–1906)*. Québec : Les presses de l'université Laval, 1969. (Les cahiers d'histoire ; n° 14).

deVilliers-Westfall, W.E. « The Dominion of the Lord : An Introduction to the Cultural History of Protestant Ontario in the Victorian Period ». *Queen's Quarterly*. Vol. 83 (1976), p. 47–70.

Dicken McGinnis, J.P. « From Health to Welfare : Federal Government Policies Regarding Standards of Public Health for Canadians, 1919–1945 ». Thèse de doctorat, University of Alberta, 1980.

Dixon, R. ; Muthesius, S. *Victorian Architecture*. London : Thames and Hudson, 1978.

Edwards, A.M. *The Design of Suburbia : A Critical Study in Environmental History*. London : Pembridge Press, 1981.

Eggleston, W. *The Queen's Choice: A Story of Canada's Capital*. Ottawa : Queen's Printer, 1961.

Eggleston, W. *National Research in Canada : The NRC, 1916–1966*. Toronto : Clarke, Irwin and Co., 1978.

Feasy, W.R. *Official History of the Canadian Army Medical Services, 1939–1945 : Organization and Campaigns*. Ottawa : Imprimeur de la Reine, 1956.

Fraser, B. « The Political Career of Sir Hector Louis Langevin ». *Canadian Historical Review*. Vol. 42 (juin 1961), p. 93–132.

Friesen, G. *The Canadian Prairies : A History*. Toronto : University of Toronto Press, 1984.

Gad, G. ; Holdsworth, D. « Building for City, Region and Nation ». *Forging a Consensus : Historical Essays on Toronto*. V.L. Russell, ed. Toronto : University of Toronto Press, 1984.

Girouard, M. *Sweetness and Light : The Queen Anne Movement, 1860–1900*. Oxford : Clarendon Press, 1977.

Gloag, J. *Victorian Taste : Some Social Aspects of Architecture and Industrial Design from 1820–1900*. London : A. and C. Black, 1962.

Gournay, I. *Ernest Cormier et l'université de Montréal*. Montreal : Centre canadien d'Architecture, 1990.

Granatstein, J.L. *The Ottawa Men : The Civil Service Mandarins, 1935–1957*. Toronto : Oxford University Press, 1982.

Granatstein, J.L. et al. *Nation : Canada Since Confederation*. Toronto : McGraw-Hill, 1990.

Gray, A.S. *Edwardian Architecture : A Biographical Dictionary*. Iowa City : University of Iowa Press, 1986.

Gresko, J. « White Rights and Native Rites : Indian Education Policy and Native Response ». *Western Canada : Past and Present*. A.W. Rasporich, ed. Calgary : University of Calgary ; McClelland and Stewart West, 1975.

Gwyn, S. « Why Ottawa Is Afraid of Art ». *Canadian Art*. Vol. 19 (juin 1962), p. 210–213.

Hayes, F.R. *The Chaining of Prometheus : Evolution of a Power Structure for Canadian Science*. Toronto : University of Toronto Press, 1973.

Hitchcock, H.R. *Architecture : Nineteenth and Twentieth Centuries*. Harmondsworth, Middlesex : Penguin Books, 1958.

Hitchcock, H.R. *Early Victorian Architecture in Britain*. New York : Da Capo Press, 1972.

Hodgetts, J.E. *Pioneer Public Service : An Administrative History of the United Canadas, 1841–1867*. Toronto : University of Toronto Press, 1955.

Hodgetts, J.E. *The Canadian Public Service : A Physiology of Government, 1867–1970*. Toronto : University of Toronto Press, 1973.

Hodgetts, J.E. et al. *The Biography of an Institution: The Civil Service Commission of Canada, 1908–1967*. Montreal, Kingston: McGill-Queen's University Press, 1972.

Hughes, G.K. *Music of the Eye: Architectural Drawings of Canada's First City, 1822–1914*, Saint John (N.-B.) : Musée du Nouveau-Brunswick et Institut royal d'architecture du Canada, 1992.

Hunt, G. *John M. Lyle : Toward a Canadian Architecture, Catalogue d'exposition*. Kingston: Agnes Etherington Arts Centre, 1982.

Hunter, R. « The Ottawa Buildings of David Ewart ». Document de recherche, Carleton University, mai 1979.

Jordy, W.H. *American Buildings and Their Architects : The Impact of European Modernism in the Mid-Twentieth Century*. Garden City, N.Y. : Doubleday and Co., 1972.

Kalman, Harold D. *A History of Canadian Architecture*. Toronto et Londres : Oxford University Press, 1994. 2 vol.

Kalman, Harold D. *Railway Hotels and the Development of the Chateau style in Canada*. Studies in Architectural History, n° 1. Victoria : University of Victoria, 1968.

Kennedy, J.J. « Qu'Appelle Industrial School : White 'Rites' for the Indians of the Old North-West ». Thèse de maîtrise, Carleton University, 1970.

« London 1900 ». *Architectural Design*. Vol. 48, n°s 5–6 (1978).

MacIntosh, D. *The Collectors : A History of the Department of Customs and Excise*. Toronto : NC Press, 1984.

MacLeod, R. *Style and Society : Architectural Ideology in Britain, 1835–1914*. London : RIBA Publications, 1971.

McReynolds, K. *Physical Components of Correctional Goals*. Ottawa : Information Canada, 1972.

Maitland, L. « The Design of Tuberculosis Sanatoria in the Late Nineteenth Century in Canada ». *Société pour l'étude de l'architecture au Canada. Bulletin*. Vol. 14, n° 1 (mars 1989), p. 5–13.

Mawson, T.H. *The Life and Times of an English Landscape Architect*. London : Richards Press, 1927.

Mayrand, P. ; Bland, J. *Three Centuries of Architecture in Canada*. Montréal : Federal Publications Service, 1971.

Messler, N. *The Art Deco Skyscraper*. Frankfurt am Main, Bern : Peter Lang, 1983.

Miller, C. « Sir Frederick Wallace Borden and Military Reform, 1896–1922 ». *Canadian Historical Review*. Vol. 50, n° 3 (septembre 1969), p. 265–284.

Morton, D. *A Military History of Canada*. Edmonton : Hurtig Publishers, 1985.

Morton, D. ; Wright, G. *Winning the Second Battle : 1915–1930*. Toronto : University of Toronto Press, 1987.

National Film Board of Canada. *Stones of History : Canada's Houses of Parliament*. Ottawa : Queen's Printer, 1967.

Noppen, L. et al. *Québec : Trois siècles d'architecture*. Québec : Éditions Libre Expression, 1979.

Norrie, K. « The National Policy and the Rate of Prairie Settlement ». *Revue d'études canadiennes*. Vol. 14 (Automne 1979), p. 63–76.

O'Malley, M. « Mackenzie King Dreamed of the Most Beautiful Capital in the World ». *Canadian Heritage*. Vol. 12, n° 1 (février–mars 1986), p. 35–37.

Owram, D. *Building for Canadians: A History of the Department of Public Works, 1840–1960*. Ottawa : Ministère des Travaux publics 1979.

Pepall, R.M. *La construction d'un Musée des beaux-arts / Building a Beaux-Arts Museum*. Montréal : Le Musée des beaux-arts, 1986.

Pickersgill, J.W. ; Forster, D.F. *The Mackenzie King Record*. Toronto : University of Toronto Press, 1970. 4 vol.

Preston, R.A. *Canada's RMC : A History of the Royal Military College*. Toronto : University of Toronto Press, 1969.

Safarian, A.E. *The Canadian Economy in the Great Depression*. Toronto : McClelland and Stewart, 1970.

Sanderson, W. *International Handbook of Contemporary Developments in Architecture*. Westport, Conn. : Greenwood Press, 1981.

Service, A. *Edwardian Architecture and Its Origins*. London : Architectural Press, 1975.

Short, C.W. ; Stanley-Brown, R. *Public Buildings : A Survey of Architectural Projects*

Constructed by Federal and Other Governmental Bodies Between the Years 1933 and 1939. Washington : U.S. Government Printing Office, 1939.

Shultz, E. ; Simmons, W. *Offices in the Sky*. Indianapolis : Bobbs-Merrill, 1956.

Simmins, G. « The Victoria Museum in Ottawa : David Ewart and the Architecture of Gothic Nationalism ». Document de recherche, University of Toronto, 1980.

Simmins, G. *Ontario Association of Architects : A Centennial History, 1889-1989*. Toronto : Ontario Association of Architects, 1989.

Simpson, M. « Thomas Adams in Canada, 1914-1930 ». *Revue d'histoire urbaine*. Vol. 11, n° 2 (octobre 1982), p. 1-16.

Simpson, M. *Thomas Adams and the Modern Planning Movement, Britain, Canada and the United States, 1900-1940*. London : Mansell, 1985.

Smith, D. Hevenor. *The Office of the Supervising Architect of the Treasury : Its History, Activities and Organization*. Baltimore : Johns Hopkins Press, 1923.

Stern, R.A.M. ; Gilmartin, G. ; Mellins, G. *New York 1930 : Architecture and Urbanism Between the Two World Wars*. New York : Rizzoli, 1987.

Struthers, J. *No Fault of Their Own : Unemployment and the Canadian Welfare State, 1914-1941*. Toronto : University of Toronto Press, 1983.

Sutcliffe, A. *Toward the Planned City : Germany, Britain, the United States and France, 1790-1914*. Oxford : Basil Blackwell, 1981.

Swainson, D. « Canada Annexes the West : Colonial Status Confirmed ». *Federalism in Canada and Australia : The Early Years*. Waterloo : University of Waterloo Press, 1978.

Swettenham, J. ; Kealy, D. *Serving the State : A History of the Professional Institute of the Public Service of Canada, 1920-1970*. Ottawa : Le Droit, 1970.

Taylor, C.J. « The Kingston Penitentiary and Moral Architecture ». *Lawful Authority : Readings on the History of Criminal Justice in Canada*. R.C. Macleod, ed. Toronto : Copp Clark Pitman, 1988.

Taylor, J.H. *Ottawa : An Illustrated History*. Toronto : James Lorimer ; [Hull] : Musée canadien des civilisations, 1986.

Thomas, C.A. « Dominion Architecture : Fuller's Canadian Post Offices, 1881-1896 ». Thèses de maîtrise, University of Toronto, 1978.

Thompson, J.D. ; Goldin, G. *The Hospital : A Social and Architectural History*. New Haven : Yale University Press, 1975.

Thompson, J.H. ; Seager, A. *Canada, 1922-1939 : Decades of Discord*. Toronto : McClelland and Stewart, 1985.

Tobias, J.L. « Protection, Civilization, Assimilation : An Outline History of Canada's Indian Policy ». – *Western Canadian Journal of Anthropology*. Vol. 6 (1976), p. 13-30.

Voisey, P. « Urbanization of the Canadian Prairies, 1871-1916 ». *Histoire Sociale/Social History*. Vol. 8 (mai 1975), p. 77-101.

Wagg, S. *Ernest Isobel Barott, Architect : An Introduction*. Montréal : Centre canadien d'architecture, 1985. Catalogue d'exposition.

Waite, P.B. *Canada, 1874-1896 : Arduous Destiny*. Toronto : McClelland and Stewart, 1971.

Weber, E. *Art Deco in North America*. London : Bison, 1985.

Wherrett, G.J. *The Miracle of the Empty Beds : A History of Tuberculosis in Canada*. Toronto : University of Toronto Press, 1977.

Whitaker, R. *Canadian Immigration Policy since Confederation*. Canada's Ethnic Groups Booklets, n°. 15. Toronto: Société historique du Canada, 1991.

Whiteson, L. *Modern Canadian Architecture*. Edmonton : Hurtig, 1983.

Wilson, W.H. *The City Beautiful Movement*. Baltimore : Johns Hopkins University Press, 1989.

Windsor-Liscombe, Rhodri. « Nationalism or Cultural Imperialism? : The Chateau Style in Canada ». *Architectural History*. Vol. 36 (1993), p. 127-144.

Wodehouse, L. « Alfred B. Mullett and His French Style Government Buildings ». *Journal of the Society of Architectural Historians*. Vol. 31, n°. 1 (mars 1972), p. 22-37.

Wright, H.E. « Partridge Island : Rediscovering the Irish Connection ». *The Irish in Atlantic Canada*. Fredericton : New Ireland Press, 1991.

Wright, J. « Thomas Seaton Scott : The Architect versus the Administrator ». *Annales d'histoire de l'art canadien*. Vol. 6, n° 2 (1982), p. 212-219.

Wright, J. « Building in the Bureaucracy : The Architecture of the Department of Public Works, 1927-1939 ». Thèse de maîtrise, Queen's University, 1988.

Wright, J.W.L. *Customs and Excise in Canada : A History*. Ottawa : Imprimeur de la Reine, 1964.

Young, Carolyn A. *The Glory of Ottawa : Canada's First Parliament Buildings*. Montréal, Kingston : McGill-Queen's University Press, 1995.

Zaslow, M. *The Northward Expansion of Canada, 1914-1967*. Toronto : McClelland and Stewart, 1988.

PARCS CANADA, MINISTÈRE DU PATRIMOINE CANADIEN

Travaux inédits

Adell, J. « Architecture of the Drill Hall in Canada, 1863-1939 ». Commission des lieux et monuments historiques du Canada, Environnement Canada, 1989. Rapport.

Anick, N. « Thematic Study : Immigration to Canada, 1814-1914 ». Commission des lieux et monuments historiques du Canada, Environnement Canada, 1984. Rapport 1984-30.

Archibald, M. « A Structural History of the Administration Building, Dawson, Yukon

Territory ». Direction des parcs et lieux historiques nationaux, Parcs Canada, 1977. (Travaux inédits ; n° 217).

Archibald, M. « Thomas W. Fuller (1865–1951) : rapport préliminaire ». Ottawa : Parcs Canada, 1978. (Bulletin de recherche ; n° 105).

Archibald, M. « The Establishment of the Experimental Farms Branch, 1886 ». Commission des lieux et monuments historiques du Canada, Environnement Canada, 1981. Rapport 1981-57.

Bureau régional de l'Atlantique, Service canadien des parcs. « An Assessment of Partridge Island and Its Relation to the Immigration Theme ». Halifax : Bureau régional de l'Atlantique, Service canadien des parcs, 1983. Travail inédit.

Coleman, M. « Marine Hospital, Douglastown, New Brunswick ». Commission des lieux et monuments historiques du Canada, Environnement Canada, 1989. Rapport 1989-36.

Cullen, M. « Prince of Wales Armoury, Edmonton, Alberta ». Commission des lieux et monuments historiques du Canada, Environnement Canada, 1987. Rapport 1987-12.

Dick, L. « The Confederation Life Building : Early Skyscraper Architecture and White Collar Work in Winnipeg » [microform]. Ottawa : Environnement Canada, 1987. (Rapports sur microfiches ; n° 304).

Hildebrant, W. « Fort Battleford : A Cultural History » [microform]. Ottawa : Environnement Canada, 1988. 2 vols. (Rapports sur microfiches ; n° 376).

Johnson, D. « Indian Schools in Canada including Red Bank Day School, Red Bank Reserve, New Brunswick ». Commission des lieux et monuments historiques du Canada, Environnement Canada, 1988. Rapport.

Johnson, D. « Penitentiary Design in Canada before 1950 ». Commission des lieux et monuments historiques du Canada, Environnement Canada, 1990. Rapport.

Mills, E. « Rustic Building Programs in Canada's National Parks, 1887–1950 ». Commission des lieux et monuments historiques du Canada, Environnement Canada, 1992. Rapport.

Morgan, E.C. « North-West Mounted Police, 1873–1883 ». Direction des parcs et lieux historiques nationaux, Parcs Canada, 1970. (Travaux inédits ; n° 113).

« Les premiers établissements scolaires canadiens : études sur l'architecture des écoles construites au Canada avant 1930 ». Commission des lieux et monuments historiques du Canada, Environnement Canada, 1987. 4 vol. Rapport.

Rostecki, R. ; Cameron, C. « Canadian Imperial Bank of Commerce, Winnipeg, Manitoba ». Commission des lieux et monuments historiques du Canada, Environnement Canada, 1976. Rapport 1976-06.

Rostecki, R. ; Maitland, L. « Post Offices by Thomas Fuller, 1881–1896 ». Commission des lieux et monuments historiques du Canada, Environnement Canada, 1982. Rapport.

Taylor, C.J. « Some Early Ottawa Buildings ». Direction des parcs et lieux historiques nationaux, Parcs Canada, 1975. (Travaux inédits ; n° 268).

Trépanier, M. « Public Buildings by David Ewart, 1897–1914 ». Direction de l'histoire de l'architecture, Environnement Canada, 1990. Travail inédit.

Utas, G. ; Wright, J. « Post Office, Humboldt, Saskatchewan ». Commission des lieux et monuments historiques du Canada, Environnement Canada, 1976. Rapport.

Bureau d'examen des édifices fédéraux du patrimoine : Rapports

Adell, J. « McNeely Residence, Central Experimental Farm, Ottawa, Ontario ». Rapport 86-67.

Adell, J. « Main Dairy Barn, Central Experimental Farm, Ottawa, Ontario ». Rapport 86-69.

Adell, J. « Old Post Offices in Seaforth, Harriston, Milverton, Palmerston and Tilbury, Ontario ». Rapports 87-01, 02, 03, 04, 30.

Armstrong-Reynolds, M. « Former Moose Factory Indian Hospital, Moose Factory, Ontario ». Rapport 88-120.

Armstrong-Reynolds, M. « Former Indian Hospital, Sioux Lookout, Ontario ». Rapport 88-121.

Clerk, N. « City Delivery Building, Toronto, Ontario ». Rapport 83-08.

Clerk, N. « Édifice fédéral, Collingwood, Ontario ». Rapport. 83-48.

Clerk, N. « Revenue Canada Building, Thunder Bay, Ontario ». Rapport 89-149.

Coleman, M. « National Research Council Building, Ottawa, Ontario ». Rapport 87-42.

Coutts, S. « RCMP Stable, 'N' Division, Ottawa, Ontario ». Rapport 84-52.

Coutts, S. « Victoria Memorial Museum, Ottawa, Ontario ». Rapport 85-86.

Cullen, M. « Long Point Lightstation, Lake Erie, Ontario ». Rapport 86-77.

de Caraffe, M. ; Wright, J. « Federal Building, Montréal, Québec ». Rapport 83-29.

de Caraffe, M. ; Wright, J. « Royal Canadian Mint, Ottawa, Ontario ». Rapport 86-04.

de Jonge, J. « Five Buildings, Fort Battleford National Historic Park, Battleford, Saskatchewan ». Rapport 89-10.

Dewalt, B. « NWMP Buildings, Dawson, Yukon Territory ». Rapports 87-68, 69, 72.

Dewalt, B. « Federal Building, Melfort, Saskatchewan ». Rapport 87-121.

Doherty, J. « Federal Building, Thunder Bay, Ontario ». Rapport 88-50.

Doull, I. « Confederation Building, Justice Building, Justice Annex, Supreme Court of Canada, Ottawa, Ontario ». Rapports 87-34 à 87-37.

Doull, I. « Langevin Block, Ottawa, Ontario ». Rapport 87-40.

Doull, I. « CFB Esquimalt-Dockyard, Esquimalt, British Columbia ». 2 vol. Rapport 89-202.

Doull, I. « CFB Esquimalt-Naden, Esquimalt, British Columbia ». Rapport 89-204.

Doull, I. « Beaver Barracks, Metcalfe Street, Ottawa, Ontario ». Rapport 90-325.

Fulton, G. « Border Crossing Facilities at Andover, New Brunswick ; Stanhope, Quebec ; Emerson East, Manitoba ; Boissevain, Manitoba ; Carway, Alberta ; Douglas, British Columbia ; Kingsgate, British Columbia ; Osoyoos, British Columbia ». Rapports 91-94 à 91-101.

Graham, F. « Post Office, Chapleau, Ontario ; Government of Canada Building, Geraldton, Ontario ; Federal Building, Little Current, Ontario ». Rapports 89-152, 90-147, 90-148.

Hale, C.A. « Postal Station 'A', Fredericton, New Brunswick ». Rapport 83-28.

Hale, C.A. « Postal Station 'A', 126–40 Prince William Street, Saint John, New Brunswick ». Rapport 83-59.

Hale, C.A. « Federal Building, Moncton, New Brunswick ». Rapport 84-35.

Harris, J. « Public Building, Salmon Arm, British Columbia ». Rapport 84-45.

Harris, J. « Former Animal Disease Research Institute, Hull, Québec ». Rapport 85-50.

Hunter, R. « Customs and Immigration Stations at St. Théophile, Quebec and St. Bernard de Lacolle, Québec ». Rapports 89-131 et 89-133.

Hunter, R. « Connaught Building, Ottawa, Ontario ». Rapport 87-39.

Johnson, D. « Dominion Building, Toronto, Ontario ». Rapport 83-31.

Johnson, D. « Military Stores Building, Ottawa, Ontario ». Rapport 83-56.

Johnson, D. « Federal Building, Newmarket, Ontario ». Rapport 83-71.

MacFarlane, K. « Former Dominion Archives, Ottawa, Ontario ». Rapport 86-87.

MacFarlane, K. « Building No. 74 (Botanical Laboratory), Central Experimental Farm, Ottawa, Ontario ». Rapport 87-57.

Mattie, J. « West Memorial Building, Ottawa, Ontario ». Rapport 92-01.

Mills, E. « Federal Building, Battleford, Saskatchewan ». Rapport 83-03.

Mills, E. Block 15, Granville Street, Vancouver, British Columbia ». Rapports 83-24, 25, 26, 27.

Mills, E. « Gonzales Observatory, Victoria, British Columbia ». Rapport 83-60.

Mills, E. « Pacific Highway Custom and Immigration Building, Surrey, British Columbia ». Rapport 84-36.

Mills, E. « Federal Building, Victoria, British Columbia ». Rapport 91-208.

Parcs Canada, Direction de l'histoire de l'architecture. « Parliament Buildings, Ottawa, Ontario ». Rapport 86-52.

Parcs Canada, Histoire et archéologie, Bureau régional de Québec. « Grosse Île ». Québec : Parcs Canada, 1990. Rapport 90-031.

Parcs Canada, Direction de l'histoire de l'architecture. « Institute for Environmental Chemistry Laboratories (Building M-12) and Institute of Research in Construction (Building M-20), National Research Council, Ottawa, Ontario ». Rapport 90-245.

Ricketts, S. « Four Structures of the Energy Mines and Resources Complex, Ottawa, Ontario ». Rapport 86-61.

Ricketts, S. « Customs and Immigration Border Station, St. Bernard de Lacolle, Québec ». Rapport 89-131.

Saunders, I.J. « Mewata Armoury, Calgary, Alberta ». Rapport 83-82.

Saunders, I.J. « Royal Canadian Mounted Police Barracks ("N" Division), Ottawa, Ontario ». Rapport 84-53.

Saunders, I.J. « Eleven Early Buildings at the RCMP Depot, Regina, Saskatchewan ». Rapport 86-22.

Tumak, E. « Arthur Meighen Building, Toronto, Ontario ». Rapport 92–18.

Wright, J. « Cereal Building, Central Experimental Farm, Ottawa, Ontario ». Rapport 84-04.

Wright, J. « Parry Sound Federal Building, Parry Sound, Ontario ». Rapport 85-32.

Index

La pagination en italique renvoie aux illustrations.

Adams, James, 28, 287 n° 40
Adams, Thomas, 135 ; plan envisagé des immeubles administratifs, *136*
Affleck, Desbarats, Dimakopoulos, Lebensold, Sise : Centre national des Arts, *275*, *276*
Affleck, Raymond T., 243, 246 ; Mont-Royal, bureau de poste, *249*
Agassiz (Colombie-Britannique) : succursale de la ferme expérimentale, 70
Aklavik (Territoires du Nord-Ouest), 265
Albany (New York) : projet du Capitole d'État, 40
Allemagne nazie : architecture officielle, 225
Alliance artistique de la capitale nationale, 275
Allward & Gouinlock, 200, 225 ; édifice commémoratif de l'Est, *227* ; édifice commémoratif de l'Ouest, *227* ; hôpital Sunnybrook, *211*
Almonte (Ontario) : édifice public, 49, *53*, 311 n° 39
Aménagement : des installations, 3
Aménagement paysager : colline du Parlement, 10, 20, 22, 124, 126-131
Amherst (Nouvelle-Écosse) : édifice du Dominion, 191, *194*
Annexe de l'Immeuble de la Justice, 216
Annexion de territoires, 34
Archibald, Isley & Templeton, 216 ; Montréal, station postale B, *217*
Archibald, Margaret, 2
Architecte en chef : comme « architecte de la nation », 4 ; David Ewart, 79-80, 82, 91, 112, 119 ; T.W. Fuller, 169, 197 ; Thomas Fuller, 5, 38-45, 72, 79, 91 ; E.L. Horwood, 4, 145, 159, 273 ; James A. Langford, 5, 262, 273 ; Thomas Seaton Scott, 11, 79

Voir aussi les noms spécifiques
Architectes : conditions de travail au ministère des Travaux publics, 79 ; embauche, 19
Architectes privés : conflits avec le gouvernement, 11, 18, 91, 94, 98 ; Conseil national de recherches, 178 ; et la construction fédérale, 6, 25, 168-169, 201, 218 ; favoritisme politique, 184 ; immeubles administratifs du gouvernement des États-Unis, 91
Architecture : européenne, 248 ; progression stylistique, 2, 168
Architecture baroque, 81
Architecture de l'apogée victorien, 45, 77 ; Brockville, édifice public, 44 ; Lunenburg, hôpital de la marine, 33 ; Newcastle, 45 ; New Glasgow, 45
Architecture « Freestyle », 126, 128
Architecture gothique italienne, 40
Architecture « gouvernementale », 77, 80
Architecture néo-gothique de l'apogée victorien : édifices du Parlement, 9, 12, 114, 145
Architecture victorienne, 81
Voir aussi Architecture de l'apogée victorien
Archives nationales du Canada, 248, 251
Arctique : construction, 110, 112, 264-265, 267-268
Art autochtone : Prince Rupert, hôtel de ville, 189
Art déco (mouvement), 2, 168-169, 184, 187, 201, 225
Arthur, Eric, 179
Artistes : et édifices publics, 273
« Arts and Crafts » (mouvement), 45, 81-82
Arvida (Québec) : édifice fédéral, 256, *260*
Ascenseur : édifice Langevin, 41

Association pulmonaire du Canada, 236
Atelier d'instrumentation et de modélisation (Conseil national de recherches), 205
Autochtones : politique d'assimilation, 3, 54, 62, 64, 67 ; services de santé, 236
Automobile : effet sur les stations de passage frontalier, 221

Baddeck (Nouvelle-Écosse) : bureau de poste, 45, 46, 289 n° 31
Balharrie, Helmer, Greenspoon, Freedlander, Dunne : édifice Brooke-Claxton, 277–278, 277
Banque du Canada, 282
Baroque anglais, 126
Bases navales : construction, 213
Bassin Louise (Québec), 67
Bâtiment de l'aérodynamique. Voir Édifice Parkin
Bâtiment des céréales et de l'agrostologie, 162, 165
Bâtiment horticole (Ferme expérimentale centrale), 176–177
Bâtiments de détention de deuxième classe : 161 ; île Partridge, 160–161, 163
Bâtiments de détention de première classe : 67, 105, 161 ; Grosse Île, 68, 109 ; île Partridge, 160–161
Bâtiments de détention de troisième classe, 105, 108
Bâtiments de l'immigration, 25, 31–32, 105 ; à la Confédération, 8, 32 ; dans les Prairies, 67–68 ; stations de quarantaine, 67
Battleford (Saskatchewan), 35 ; bâtiments de la Police à cheval du Nord-Ouest, 61 ; résidence du surintendant, 35
Bauhaus (mouvement), 184, 203, 228, 240, 243, 245
Beattie, W.C., 199 ; Cornwall, manège militaire, 199, 200
Beaux-Arts, classicisme, 2, 77, 81–83, 114, 116, 126, 137, 145 ; bureau de l'Architecte en chef, 168, 201 ; Collingwood, édifice public, 94 ; Conseil national de recherches, 178–179, 253 ; Fredericton, station postale A, 83, 112 ; Montréal, bureau de douane, 99, 112 ; Toronto, gare Union, 170
Beebe (Québec) : édifice de douane et d'immigration, 176
Belleville (Ontario) : édifice public, 25
Bennett, Edward H., 131–132, 135, 225, 298 n° 41
Bennett, R.B., 4, 182–183
Berry, W.R. : lithographie de la colline du Parlement, 10
Bibliothèque du Parlement, 9, 145, 147
Bibliothèque nationale du Canada, 248, 251 ; salle de référence principale, 253
Bibliothèque régionale d'Okanagan, 305 n° 53
Bland, John, 203, 243
Borden, Robert L., 124

Bowes, John, 28
Brandon (Manitoba) : édifice public, 50, 55 ; station d'immigration, 32 ; succursale de la ferme expérimentale, 70
Brantford (Ontario) : édifice public, 82
Brasília (Brésil), 255
Brault, J.-C.-G., 238, 242, 309 n° 65
Broadview (Saskatchewan) : bureau de poste, 178
Brockville (Ontario) : édifice fédéral, 256, 259 ; édifice public, éléments du design, 44–45, 45
Brown, Murray : Toronto, station postale K, 192
Budget : années de la Dépression, 182 ; bureau de l'Architecte en chef, 35 ; construction fédérale, 1–2 ; nouvelles constructions, début des années 1900, 291 n° 1 ; restrictions dans les années 1880, 48
Building for Canadians : A History of the Department of Public Works, 1840–1960 (Owram), 2
Bureaucratie : après la Deuxième guerre mondiale, 216, 240 ; concours d'architecture, 120–121 ; émergence, 43, 78–80 ; influence sur l'architecture fédérale, 2, 157–158 ; rôle du Bureau de l'Architecte en chef, 5
Bureau de l'Architecte en chef, 1, 3–5, 16–25, 74, 76, 182–184 ; clientèle, 25 ; conception des pénitenciers, 25–26 ; conception et construction, 35, 37, 168, 221 ; construction d'édifices fédéraux (1927–1933), 169–170 ; développement de la rue Wellington, 124, 140 ; édifices résidentiels, 72 ; entrepreneurs locaux, 22, 25 ; hôpitaux de la marine, 33–34 ; Police à cheval du Nord-Ouest, 35 ; Programme de gestion des biens, 11, 238 ; structure administrative, 236, 238–239
Travaux : Almonte, édifice public, 49–50, 53 ; Baddeck, bureau de poste, 46 ; Brandon, édifice public, 50, 55 ; Brockville, édifice public, 44–45, 45 ; Calgary, entrepôt de vérification des douanes, 99, 101 ; manège militaire Mewata, 104 ; Campbellton, édifice public, 87, 90 ; Fort Macleod, palais de justice, 62, 62 ; Fredericton, station postale A, 83, 85 ; Galt, édifice public, 46–47, 47 ; Geraldton, édifice public, 218, 221, 223 ; Grosse Île, bâtiment de détention de première classe, 68, 109 ; Halifax, édifice du Dominion, 188, 189 ; Laboratoire régional de l'Atlantique, 232, 233 ; Hamilton, édifice public, 44, 44 ; île Partridge, hôpital de détention de troisième classe, 108, 109 ; Kingsville, édifice public fédéral, 197 ; Kitchener, édifice public, 188–189, 191 ; Leduc, édifice public, 218, 221, 222 ; Lethbridge, poste de la Police à cheval du Nord-Ouest, 60–61 ; Montréal, bureau de douane, 99, 100 ; Moose Factory, hôpital pour Autochtones, 237 ; Moose Jaw, édifice public, 82, 83 ; Nelson, édifice public, 83, 86, 87 ; Ottawa, bâtiment des céréales et de l'agrostologie, 162, 165 ; carré Cartier, salle d'exercice, 29, 30 ;

édifice Connaught, 121, 125 ; édifice de la Confédération, 137, *138* ; édifice de l'Ouest, travaux d'agrandissement, 20, 22 ; édifice Langevin, 41–43, *42* ; édifice temporaire n° 4 (rue Elgin), 215 ; Ferme expérimentale, bâtiments de service, 70 ; Monnaie royale (rue Sussex), 117 ; Musée commémoratif Victoria, 116, *118* ; Portage la Prairie, édifice public, 49, *51* ; Regina, édifice administratif du gouvernement des Territoires du Nord-Ouest, 57, *59* ; résidence du lieutenant-gouverneur, 57, *58* ; Rock Island, édifice public, 87, *89* ; Sackville, édifice public, 159, *160* ; Saint-Bernard-de-Lacolle, gare routière et entrepôt d'examen, 221, *224* ; Saint-Hyacinthe, édifice public, 50, *54* ; Saint-Jean, bureau de douane, 24 ; St Paul's, école industrielle, 64, *65, 66* ; Strathroy, édifice public, 49, *52* ; Summerside, édifice public, 47, *50* ; Surrey, Bureau de douane et d'immigration du Pacifique, 176, *180* ; Toronto, bureau de douane, *171* ; manège militaire et salle d'exercice, 53, *56* ; station postale C, 92 ; Trois-Rivières, manège militaire et salle d'exercice, 102, *103* ; William Head, station de quarantaine, résidence des infirmières, *164* ; Windsor (Nouvelle-Écosse), édifice public, 47, *48* ; Winnipeg, centre d'immigration, 105, *106* ; Woodville, bureau de poste, 197, *199*

Voir aussi Architecte en chef ; Direction de la construction

Bureau fédéral de la statistique, 228, 231, *231*

Bureaux de douane : après la Confédération, 8 ; après 1911, 98–99 ; symbolisme, 15–16

Voir aussi Stations de passage frontalier ; endroits en particulier

Bureaux de poste, 45, 197 ; après la Confédération, 8 ; conception, 160, 172, 174 ; style « bungalow », 174

Burnham, Daniel, 114

Burrard Inlet (Vancouver), 82

Buttes de la Confédération, 253–255 ; vue aérienne, *254*

By Federal Design : The Chief Architect's Branch of the Department of Public Works, 1881–1914 (Archibald), 2

Calgary (Alberta) : centre d'immigration, 105 ; édifice à bureaux fédéral, 169 ; entrepôt de vérification des douanes, 99, *107* ; manège militaire et salle d'exercice, 160 ; manège militaire Mewata, 102, *104*, 199 ; palais de justice, 62

Calgary Ouest (circonscription) : favoritisme politique, 4, 183

Cambridge (Ontario). *Voir* Galt

Campbell, Wilfred, 114

Campbellton (Nouveau-Brunswick) : édifice public, 87, *90*

Campeau, Robert, 278 ; projet de crédit-bail, *278*

Camp Hill (Halifax) : hôpital militaire, 152 ; dortoir des infirmières, *154*

Campus du chemin de Montréal. *Voir* Centre national de la recherche, Campus du chemin de Montréal

Canada-Uni : Commission des travaux publics, 2 ; édifices du Parlement, 9, *10* ; inventaire des édifices, 1

Canadian Architect and Builder, 120

Canadian Art, 5

Canadianisation des Prairies, 54

Canadien National, 144

Canadien Pacifique, 25, 32, 54, 57, 126 ; Château Frontenac, 132 ; spéculation foncière, 57

Capitale nationale : concept, 3

Cardin, P.-J.-A., 197

Cardinal, Douglas, 282

Caron, Adolphe, 52

Carré Cartier (Ottawa) : salle d'exercice, 29, *30* ; vue de l'intérieur, *31*

Cartwright, Richard, 79

Cassidy, Robert E., 246 ; Truro, édifice fédéral, *250*

Castor (Alberta) : bâtiment d'immigration, 105, *107*

Cathédrale Christ Church (Montréal), 11

Ceinture de verdure (Ottawa), 228, 231

Centennaire : célébration, 272

Centre de recrutement des Forces armées, 282

Centre de santé et de réédication des blessés Rideau (Ottawa), 209, *210*

Centre de traitement des narcomanes (Matsqui), 270

Centre d'immigration, 105–110

Centre national de recherches, campus du chemin de Montréal, 225, 232, 253 ; vue aérienne, *206*

Centre national des Arts, 6, 275, 276, 280, 282, 313 n° 68

Centre Sinclair (Vancouver), 283, 293 n° 25 ; Richard Henriquez & Partners, *81*

Chambre des communes, 147, *149* ; et architecture canadienne, 244 ; débats sur le contrôle des coûts, 5

Chapelle catholique (Grosse Île), 29

Chapelle protestante (Grosse Île), 31, *32*

Charlebois, A., 43

Charleson, J.B., 110

Charlottetown (Île-du-Prince-Édouard) : Centennial Centre, 275 ; édifice fédéral, 45

Chatham (Nouveau-Brunswick), 29

Chemin de fer du Grand Tronc, 124, 126

Chênevert, Raoul : terminus postal de la ville de Québec, 191, *195*

Christie Street Hospital (Toronto), 152

Churchill (Manitoba), 268

« Cités-jardins » (mouvement), 135, 228

« City Beautiful » (mouvement), 113-114, 126, 131-132, 143, 170, 224

Civic Improvement Committee de Toronto, 170

Classes sociales, distinctions : dans les bâtiments de détention, 67 ; dans les centres d'immigration, 105

Classicisme moderne, 2, 137, 168-169, 184, 225, 228 ; et image fédérale, 184-196, 201 ; petits édifices publics, 188-189, 196

Collège militaire royal (Kingston), 19, 160

Colline du Parlement, *10*

Collingwood (Ontario) : édifice public, 94, 97, 98 ; vue intérieure, *98*

Colombie-Britannique : et la Confédération, 20

Colonie de la rivière Rouge, 34

Comité d'organisation correctionnelle, 270

Comité interministériel de l'hospitalisation en temps de guerre, 207

Commission d'amélioration d'Ottawa, 116, 139, 143
  Voir aussi Commission du district fédéral

Commission de la conservation, 135

Commission de la fonction publique, 4, 78, 159 ; et nomination de l'Architecte en chef, 238

Commission de l'assurance-chômage, 216, 282

Commission des hôpitaux militaires, 144, 148 ; conflit avec le Service de santé de l'armée canadienne, 150 ; hôpitaux de campagne, 150
  Voir aussi Ministère du Rétablissement civil des soldats

Commission du district fédéral, 139, 307 n° 35

Commission du plan fédéral, 132-137, 139, 142, 158, 169-170, 298 n° 39 ; complexe gouvernemental, proposition, *133* ; complexe gouvernemental, vue en perspective, *134* ; rapport, 170 ; redéfinition, 221, 224

Complexe Guy-Favreau (Montréal), 282

Commission géologique du Canada, 119

Commission Glassco, 2, 272-273

Commission internationale de pêche du Pacifique Nord, 263

Commission Massey (Commission royale d'enquête sur l'avancement des arts, lettres et sciences), 242, 251, 256

Commission royale sur l'organisation du gouvernement. *Voir* Commission Glassco

Compagnie de la Baie d'Hudson, 20, 34, 57

Conception d'urbanisme, 255

Confédération : inventaire des édifices fédéraux, 8-9

Conseil consultatif honoraire pour la recherche scientifique et industrielle. *Voir* Conseil national de recherches

Conseil du Trésor, 277 ; Comité consultatif sur les locaux, 278

Conseil national de recherches, 1, 169, 177-179, *181*, 182, 225, 253 ; centres de recherche, 263 ; construction en temps de guerre, 202-207 ; décentralisation, 232

Conservation architecturale, 283-284

Construction : pour la communauté scientifique, 232, 235

Construction, 6, 168

Construction fédérale : Dépression, 168 ; influence sur le milieu urbain, 112 ; inventaire, 1-2, 8-9, 283 ; 1927-1933, 169-170 ; politique économique, 3 ; tendances contradictoires, 158

Cormier, Ernest, 139 ; Cour Suprême du Canada, *141*, 191, 225, 228 ; édifice de l'Imprimerie nationale, 228, *229* ; université de Montréal, 213

Cornwall (Ontario) : manège militaire, 199, *200*

Corporation de disposition des biens de la Couronne, 256

Cour de l'Échiquier, 119, 139

Cour fédérale du Canada, 119, 139
  Voir aussi Cour de l'Échiquier

Cour suprême des Territoires du Nord-Ouest, 61

Cour suprême du Canada, 119, 139, *141*, 142, 169, 191, 228 ; grand hall d'entrée, *142*

Coût : Centre national des Arts, 275 ; construction d'un hôpital moderne, 156 ; normes de conception, 5, 94, 272 ; petits bureaux de poste, 197-198 ; petits édifices publics, 48 ; Quartier-général de la Défense nationale, 278 ; Winnipeg, bureau de poste, 94

Cowansville (Québec) : Établissement pénal pour jeunes délinquants, 270, *271*

Darling, Frank, 94, 294 n° 43 ; Winnipeg, bureau de poste, *95*

Dawson (territoire du Yukon), 110-112, 264-265 ; édifice de l'administration territoriale, *111*

Deer Lodge (Winnipeg), 213

Département du Trésor (États-Unis), 12

Dépenses : édifices fédéraux (1896-1914), 77 ; édifices fédéraux (fin des années 1800), 288 n° 3

Dépôt de matériel du chantier naval d'Esquimalt, 213

Dépôt d'immigration du Bassin Louise, 67, 105 ; plan et élévation, *69*

Dépression : des années 1890, 48 ; des années 1930, 139, 168, 182, 199

Design, 273 ; bâtiment de l'aérodynamique, 203 ; classicisme moderne, 184-185 ; Conseil national de recherches, 177 ; écoles industrielles, 64 ; édifices publics,

159-160, 256 ; Galt, édifice public, 46-47 ; granges et bâtiments agricoles, 162 ; Halifax, édifice du Dominion, 188 ; hôpitaux pour militaires, 207, 209 ; locaux à bureaux, 157-158 ; manèges militaires, 52-53 ; normes, 5-6, 94, 272 ; Ottawa, Centre national des Arts, 275, 276 ; pénitenciers, 25-26 ; petits édifices publics, 83, 87, 188-189 ; processus après 1875, 18 ; Toronto, bureau de douane, 170 ; hôpital Sunnybrook, 209, 211-213 ; Vancouver, bureau de poste, 82

Dessin : de petites maisons, 72
De Stigl, 184
Dewdney, Edgar, 57
Dickinson & Associates : Frobisher Bay (Iqaluit), projet de ville, 268
Diefenbaker, John, 267
Direction de la construction, 1, 240-242, 245, 255-256 ; conception des unités des pénitenciers, 270 ; construction pour la GRC, 263 ; directives pour la construction d'édifices de bureaux, 277 ; dotation en personnel, 242 ; et IGC, 255-256
    Travaux : Arvida, édifice fédéral, 260 ; Moncton, édifice de la GRC, 263, 264 ; Ponteix, bureau de poste standard, 262 ; SP-800, Brechin, 263
    Voir aussi Bureau de l'Architecte en chef ; Bureau de poste, style « bungalow », 174
Direction de l'administration immobilière, 241
Direction des douanes et de l'accise, 98
Direction des pénitenciers, 25, 27-28, 268 ; service de construction, 80 ; tensions avec le Bureau de l'Architecte en chef, 28, 238
Direction du génie. *Voir* Ministère des Travaux publics
Direction générale de l'hygiène vétérinaire, 161-162, 166
Direction générale des services médicaux, 236
Direction générale des travaux de défense, 242
District de Mackenzie, 265
Division de génie mécanique (Conseil national de recherches), 203
Division de la zootechnie (Ferme expérimentale centrale), 80, 162
Division des besoins (Direction des immeubles et de la construction), 242 ; et architectes privés, 256
Division des ministères clients (ministère des Travaux publics), 273
Division des services de consultation (ministère des Travaux publics), 273
Dolphin, Charles B., 216 ; Toronto, édifice de distribution urbaine, 193 ; station postale Q (édifice Arthur-Meighen), 218
Dominion Bridge Company, 304 n° 46
Don Mills (Ontario) : bureau de poste, 247-248, 256
Downing, Max : Prince Rupert, édifice fédéral, 190
Drever & Smith : Brockville, édifice fédéral, 256, 259
Drewe, John, 12

Drumheller (Alberta) : Établissement à sécurité moyenne, 270

Éclectisme victorien, 132
École des beaux-arts, 228
École des prairies de Frank Lloyd Wright, 248
École industrielle de la Terre de Rupert, 64
École industrielle Saint-Paul, Manitoba, 64, 65, 66
Écoles industrielles, 3, 54, 62, 64
Écoles pour Autochtones, 62, 64 ; conception, 64 ; construction, 80
Écoles religieuses, 64
Édifice Brooke-Claxton, 277-278, 277
Édifice commémoratif de l'Est, 225, 227, 244, 251
Édifice commémoratif de l'Ouest, 225, 227, 244, 251
Édifice Connaught (rue Sussex), 121-122, 125
Édifice de douane et d'immigration de la route du Pacifique (Surrey), 176, 180
Édifice de la Bibliothèque nationale et des Archives publiques, 248, 251, 252
Édifice de la Confédération, 137, 138, 139, 170, 224
Édifice de la Justice, 120-121, 139, 169, 224 ; plans et élévations, 122 ; proposition, 126, 132
Édifice de l'Est, édifices du Parlement, 10, 283
Édifice de l'Ouest, édifices du Parlement, 9, 10, 20
Édifice des Affaires extérieures, 253
Édifice des Archives publiques, 116
Édifice du Centre, édifices du Parlement, 9, 10, 146 ; concours pour les plans et devis, 40 ; plans d'étage, 147 ; hall d'honneur, 148 ; disposition intérieure, 147-148 ; reconstruction après l'incendie de 1916, 135, 145, 167
    Voir aussi Édifices du Parlement
Édifice du laboratoire botanique, 166
Édifice du Parlement : lithographie, 115
Édifice Harry-Hays, 282
Édifice Hunter, 135, 144, 156-158, 156, 167, 217, 277
Édifice J.-H. Parkin (bâtiment de l'aérodynamique), 203, 204
Édifice Joseph-Shepard, 282
Édifice Langevin, 41, 42 ; conception de l'espace intérieur, 41 ; construction, 6 ; foyer de l'entrée principale, 43
Édifice Lester-B.-Pearson, 253
Édifice Mackenzie, 19, 21, 37 ; conception intérieure, 19 ; hall d'entrée principal, 22
Édifice Memorial (hôpital Royal Jubilee), 207, 208
Édifice R.H.-Coats, 280

Édifices : à bureaux polyvalents, gouvernement fédéral, 3 ; atrium, 246, 282 ; du temps de la guerre (Conseil national de recherches), 203 ; en brique rouge, comme jalons, 90

Édifices du Parlement : à la Confédération, 9 ; comme symbole national, 114 ; construction, 6, 20 ; médiévisme, 12

Édifices fédéraux, 89–90, 112 ; comme histoire visuelle, 2 ; comme ressource historique et culturelle, 283 ; édifice à bureaux à tout usage, 277–279 ; espace pour bureaux, 41, 157–158, 272, 282 ; image, 6–7 ; Prairies, 48, 89 ; succursale postale, 94

Édifice Sir-Alexander-Campbell, 253, 254

Édifice Sir-Charles-Tupper, 253, 254, 255

Édifice Sir-Humphrey-Gilbert, 311 n° 34

Édifice Sir-John-Carling : murale par Takao Tanabe, 274

Édifices publics : après la Confédération, 8 ; dépenses par le gouvernement, 158 ; Politique nationale, 3 ; symbolisme, 19
Voir aussi les lieux spécifiques

Édifices résidentiels, 72 ; et la GRC, 235–236

Édifices temporaires : à Ottawa, 213, 216 ; concept de l'hôpital de campagne, 150

Édifice temporaire n° 4, 215

Édifice William-Lyon-Mackenzie, 12, 245–246, 247, 248, 280, 283

Edmonton (Alberta) : édifice public, 82 ; entrepôt de vérification des douanes, 99 ; projet de construction pour la GRC, 198–199

Edmunston (Nouveau-Brunswick) : édifice public, 159, *161*

Église anglicane, 64

Elgin, rue (Ottawa), 132, 139

Emplacement : Almonte, édifice public, 49–50 ; Galt, édifice public, 47 ; sélection de sites pour des édifices publics, 13, 255 ; Toronto, bureau de poste, 13

Entrepôts de la milice, 100

Erickson, Arthur, 282

Espace à bureaux. *Voir* Édifices fédéraux

Esquimalt (Colombie-Britannique) : Dépôt de matériel, 213, *214*

Établissement pénal pour jeunes délinquants (Cowansville), 270, *271* ; plan d'ensemble, 272

Établissements correctionnels, 268, 270–272

États-Unis : architectes privés et édifices publics, 91 ; bases de la Strategic Air Command, 267–268 ; édifices fédéraux après la Guerre de Sécession, 12 ; Public Works Administration, 182 ; Tarnsey Act, 91

Ewart, David, 39, 78, 159 ; comme Architecte en chef, 78–80, 91, 112, 116 ; Commission du plan fédéral, 132, 135

Explosion démographique, 241

Exposition des arts décoratifs et industriels, 184

Exposition universelle, Paris (1937), 139

Expo 67 (Montréal), 277

Fabro & Townend : Sudbury, édifice fédéral, 256, 257

Fairn, Leslie : Amherst, édifice du Dominion, 191, *194*

Fairweather, G.E. : Saint-Jean, bureau de douane, 22, *24*, 25 ; station postale A, *84*

Favoritisme. *Voir* Politique et favoritisme

Ferme expérimentale centrale, 68, 70, 162 ; bâtiment des céréales et de l'agrostologie, 162, *165* ; division de la zootechnie, 162 ; résidence du directeur, 72, *73* ; résidence McNeely, 72, *74*

Fermes expérimentales : et Politique nationale, 3

Fonctionnaires des douanes : pots de vin, 175–176

Fonctionnalisme, 243

Fonction publique : accroissement durant le temps de guerre, 202 ; commission royale, 78

Fort Battleford (Saskatchewan), 284

Fort Constantine, 110

Fort Macleod (Alberta) : hôtel de ville, 62 ; palais de justice, 62, *62* ; palais de justice, salle d'audience, *63* ; poste de la Police à cheval du Nord-Ouest, 35

Fort Smith (Territoires du Nord-Ouest), 265

Fort Walsh (Saskatchewan) : poste de la Police à cheval du Nord-Ouest, 35, 57

Fort William (Ontario) : édifice public, 173, *174*

Fort York, manège militaire (Toronto), 199

Fournier, Alphonse, 238, 241

Fowler, C.A. : St John's, édifice du bureau de poste, 258

Fredericton (Nouveau-Brunswick) : bureau de poste, 19, 20, 37 ; station postale A, 83, *85*, 112

Frobisher Bay (Iqaluit), île de Baffin, 267–268 ; intérieur du mail, *269* ; projet, *268*

Fuller, T.W., 102, 110–112 ; comme Architecte en chef, 169, 197 ; Dawson, édifice de l'administration territoriale, *111*

Fuller, Thomas, 5, 20, 74, 76, 78, 80, 202, 292 n° 3, 311 n° 39 ; architecte de l'édifice du Centre, 9, *10*, 145 ; comme Architecte en chef, 38–41, 46, 79, 91 ; édifices publics de l'ère victorienne tardive, 87, 112 ; étables et bâtiments agricoles, 162 ; plans résidentiels, 72

Fuller & Jones, architectes, 40

Galerie nationale du Canada, 275, 282 ; concours national, 251

Galt (Ontario) : édifice public, 46–47, *47*, 49 ; comme type de plan courant, 47

Gardner, E.A., 242, 308–309 n° 63, 309 n° 8

Gare routière et entrepôt d'examen (Saint-Bernard-de-Lacolle), 221, 224

Gastown (Vancouver), 82

Gendarmerie royale du Canada, 160, 240 construction selon des plans standard, 262-263, 264 ; et le Nord, 264 ; manèges militaires et salles d'exercice, 198-199 ; Regina, casernes C, 235 ; Rockcliffe Park, quartier-général, 198, 235

Geraldton (Ontario) : édifice public, 218, 221, 223

Gibbs, James, 81

Gobeil, Antoine, 79

Gothique tardif, 119

Gouvernement Borden, 94-102

Gouvernement conservateur, 16, 25, 139, 158, 272

Gouvernement Diefenbaker, 272

Gouvernement fédéral : changement de gouvernement et changement dans l'architecture, 3 ; friction avec les architectes privés, 11

Gouvernement Laurier, 94-124

Gouvernement libéral, 16, 18, 78, 158, 158, 176, 182, 216, 225, 241, 277

Gouvernement Macdonald, 53

Governor General's Foot Guards, 29

Grand lac des Esclaves, 267

Grand style : influence, 80-83, 116

Grand style édouardien, 126

Grange ontarienne, 72

Gréber, Jacques, 139, 142-143, 224-225, 228, 231, 251, 307 n° 36

Green, Blankstein & Russell, 243 ; concours pour la Galerie nationale, 251 ; Winnipeg, bureau de poste principal, 245

Grosse Île, station de quarantaine, 29, 31, 67, 109, 161, 284 ; hôpital, 33, 150 ; résidence du médecin adjoint, 72, 75

Guerre de Crimée : hôpitaux de campagne, 150

Guerre de Sécession américaine : hôpitaux de campagne, 150

Guerre froide et boom de l'après-guerre, 264-265

Gwyn, Sandra, 5

Halifax : bases navales, 213 ; bureau de douane, 292 n° 18 ; dortoir des infirmières, hôpital militaire de Camp Hill, 154 ; édifice du Dominion, 187-188, 189 ; hôpital militaire de Camp Hill, 152 ; manège militaire, 52-53 ; réception d'immigrants, 105

Hall de la Confédération (édifice du Centre), 147

Hamilton (Ontario) : édifice du Dominion, 185, 185, 187 ; détail d'un panneau en relief, 186 ; hall postal, 187 ; édifice public, 44, 44 ; Mountain Sanatorium, 152, 155

Hantsport (Nouvelle-Écosse) : bureau de poste, 172, 174, 177

Hazelgrove, A.J., 198

Hazelgrove, Lithwick & Lambert : édifice Sir-Charles-Tupper, 255

Hellmuth, Obata & Kassabaum, 270

Henriquez, Richard, 283

Héritage colonial, 8-9

Historicisme académique : des édifices du Parlement, 9 ; réaction adverse, 182, 184

Hôpital Colonel-Belcher, 207

Hôpital de détention de troisième classe (Île Partridge), 108, 109

Hôpital de Greenwich, 126

Hôpital Rena-Maclean, pavillon type, 151

Hôpital Shaughnessy, 207, 213

Hôpital Sunnybrook, 209, 213, 225 ; en 1933, 212 ; vue aérienne, 211

Hôpitaux : conception, 242 ; de campagne, 150 ; Grosse Île, 31, 33 ; partage des établissements en pavillons, 150 ; planification, 150, 152 ; pour les Autochtones, 236 *Voir aussi* Hôpitaux militaires

Hôpitaux de la marine, 25, 33-34 ; à la Confédération, 8 ; Lunenburg, 34

Hôpitaux militaires : construction pendant la Deuxième guerre mondiale, 202, 207-213 ; construction pendant la Première guerre mondiale, 144, 148, 150-156

Hôpitaux pour les anciens combattants, 207-213 ; Sainte-Foy, 213 ; Victoria, 207

Horwood, E.L., 4, 145, 159, 273

Hôtel Château Frontenac (Québec), 132

Hôtel Château Laurier (Ottawa), 124, 132

Hôtel MacDonald (Edmonton), 137

Howard, Ebenezer, 135, 228

Howe, C.D., 232, 241

Hughes, H. Gordon, 203, 207 ; atelier d'instrumentation et de modélisation (Conseil national de recherches), 205 ; conception d'hôpitaux, 236 ; édifice J.H.-Parkin (bâtiment de l'aérodynamique), 203, 204

Hughes, Sam, 102

Hull (Québec) : Imprimerie nationale, 225, 228 ; projet de développement, 132

Humboldt (Saskatchewan) : édifice public, 87, 88

Hunter, James B., 79, 145, 157, 169, 174, 236

Hutchinson & Wood, 126

Hutton & Souter : Hamilton, édifice du Dominion, 185

Iconographie : édifice du Centre, 148 ; bureau de poste, 185 ; Musée commémoratif Victoria, 119

Identité canadienne : symboles, 132, 185, 187-189, 191

Identité culturelle : du Canada, 113
Île-du-Prince-Édouard : et la Confédération, 20
Île Lawlor (Nouvelle-Écosse), 29, 31, 67 ; stations de quarantaine, 109
Île Partridge (Nouveau-Brunswick) : bâtiments de détention de deuxième classe et résidence, 163 ; stations de quarantaine, 29, 109, 160
Image architecturale : après la Confédération, 12–16 ; des édifices fédéraux à Ottawa, 3, 251
Immeuble à bureaux polyvalent, 277–280 ; dessin d'un prototype, 278, 280, *280*
Immeubles du gouvernement du Canada (IGC) : années 1950 et 1960, 256 ; Sarnia, 256
Immeubles préfabriqués, 2 ; hôpitaux de campagne, 300 n° 13 ; quartier-général de la GRC, 57, 61 ; Regina, 57
Immigrants chinois : bâtiments de détention, 67
Immigrants japonais : bâtiments de détention, 67
Immigration : après la Deuxième guerre mondiale, 241
    Voir aussi Ministère de l'Agriculture
Immigration : provenant de l'Asie, 105
Impôt sur le revenu, 144
Imprimerie nationale, 225, 228, 229, 239, 244, 251 ; élévation arrière, *230*
Indian Head (Saskatchewan) : succursale de la ferme expérimentale, 70
Industrie de la construction, 183 ; rôle du gouvernement fédéral, 216
Influence flamande, 41
Institut canadien de recherches sur les pâtes et papiers, 263
Institut de recherche en construction (Conseil national de recherches), 232, *234* ; hall d'entrée, *235*
Institut de recherches vétérinaires (Hull), 166–167, *166*, 213
Institut royal d'architecture du Canada, 91 ; campagne de dénigrement contre l'édifice de la Confédération, 137 ; comme lobby professionnel, 183
Inuvik (Territoires du Nord-Ouest), 265, 267 ; unités de logement fédérales, *267* ; vision futuriste, *268*
Iqaluit. *Voir* Frobisher Bay
Isley, I.P., 216 ; Montréal, station postale B, *217*
Italie fasciste : architecture officielle, 225

James, Henry, 52, 290 n° 40
James, P. Leonard, 218 ; Victoria, édifice fédéral, 218, *220*
John B. Parkin Associates, 243, 247 ; Don Mills, bureau de poste, 256 ; quartier-général du ministère de la Défense nationale, 278, *279*
Jones, Chilion, 20 ; architecte de l'édifice du Centre, 9, *10*

Kane, K.C., 304 n° 46
Keefer, Samuel, 39–40, 289 n° 12
Keynes, John Maynard, 182
King, J.H., 158
King, William Lyon Mackenzie, 139, 142, 158, 168, 221, 224–225, 299 n° 66
Kingston (Ontario) : inventaire des édifices à la Confédération, 9 ; station d'immigration, 32
Kingsville (Ontario) : édifice public fédéral, 196, *197*
Kitchener (Ontario) : édifice public, 188–189, *191*
Klondike (rivière), 110
Koch, Robert, 67

Laboratoire des produits forestiers, 266
Laboratoire régional de l'Atlantique (université Dalhousie), 232, *233*
Laboratoire régional des Prairies, 232
Lacolle (Québec) : bureau de douane et d'immigration, 176
Langevin, sir Hector-Louis, 9, 11, 18, 39, 45, 48–49, 52, 288 n° 7
Langford, James A., 5, 262, 273, 311 n° 31
Langley, Henry, 13 ; Toronto, bureau de poste, *13*
Larkin, Connolly, 43
Laurier, sir Wilfrid, 78–79, 113
Laver, Augustus, 9 ; édifices de l'Est et de l'Ouest, *10*
Lawson & Betts, 311 n° 34
Le Corbusier, 184, 255
Lecourt, J.P.M., 25
Leduc (Alberta) : édifice public, 218, 221, *223*
Lefuel, Hector-Martin, 13
Lennox, E.J., 94 ; Toronto, station postale G, *96*
Lethbridge (Alberta) : centre d'immigration, 105 ; édifice public, 82 ; poste de la Police à cheval du Nord-Ouest, *60*, 61
Lévis (Québec) : manège militaire et salle d'exercice, 160
Ligne d'alerte avancée (DEW), 265
Ligne Mid-Canada, 265
Ligne Pinetree, 265
Lloydminster (Saskatchewan) : édifice public, 172, *175*
Loi de la milice (1904), 100
Loi nationale sur l'habitation, 208
Loi sur la construction d'ouvrage publics (1954), 4, 168, 182–184
Loi sur les allocations familiales, 216

Loi sur les Indiens (1880), 64
London (Ontario) : édifice public, 187–188 ; entrepôt de la milice, 100 ; Psychopathic Hospital, 152 ; station d'immigration, 32
Louis-Napoléon, 13
Lunenburg (Nouvelle-Écosse) : hôpital de la marine, 33, 34
Lyle, John, 128, 170 ; concours de 1913 relatif aux immeubles administratifs, 130
Lyon, rue (Ottawa), 132

Macdonald, sir John A., 3, 9, 16, 40
Macfarlane, David H., 126
McGreevy, Thomas, 43, 48
McKean, J.T.C. : Saint-Jean, bureau de douane, 22, 24, 25 ; station postale A, 84
Mackenzie, Alexander, 16, 18–20
MacLeod, A.J., 270
McNaughton, major-général Andrew G.L., 182, 203
Magazine *Maclean's*, 241
Maisons d'accueil pour les immigrants, 105
Manèges militaires et salles d'exercice, 25, 28–29, 52–53 ; construction et plan, 100, 102, 160 ; Gendarmerie royale du Canada, 198–199 ; Trois-Rivières, 102, 103
Manitoba, 34 ; Assemblée législative, 35, 36 ; construction fédérale, 34–36 ; et la Confédération, 20
Maple Creek (Saskatchewan) : édifice public, 89, 93
Marani, Lawson & Morris : architectes, 169
Marchand, J.-Omer, 145 ; édifice du Centre, 146
Marine canadienne, 202–203
Marion (Illinois) : pénitencier, 270
Martin, Paul, 253, 311 no 51
Matériaux et construction, 2, 90 ; acier et béton armé, 2 ; années de la Dépression, 182–183 ; après la Deuxième guerre mondiale, 240, 246–248 ; Calgary, palais de justice, 62 ; conception de salles d'exercice, 52 ; construction de poutres en acier, 82 ; construction pièce sur pièce, 35 ; côte Ouest, 189 ; édifice Langevin, 41, 43 ; établissements correctionnels, 270 ; hôpitaux de campagne, 150 ; Kingston, édifice Mackenzie, 19 ; laboratoires de recherche, 177 ; mesures d'économie, 49 ; Montréal, terminus postal, 175 ; petits édifices publics, 83, 87 ; reconstruction de l'édifice du Centre, 145 ; stations de quarantaine, 109 ; Toronto, bureau de poste, 13–14 ; Vancouver, bureau de poste, 82 ; Victoria, bureau de douane, 14
Mathers & Haldenby, 251 ; édifice de la Bibliothèque nationale et des Archives publiques, 252
Matsqui (Colombie-Britannique) : Centre de traitement des narcomanes, 270

Mawson, Thomas, 124, 126, 297 n° 30
Maxwell, W.S. & Edward, 126 ; concours de 1906 pour l'aménagement de la rue Sussex, 120–121 ; immeuble de la Justice, plans et élévations, 122 ; proposition, concours de 1913 relatif aux immeubles administratifs, 129
Meadowcroft, J.C., 232 ; Institut de recherche en construction, 232, 234
Médaille Massey d'architecture, 247
Médiévisme, 2, 12
Meighen, Arthur, 158
Mendelsohn, Erick, 179
Mercer & Mercer : édifice Memorial de l'hôpital Royal Jubilee, 207, 208 ; hôpital Shaughnessy, Vancouver, 207
Michaud, Jean, 246 ; Mont-Royal, bureau de poste, 249
Milne, Eleanor, 148
Ministère de la Défense nationale, 216, 273 ; édifices, 1, 213 ; et conflit avec le ministère des Pensions, 207 ; quartier-général (Ottawa), 278, 279
Ministère de l'Agriculture : centres de recherches, 232, 263 ; Direction générale de l'hygiène vétérinaire, 166 ; murale par Takao Tanabe, 273 ; Service de l'immigration, 25, 29, 31–32, 67–68
Voir aussi Service de la quarantaine
Ministère de la Justice. *Voir* Direction des pénitenciers
Ministère de la Marine et des Pêcheries, 22, 24–25, 33
Ministère de la Milice et de la Défense, 25, 28–29 ; programme de réforme, 100, 102 ; service des constructions, 80 ; tensions avec le Bureau de l'Architecte en chef, 28, 52, 102, 239
Voir aussi Ministère de la Défense nationale
Ministère de la Reconstruction, 232
Ministère de la Santé, 160
Ministère de la Santé et du Bien-être social, 282
Ministère de la Santé nationale et du Bien-être social, 217, 236 ; Division de la conception des hôpitaux, 236
Ministère de l'Immigration, 221
Ministère de l'Immigration et de la Colonisation, 160
Ministère de l'Intérieur. *Voir* Service de l'immigration
Ministère des Affaires des anciens combattants, 209, 225, 242
Ministère des Affaires du Nord et des Ressources naturelles, 232
Ministère des Affaires indiennes : écoles, 62, 64, 67 ; Service des constructions, 80
Ministère des Douanes : patrons de conception, 80, 221
Ministère des Douanes et du Revenu de l'intérieur, 22
Ministère des Finances, 216

Ministère des Mines, 177
Ministère des Mines et des Relevés techniques, 225, 232
Ministère des Mines et des Ressources, 236
Ministère des Pêches et Océans, 232 ; centres de recherches, 263
Ministère des Pensions : conflit avec le ministère de la Défense nationale, 207
Ministère des Pensions et de la Santé nationale, 207
Ministère des Postes, 80 ; bureaux administratifs, 253
Ministère des Transports, 1, 216, 273
Ministère des Travaux publics, 1, 25, 202 ; aliénation des édifices, 283 ; bureaux administratifs, 253 ; bureaux de district, 242 ; comme client et architecte, 4–5 ; concours national, 119–120 ; dépenses de construction, 238 ; Direction du génie, 8–9, 52 ; et la bureaucratie, 78–80 ; Police à cheval du Nord-Ouest, 57, 61 ; prix de design, 273 ; rapport de la Commission Glassco, 272–273 ; redéfinition, en 1869–1871, 9 ; restructuration, 39–40, 241–242, 273
  Voir aussi Bureau de l'Architecte en chef ; Favoritisme et politique
Ministère du Commerce, 225
Ministère du Rétablissement civil des soldats, 150, 152, 207 ; sanatoriums pour tuberculeux, 152
  Voir aussi Ministère des Pensions et de la Santé nationale
Mitchell, G. Gordon, 126
Moberley, Walter, 28
Modèle des palais italiens, 81
Moderne (mouvement), 207, 240, 242–244
Modernisme, 2, 179, 200, 203, 207, 217–218, 221, 232 ; en tant que politique officielle, 242–244
Monck, lord, 9
Moncton (Nouveau-Brunswick) : édifice public, 172, *173* ; édifice de la GRC, 263, *264*
Monnaie royale (rue Sussex), 116, *117*
Montagnes Rocheuses : parcs, 80
Montague (Île-du-Prince-Édouard) : édifice public, 289 n° 31
Montizambert, Frederick, 33
Montréal (Québec) : bureau de douane, 98–99, *100*, 112, 170, 184 ; bureau de poste, 14, 16, 37 ; inventaire des immeubles à la Confédération, 9 ; rue Saint-Jacques, 15 ; station d'immigration, 32 ; station postale B, 216–217, *217*, 228 ; succursales postales, 94 ; terminus postal, 169, *175*, *179*, 213
Mont-Royal (Québec) : bureau de poste, 246–247, *249*
Monument commémoratif de guerre, 139
Moodie, Thomas A., 126 ; concours de 1913 relatif aux immeubles administratifs, *128*

Moose Factory (Ontario) : hôpital pour Autochtones, 236, 237
Moose Jaw (Saskatchewan) : édifice public, 82, *83*
Motif trifolié gothique, 35
Mountain Sanatorium (Hamilton), 152, *155*
Mullett, Alfred B., 12, 14
Municipalités rurales : édifices publics, 172
Murphy, Emmett Patrick, 236
Musée canadien des civilisations, 275, 282
Musée commémoratif Victoria, 116, *118*, 119 ; hall principal, *120* ; iconographie décorative, 119

Nappan (Nouvelle-Écosse) : succursale de la ferme expérimentale, 70
Nationalisme, 185 ; architecture, 296 n° 5 ; concours de 1913 relatif aux immeubles administratifs, 128, 131 ; vision d'Ottawa, 77–78, 113
National Sanatorium Association, 152
Nelson (Colombie-Britannique) : édifice public, 83, *86*, *87*
Newcastle (Nouveau-Brunswick) : édifice public, 45, 289 n° 29
New Deal, 182
New Glasgow (Nouvelle-Écosse), 45
Newmarket (Ontario) : petit édifice public, 88, *91*
New Westminster (Colombie-Britannique) : pénitencier, 25, 287 n° 40
Nobbs, Percy, 170
Noffke, W.E., 126, 139, 177
Nord, le : construction, 110, 112, 240, 264–268 ; hôpitaux, 236
Northern Railway of Canada, 28
Northwood, George W., 187 ; Winnipeg, édifice Dominion, 187–188, *188*

Observatoire fédéral, 116
Ogilvie, Ronald, 280 ; édifice R.H.-Coats, *280*
Oliver, Frank, 102
Olmsted, Frederick Law, 114
Oosterhoff, William, 148
Ornementation sculpturale : édifice du Centre, 148
Orthopaedic Hospital (Toronto), 152, 300 n° 20
Ottawa : comme symbole de la nation, 77–78, 113 ; Commission du plan fédéral (1913–1915), 131–139 ; concours de 1913, 124, 126–131 ; construction pour le gouvernement, 3 ; entrepôts de la milice, 100 ; station postale B, 139, 169
Oud, J.J.P., 203

Ouest, l' : annexion, 3 ; colonisation, 67–68, 102 ; tendances contradictoires dans la conception, 50, 52
Owram, Douglas, 2

Page, John, 8
Paine, A.J.C., 311 n° 34
Painter, Thomas, 28, 287 n° 40
Palais de Buckingham, 126
Palais de justice : et Politique nationale, 3
Palais du Louvre, 13
Palin, Philip C., 94 ; Collingwood, édifice public, 97
Parc de la Gatineau, 116
Parc Major, immeubles administratifs envisagés, 121, *121* ; élévation, *123*
Parcs : région de la capitale nationale, 116
Parc Tunney, 228, 231, *231*, 253 ; immeuble à bureaux polyvalent, 278
Parkin, John C., 243, 248, 278
« Parks and Recreation » (mouvement), 116
Parry Sound (Ontario) : édifice public, 172, *176*
Parti conservateur, 25, 39, 43, 182, 267
Pasteur, Louis, 67
Paysagisme pittoresque traditionnel, 135
Pearson, John A., 94, 145, 294 n° 43 ; édifice du Centre, *146* ; Winnipeg, bureau de poste, *95*
Pearson, Lester B., 277 ; 310 n° 31
Pellan, Alfred, murale, 253
Pénitenciers, 25 ; après la Deuxième guerre mondiale, 240; architecture, 25–28 ; conception et construction, 80, 270 ; Dorchester, pénitencier, 25–28 ; élévations, *26* ; plan d'étage, *27* ; Kingston, pénitencier, 27–28 ; plan Auburn, 27–28 ; New Westminster, pénitencier, 25, 28 ; Saint-Vincent-de-Paul, pénitencier, 28 ; Stony Mountain, pénitencier, 28, 34
Pensionnats, 64
Pergélisol : et construction dans le Nord, 110
Perrault, H.-M., 14 ; Montréal, bureau de poste, *15*
Petits bureaux de poste : conception standard, 258 ; coût de construction, 197–198
Petits édifices publics, 38, 170–173, 196–198 ; héritage de Fuller, 74 ; importance, 89 ; modèle, 46 ; uniformisation gouvernementale, 87–90
Petits hôpitaux pavillonnaires, 33, *34*
Pictou (Nouvelle-Écosse) : hôpital de la marine, 33
Pipeline transcanadien, 241

Place de la Confédération, 139, 275, 278
Place des Arts (Montréal), 275
Plan Auburn pour l'architecture des pénitenciers, 27–28
Plan de la capitale nationale (1950), 221, 224–232, 239 ; illustration, *226*
Plan en croix grecque, conception des pénitenciers, 28
Plan « en flèche », 137
Plans uniformisés : bureaux de poste fédéraux, 89
Plan uniformisé B (Bureau de l'Architecte en chef), 89
Pointe-au-Père (Québec) : station de quarantaine, 161
Pointe-au-Pic (Québec) : bureau de poste, 196, *196*
Police à cheval du Nord-Ouest : construction, 57, 61 ; Fort Constantine, 110 ; Regina, quartier-général, 57 ; relation avec le ministère des Travaux Publics, 61
Postes, 3, 35, 54 ; Lethbridge, *61*
Politique d'assimilation : des Autochtones, 3, 54, 62, 67
Politique économique : et construction d'édifices du gouvernement, 3
Politique en matière de patrimoine, 284
Politique et favoritisme : architectes privés, 18–19, 183–184 ; circonscription de Calgary West, 183 ; circonscriptions détenues par des conservateurs, 183 ; édifices du gouvernement, 3–4 ; fonction publique, 78 ; ministère des Travaux publics, 43, 288 n° 7 ; nomination de E.L. Horwood, 159 ; nomination de Thomas Fuller, 40 ; sous Langevin, 41, 43
Politique nationale, 3 ; assimilation des Autochtones, 62, 64 ; Territoires du Nord-Ouest, 54
Politique sur les édifices fédéraux du patrimoine, 283–284
Ponteix (Saskatchewan) : bureau de poste standard, 262
Population : changements et construction fédérale, 90
Portage la Prairie (Manitoba) : édifice public, 49, *51*
Port Arthur (Ontario) : édifice fédéral, 218 ; entrepôt de vérification des douanes, 99 ; station postale P, 218, *219*
Prairies : construction, 34–35 ; palais de justice, 61–62
Première guerre mondiale : effet sur la construction d'édifices fédéraux, 135, 144 ; hôpitaux de campagne, 150
Price, Bruce, 132
Prince Albert (Alberta) : bâtiments de la Police à cheval du Nord-Ouest, 61
Prince Rupert (Colombie-Britannique) : édifice public, 188, *190* ; stations de quarantaine, 109
Prisons. *Voir* Pénitenciers
Production en série de bureaux de poste, 258, 262
Programme de beaux-arts, 273

Programme de construction après la Confédération, 8–9
Programme d'entraînement aérien du Commonwealth, 203
Programme de recherches : après la Deuxième guerre mondiale, 232 ; édifices, 176–178, 240
Programme de travaux d'hiver, 258
Prototype, bureau de poste (Vancouver), 82

14ᵉ brigade d'infanterie, 199
Québec : bureau de poste, 12 ; centres de réception d'immigrants, 105 ; entrepôts de la milice, 100 ; inventaire des édifices à la Confédération, 9 ; stations d'immigration, 32 ; terminus postal, 191, *195*, *196*

Raine, Herbert, 126
Rankin, T.D., 137
Rapport Holt (1915), 231
Recherches en communications, 253
Reconstruction : après la Deuxième guerre mondiale, 216–218, 221
Regina (Saskatchewan) : 54, 57 ; centre d'immigration, 68, 70, 105 ; édifice public, 82 ; et la Police à cheval du Nord-Ouest, 57, 61, 198 ; Hôtel du gouvernement, 56, 61
Réseau de distribution aérien sous coffrage, 267
Réseau des écoles pour les Indiens, 48
Réseau national de centres de recherches, 263
Résidence du directeur (Ferme expérimentale centrale), 72, *74*
Revenu Canada, 282
Richard Henriquez & Partners : conception du centre Sinclair, *81*
Richardson, Henry Hobson, 49
Riddle, Connor & Associates, 256 ; Sarnia, édifice du gouvernement du Canada, *261*
Robb, Frederick G., 126
Rock Island (Québec) : édifice public, 87, *89*
Rogers, Robert, 78
Rolph, E.R., 178
Roosevelt, Franklin D., 182
Ross, Patterson, Townshend & Heughan : Bureau fédéral de la statistique, 228, *231*
Rother, Vincent, 246 ; Truro, édifice fédéral, *250*
Rounthwaite & Fairfield, arch : projet de Frobisher Bay (Iqaluit), *268*
Route transcanadienne, 241
Rubidge, F.P., 8, 11
Rule, Wynn & Rule, 265
Rural Farmer, 35

Ruskin, John, 40, 45
Russell, J.H.G., 243

Sackville (Nouveau-Brunswick) : édifice public, 159, *160*
Safdie, Moshe, 253, 282
St Andrews (Nouveau-Brunswick) : hôpital de la marine, 33
St Catharines (Ontario) : édifice public, 25
Sainte-Anne-de-Bellevue (Québec) : hôpital militaire, 152, 209 ; vue et plan au sol, *153*
Sainte-Foy (Québec) : hôpital pour anciens combattants, 213
Saint-Hyacinthe (Québec) : édifice public, 50, *54*
Saint-Jean (Nouveau-Brunswick) : bureau de douane, 22, 24, 25 ; centre de réception d'immigrants, 105 ; station postale A, 83, *84* ; édifice public, 25
St John's (Terre Neuve) : bureau de poste, *258* ; édifice de douane, 311 n° 34 ; édifice fédéral, 256
Saint-Laurent, Louis, 241
St Stephen, bureau de poste, 289 n° 29
Saint-Vincent-de-Paul (pénitencier), 28
Salles d'exercice. *Voir* Manèges militaires et salles d'exercice
Salmon Arm (Colombie-Britannique) : bureau de poste, 197, *198*
Sarnia (Ontario) : édifice du gouvernement du Canada, 256, *261*
Saskatoon (Saskatchewan) : édifice à bureaux fédéral, 169
Satellite gouvernemental : concept, 231
Saxe & Archibald, 126
Scott, Thomas Seaton, 11, 14, 37 ; achèvement des édifices du Parlement, 20 ; retraite, 39, 79 ; tour Mackenzie, 23
Ségrégation raciale : centres d'immigration, 105
Sénat, 147 ; Comité sur les finances, 238
Service canadien des parcs : besoin d'édifices, 1
Service correctionnel du Canada, 270, 282
Service d'administration, ministère des Travaux publics, 273
Service de la quarantaine, 80, 102, 144, 160–161
Service de l'immigration, 80, 102, 160–161
Service de santé aux Autochtones, 236, 241
Service des chemins de fer et des canaux (ministère des Travaux publics), 39
Service des fermes expérimentales, 1, 48, 63, 70, 72, 80, 144, 161–162 ; grange principale, 70, *71*
Service des parcs : Service d'architecture et de génie, 80
Service pénitentiaire, 1 ; réforme, 268–270
Service scientifique, 232

Services de santé de l'armée canadienne, 150
Services postaux : production à la chaîne, 175
Sharp, Thompson, Berwick & Pratt, 243
Shawville (Québec) : bureau de poste, 98
Sherbrooke (Québec) : station d'immigration, 32
Shore & Moffat, 246–248 ; édifice des postes, 253 ; édifice Sir-Alexander-Campbell, 254 ; édifice William-Lyon-Mackenzie, 247, 248
Shortt, Adam, 4
Sifton, sir Clifford, 102, 110
Société canadienne des postes, 283
Société centrale d'hypothèques et de logement, 263
Soucy, Cléophas, 148
Souris (Île-du-Prince-Édouard) : hôpital de la marine, 33
Southam, G. Hamilton, 275
Spéculation foncière et le Canadien Pacifique, 57
SP-800 (petit bureau de poste), 262 ; Brechin, 263
Springhill (Nouvelle-Écosse) : institution à sécurité moyenne, 270
Sproatt, C.B., 178
Sproatt & Rolph, 178–179 ; Conseil national de recherches, 181
Standardisation : de la conception, 5, 80, 82, 87 ; aspects économiques, 78
Station de recherches des Prairies, 232
Station du Conseil de recherches sur les pêcheries (Vancouver), 263, 265 ; vue aérienne, 266
Stations de passage frontalier (frontière canado-américaine), 175–176, 221, 303 n° 19
Stations de quarantaine, 25, 29, 31, 102, 105–110 ; à la Confédération, 8 ; Chatham, 29 ; expansion, 109 ; Grosse Île, 29, 67 ; île Lawlor, 29, 67 ; île Partridge, 29 ; William Head, 67
Stent, F.W., 9, 10
Stirling, David : Summerside, édifice public, 50, 290 n° 34
Stirling & W.C. Harris, 290 n° 34
Stonewall (Manitoba) : bureau de poste, 98, 99
Stony Mountain (Manitoba) : pénitencier, 25, 34, 287 n° 40
Stouffville (Ontario) : bureau de poste, 159, 162
Strathcona (Alberta) : centre d'immigration, 105
Strathcona, lord, 126
Strathroy (Ontario) : édifice public, 49, 52
Style baronnial écossais, 132
Style baronnial français, 132
Style baroque édouardien, 2, 77, 82, 116, 293 n° 24 ; Halifax, bureau de douane, 292–293 n° 18 ; Vancouver, bureau de poste, 81–82, 112 ; Winnipeg, bureau de poste, 94, 112
Style Château, 168, 191, 199 ; Ottawa, 3, 132, 135, 139, 191, 224–225
Style classique, 81–82, 179 ; à la Confédération, 9 ; à l'édifice du Centre, 148 ; édifice de l'administration territoriale, Yukon, 110 ; Ernest Cormier, 142 ; mouvement « City Beautiful », 113–114 ; Toronto, station postale C, 88 ; Victoria, édifice fédéral, 218
Style classique minimaliste, 142
Style de la Renaissance italienne : à la Confédération, 9 ; Hamilton, édifice public, 44
Style dorique grec, 191
Style français, 196
Style georgien, 232
Style gothique, 147, 168, 198, 232
Style gothique à la manière des charpentiers : chapelle protestante, Grosse Île, 31
Style gothique de la période Tudor, 119, 142, 148, 161, 166
Style gothique vénitien : édifices du Parlement, 8
Style international, 189, 221, 232, 240, 244–248, 256 ; architecture fédérale, 244–248, 273 ; concours pour la Galerie nationale, 251
Style italianisant : de petits édifices publics, 88 ; Ottawa, carré Cartier, salle d'exercice, 29
Style manoir Tudor, 177
Style moderne, 184
Style néo-gothique, 11, 13, 40
Style néo-roman, 40, 49, 53
Style Queen Anne, 41, 44 ; dépôt d'immigration, Bassin Louise, Québec, 68 ; Ferme expérimentale centrale, résidence du directeur, 77
Style Second Empire, 2, 8, 14, 37, 40–41 ; Dorchester, pénitencier, 27 ; édifice Langevin, 41 ; édifice Mackenzie, 19 ; États-Unis, 12 ; Saint-Jean, bureau de douane, 25 ; Toronto, bureau de poste, 12–13
Style « shingle » : dépôt d'immigration, Bassin Louise (Québec), 68 ; résidence du directeur, Ferme expérimentale centrale, 72
Sudbury (Ontario) : édifice fédéral, 256, 257
Sullivan, Francis, 98 ; Stonewall, bureau de poste, 99
Summerside (Île-du-Prince-Édouard) : édifice public, 47, 50, 290 n° 34
Surrey (Colombie-Britannique) : édifice de douane et d'immigration de la route du Pacifique, 176, 180
Sussex, rue (Ottawa) : aménagement, 116, 119–121, 124, 132
Sutherland, Charles D., 169, 236
Sutherland, James, 79

Sydney (Nouvelle-Écosse) : hôpital de la marine, 33
Sydney Mines (Nouvelle-Écosse) : édifice public, 87, *87*
Symbole : bureaux de douane, 15 ; édifice du Centre, 145 ; édifices fédéraux, 6
Symons, capitaine W.L., 150 ; hôpital militaire Camp Hill, *154*
Système Kane, 304 n° 46

Tanabe, Takao, 275 ; murale dans l'édifice Sir-John-Carling, Ottawa, *274*
Tarte, Joseph-Israël, 78, 292 n° 5
Tendances contradictoires : conception dans l'Ouest, 50, 52 ; dans la construction d'édifices du gouvernement, 158, 231
Terminus postal, 174–175 ; Montréal, 169, 175, *179*, 213 ; Québec, 191, *195*
Terre-Neuve : GRC, quartiers de détachement, 235
Territoire du Yukon, 264–265 ; construction du télégraphe, 110 ; édifice administratif, 110 ; T.W. Fuller, architecte résident, 110 ; ruée vers l'or, 110
Territoires du Nord-Ouest, 20, 35, 53–54, 264–268 ; palais de justice, 61–62 ; Regina, bureaux administratifs, 57, *59*
Théâtre Queen Elizabeth (Vancouver), 275
Thompson, Berwick & Pratt, 263 ; Laboratoire des produits forestiers, *266* ; Station du Conseil de recherches sur les pêcheries, Vancouver, *265*
Thunder Bay. *Voir* Fort William ; Port Arthur
Todd, Frederick, 116, 119, 124, 131, 297 n° 28
Toronto (Ontario) : bureau de douane, 14–16, *16*, 37, 169–170, *171*, 178 ; conception, 14–15, *185* ; salle des comptoirs, *172* ; section architecturale, *17* ; bureau de poste, 12–14, *12*, 245–246 ; rue Adelaide, *14* ; agencement de l'intérieur, *13* ; emplacement, 13 ; édifice de distribution urbaine, 189–191, *193* ; gare Union, 170 ; inventaire des édifices à la Confédération, 9 ; manège militaire et salle d'exercice, 53, 56, 290 n° 41 ; station d'immigration, 32 ; station postale C, 88, *92*, *172* ; station postale G (succursale postale), 94, *96* ; station postale K, 189, *192* ; station postale Q, 216–218, *218* ; succursales postales, 94
Tour de la Paix, 145, *147*
Tour Mackenzie, édifice de l'Ouest, 22, *23*, *132*
Tradition pittoresque victorien : édifice de la Confédération, 137, *139* ; Humboldt, édifice public, 112 ; Nelson, édifice public, 112
Traités : avec les Indiens des Plaines, 62
Transport : région d'Ottawa, 131
Trépanier, P.O. : Établissement pénal pour jeunes délinquants, Cowansville, 270, *271*
Trois-Rivières (Québec) : manège militaire et salle d'exercice, 102, *103*
Trout River (Québec) : édifice de la douane et de l'immigration, 169
Truro (Nouvelle-Écosse) : édifice fédéral, 246–248, *250*

Tuberculose : bovine, 166 ; sanatoriums, 152 ; taux de mortalité, 236
Tupper, sir Charles, 288 n° 7

Unités de milice volontaire active, 28
Université Dalhousie, 232
Université de Birmingham, 126
Université de la Colombie-Britannique, 265
Université de la Saskatchewan, 232
Université de Montréal, 213
Université de Western Ontario, 232
Université du Manitoba, 243
Université McGill : école d'architecture, 242–243
Université Mount Allison, 232
Urbanisation, après la Première guerre mondiale, 158–159

Van Norman, C.B.K. : Vancouver, bureau de douane (1953–1955), *244*
Vanbrugh, John, 81
Vancouver (Colombie-Britannique) : bureau de douane (1953–1955), 244–245, *244*, 256, 280, 283 ; bureau de poste, 81–83, *81*, 94, 112, 293 n° 25 ; centre d'immigration, 105 ; début des années 1900, 32 ; entrepôt de vérification des douanes, 99
Vaux, Calvert : aménagement paysager de la colline du Parlement, *10*, 20, 145
Victoria (Colombie-Britannique) : bureau de douane, 16, *18*, 19, 37 ; normes de conception, 50 ; édifice fédéral, 218, *220* ; hôpital de la marine, 33
Victoria, pont, 11
Victoria, reine, 57
Victoria and Albert Museum, 126
Visconti, L.T.J., 13
Voie maritime du Saint-Laurent, 241
Voysey, C.F.A., 126, 128

Warkworth (Ontario) : institution à sécurité moyenne, 270
Watt, F.W., 218 ; Port Arthur, station postale P, 218, *219*
Webb, Aston, 126 ; rue Wellington, vue et plan au sol, *127*
Weber, D.A. : St John's, édifice du bureau de poste, *258*
Wellington, rue (Ottawa), 41, 124, 126, *131*, 137, 297 n° 28 ; influence de Jacques Gréber, 139, 225 ; plans, immeubles fédéraux projetés, *127*, *136*, *140*
Westville (Nouvelle-Écosse) : édifice public, 89
White, Edward, 124, 297 n°s 30, 31 ; rue Wellington, vue et plan au sol, *127*
Whitehorse (territoire du Yukon) : 265

White-Webb, proposition, concours de 1913 relatif aux immeubles administratifs, 126, 128, 131–133
William Head (Colombie-Britannique) : station de quarantaine, 67, 109, 161 ; résidence des infirmières, 161, *164*
Wills, Frank, 11
Wilson, James, 40
Windeyer, R.C., 14 ; contrats en Ontario, 25 ; Toronto, bureau de douane, *16*, 18
Windsor (Nouvelle-Écosse) : édifice public, 47, *48*, 49 ; coupe longitudinale, *49*
Windsor (Ontario) : édifice fédéral à bureaux, 169
Winham, J.W. : lithographie de la colline du Parlement, *10*
Winnipeg (Manitoba) : boom de construction, 25 ; bureau de poste, 94, 95, 112 ; bureau de poste principal, 244–246, *245*, 251, 280 ; hall principal, *246* ; centre d'immigration, 105, *105* ; édifice du Dominion, 187, *188* ; édifices fédéraux, 34, 50 ; entrepôt de vérification des douanes, 99 ; entrepôts de la milice, 100 ; manège militaire et salle d'exercice, 160 ; station d'immigration, 32
Winters, Robert, 241–242
Woodville (Ontario) : bureau de poste, 197, *199*
World Columbian Exposition (Chicago), 114
Wren, Christopher, 81, 126
Wright, Frank Lloyd, 98, 248
Wright, Richard C., 102, 135, 137, 159, 169, 301 n° 37 ; plan envisagé des immeubles administratifs, *136*
Wright-Adams, plan, 135, 137

Yellowknife (Territoires du Nord-Ouest), 265
Young, major-général H.A., 241–242, 308–309 n° 63

Zonage, règlements : Ottawa, 131, 224